Die Bildung der Herrschaft und die Herrschaft der Bildung

Jörn W. Mundt lebt in München und ist seit 1986 freier Luftfahrtjournalist. Zuvor war er Akademischer Rat am Institut für Sozialwissenschaft der dortigen TU. Er ist Mitautor des 1986 bei Campus erschienenen Bandes »Praxis der Wahlforschung«.

Jörn W. Mundt

Die Bildung der Herrschaft und die Herrschaft der Bildung

Über das Bildungswesen in Deutschland

Campus Verlag
Frankfurt/New York

CIP-Kurztitelaufnahme der Deutschen Bibliothek

Mundt, Jörn W.:
Die Bildung der Herrschaft und die Herrschaft der Bildung : über d. Bildungswesen in Deutschland / Jörn W. Mundt. – Frankfurt/Main ; New York : Campus Verlag, 1987.
ISBN 3-593-33787-8

Umschlaggestaltung: Atelier Warminski, Büdingen
Druck und Bindung: Druckhaus Beltz, Hemsbach
Printed in Germany

Für Ursula Feist und meinen Vater

"Die Enthüllung des Verborgenen hat ... immer einen kritischen Effekt, weil in der Gesellschaft das Verborgene immer ein Geheimnis ist, vorzüglich behütet, auch wenn niemand ausdrücklich damit beauftragt ist. Das Geheimnis trägt zum Fortbestand einer auf Tarnung ihrer stärksten Selbsterhaltungsmechanismen angewiesenen Sozialordnung bei und dient den Interessen derer, die auf Erhaltung dieser Ordnung bedacht sind. Die wissenschaftliche Funktion des Soziologen besteht also darin, die Gesellschaft in Frage zu stellen und sie dadurch zu zwingen, sich selbst zu verraten"
(Pierre BOURDIEU, Jean-Claude PASSERON)

"Die Gegenwart, in die man uns einzuschließen einlädt, ist nämlich aus sich nichts. Sie ist die Verlängerung der Vergangenheit, von der sie nicht getrennt werden kann. Die Gegenwart besteht aus unzähligen Elementen, die so eng ineinander verfilzt sind, daß wir unmöglich feststellen können, wo das eine beginnt und das andere endet, was jedes einzeln ist und welches ihre Beziehungen sind. Wir haben also bei ihrer Beobachtung nur einen getrübten und verwirrten Eindruck. Die einzige Art, sie zu unterscheiden und dadurch ein wenig Licht in diese Verwirrung zu bringen, ist, in der Geschichte zu suchen, wie sie sich nacheinander übereinandergeschoben, sich verbunden und organisiert haben"
(Emile DURKHEIM)

VORBEMERKUNG

Bildungssoziologie ist zwar kein Thema mehr - weder in der politischen Diskussion, noch auf dem Büchermarkt - aber deswegen heute nicht weniger wichtig wie vor zwanzig Jahren, als die ersten Diskussionen über eine notwendige Bildungsreform Untersuchungen über den Stand des Bildungswesens in der Bundesrepublik notwendig machten. Ging es vor zwei Jahrzehnten um die Ausweitung des im Vergleich zu anderen Staaten unterentwickelten Bildungswesens der Bundesrepublik - um ein Wachstum also, mit dem sich jeder Politiker gerne schmückt -, so steht heute die Verkleinerung des Bildungswesens auf der Tagesordnung. Geringere Schülerzahlen, zu viele Lehrer, Abiturienten, Studenten und Akademiker sind für Politik und Gesellschaft nurmehr von lästigem Interesse. Mängelverwaltung anstelle gewohnter Wachstumspolitik hat keinen "Appeal", mit dem man Wähler gewinnen könnte.

Bildungspolitik und Bildungssoziologie sind so fast zu einem "Unthema" geworden; dafür haben jetzt andere - nicht weniger wichtige - Themen Konjunktur. Das heißt aber nicht, daß deswegen keine Bildungspolitik mehr gemacht würde. Im Gegenteil. Das mangelnde Interesse der Öffentlichkeit und die so fehlende Sensibilität für bildungspolitische Themen machen es möglich, Teile der ohnehin nur zaghaften Bildungsreformen der sechziger und frühen siebziger Jahre wieder zu kassieren und vor dem Hintergrund überfüllter Studiengänge und Karrieren "neue" Konzepte elitärer Bildung durchzusetzen, um alte Privilegienstrukturen in neuer Gewandung zu etablieren.

Ein Buch über das Bildungswesen in Deutschland zu schreiben ist also ein sehr unzeitgemäßes Unterfangen. Unzeitgemäß auch deshalb, weil sich selbst manche Bildungssoziologen lieber mit psychologischen Detailproblemen der Erfassung "subjektiver Interpretationsmuster" über sogenannte "qualitative" Forschungsansätze beschäftigen, als sich mit den gewollten Zusammenhängen von subjektivem Verhalten und objektiver Struktur auseinanderzusetzen. Zudem beschränken sie sich in aller Regel auf das allgemeinbildende Schulwesen und die Hochschulen, die berufsbildenden Schulen sind für die meisten Bildungssoziologen noch immer eine "terra incognita" - und das, obwohl sie die Zukunft des weitaus größten Bevölkerungsteils (mit)bestimmen.

Der Verdacht liegt nahe, daß Bildungssoziologie manchmal nur noch der Nabelschau einer privilegierten Gruppe gleicht, die nicht ohne Larmoyanz nur ihre eigenen Probleme und die ihrer Kinder wahrnimmt und bearbeitet. Die langjährige Existenz von gleich zwei Arbeitsgruppen zu Hochschulproblemen in der Sektion Bildung und Erziehung der Deutschen Gesellschaft für Soziologie - ohne daß es eine Gruppe zur beruflichen Bildung gegeben hätte - ist ein deutliches Indiz dafür.

Dieses Buch will also nicht nur unzeitgemäß sein, sondern darüber hinaus auch Themen aufgreifen, vor denen die Bildungssoziologie bislang nur sporadisch Notiz genommen hat. Es versucht einen Überblick zu vermitteln über das gesamte Bildungswesen und bleibt nicht beim allgemeinbildenden Schulwesen stehen. Schließlich ist es entstanden aus den Einführungsvorlesungen in die Bildungssoziologie, die ich ab dem Wintersemester 1979/80 an der Technischen Universität München für angehende Berufsschullehrer gehalten habe - eine Gruppe, die sich kaum mit einer Beschränkung auf das allgemeinbildende Schulwesen und die Hochschulen abspeisen läßt. Viele von ihnen haben selber eine Ausbildung im sogenannten "dualen System" der Berufsausbildung durchlaufen und waren natürlich daran interessiert, zu erfahren, wie eine so seltsame Institution wie ihr späterer Arbeitsplatz "Berufsschule" überhaupt entstehen konnte.

Deshalb und weil man das Bildungswesen insgesamt weder in seinem Aufbau noch in seiner Funktionsweise verstehen kann, wenn man die Umstände seiner Entstehung nicht kennt, ist die Bildungsgeschichte integraler Bestandteil der Argumentation in diesem Buch.

Es wäre nicht entstanden ohne das Interesse und die tatkräftige Mithilfe meiner Eltern, die einmal mehr nicht nur eine erste Reinschrift aus einem Gemenge von (oft handschriftlichen) Anfügungen und Einfügungen zu Anfügungen rekonstruiert, sondern darüber hinaus noch alle Graphiken entworfen und ausgeführt haben. Ihnen gilt mein besonderer Dank. Danken möchte ich auch Silvia Rehder, die mir bei der Textaufnahme für die Druckvorlage geholfen hat.

Nicht zuletzt möchte ich mich auch bei meinen Kollegen bedanken, deren Kommentare zur ersten lesbaren Fassung des Manuskriptes noch manche Anregungen enthielten.

München, im April 1986 Jörn W. Mundt

INHALT

1. URSPRÜNGE DER UNGLEICHHEIT

1.1 "Der Baum der Leidenschaften und seine Zweige": die individuelle Ungleichheit

Die Beschäftigung mit Bildungssoziologie ist in weiten Teilen nicht zu trennen von der Auseinandersetzung mit den Entstehungsbedingungen sozialer Ungleichheit in fortgeschrittenen Gesellschaften. Denn die formale (=über Zertifikate bestätigte) Bildung ist ein wichtiger, häufig ausschlaggebender Faktor für das Erreichen begehrter Positionen im gesellschaftlichen Gefüge. Am Anfang aller bildungssoziologischen Überlegungen steht deshalb eine Beschreibung und Analyse gesellschaftlicher Ungleichheit.

Individuell bedingte und gesellschaftlich konstruierte Ungleichheit sind dabei zunächst begrifflich voneinander zu trennen, auch wenn wir sehen werden, daß beide Formen von Ungleichheit oftmals in der gesellschaftlichen Wirklichkeit eng miteinander verknüpft sind.

Die individuell bedingte Ungleichheit beruht auf den persönlichen Eigenschaften der Menschen: es gibt nicht nur Große und Kleine, Dicke und Dünne, Häßliche und Hübsche, sondern auch Intelligente und Dumme, Charmante und Grantige usw., sowie alle möglichen Spielarten der Verknüpfung dieser unterschiedlichen Merkmale und Eigenschaften. Ihre Summe übersteigt sicherlich jene 810 Kombinationen des französischen Sozialphilosophen Charles FOURIER, die am "Baum der Leidenschaften und seinen Zweigen" heranwachsen (Ch. FOURIER 1808; cit. n.d. dt. Ausg. 1966, S. 129 ff). Sie bilden praktisch ein unerschöpfliches Reservoir an möglichen Mustern, was dazu führt, daß nicht nur das Aussehen jedes einzelnen Menschen einmalig ist, sondern auch seine Persönlichkeit, seine Neigungen, seine Aversionen und seine Handlungsweisen.

Die auf den ersten Blick leicht festzustellenden Merkmale gesellschaftlich hergestellter Ungleichheit erscheinen zunächst als ähnlich trivial: da gibt es Reiche und Arme, Mächtige und Machtlose, Besitzende und Besitzlose, Herrscher und Beherrschte usw. Daraus ergeben sich zwei grundlegende Fragen: Wie entsteht gesellschaftlich verursachte Ungleichheit? Und: in welcher Beziehung stehen individuell bedingte und gesellschaftlich hergestellte Ungleichheit zueinander?

Zunächst jedoch ist es notwendig, einen Blick auf die Entstehung individuell bedingter Ungleichheit zu werfen. Zwar sind einige der oben genannten Eigenschaften weitgehend durch erbliche Anlagen bestimmt (z.B. Körpergröße; jedoch spielen auch hier Umwelteinflüsse wie z.B. die Ernährung eine Rolle), bei anderen ist die Herkunft nicht so eindeutig bestimmbar. So ist Intelligenz sicherlich nicht nur eine Frage der Erbanlagen, sondern steht ebenso in Zusammenhang mit den Umweltbedingungen, unter denen ein Mensch aufwächst. Keinen Einfluß hat die Umwelt sicherlich darauf, ob man als Mädchen oder Junge geboren wird, ein gewiß nicht unerheblicher individueller Unterschied. Ebensowenig sind gesellschaftliche Bedingungen für den Prozeß des Alterns an sich und die damit zwangsläufig verbundenen körperlichen und geistigen Veränderungen verantwortlich zu machen, denen überdies niemand entrinnen kann. Aber ob jemand mehr grantig oder freundlich ist, dürfte ihm kaum als Schicksal mit seinen Genen zugeteilt werden, sondern liegt wohl eher begründet in seinen (vermutlich schlechten) Lebenserfahrungen.

Im weitesten Sinne sind diese Lebenserfahrungen natürlich auch gesellschaftlich vermittelt: sie entstehen im Umgang mit anderen Menschen, die jeweils unterschiedliche Funktionen für ihn haben. Dies sind seine Bezugspersonen, zunächst die Eltern, dann eher gleichaltrige Partner, zunehmend aber auch Personen, die institutionelle Rollen zu spielen haben wie Erzieher, Lehrer, Polizisten u.v. a.m.. Die Vorstellungen über "die Gesellschaft", die ihm hierbei vermittelt werden, beruhen nur zum geringsten Teil auf Zufällen, sondern sind mehr oder weniger direkt verbunden mit der Organisation menschlichen Zusammenlebens. Allein das Kennenlernen der unterschiedlichen Aufgaben und Zuständigkeiten von den Personen, mit denen der junge Mensch in Berührung kommt, vermittelt ihm zunächst völlig selbstverständlich erscheinende Bilder von der Gesellschaft. Auch ob die Personen in seiner Umwelt ihn fördern, ob sie ihm eher gleichgültig gegenüberstehen oder ihn sogar in seiner Entfaltung behindern, hat nicht nur nachhaltigen Einfluß auf seine Entwicklung(smöglichkeiten), sondern ist nicht selten auch verknüpft mit spezifischen Werthaltungen, die ihre Begründung in den gesellschaftlichen Erfahrungen der Beteiligten haben.

1.2 Die Konstruktion gesellschaftlicher Ungleichheit

Damit wird der Blick auf die gesellschaftlich vermittelte Ungleichheit gelenkt. Ihre Entstehung kann nicht einfach auf bestimmte Eigenschaften von Menschen zurückgeführt werden, denn obwohl man davon ausgehen kann, daß genetisch bedingte Merkmale die Menschen untereinander innerhalb aller Gesellschaften und Kulturen voneinander unterscheiden, gibt es Gesellschaften, welche eine soziale Ungleichheit kaum kennen. Der amerikanische Soziologe Gerhard E. LENSKI hat in seiner umfangreichen Studie über "Macht und Privileg" (1966) anhand sehr vielfältigen historischen und ethnographischen Materials versucht, der Frage nach den Ursachen für soziale Ungleichheit und Schichtung auf den Grund zu gehen. Dabei zeigt er auf, daß in "einfachen" Gesellschaften, die praktisch keinen Überschuß an Lebensmitteln und anderen Gütern produzieren, soziale Ungleichheit auch kaum existiert. Dabei handelt es sich um typische Sammler- und Jägergesellschaften, Stammesgesellschaften also, in denen praktisch von der Hand in den Mund gelebt wird und in denen es aufgrund der Gleichartigkeit der zu verrichtenden Tätigkeiten auch keine im heutigen Sinne "Spezialisten" gibt. Selbst der Häuptling und der Schamane resp. Medizinmann sind nur "Teilzeitspezialisten" und müssen sich wie jeder andere an der Nahrungsmittelbeschaffung beteiligen, weil die Beute der übrigen nicht ausreichen würde, sie noch mit zu ernähren (Gerhard LENSKI 1966, cit. n.d. dt. Ausg. 1977, S. 141 ff). Erst wenn dauerhaft und stetig ein Nahrungsmittelüberschuß erzeugt wird, beginnen sich Ungleichheitsstrukturen zu entwickeln, denn dieser Überschuß an Produkten erlaubt den Gesellschaften die 'Beförderung' dieser Personen zu 'Vollzeitspezialisten', welche von eben diesen Überschüssen mit ernährt werden. Grundlage für diese Überschüsse ist ein Technologiefortschritt in der Produktion.

In den Gesellschaften der Sammler und Jäger ist kaum an Überschuß zu denken, da Jagd- und Sammelerfolg in hohem Maße von Zufällen und saisonalen Einflüssen abhängig sind. Mangels entsprechender Technologien ist auch eine Vorratshaltung hier kaum möglich, welche diese Schwankungen kompensieren könnte. Anders ist die Situation in Gesellschaften, in denen angebaut und Tieraufzucht betrieben wird. Hier ist die Nahrungsmittelproduktion (von Naturkatastrophen abgesehen) steuerbar, auch Überschuß kann praktisch planmäßig erzeugt werden. Das ist quasi die Geburtsstunde der gesellschaftlich konstruierten Ungleichheit.

Die Macht- und Einflußpositionen des Häuptlings und/oder des Medizinmannes werden zunächst vergeben nach dem erwiesenen Talent und den Fähigkeiten zu planen, zu führen oder magische Zeremonien vorzunehmen. Ist eine solche Position jedoch erst einmal erreicht, dann gibt es langfristig ab einer bestimmten Stammesgröße eine Reihe von Möglichkeiten, sie gegen mögliche Konkurrenten zu sichern und auszubauen. Heinrich POPITZ hat die Strategien hierfür an einfachen und anschaulichen Beispielen dargestellt. Unter dem Begriff der "Staffelung" faßt er Aktionen zusammen, mit denen man Gegenkoalitionen verhindern und damit die eigene Position stabilisieren kann. Er entspricht dem alten Prinzip des divide et impera und ist der Versuch, "die Außenstehenden in ihrer Beziehung zum Machtzentrum zu differenzieren, abzustufen und durch diese Art der Teilung verschiedene Interessenlagen zu schaffen" (Heinrich POPITZ 1968, S. 25; Hervorh. i. Orig.). Er unterscheidet dabei drei wichtige Gruppen, die durch diesen Prozeß gebildet werden: die "Teilhaber", die "Neutralen" und die "Unterprivilegierten" oder "Paria".

Als "Teilhaber" werden diejenigen bezeichnet, die sich quasi als "Stabsgruppe" ("Erzwingungsstab" bei Max WEBER) für die Machthaber engagieren, sich dafür gegen andere wenden und daraus bestimmte Vorteile gegenüber anderen Gruppen erhalten. Dies steigert zum einen die Ökonomie der Machtausübung, zum anderen übernimmt diese Gruppe die Funktion des "Ableiters" bei Mißerfolgen, wobei sie gleichsam zwischen den Fronten steht: "Für das Machtzentrum wie für die jeweils speziell Geschädigten deckt sie die Unfehlbarkeit der Spitze, indem sie die Zurechnung des Mißerfolgs auf sich zieht" (a.a.O., S. 26). Die "Neutralen" sind diejenigen, denen suggeriert werden muß, daß sie von den Machtergreifungs- und Ausdehnungsprozessen nicht betroffen werden.

"Die Neutralität muß ... möglichst als Friedensprivileg plausibel gemacht werden. Das erfordert eine besonders kluge Taktik, eine vorsichtige, vertrauenswürdige Dosierung des jeweiligen Machtanspruchs. ... Je größer das Illusionspotential einer sozialen Einheit in dieser Hinsicht ist, umso größer ist die Chance der Entstehung extremer Machtverhältnisse (a.a.O., S. 26 f).

Die "Unterprivilegierten" oder "Paria" schließlich sind Personen, "die durch abweichende Merkmale dazu prädestiniert" sind, unterdrückt zu werden:

"die Neuen, die Fremden, die andersartigen. ... (Diese Gruppe) kann mit Hilfe der Stabsgruppe geschaffen werden; sie kann aber auch als erste Gruppe entstehen und dazu dienen, den Prozeß der Staffelung in Gang zu bringen. Die Bildung der Gruppe der Unterprivilegierten hat den speziellen Vorteil, daß sie in der Regel auf die besondere Zustimmung der Nichtbetroffenen rechnen kann, also derjenigen, die ... an der Sonnenseite bleiben" (a.a.O., S. 27).

Auch wenn diese letzte Grupe der Unterprivilegierten in den kleinen und überschaubaren Stammesgesellschaften noch nicht existiert, so zeigt diese Zusammenfassung doch, welche (langfristigen) Folgen die Schaffung von herausgehobenen Positionen hat. Zwar mag ihre Einrichtung auch einem weitverbreiteten Bedürfnis der Gesellschaftsmitglieder entsprechen (z.B. aus zeitökonomischen Gründen), die daraus entstehenden Machtausdehnungsprozesse jedoch zunächst wohl kaum. Ist bereits die Etablierung solcher Stellen ein erster Schritt zur sozialen Differenzierung der Gesellschaft, so gilt dies erst recht für die (bewußten und/oder unbewußten) Handlungen zur Stabilisierung und Ausdehnung der Machtstellung. Soziale Ungleichheit muß dafür geradezu geschaffen werden; ohne sie wären die Machtpositionen nicht stabil und könnten jederzeit durch die Solidarität der Gesellschaftsmitglieder umbesetzt, verändert oder sogar abgeschafft werden. Soziale Ungleichheit muß also auch ihren Niederschlag in unterschiedlichen Interessen der geschaffenen Gruppen finden, die ein gemeinsames Handeln gegen die Machthaber unmöglich machen.

1.3 Individualität und Ungleichheitsvermutung: der Analphabetismus der Rothaarigen

In welchem Verhältnis stehen nun individuell bedingte und gesellschaftlich konstruierte Ungleichheit zueinander? Der Verweis auf die 'Paria'bildung deutet bereits an, daß z.B. bestimmte 'ausgefallene' individuelle Merkmale zur Rechtfertigung von Unterprivilegierung vorgeschoben werden. Greifen wir aber zunächst auf eher 'unverdächtige' individuelle Merkmale zurück und versuchen wir, ihre gesellschaftliche Bedeutung näher zu beleuchten. Die Betrachtung gilt als erstes der Bedeutung von Geschlecht und Alter und der Blick geht dabei wieder zurück auf die 'alten' Stammesgesellschaften. Dabei ist sowohl eine geschlechtsbezogene Arbeitsteilung (die Frauen nehmen in der Regel nicht an der Jagd teil, sondern Sammeln) als auch eine mit dem Alter verknüpfte Stellung im Stammesverband festzustellen. Zunehmendes Alter kann sowohl Vorteile bringen (wie z.B. bei vielen australischen Nomadenstämmen) als auch gravierende Nachteile nach sich ziehen (wie z.B. bei den Eskimos). Denn einmal bringt zunehmendes Alter ein Mehr an Erfahrung und eine Verbesserung der Produktivität (z.B. beim Sammeln), zum anderen ist damit jedoch eine zunehmende Schwächung der körperlichen Kräfte verbunden, die zwar teilweise durch Erfahrung ausgeglichen werden mag, auf längere Sicht jedoch die Fähigkeiten zur Nahrungsmittelbeschaffung verringert (so beim Jagen). "Kurz, es ist nicht das Alter an sich, welches besondere Macht und besonderen Einfluß verschafft, vielmehr tun das die besonderen Fähigkeiten, die damit einhergehen" (Gerhard LENSKI 1966, cit. n.d. dt. Ausg. 1977, S. 155) oder aber - im anderen Falle - ihr Verlust. Fähigkeiten, so ist hinzuzufügen, die in diesen Gesellschaften von überlebenswichtiger Bedeutung sind.

Komplizierter wird die Beantwortung der Frage, warum Frauen ein geringeres Ansehen genießen. Denn im Grunde tragen sie mit ihrer Sammlertätigkeit, dem Gebären und (teilweisen) Aufziehen von Kindern in gleichem Maße zur Erhaltung der Gemeinschaft bei wie die Männner über das Jagen und vielleicht noch die Verteidigung der Gemeinschaft nach außen als Krieger. Tätigkeiten der Frauen werden jedoch geringer bewertet als die der Männer, d.h., die Beiträge von Männern und Frauen zur Erhaltung und Fortführung der Stammesgesellschaft werden in ihrer Bedeutung für die Gemeinschaft ungleich gewichtet. Möglicherweise ist diese verschiedenartige Interpretation einfach auf die den Männern zur Verfügung stehenden Machtmittel (schließlich sind sie auch die Krieger) zurückzuführen. Legitimieren läßt sich das leicht: wo der Schutz nach außen nicht mehr gesichert ist, ist die Gesellschaft den Feinden ausgeliefert und wird zerstört. Die Frauen könnten also ihren Beitrag gar nicht erst leisten, würden sie von der Gemeinschaft der Männer nicht beschützt. Mit diesem sehr einfachen Beispiel sind zwei Dimensionen angesprochen, die immer bei der Analyse gesellschaftlicher Strukturen beachtet werden müssen: Bewertung und Legitimation. Deshalb sollen sie hier zunächst etwas erläutert werden.

Der Bewertungsaspekt zeigt auf, daß in menschlichen Gemeinschaften nicht einfach so etwas wie eine "natürliche Ordnung" existiert, sondern daß diese Ordnung immer auch auf einer Interpretation individueller Eigenschaften oder Fähigkeiten (z.B. Kinder zu gebären) und daraus entwickelter Vorstellungen beruht. Denn die angeführte Begründung für die Höherbewertung der männlichen Tätigkeiten ließe sich ebenso gut durch andere Bewertungen ersetzen: Für eine Höherbewertung der Frau könnte man anführen, daß nur sie auf längere Sicht über Geburten die Gesellschaft aufrechterhalten kann und ja auch die Krieger ohne sie gar nicht existieren würden, letztlich sie also die Quelle jeglicher Produktivität ist. Für eine Gleichbewertung ließe sich anführen, daß ohne die Frauen und ihren Beitrag zur Gesellschaftserhaltung die Verteidigung nach außen ihren Sinn verlöre.

Natürlich vereinfacht dieses Beispiel, da situative Einflußfaktoren wie Geburtenüberschuß oder ständige äußere Bedrohung außer acht gelassen werden, welche das Bewertungssystem in drastischer Weise beeinflussen können. Es verdeutlicht aber, daß die Bewertung von Merkmalen und Fähigkeiten ein wichtiges Kriterium für die Entwicklung und Festigung sozialer Ungleichheit ist. Am deutlichsten zeigt sich dieser Zusammenhang bei genetisch bedingten Merkmalen wie z.B. der Hautfarbe. Auf der Grundlage der Vermutung, daß äußerliche Andersartigkeit auch Ausdruck unterschiedlicher Fähigkeiten und Charaktereigenschaften sei, werden Träger bestimmter Merkmale in Randgruppenpositionen gedrängt und im Verteilungssystem benachteiligt. Daß dies nicht bloß für Minderheiten zutrifft, zeigt das Beispiel Südafrikas, wo die überwältigende Mehrheit der schwarzen Bevölkerung von den Weißen marginalisiert wird. Wie Christopher JENCKS an einem einfachen Beispiel aufzeigt, fällt die Rechtfertigung dieser sozialen Ungleichheit in der Folge leicht, wenn man unterstellt, es seien die "minderwertigen Gene", welche z.B. die geringere Intelligenz der schwarzen Bevölkerung verursachten:

"Weigert sich ein Staat zum Beispiel, rothaarige Kinder zur Schule zu schicken, könnte man von den Genen, die das rote Haar verursachen, behaupten, sie verschlechtern die Leseergebnisse. Das sagt uns nicht, daß rothaarige Kinder nicht Lesen lernen könnten. Den Analphabetismus von Rothaarigen auf ihre Gene zurückzuführen, käme den meisten Lesern unter diesen Umständen wahrscheinlich absurd vor. Und doch tun die traditionellen Methoden der Erblichkeitsberechnung genau das (Christopher JENCKS 1972; cit. n.d. dt. Ausg. 1973, S. 104).

Darüber hinaus sprechen auch unterschiedliche kulturelle Hintergründe, wie bei den sog. Gastarbeitern in der Bundesrepublik, eine Rolle im Diskriminierungsprozeß. Zudem haben Laszlo A. VASKOVICS und Hans-Peter BUBA (1976) in einer Untersuchung nachgewiesen, daß die räumliche Ballung selbst nicht ethnisch andersartiger "gescheiterter Existenzen" in Notunterkünften bereits zu sozialen Stigmatisierungen führt. Bei der auch in der Bundesrepublik zu beobachtenden Tendenz zur ethnischen Segregation in den Städten, sei es aus eigener Entscheidung der Ausländer, mit Landsleuten zusammenzuwohnen, oder einfach, weil sie woanders keinen Wohnraum finden, wird die Tendenz zu negativer Diskriminierung verstärkt. Wie die Entwicklung der Ausländerfeindlichkeit in der Bundesrepublik zeigt, steht auch dahinter ein Verteilungskonflikt: sie ist praktisch erst auffällig geworden, als mit zunehmenden wirtschaftlichen Problemen sich auch der Kampf um die immer knapper werdenden Arbeitsplätze verschärfte. Zudem werden die eingewanderten Arbeiter meist keine deutschen Staatsbürger und bleiben deshalb auch ohne institutionalisierten Einfluß (wie z.B. über das aktive und passive Wahlrecht).

Aufgrund dieser geringen Mitbestimmungschancen, von Animositäten zwischen manchen Herkunftsländern (z.B. Griechenland - Türkei), verschiedenen Rechtslagen für die einzelnen Nationalitätsangehörigen (EG - nicht EG) ist auch ihre Organisationsfähigkeit nur sehr gering. Gerade sie aber ist von herausragender Bedeutung für die Durchsetzung und Festigung von Machtpositionen. Dies zeigt auch das Beispiel der Männer in den Jagd- und Sammelgesellschaften, denn die Zusammenarbeit bei der Jagd ist von existenzieller Bedeutung, da ein einzelner Jäger in der Regel nicht in der Lage ist, den lebensnotwendigen Bedarf allein zu decken. Die Sammeltätigkeit der Frauen dagegen erfordert keine solche Koordination und kann auch vereinzelt betrieben werden.

1.4 Die Durchsetzung der Ungleichheit

Wie bedeutsam die Organisationsfähigkeit für die Herstellung von Ungleichheit ist, hat wiederum Heinrich POPITZ eindrucksvoll an Beispielen von Situationen aufgezeigt, in welche die Menschen zunächst praktisch voraussetzungslos als "Gleiche" eingetreten sind (so z.B. in ein improvisiertes Kriegsgefangenenlager: Heinrich POPITZ 1968). In diesem Beispiel wird dargestellt, wie sich das spontane Wagnis von vier Männern, die sich nicht kannten, eine Solidaritätsbeziehung zu beginnen, zu einem koordinierten Kollektivhandeln entwickelt, das es ihnen ermöglicht, eine einzigartige Machtstellung im Lager zu erreichen (a.a.O., S. 17 ff).

Deshalb ist in einem nächsten Schritt nach den Machtmitteln zu fragen, die es erlauben, eigene Interessen auch gegen den Willen anderer durchzusetzen. Im Falle der Kriegsgefangenen erwachsen sie zunächst aus der eigenen Leistung der vier, nämlich der Konstruktion eines Ofens, mit dem begehrte Güter (z.B. warmes Essen) hergestellt werden können. Ihre Erlangung kann abhängig gemacht werden von Dienstleistungen verschiedenster Art für die Besitzer des Ofens. Die Absicherung eines bestimmten 'Besitzstandes' über die Durchsetzung eines 'Besitzrechtes' kann sich aber auch auf Gegenstände erstrecken, die weder von den 'Besitzern' hergestellt wurden, also weder auf eigener Leistung beruhen, noch ihnen wirklich gehören. Es ist durch das gemeinsame Interesse der 'Eigentümer' und ihre daduch gegebene hohe Organisationsfähigkeit vergleichsweise einfach, wie POPITZ (1968) an einem simplen Beispiel: der Inbesitznahme von Liegestühlen auf einem Dampfer zeigt.

"In den ersten Tagen, zwischen drei oder vier Häfen, wechseln die Liegestühle ständig ihre Besitzer. Sobald jemand aufstand, galt der Liegestuhl als frei. Belegungssymbole wurden nicht anerkannt. ... Die Zahl der Liegestühle (ein Drittel der Anzahl der Passagiere; J.W.M.) reichten für den jeweiligen Bedarf etwa aus. ... Ein Gebrauchsgut, das in begrenzter Zahl zur Verfügung stand, wurde nicht knapp. Nach der Ausfahrt aus einem Hafen ... brach diese Ordnung plötzlich zusammen. Die Neuankömmlinge hatten die Liegestühle plötzlich an sich gebracht und erhoben einen dauerhaften Besitzanspruch. Sie deklarierten also auch einen zeitweilig nicht von ihnen besetzten Liegestuhl als 'belegt'. Das war durch Belegungssymbole nach wie vor nicht durchsetzbar. Aber es gelang durch den gemeinsamen Kraftaufwand aller Auch-Besitzer: näherte man sich einem gerade freien Liegestuhl in irgendwie verdächtiger Weise, so wurde man durch Posen, Gesten und Geschrei der Auch-Besitzer zurückgewiesen. ... Der nächste Schritt ist zweifellos die zeitweilige Vermietung der Liegestühle an einige Nicht-Besitzer. Als Gegenwert kommen ... vor allen Dingen Dienstleistungen in Frage, und hier wiederum in erster Linie die Übernahme derjenigen Funktion, die mit jedem Besitzanspruch entsteht, der Funktion des Wächters. Die Delegation des Wächteramtes an einige Nicht-Besitzende bringt nicht nur eine echte Entlastung der Besitzenden, sie führt auch zu einer weiteren Bereicherung des inneren Gefüges, das sich nun dreiteilig entfalten kann: in den Gruppen der Besitzenden, der Wächter und der Nur-Besitzlosen. Damit ist zugleich eine wesentliche Klärung erreicht: Die Nur-Besitzlosen sind von nun an aus freien Stücken und eigenem Verschulden in der schlechtesten Lage" (a.a.O., S. 7 f).

Die Organisationsfähigkeit der Nicht-Eigentümer dagegen ist weitaus geringer, ihre Chancen, den ursprünglichen Zustand zu erreichen, sind entsprechend klein. In einer Gemeinschaft, in der einige die Ordnungsvorstellung "Besitz knapper Güter" und die wenigen "Besitzenden" ein entsprechendes gemeinsames Interesse an der Geltung jedes einzelnen Besitzrechtes haben, läßt sich der Ordnungsentwurf "freier Gebrauch" kaum durchsetzen. Ihre Verfechter würden immer wieder in die Situation des "Angreifers" und "Ruhestörers" gebracht, "mit nichts weiter in den Händen als ihrem Prinzip" (Heinrich POPITZ a.a.O.).

Eine solche Position läßt sich auf Dauer kaum durchhalten. Ebensowenig können jedoch auch Machtpositionen langfristig ohne die Mithilfe der Beherrschten selbst gehalten werden, die sogar selbst ein Interesse an der Legitimation ihrer Unterordnung haben (müssen). Denn "die extrem Unterdrückten beginnen, eventuell die Legitimität einer Machtordnung anzuerkennen, weil sie sich selbst anerkennen (a.a.O., S. 34; Hervorh. i. Orig.). Menschen, die sich dauernd unterwerfen müssen, deren eigener Wille immer wieder gebrochen wird, beginnen ihre Situation anders zu sehen:

"Der dauernd Erniedrigte rechtfertigt seine Fügsamkeit, indem er sie in Freiwilligkeit uminterpretiert und er rechtfertigt diese Freiwilligkeit durch die Verbindlichsetzung der Ordnung, in die er sich fügt. Seine Fügsamkeit ist Dienst, den die Ordnung braucht. ... So wie die Machthaber im Sinne dieser Ordnung tun müssen, was sie wollen, so wollen die Unterworfenen, was sie müssen" (a.a.O.).

Das ist nichts Anderes als der manchmal so paradox erscheinende Wille zur Unfreiheit, wie er zu einem guten Teil in den genau kalkulierten Volksabstimmungen so mancher Diktatoren zum Ausdruck kommt.

Aber muß man nicht auch sehen, daß Herrschaft Chancen eröffnet, Chancen des Aufstiegs, der Selbststilisierung, des Abgrenzens von anderen Personen und Gruppen, die eine Gesellschaft von Gleichen nicht bieten könnte?

Von daher kommt Herrschaft auch den Bedürfnissen der Beherrschten selbst entgegen, ihrer Eitelkeit, ihrem Streben nach Geltung und Einfluß. Durch ihr Beispiel wird Herrschaft zu einem erstrebenswerten Ziel, selbst dann, wenn man es persönlich nicht erreichen kann und auch insgesamt in der Gesellschaft die Chancen dazu verschwindend gering sind. Ebenso strebt man es vielleicht an, in einer Stadt mit anregendem und vielfältigem kulturellem Angebot zu wohnen, dessen Fehlen man in einem anderen Ort sehr beklagt. Wohnt man jedoch in einer solchen Stadt, nutzt man in der Regel kaum mehr als einen verschwindenden Bruchteil davon. Es scheint m.E. also weniger die persönliche Realisierung von Chancen zu sein, was zählt, sondern ihr Vorhandensein, d.h. die Möglichkeit ihrer Nutzung.

Die Strategien der Herrscher zur sozialen Differenzierung der Beherrschten und damit zu ihrer Entsolidarisierung werden also durch die Bereitschaft der Beherrschten selbst unterstützt, sich gegenüber ihren Mitmenschen abzugrenzen, möglichst zu erhöhen und sich Vorteile zu verschaffen. Damit erweist sich das Legitimationsproblem als weitaus komplizierter, als es auf den ersten Blick erscheint. Denn die Legitimität einer Ordnung ist nicht einfach gleichzusetzen mit der Zustimmung aller, oder doch einer Mehrheit derjenigen, die in ihr leben. Denn sonst müßten auch Staaten und Ordnungen als legitim angesehen werden, in denen gefoltert und gemordet wird und die Menschenrechte mit Füßen getreten werden. Nicht nur wegen des dargestellten Wechselverhältnisses zwischen Herrschern und Beherrschten, sondern auch wegen der (wie wir alle wissen: keineswegs utopischen) Möglichkeit, daß die Mehrheit beschließt, die Rechte einer Minderheit drastisch zu beschneiden, oder sogar ihre physische Vernichtung zu betreiben, muß Legitimation mehr sein als die bloße Zustimmung zu einem Regime bzw. einer Herrschaftsform. Ein wichtiger Bestandteil der Legitimität ist deshalb auf ein normatives Menschenbild zurückzuführen, das jeden Einzelnen mit einem Katalog unveräußerlicher Rechte ausstattet, wie es in der Deklaration der Menschenrechte resp. den Bürgerrechten seinen Ausdruck findet. Von einer legitimen Ordnung kann folglich immer nur dann gesprochen werden, wenn dieses unverzichtbare Minimum an Freiheit und Selbstbestimmung erreicht wird.

Dies ist nun allerdings zu relativieren, denn eine solche Definition ist mehr Forderung als Wirklichkeit und spielt für das Legitimitätsempfinden oder den -glauben nicht immer eine ausschlaggebende Rolle. Denn vielfach stehen andere Momente der Legitimität wie z.B. die Institutionalisierung und Legalisierung von Herrschaft im Vordergrund. Die damit verbundene Regelhaftigkeit des Regierungshandelns gibt den Regierten durch die weitgehende Abwesenheit von Willkür und wechselnden Handlungsmaximen auf der anderen Seite auch Verhaltenssicherheit und eröffnet Planungsmöglichkeiten. Zudem läßt sich nicht selten - zumindest für einige Zeit - mit außenpolitischen Erfolgen wie Eroberungen oder Versuchen dazu, die Legitimation eines Regimes nach Innen erhöhen (vgl. insgesamt dazu Richard LÖWENTHAL 1973, S. 101 ff).

Eine weitere und bedeutendere Relativierung erfährt unser Legitimationsbegriff aus historischer, aber auch aus interkulturell vergleichender Sicht. Denn das dazu gehörende Menschenbild hat keine universale Bedeutung, sondern entstammt der Vorstellungswelt der jüdisch/christlichen Kultur und hat zudem erst vor relativ kurzer Zeit in unserer Geschichte seinen Stellenwert bekommen. Zudem ist es auch nicht zu trennen von dem technologischen Stand der Güterproduktion und -verteilung in der Gesellschaft. Zentral an unserem Menschenbild ist der individuelle Charakter jedes einzelnen Menschen, seine prinzipielle Freiheit und Eigenverantwortlichkeit. Denn es hat seinen Ursprung auch in der industriellen Warenproduktion, durch die nicht nur eine große Ausweitung der Warenmärkte entstanden ist, sondern gleichzeitig ein gänzlich neuer Markt geschaffen wurde, über den die Arbeitskraft als Ware gehandelt wird. Die Teilnahme am Arbeitsmarkt aber setzt voraus, daß jede Arbeitskraft einzeln verfügbar ist, daß sie über bestimmte Eigenschaften und Qualifikationen verfügt und die Bereitschaft dazu mitbringt, z.B. auch Arbeits- und Wohnorte zu wechseln, sich den Organisationsprinzipien der Produktion zu unterwerfen.

In Jagd- und Agrikulturgesellschaften wurden keine oder kaum Ansprüche dieser Art an die Handlungsfähigkeit der Bevölkerung gerichtet. Ein Arbeitsmarkt existierte in diesen Gesellschaften praktisch nicht, deshalb bezogen sich die Anforderungen an die Arbeitskräfte direkt auf die bestehenden und am Ort vorfindlichen speziellen Produktionsbedingungen, die sich in der Regel im Verlaufe eines Menschenlebens auch kaum veränderten. In Industriegesellschaften werden demgegenüber im Prinzip verallgemeinerte Qualifikationen von jedem einzelnen gefordert, die ihn auf dem sich stetig wandelnden Arbeitsmarkt transferierbar machen. D.h., es wird die Fähigkeit von ihm verlangt, zukünftige Tätigkeiten an anderen Orten verrichten zu können. Soviel Flexibilität ist in der Regel nur einzelnen Menschen möglich, nicht einer Gemeinschaft oder einem Familienverband. Das Menschenbild in den Jagd- und Agrikulturgesellschaften dagegen kennt diese konsequente Individualisierung in bezug auf die Nahrungsmittel- und Güterproduktion nicht, und damit auch nicht die uns geläufige, darüber legitimierte Ungleichheit. Der einzelne ist kaum oder gar nicht überlebensfähig, und nur die Gemeinschaft ist in der Lage, die Existenz aller als Gesellschaftsverband zu sichern. Somit spielt hier mit Einschränkungen weniger die persönliche Qualifikation als vielmehr die der gesamten Produktions- und Lebensgemeinschaft eine Rolle.

Diese starren und über viele Jahrhunderte hin praktisch gleich gebliebenen Produktionsverhältnisse und die sich in den Agrargesellschaften herausbildenden feudalen Herrschaftsstrukturen bedürfen einer spezifischen Legitimation. So in der Betonung des Einfügens in die "von Gott gewollte Ordnung" für die gemeinschaftliche, jedoch in die Herrschaftsstrukturen des Feudalismus eingebettete Produktion der europäischen Agrargesellschaft. In ihr ist jedem durch die Geburt die gesellschaftliche Position praktisch unverrückbar als "Stand" mitgegeben, deren Grenzen in der Regel weder er noch seine Nachkommen überschreiten werden.

Legitimiert hier Gottes katholischer Wille die gesamte Ordnung und weist allen Personen den ihnen zukommenden Platz in den Ständen zu, so wählt er später, in der Frühphase des Kapitalismus, als protestantisch-puritanischer Gott, nur noch einzelne Personen aus, die er mit dem irdischen Signum seiner Gnade: dem geschäftlichen Erfolg, auszeichnet. Die gesellschaftliche Ordnung ergibt sich nunmehr nur noch implizit aus den Folgen dieser Hervorhebung einzelner Personen, sie wird nicht mehr explizit als Ganzes bestimmt. Gleichzeitig verwirft Gott sein Prinzip unverrückbarer, erblicher Standesordnungen zugunsten eines an den Werken der Menschen orientierten Auswahlkriteriums. Der geschäftliche Erfolg aber ist nicht von Dauer, er muß immer wieder aufs neue errungen, ausgebaut, verteidigt werden. Wer die äußeren Zeichen der Auserwähltheit behalten will, muß anpassungsfähig, flexibel, durchsetzungsfähig und bereit zum (Konsum)Verzicht sein.

Auch hier stoßen wir wieder auf Normen und Normvorstellungen in Zusammenhang mit der Legitimation von Herrschaftsverhältnissen, wie sie bereits in der Erwähnung der Bürger- und Menschenrechte deutlich wurden. Ihr Wandel ist nicht zu übersehen. Er ist aber nicht einfach als ein Echo der veränderten Produktionsverhältnisse mißzuverstehen, sondern oft selbst der Anlaß für die Veränderung der gesellschaftlichen Beziehungen. Max WEBER hat dies in seiner zu Anfang dieses Jahrhunderts erschienenen Aufsatzsammlung über "Die protestantische Ethik" eindrucksvoll herausgearbeitet, indem er aufzeigt, wie die Rationalisierung religiöser Handlungen, die Deutung geschäftlichen Erfolgs als Zeichen göttlicher Auserwähltheit und die puritanisch-asketische Lebensweise bestimmend für die Entfaltung eines auf Wachstum und Vermögensvermehrung abzielenden kapitalistischen Wirtschaftssystems wird.

2. SYSTEME SOZIALER UNGLEICHHEIT

Einmal erreichte Privilegien, einmal eingenommene herausgehobene Positionen werden kampflos nicht mehr geräumt. Im Gegenteil: die Privilegierten tun alles in ihrer Macht stehende, um diese Positionen nicht nur zu halten und gegen Angriffe zu sichern, sondern möglichst noch weiter auszubauen. Dafür ist die soziale Differenzierung oder Staffelung, wie es bei POPITZ heißt, zum Machtzentrum - wie im vorigen Kapitel dargestellt - eine zentrale Maßnahme. Sie alleine reicht jedoch nicht aus. Hinzukommen muß ihre Legitimation und - da es um eine langfristige Absicherung und damit Verteidigung und Verfestigung geht - vor allem ihre Legalisierung über Gesetze und Rechtsvorschriften. Damit wird eine weitere Ebene zwischen Herrschern und Beherrschten eingezogen, da im Konfliktfall jetzt nicht einfach nach Interessen, sondern allgemeinen Prinzipien verhandelt wird, hinter denen ein Herrschaftsinteresse bestimmter Personen oder Gesellschaftsgruppen nicht mehr ohne weiteres erkannt werden kann. Zudem darf nicht übersehen werden, daß gesetzlich fixierte Prinzipien und Regeln (soweit sie durchgehend und ohne Ansehen der Person angewendet werden) auch Vorteile für die Beherrschten selbst bedeuten, indem sie die Herrschaft berechenbar machen, Konflikte kanalisieren und damit auch eine gewisse Sicherheit garantieren.

2.1 Die Wandlungen der Besitzklassen

Die Rechtsprinzipien, nach denen gehandelt wird, stehen sowohl in Zusammenhang mit der Herrschaftsstruktur als auch mit dem technologischen Stand der Herstellung der lebensnotwendigen Güter in einer Gesellschaft. In den Sammler- und Jägergemeinschaften ist - mit unserem heutigen Verständnis betrachtet - alles Ersammelte und Erjagte gemeinsames Eigentum, welches (nach bestimmten Regeln) an alle Mitglieder verteilt wird. Abgesehen von möglichen Rivalitäten mit anderen Gemeinschaften um Sammel- und Jagdgebiete ist Eigentum von lebensnotwendigen Ressourcen im heutigen Sinne offensichtlich nicht definiert, wenngleich die Verteilungsregeln bereits Elemente von Ungleichheit enthalten können.

In den Agrargesellschaften hingegen, in denen systematisch Pflanzen angebaut und Tiere zur Nahrungsmittelproduktion gehalten werden, erhält Landbesitz einen sehr hohen Stellenwert. Landbesitz oder Nichtbesitz bestimmen in hohem Maße die Lebenslage der Menschen. Ausreichender Besitz bedeutet die (von Katastrophen wie Mißernten und Viehseuchen abgesehen) sichere Versorgung mit und Verfügungsgewalt über Lebensmittel. Nichtbesitz führt zur Abhängigkeit von den Besitzenden. Aus der Größe und der Güte des Landbesitzes leitet sich auch der soziale Status in diesen Gesellschaften ab, kurz: es entsteht ein Besitzklassensystem. Die gesellschaftlichen Durchsetzungschancen sind geknüpft an den Besitz: je höher die Position im Besitzklassensystem, desto größer sind auch Macht und Einfluß. Macht über die Nichtbesitzer, die z.B. als Leibeigene für die Besitzenden arbeiten müssen, Einfluß auf die anderen Mit-Besitzer im Rahmen der Formulierung und Durchsetzung von Maßnahmen zur Sicherung ihrer Herrschaftspositionen oder auch zur Vergrößerung des eigenen Besitzes auf Kosten anderer Besitzer.

Anders als in der bürgerlichen Gesellschaft, in der Besitz zu einem handelbaren und von allen Sozialbeziehungen losgelösten Gut geworden ist, ist er im Feudalismus noch die beziehungsstiftende Klammer zwischen Lehensherr und Vasall, zwischen Gutsbesitzer und Bauer. Der Gutsherr ist für seine Existenzsicherung schließlich auf die Produktivität seiner Leibeigenen angewiesen; bedient er sich der erwirtschafteten Vorräte zu rücksichtslos, schwächt er nicht allein die Arbeitskraft seiner Bauern, sondern schädigt sich unmittelbar selbst. Zugleich relativiert das Lehenssystem die Stellung des Besitzers: seine Güter gehören ihm nicht eigentlich, sind nicht sein Eigentum, sondern werden ihm und seinem Geschlecht mit dem ihnen verliehenen Amt lediglich, wenn auch auf unbestimmte Zeit, überlassen. Eingebunden in die Hierarchie der feudalistischen Ordnung kann unbotmäßiges Verhalten Ämter und Besitz kosten.

Die Kontinuität dieses Klassensystems wird primär durch Vererbung aufrechterhalten. Dabei entstehen über Jahrhunderte ganz verschiedene, oft komplizierte Vererbungsregeln und -gesetze, wie sie z.B. in den bäuerlichen Erbteilungsverfahren ihren Ausdruck finden. Das Prinzip der hohen bzw. niedrigen Geburt fügt sich ein in die von Gott gewollte Ordnung, denn neben dem Tod ist sein Wille zu keinem Zeitpunkt des Lebens direkter zu erfahren als bei der Geburt.

Staat und Gesellschaft sind in diesem Stadium der Entwicklung praktisch eins: die Position im Besitzklassensystem ist im Prinzip gleichbedeutend mit politischem Einfluß. Jedoch kann sich aus dem politischen Geschick einzelner über ein dadurch erworbenes Ansehen auch der Status innerhalb der Besitzklasse erhöhen.

Bildung und Ausbildung spielen in diesem System für die Zuweisung von Positionen in der Gesellschaft praktisch keine Rolle. Das wird erst anders mit der zunächst langsamen, dann mit Beginn der Industrialisierung schnelleren Abkehr vom Feudalsystem und der

Herausbildung eines primär an der beruflichen Tätigkeit orientierten Systems sozialer Ungleichheiten (s.a. Kapitel 3). Seine Ursprünge hat es in der handwerklichen und kaufmännischen Tradition der Zünfte und Gilden, die sich in den Städten weitgehend unabhängig von den feudalen Machtstrukturen entwickeln konnten. Die Positionen im Zunftwesen waren nicht unmittelbar zu vererben, sondern erstmals an eine bestimmte Ausbildung geknüpft; für die bäuerlichen Existenzen war dies weithin unbekannt. Denn die Produktionsbedingungen der Agrargesellschaft verlangen keine speziellen Kenntnisse, welche nicht auf dem Wege der Tradierung von einer Generation zur nächsten weitergegeben werden könnten.

Aber auch unter der Ausbildung, der Lehre im sog. "alten Handwerk" darf man sich nicht allzuviel vorstellen, denn "die Aneignung der beruflichen Fähigkeiten erfolgte vornehmlich durch das Nachahmen der gezeigten Arbeitsvorgänge ohne deren theoretisch methodische Durchdringung" (Heidi ROSENBAUM 1982, S. 126). Jedoch leitete sich sein gesellschaftliches Ansehen vor allem aus der langen Ausbildungszeit des Handwerkers ab (Lehrzeit, Wanderjahre). Die Städte beherbergen jedoch nur eine kleine Minderheit der Bevölkerung in ihren Mauern, in denen die handwerklichen Zünfte über starre Regelsysteme ihren kollektiv erreichten Status in der städtischen Gesellschaft vor allem sichern, nicht aber ausbauen wollen. Denn

"Ziel des Wirtschaftens war im 'alten' Handwerk die Sicherung eines traditionell herausgebildeten Lebensniveaus ... , Konkurrenz und Profitstreben waren dem Handwerk weitgehend fremd. Zwar ist der Arbeitstag des Handwerkers lang gewesen, reichte normalerweise von fünf Uhr morgens bis zum Abend, aber es gab viele Pausen und die Arbeitsintensität war nicht groß. Viele Feiertage, blauer Montag usw. sorgten für notwendige Entspannung. Arbeit um der Arbeit willen oder zur Steigerung des Lebensstandards war weitgehend unbekannt" (a.a.O., S. 126 f).

Zur Absicherung des erreichten Lebensstandards und zur Bewahrung der traditionell egalitären Lebensstile schalteten die Zünfte jede Konkurrenz untereinander aus, indem sie die Produktionstechniken festlegten und ihre Mitglieder zum Kampf gegen Neuerungen verpflichteten (a.a.O., S. 128 f; vgl. auch Achim LESCHINSKY und Peter Martin ROEDER 1976, S. 53).

Trotz der ganz anderen, von ihren Grundlagen und Prinzipien her völlig gegenteiligen Lebensweise orientieren sich auch die Handwerker an dem vorherrschenden Vorbild des Adels mit einer Art zünftiger Ahnenprobe, indem sie das Zugangskriterium der

"'ehrlichen und ehelichen' Geburt" einführten. "Nicht nur ausschließlich Kinder 'ehrlicher Leute' konnten ein Handwerk erlernen und in die Zunft aufgenommen werden; auch die Frau, die einen

Meister heiraten wollte ... mußte, wie er selbst, 'ehrliche' Abkunft, eheliche Geburt und sittlichen Lebenswandel nachweisen. Dieser Nachweis erstreckte sich bis auf die Großeltern" (Heidi ROSENBAUM 1982, S. 180).

Auch dieses Beispiel zeigt, wie die Bewertung individueller (hier: Herkunfts-)Merkmale zur Legitimation gesellschaftlicher Stellung und damit sozialer Ungleichheit herangezogen wird, obschon sie mit Fähigkeiten oder gar Leistung - was uns heute selbstverständlich scheint - überhaupt nichts zu tun haben. Aber darum ging es allenfalls sekundär, von primärer Bedeutung war allein die Sicherung der erreichten Position, und daran orientierten sich auch die Auswahlverfahren und -kriterien.

Bewegung kommt in dieses statische Bild der Gesellschaft erst durch die Entwicklung zum Absolutismus. Der absolutistische Zentralstaat konnte seinen Machtanspruch nur durchsetzen, indem er auf dem Lande die lokale Herrschaft der Feudalherren beschnitt und in den Städten autonome, auf Beharrung angelegte Verbände wie Zünfte und Gilden zerschlug. Damit wurden grundsätzlich auch die Voraussetzungen zur Einführung neuer Technologien und neuer Produktionsverfahren geschaffen. Produktivitätssteigerungen waren notwendig, um - wie in Preußen - sowohl die Integration der Gesellschaft nach innen in das absolutistische Staatsmodell als auch die Expansiion nach außen zu fördern. Gleichzeitig muß der Verwaltungsapparat des Staates ausgebaut und mit weitgehenden Gestaltungs- und Kontrollfunktionen ausgestattet werden.

War vorher die staatliche Bürokratie zahlenmäßig eher marginal und in ihren Kompetenzen sehr beschnitten, so wuchs sie nunmehr zu einer gesellschaftlich bedeutenden Gruppe heran. Ihre Funktionsträger werden ausgetauscht: die an Privilegierte oder Honoratioren verliehenen Ämter, die oft nicht die Quelle des Einkommens waren, weichen mit dem Anwachsen und der Stetigkeit der Aufgaben einer Berufsverwaltung mit ausgeprägter Aufgabenteilung und Hierarchisierung. Damit verliert der Adel, gewohnt, ohne Arbeit von den produzierten Überschüssen zu leben, auf lange Sicht an Macht und Einfluß. Parallel dazu entstehen große Manufakturen und in Teilbereichen auch Verlagssysteme zur Organisation von Heimarbeit, die einen Großteil der Arbeit des 'alten Handwerks' obsolet machen.

Die ständische Organisation der Gesellschaft beginnt sich aufzulösen: viele früher selbständige Handwerker finden sich als Arbeiter in den Manufakturen und längerfristig in den neuen Industriebetrieben neben ehemaligen Leibeigenen wieder. Der vierte Stand, die Zahl der Arbeiter, wächst. Die stärkere Industrialisierung der Güterproduktion mit Maschinen führt zur Rationalisierung der Arbeit: die Tendenz der Aufteilung der Arbeit in viele verschiedene Einzelschritte, deren Ausführung nur mehr relativ geringe Fachkenntnisse erfordert, nimmt zu. Zwar sind umfassende handwerkliche Kenntnisse und Erfahrungen im industriellen Fertigungsprozeß kaum noch gefragt, gleichwohl werden jedoch neue Fähigkeiten benötigt, um Probleme zu lösen, die durch die Einführung von Maschinen in den Produktionsablauf (Wartung, Reparatur) entstehen. Zudem steigt mit wachsenden Märkten auch der Bedarf nach speziellen Verteilungsagenturen und - damit zusammenhängend - nach kaufmännisch versierten Arbeitkräften, die diese Kontroll- und Verteilungsaufgaben erfüllen können.

Der Stand, in den man hineingeboren wird, bestimmt nicht mehr die gesellschaftliche Position und damit die Lebenschancen, sondern die eigenen, erlernten und erworbenen Fähigkeiten, Erfahrungen und Verdienste und ihre Realisierungsmöglichkeiten auf dem parallel mit dem Anwachsen des Warenmarktes entstandenen Arbeitsmarkt. Es wird nicht mehr ausschließlich auf Bestellung und zur Sicherung des eigenen Lebensstandards produziert, sondern die Waren finden ihre Abnehmer erst auf dem Markt, auf den hin im Prinzip spekulativ produziert wird. Absicht dabei ist es, über einen steigenden Absatz die Produktion und damit vor allem die Gewinne zu vergrößern. Da die Marktverhältnisse einem stetigen Wandel unterliegen und der Zwang besteht, sich der Nachfrage entweder durch Vergrößerung oder aber Verkleinerung anzupassen, müssen die Arbeitskräfte prinzipiell 'frei' sein, um bei Bedarf entlassen oder eingestellt werden zu können. Um den 'Handel' der Arbeitskräfte auf dem Arbeitsmarkt zu ermöglichen, bedarf es einer Standardisierung und Klassifizierung ihrer Fähigkeiten. Der Beruf leistet genau dies.

Zunächst jedoch führt die Rationalisierung und Maschinisierung der Produktion zu einer einschneidenden Abwertung der beruflichen Fähigkeiten: die Zerlegung der Arbeit in viele kleine Einzelschritte, die jeweils von verschiedenen Personen vollzogen werden und keine besonderen Kenntnisse und Fähigkeiten mehr verlangen, läßt ihre beruflichen Kompetenzen und Erfahrungen zu Makulatur werden. Langfristig jedoch wird die berufliche Ausbildung wieder wichtiger: die 'industrielle Reservearmee' ist nicht unerschöpflich, die stetige Fluktuation am Arbeitsplatz führt zu Unterbrechungen, Konflikten, Produktions- und Qualitätsverlusten. Auf Dauer "rechnet sich" somit in vielen Bereichen ein ausgebildeter Facharbeiter, der zudem flexibler einsetzbar ist.

Die Auflösung der ständischen Gesellschaftsordnung schafft aber auch individuelle Handlungsmöglichkeiten, die vordem nicht bestanden:

"... mehr und mehr eröffnet sich, jedenfalls auf der Ebene der Rechtsordnung, dem einzelnen die Chance, über Berufswahl und Berufwechsel etwas anderes zu werden, als er ist; nicht der zu sein, der zu sein ihm bestimmt ist, sondern der zu werden, der er werden will" (Hans A. HESSE 1972, S. 14)

Trotz aller zunächst negativen Auswirkungen dieser gesellschaftlichen Umwälzung ist festzuhalten, daß prinzipiell Freiheit und

Selbstbestimmung erst mit der Auflösung der alten, feudalen und ständischen Rechtsordnungen möglich wird. Sie wird jedoch gleich wieder eingeschränkt: Zwar ist der Arbeiter nun Eigentümer seiner eigenen Arbeitskraft geworden, aber die Konzentration der Wirtschaft und die dadurch erzwungene Stellung als Lohnabhängiger in Großbetrieben ist gleichbedeutend

"mit dem Ende der großartigen (liberalen; J.W.M.) Idee, nach der Arbeitende, ohne einen Herrn über sich zu haben, unmittelbar dem Vernunftgesetz des Marktes gehorchen und aus ihm seine Freiheit zurückempfangen sollten" (Eduard HEIMANN 1929; cit. nach d. Neuausg. 1980, S. 42).

Diese Idee konnte aber schon deshalb nicht durchgesetzt werden, und machte statt dessen hierarchisch organisierten Herrschaftsverhältnissen Platz, weil die zu Beginn der Industrialisierung

"für die Produktionstätigkeiten rekrutierte Kategorie von Arbeitskräften weitgehend arbeits- und sozialrechtlich ungeschützt war, zahlreich und nicht-organisiert auftrat, und aufgrund der Eigentumsverhältnisse keine gesellschaftliche Alternative der Existenzsicherung hatte" und die immer weiter vorangetriebene Arbeitsteilung das schuf, "was ihre Anwendung voraussetzte: Demotivation und Dequalifikation" (Sabine KUDERA 1977, S. 25 f).

Das Besitzklassensystem bleibt somit - wenn auch in stark gewandelter Form - bestehen. Nicht mehr der Besitz von Land, sondern in der Regel der von industriellen Produktionsmitteln, ist entscheidend. Es ist auch nicht mehr der Adel, der sich meist der neuen Zeit verweigerte, auf den angestammten Privilegien bestand und - von der Entwicklung überrollt - verarmte, sondern das aufstrebende Bürgertum, das die neuen Möglichkeiten der industriellen Produktion erkennt und sich die Produktionsmittel aneignet.

Vielfach jedoch übersteigen längerfristig die Investitionsanforderungen die Mittel der Firmeninhaber, und die Betriebe können häufig ihren Kapitalbedarf nur mit einer Umwandlung in Publikumsgesellschaften oder in Anlehnung an eine größere Firma decken und überleben. Dies ist eine Tendenz, die in den letzten Jahrzehnten vielfach zu beobachten war. Das bewirkt eine Veränderung der Managementstruktur: nicht mehr die (oft groß gewordene Anzahl) der Besitzer leitet das Unternehmen, sondern angestellte Manager mit entsprechenden Fähigkeiten und Erfahrungen. Damit entsteht auch im Bereich der Wirtschaft, wie bereits vordem in den staatlichen Verwaltungen, eine Spielart des Bürgertums, die ihre Stellung nicht dem Besitz an Produktionsmitteln, sondern ihrer Bildung und fachlichen Qualifikation verdankt. So gewinnen auch in diesem Bereich berufliche Qualifikationen zunehmend an Bedeutung. Dies findet gleichzeitig in der gesellschaftlichen Beurteilung der Berufe ihren Ausdruck:

"Wir setzen Person und Beruf gleich und benutzen den Beruf als Indikator, als Informationsquelle dafür, was die Person 'ist' - was sie kann, welche Bedürfnisse und Orientierungen sie hat, über welche sprachlichen Fähigkeiten sie verfügt, ... der Beruf dient als Mittel, den Schleier der fremden Individualität ein wenig zu lüften, und umgekehrt gibt jeder mit der Schilderung seines Berufs - ob er will oder nicht - ein wesentliches Stück seines Ichs preis" (Ulrich BECK, Michael BRATER, Hansjürgen DAHEIM 1980, S. 14).

Der Beruf wird somit zu einer Schlüsselkategorie im System sozialer Ungleichheit in der entwickelten Industriegesellschaft.

2.2 Die Konstruktion der Berufsklassen

In Anlehnung an Gerhard E. LENSKI (1966) kann man davon sprechen, daß sich neben dem gewandelten Besitzklassensystem ein Berufsklassensystem etabliert. Auf den ersten Blick erscheint die Unterteilung in Berufe in einer arbeitsteilig organisierten Gesellschaft zwar als funktional begründet und unausweichlich, weiteres und genaueres Hinsehen wirft jedoch die Frage auf, inwieweit die vorfindliche Berufsstruktur das Ergebnis übergreifender, nicht funktional zu begründender Prozesse ist. Ausgangspunkt einer solchen Analyse, wie sie insbesondere von Ulrich BECK und Michael BRATER in einer Reihe von Publikationen vorangetrieben wurde, sind die verschiedenen Einzelfähigkeiten, die in einem Beruf zusammengefaßt werden.

Diese Einzelqualifikationen sind zunächst einmal Ausdruck einer bestimmten Spezialisierung, wie sie durch die Arbeitsteilung der gesellschaftlichen Produktion erforderlich ist. Damit also kommt hier der rein technische Aspekt der Bewältigung konkreter Arbeitssituationen zum Ausdruck. Die Betrachtung von Produktionsprozessen macht sinnfällig, daß es ganz unterschiedliche solcher Arbeitsschritte gibt, die z.B. für die Herstellung einer einzigen Ware notwendig sind: sie reichen von ihrem Entwurf über die Konzeption ihrer Fertigung bis hin zur Herstellung selbst. Dazu gehören auch Tätigkeiten, welche die Warenproduktion erst ermöglichen, wie die Schaffung und Aufrechterhaltung einer Arbeitsorganisation, eines kaufmännischen Rechnungswesens, einer Personalabteilung. Das heißt auch: es gibt sowohl anregende, interessante und saubere Tätigkeiten als auch monotone, anstrengende, durch Umwelteinflüsse (Lärm, Gestank, Hitze usw.) beeinträchtigte und schmutzige Arbeiten, die für die Herstellung von Gütern notwendig sind. Daraus folgen fast zwangsläufig unterschiedliche Bewertungen bzw. unterschiedliche

Attraktivitäten einzelner Tätigkeiten. Sie sind einerseits sehr direkt meßbar über Einkommen, finden aber andererseits mittelbar auch ihren Niederschlag in unterschiedlichen Prestigezuweisungen für den eine bestimmte Tätigkeit Ausübenden.

Diese Einzeltätigkeiten und die für ihre Verrichtung notwendigen Kenntnisse und Fähigkeiten machen jedoch noch keinen Beruf aus. Berufe bezeichnen vielmehr die zusammengefaßte Qualifikation zur Ausübung der Kombination einer Reihe solcher Einzeltätigkeiten. Allerdings ist der Berufsbegriff janusköpfig: es gibt eben nicht nur den erlernten, sondern auch den ausgeübten Beruf. Berufliche Qualifikation und berufliche Tätigkeit können auseinanderfallen und völlig unterschiedlich sein. Wie wir noch sehen werden (in Kap. 11), ist dies auch sehr häufig der Fall. Prinzipiell ändert dies jedoch nichts an unseren Überlegungen, denn Berufsbilder und Ausbildungsordnungen werden ja im wesentlichen abgeleitet aus den faktisch bereits existierenden Tätigkeitskombinationen. Interessant ist nun die Beantwortung der Frage nach den Kriterien für diese Zusammenfassungen. Denn wir können beobachten, daß die einen Beruf ausmachenden Einzeltätigkeiten in jeweils spezifischer Weise miteinander kombiniert werden.

Abgesehen vom kleinen selbständigen Handwerker, der sich um seine Aufträge selbst bemüht und neben seinem Handwerkszeug auch den Bleistift für Terminplanung, Kalkulation und Rechnungswesen in die Hand nehmen muß, sehen wir in den mittleren und größeren Organisationen diese dort in gleicher Weise anfallenden Arbeiten sehr deutlich voneinander getrennt. Jemandem, der z.B. am Fließband, an der Drehbank oder an einer Stanze seine Arbeit verrichtet, bleibt das Büro als Arbeitsplatz verschlossen: er steht den ganzen Arbeitstag in seiner Werkhalle, über Wochen, Monate, Jahre, nicht selten sein ganzes 'Arbeitsleben'. Verwalten, kalkulieren, disponieren: das alles gehört zwar auch zu 'seinem' Produkt, nicht aber zu seinem Berufsbild. Dafür gibt es wieder andere Spezialisten, die an ihren Schreibtischen sitzend tagein, tagaus die gleichen Aufgaben erfüllen.

Die Begründung dafür klingt plausibel: Sachzwang aufgrund der notwendigen Arbeitsteilung, der sinnvollen Spezialisierung aufgrund der anfallenden Arbeitsmengen. Dabei wird unterstellt, es gäbe so etwas wie genuine technologische Sachzwänge, die von vorneherein die Handlungsalternativen bis hin zu nur einer möglichen Lösung einschränken. Das ist quasi die Vorstellung von Technik als 'Naturgewalt', vom Fortschritt, dem man sich anpassen, unterwerfen muß. Übersehen wird dabei, daß jedwede technische Entwicklung von Menschen geschaffen wird und somit letztlich Entwürfen folgt, die ihren Vorstellungen entsprungen sind. Oder, in den Worten Egon FRIEDELLs, der die technische Revolutionierung der Produktion in Anlehnung an Adam SMITH als längst vorgedachte Folge der Arbeitsteilung in den Manufakturen sieht: "In der menschlichen Kulturentwicklung (ist) das Primäre stets der Gedanke ...., auf den die entsprechenden Tatsachen ganz von selber folgen: erst konzipierte der Engländer den Maschinenmenschen, und als dies geschehen war, blieb ihm gar nichts anderes mehr übrig, als die dazugehörige Maschine zu erfinden" (1928; cit. n.d. Ausg. 1976, S. 717). Zu diesen Vorstellungen von Arbeitsbewältigung gehören auch die zunächst selbstverständlich erscheinenden Kombinationen von Tätigkeiten, deren statusdeterminierte Relationen zueinander bezeichnenderweise auch die stürmischsten technologischen Entwicklungen weitgehend überdauert haben.

Andere Zusammenstellungen von Einzeltätigkeiten zu Berufen wären denkbar z.B. in der Verknüpfung von technischen und organisatorischen Tätigkeiten: ein Teil der Arbeitszeit dient der Herstellung irgendeines Teiles, der Montage o.ä.m.; der andere Teil beinhaltet die Arbeitsorganisation, die Teilebeschaffung, das Kostenwesen usw.. Alle diese Tätigkeiten hätten mit dem gleichen Gegenstand: der Produktion bestimmter Teile zu tun und dennoch erscheint dieses Berufsbild auf den ersten Blick als überfrachtet, weil scheinbar so verschiedenartige Dinge wie Herstellung und Verwaltung darin integriert sind.

Was uns beim selbständigen Handwerker als normal und selbstverständlich erscheint, provoziert spätestens im industriellen Bereich den Vorwurf realitätsferner und utopischer Träumerei. Denn ein solcher Vorschlag vergißt die hierarchische Ordnung der Unternehmen. Disponierende und verwaltende Tätigkeiten sind in dieser Hierarchie höher eingeordnet als die eigentliche Fertigung. Er würde also unterschiedliche Hierarchieebenen in einen Beruf zusammenpacken. Die Konsequenz davon wäre entweder die Aufhebung des hierarchischen Ordnungsprinzips oder ein solcher Beruf wäre kaum erlernbar, weil er Anforderungen stellte, die sich praktisch nicht in einer Person vereinbaren lassen: Einordnungsbereitschaft, monotones Arbeiten nach Vorgaben auf der einen und Führungsqualitäten, Strukturierungsfähigkeiten, umsichtiges und komplexe Sachverhalte berücksichtigendes Planen auf der anderen Seite. Der Zuschnitt der Berufe auf die hierarchischen Ordnungsvorstellungen macht klar, daß die Berufe sich nicht primär aus Sachzwängen produktionstechnischer Natur ableiten lassen, sondern aus diesen in Ordnungsprinzipien verfestigten Ungleichheitskonzepten.

"Mit anderen Worten: Berufe sind nicht das 'einzig ungleichmachende Prinzip in unserer Gesellschaft' (Schelsky), sondern zunächst genau umgekehrt: Manifestationen übergeordneter Verhältnisse sozialer Ungleichheit" (Ulrich BECK/Michael BRATER/Eckhart TRAMSEN 1976, S. 27).

Dies ist auch eine logische Folge der Vermarktung der Arbeitskraft. Denn die Anbieter auf diesem Markt müssen - wie jeder andere Anbieter auch - ein Interesse daran haben, die Konkurrenz klein zu halten, um einen möglichst hohen Preis zu erzielen. Dafür muß einmal die besondere Bedeutung, ja die Einzigartigkeit der eigenen beruflichen Kompetenzen herausgestellt, zum anderen das Berufsfeld gegen mißliebige Konkurrenten abgeschottet werden. Techniken dazu

"ergeben sich u.a. ... aus der Durchsetzung und Legitimation von Traditionen, aus der Aufrichtung von besonderen Qualitätsstandards oder Zugangsregeln oder auch, letztlich am effektivsten, aus der Monopolisierung der Ausbildungen, die zur Entwicklung der benötigten Spezialfähigkeiten führen" (Ulrich BECK/Michael BRATER/Hansjürgen DAHEIM 1980, S. 36).

Dieses wechselseitige Ausschließen der verschiedenen Anbieter bzw. Anbietergruppen führt zu "sozial stabilisierten Abgrenzungen" (a.a.O.) und damit festgeschriebenen Berufsfeldern und -bildern, in denen sich die gesellschaftlich bedingte Ungleichheit gleichsam spiegelt und fortsetzt.

Das macht noch einmal besonders deutlich, daß die Konstitution der Berufe nicht allein ein betriebliches oder auf eine Organisation beschränktes Problem ist, sondern die Folge und gleichzeitig auch die Stabilisierung gesellschaftlich wirksamer Vorstellungen von sozialer Ungleichheit darstellt. Aus diesem Blickwinkel betrachtet sind sie ein Instrument zur Herausbildung und Verfestigung hierarchischer Organisationsstrukturen, privilegierender Positionen in ihnen und damit von Herrschaft.

Denn historisch betrachtet leitet sich der gesellschaftliche Status zunächst nicht ab aus der beruflichen Situation, sondern wird weiterhin bestimmt durch Geburt und Vermögen, wie das folgende Beispiel aus der englischen Gesellschaft illustriert:

"Bis in das 19. Jahrhundert hinein galten die 'professions' als die einzigen Berufe 'fit for a gentleman'. Das bedeutete jahrhundertelang zunächst, daß der 'gentleman' der Angehörige der 'leisure class', sich hier und nur hier, betätigen konnte, ohne Gefahr zu laufen, gesellschaftliches Ansehen und gesellschaftlichen Einfluß zu verlieren. Es bedeutete nicht, daß die Zugehörigkeit zu einer 'profession' den Status eines 'gentleman' verliehen hätte. Wer von Geburt und Lebensweise kein 'gentleman' war, der wurde es auch nicht dadurch, daß er die Aufnahme in eine 'profession' erreichte. Aber im Laufe der Zeit änderte sich diese Bewertung: die Zugehörigkeit zu einer 'profession' wurde mehr und mehr als Ursache für gesellschaftliche Geltung angesehen, als Mittel zum Aufstieg in die 'leisure class' genutzt". (Hans A. HESSE 1972, S. 128; Hervorh. i.Orig.).

Es dauert also eine lange Zeit, ehe der Beruf als Quelle des gesellschaftlichen Status anerkannt wird und sich die Geltung eines Berufsklassensystems durchzusetzen beginnt.

In seinen Anläufen zur Selbststilisierung und Erlangung gesellschaftlicher Geltung orientiert sich das Bürgertum am Habitus des Adels und versucht daran orientierte Lebensstile über die Konstruktion entsprechender Berufe, mit denen es meist seinen Lebensunterhalt bestreiten muß, zu realisieren. Der Status steht also im Vordergrund der Konstituierung und nicht etwa sich aus der Sache, der zu bewältigenden Aufgaben ergebende Notwendigkeiten. Die dahinter stehenden Intentionen und Orientierungen spiegeln sich auch in der Sprache der Zeit, wenn z.B. vom "Geistesadel" die Rede ist oder akademische Titel praktisch an die Stelle von Adelsprädikaten treten.

Das Bürgertum befindet sich dabei in der Klemme: einerseits biedert es sich der Aristokratie in seinem Hunger nach Anerkennung und Prestige an, andererseits muß es sich vom Adel distanzieren, denn eine Zustimmung zu den Feudalprinzipien wäre gleichbedeutend mit seiner eigenen Vernichtung. Diese zwar ökonomisch so erfolgreiche, aber gesellschaftlich zutiefst verunsicherte und politisch nur mäßig talentierte Klasse wird so leicht zum Spott der Arrivierten. Das bietet Stoff für subtile literarische Meisterwerke wie Marcel PROUSTs "A la recherche du temps perdu", in der das Aufeinandertreffen von alter und neuer Elite in den Pariser Salons in meist amüsanter, gleichwohl scharf beobachtender Weise geschildert und bis in die feinsten Verästelungen nachgezeichnet wird, oder Robert MUSILs ausgefeilten Torso des "Mann ohne Eigenschaften", der im Wien des späten 'kakanischen Reiches' (Österreich-Ungarn) die mit Akribie und Finessen ausgefochtenen Salonkämpfe zwischen Adel und Bürgertum verfolgt.

Die in den Berufen enthaltenen Privilegien oder Benachteiligungen sind unterschiedlicher Natur. Da die beruflichen Tätigkeiten in unserer 'Arbeitsgesellschaft' für den Erwerb des Lebensunterhalts von zentraler Bedeutung sind, steht das über die berufliche Tätigkeit erzielte Einkommen an hervorragender Stelle. Damit läßt sich außerhalb des betrieblichen Bereichs auch die eigene Stellung über symbolische Akte wie den Kauf entsprechender Insignien (von modischer Kleidung über ein entsprechendes Auto, die exklusive Reise bis zum eigenen Haus) darstellen.

Dieser eher nach außen gerichteten Zelebrierung der beruflichen bzw. gesellschaftlichen Position und ihrer Verfestigung nach innen durch die Herausbildung der gesellschaftlichen Identität entsprechen Privilegien in der Qualität der beruflichen Tätigkeitsmerkmale. Gute Bezahlung geht in der Regel einher mit sauberer Arbeit, großem Dispositionsspielraum, eigener Entscheidungsbefugnis und behaglicher Büroausstattung. Umgekehrt zeichnen sich die schlecht bezahlten Berufe durch normierte, oft monotone, nicht selten auch lärm- und geruchsbelastete Arbeitsplätze aus, an denen körperliche Kraft, Geschicklichkeit, Ausdauer und vor allem Disziplin gefragtere Verhaltensweisen sind, als geistige Beweglichkeit und selbstverantwortetes Handeln.

2.3 Die politischen Klassen

Die Abschaffung der dezentralen Herrschaftsstrukturen des feudalistischen Systems, in dem die Stellung im Besitzklassensystem praktisch deckungsgleich mit politischem Einfluß war (wobei zu berücksichtigen ist, daß 'Politik' im heutigen Sinne praktisch kaum existent war - so fehlte eine Ausdifferenzierung in Wirtschafts-, Sozial- oder Gesellschaftspolitik) führte im absolutistischen Staat zum Aufbau einer teils adeligen, teils bürgerlichen Verwaltungselite, die zur Durchsetzung des zentralstaatlichen Herrschaftsanspruchs unentbehrlich war.

Damit ist der Keim gelegt für die Entwicklung eines bis zu einem gewissen Grade eigenständigen politischen Klassensystems, innerhalb dessen sich die Gesellschaftsmitglieder nach ihren Partizipations- und Herrschaftschancen differenzieren lassen. Zunächst ist dieses System konstitutionell noch weitgehend verknüpft erst mit Besitz, dann mit Einkommen (ein nach Steuergruppen definiertes Dreiklassenwahlrecht existiert in Preussen bis 1918), schließlich setzt sich das allgemeine und geheime Wahlrecht, ungebunden an etwelche Voraussetzungen ("one man, one vote") durch. Das politische Klassensystem entwickelt sich, ähnlich - jedoch prinzipiell weitergehend - wie das Berufsklassensystem, von einem zunächst partikularistisch, d.h. an den Einzelinteressen sozialer Gruppen und ihrer Aufrechterhaltung orientierten zu einem universalistisch verfaßten System, in dem alle Bürger die gleichen Einflußchancen haben. Dies ist mit Thomas H. MARSHALL (1950; cit. n. Gerhard E. LENSKI 1966, dt. Ausg. 1977, S. 120 f) durchaus als ein politisches Machtmittel zu begreifen. Das Besondere daran ist, daß ein wichtiger Teil der darin über freie Willensbekundungen in Wahlen erzeugten Ungleichheit quasi turnusmäßig überprüft und verändert werden kann. Das Besitzklassen- und zu einem Teil auch das Berufsklassensystem sind dagegen auf Beharrung angelegt und stehen damit nicht selten in Konflikt zu den Prinzipien des politischen Systems. Dabei steht oftmals Besitzrecht gegen Bürgerrecht oder sogar, wie besonders in Mittel- und Südamerika zu beobachten ist, gegen die elementarsten Menschenrechte.

Damit gibt es nicht nur einen Kampf zwischen den Klassen, sondern auch um verschiedene Verteilungsprinzipien und damit zwischen den Klassensystemen (Gerhard E. LENSKI 1966). Ein prägnantes Beispiel dafür ist die Durchsetzung bürgerlicher Ordnungsprinzipien gegen die tradierten, über Vererbung geregelten Verteilungs- und Herrschaftsformen der Aristokratie im Verlaufe der industriellen Revolution im 19. Jahrhundert in Europa. Darüber hinaus bedeutet die Institutionalisierung eines solchen Systems staatsbürgerlicher Gleichheit, und auch das stützt MARSHALL's These, gleichzeitig eine tendenzielle Bedrohung der anderen Ungleichheitssysteme, die dadurch beständigem Legitimationszwang unterworfen sind und teilweise Zugeständnisse in Richtung geringerer Ungleichheit machen müssen.

Es ist jedoch auf der anderen Seite nicht zu übersehen, daß sich auch im prinzipiell auf Gleichheit angelegten politischen Klassensystem notwendigerweise auftretende Ungleichheiten stabilisieren. Denn schon über die unterschiedlichen Erfahrungen der gewählten Herrscher und der Beherrschten vermitteln sich ganz verschiedene Kompetenzen und Handlungsmaximen, welche den Herrschern wiederum Vorteile verschaffen. Darauf weist Robert MICHELS in seinem 1908 erstmals erschienenen Aufsatz über "Die oligarchischen Tendenzen der Gesellschaft" hin:

"Während die Masse durch die berufliche Arbeit und die Sorgen des täglichen Lebens von einer genaueren Kenntnis des politischen Getriebes ... ferngehalten wird, wird der Führer durch die neuen Umstände umgekehrt dazu geführt, sich mit den Technicismen der Politik und der sozialen Gesetzgebung auf das engste zu befreunden. Auf diese Weise erwirbt er sich in kurzer Frist eine gewisse Kompetenz, die ihn auf die Dauer seinen Auftraggebern immer mehr überlegen macht. Je komplizierter das politische Metier, je unübersehbarer die politischen Bestimmungen der sozialen Gesetzgebungen, je mehr Sachkenntnis und Routine dazu gehört, sich im öffentlichen Leben zurechtzufinden, desto mehr steigt der persönliche Unentbehrlichkeitswert der gehobenen Arbeiterexistenzen. Dementsprechend wird auch ihre Unantastbarkeit immer größer" (Robert MICHELS 1908; cit. n.d. Ausg. 1975, S. 92).

Diese ersichtlich auf Probleme der Arbeiterbewegung gemünzten Feststellungen, die ja selbst egalitäre Strukturen anstrebt, sind jedoch darüber hinaus von allgemeiner Gültigkeit. Sie zeigen auf, wie schwierig, wenn nicht unmöglich es für die Beherrschten ist, die immer weiter ausdifferenzierten und spezialisierten Mechanismen zu durchschauen, mittels derer Herrschaft ausgeübt wird. Zudem neigen die Menschen nicht selten dazu, selbst und gerade dann Herrschaft und damit ihre eigene Unterordnung und tendenzielle Entmündigung zu legitimieren, wenn sie rigide ausgeübt wird.

Die Komplexität politischer Prozesse, nicht selten noch verfremdend über taktische Winkelzüge dargestellt, der Eindruck kleinlicher Streitereien, von 'Parteiengezänk', läßt wohl auch Manchen den Traum einer widerspruchsfreien Ordnung mit einer harten, aber gerechten Elite an der Spitze träumen. Unterstützt wird dieses Harmonisierungsstreben durch die angesprochene Diskrepanz des egalitären staatsbürgerlichen Prinzips zu den weitaus stärker auf Privilegiensicherung angelegten übrigen Ungleichheitssystemen, deren Regeln tendenziell ausgedehnt auf das politische System als Modell für eine 'Befriedung' angesehen werden mögen. Es liegt auf der Hand, daß Bildung, politische Bildung vor allem und damit Aufklärung, für das Funktionieren eines demokratischen Staatswesens, in dem die Sichtbarmachung von Konflikten eine nicht unwesentliche

Komponente darstellt, von grundsätzlicher Bedeutung ist. Deshalb wird sich auch ein gesondertes Kapitel (Kap. 13) damit beschäftigen.

2.4 Herkunft, Religion und die Zusammenhänge zwischen den Klassen

Nicht unerhebliche Bedeutung hat seit einigen Jahren im Zuge der Einwanderung ausländischer Arbeiter in die Bundesrepublik ein ethnisches Klassensystem. Die Ausprägungen eines solchen Systems und seine weitreichende Bedeutung läßt sich vor allem an Nationen wie in den U.S.A. und insbesondere Südafrika zeigen, in denen die Rassenzugehörigkeit den größten Einfluß auf die Konstitution von Lebenschancen hat. Dahinter stecken nicht allein die diskutierten Zusammenhänge zwischen offensichtlicher individueller Andersartigkeit und der Zuschreibung negativer (oder positiver) Eigenschaften, sondern im ethnischen Klassensystem einer Gesellschaft spiegelt sich auch die Wahrnehmung verschiedenartiger kultureller Hintergründe, die zu (negativen) Diskriminierungen führt.

Zu erwähnen wäre in Ergänzung zu den von Gerhard E. LENSKI 1966 herausgestellten Klassensystemen noch das in einigen Gesellschaften außerordentlich wichtige religiöse Klassensystem, in dem die Gesellschaftsmitglieder entweder über die Religionszugehörigkeit oder innerhalb einer Religionsgemeinschaft über ihre Nähe zu den heilsspendenden Geheimnisen des jeweiligen Glaubens gruppiert werden.

Die unterschiedlichen Rollen, welche die Religion im System sozialer Ungleichheit spielen kann, sind bereits an zwei Beispielen deutlich geworden: in der Rechtfertigung der 'von Gott gewollten Ordnung' des feudalistischen europäischen Agrarstaates und in der durch religiöse Auserwähltheitsvorstellungen geförderten Entwicklung des auf Wachstum ausgerichteten kapitalistischen Wirtschaftens. Deutlicher noch wird die Bedeutung der religiös motivierten sozialen Klassifizierung im Falle des Konfliktes zwischen verschiedenen Religionsgruppen, wie sie zum Ausdruck kommen in der Vernichtung der Juden in Europa, der Bahai im Iran, zwischen Schiiten und Sunniten oder - ebenfalls in Europa - in Großbritanniens Kolonie Nordirland zwischen Katholiken und Protestanten. Nicht zuletzt verweist der Konfessions-Proporz der Christlichen Demokraten auf noch bestehende Bestandteile eines solchen Systems auch in der Bundesrepublik.

Nun bestehen diese Systeme nicht gänzlich unabhängig voneinander. Allein ihre Beschreibung zeigt schon auf, daß sie vielfach miteinander verknüpft sind, ja praktisch sein müssen, denn sie existieren nebeneinander in der gleichen Gesellschaft und konkretisieren sich in jedem ihrer Mitglieder. D.h., jeder Bürger nimmt in den einzelnen Klassensystemen eine Position ein. Gleichwohl, und das macht den Sinn einer solchen Differenzierung aus, gelten Bevorzugungen und Benachteiligungen nicht durchgängig in allen Systemen, sondern es sind durchaus auch Inkonsistenzen auszumachen. Mit den materiellen Segnungen einer hohen Stellung im Besitzklassensystem versehen, läßt sich das Leben auch als berufsloser, politisch uninteressierter nichtwählender Atheist äußerst angenehm gestalten. Von hohen Stimmenzahlen bei der Wahl in ein herausgehobenes politisches Amt läßt es sich dagegen weder so bequem noch unbedingt so gut leben. Anders als in der "Nomenklatura" im Ostblock bedeutet eine hohe Position im politischen Klassensystem in unserer Gesellschaft weder das gleichzeitige Erklimmen eines ebenso hohen Podestes im Besitz- noch - prinzipiell - im Berufsklassensystem. Zumal dies, jedenfalls zum Teil, dem Repräsentationsprinzip des demokratischen Systems zuwider liefe, in dem möglichst alle gesellschaftlichen Gruppen vertreten sein sollten.

Allerdings konterkariert die Wirklichkeit etwas die Eindeutigkeit dieser Trennung, denn zumindest auf überregionaler Ebene ist Politik längst auch zu einem Beruf geworden. Im Gegensatz zu den "normalen" Berufen jedoch gibt es für den Berufspolitiker weder eine entsprechende Ausbildung noch einen entsprechend kodifizierten Zugangsweg. Der politische Karriereweg ist weit mehr als alle anderen abhängig von Wahlen, Gremien, Überzeugungen, Stimmungen, Werbung, Gelegenheiten, kurz: von kaum vorhersehbaren Umständen. Insofern nimmt "Politik als Beruf" (Max WEBER 1919) zumindest eine Sonderstellung im Berufsklassensystem ein.

Dennoch ist allgemein nicht zu übersehen, daß oftmals die Bevorzugung oder Benachteiligung in dem einen System Folgen in einem anderen hat. Nicht selten offenbart sie ihre Wirkung auch erst in einem anderen System, so wenn im hinduistischen Indien aus religiösen Gründen Kastenmitglieder nur ganz bestimmte Berufe ausüben dürfen, Schwarzen in Südafrika Ausbildung und politische Rechte verwehrt oder Menschen aufgrund ihrer Religionszugehörigkeit berufliche Karrieremöglichkeiten verschlossen werden. Auch gründet sich die Stellung im Religionsklassensystem in den wenigsten Fällen auf göttliche Erleuchtung und ihre charismatisch überzeugende Darstellung, sondern sie wird in den tradierten Religionsgemeinschaften erworben über eine institutionalisierte und genau festgelegte Ausbildung und entwickelt sich im weiteren entlang sorgfältig austarierter Karrierewege. Heilsvermittlung wird zu einem Beruf im modernen Sinne und damit gleichzeitig Teil des Berufsklassensystems.

In dieser Verberuflichung zeigt sich das für unsere Gesellschaft bestimmend gewordene Berufsklassensystem. Denn das aus der beruflichen Tätigkeit erhaltene Einkommen bestimmt die materielle Lage des weitaus größten Teils der Bevölkerung der Bundesrepublik, nicht Besitz. Damit kommt den Berufen eine ganz zentrale Funktion für die Entwicklung und Verfestigung gesellschaftlicher Ungleichheitsstrukturen zu, denn mit ihrer Konstitution "wird objektiv über die Aufteilung sozialer Arbeitsanteile und über grundlegende Beziehungsstrukturen, über Kooperationsformen und über die soziale Stellung der Berufstätigen zu anderen, über die Verteilung von Belastungen, Privilegien und Partizipationschancen entschieden" (Ulrich BECK/Michael BRATER/Eckhart TRAMSEN 1976, S. 33).

Die Konstitution des Berufsklassensystems ist in unserer Gesellschaft deshalb von prägender Kraft für die Herstellung und Ausformung gesellschaftlicher Lebensbedingungen.

Die Reihe der oben angeführten Beispiele könnte beliebig vermehrt werden. Von Bedeutung für die Bildungssoziologie sind jedoch nicht diese Verteilungs- und Klassifizierungssysteme an sich und ihre gegenseitige Beeinflussung, sondern der jeweilige Anteil, den Bildungs- und Ausbildungsprozesse an ihrer Konstituierung und Fortsetzung haben. Nach diesen eher allgemeinen Gesellschaftsbetrachtungen wird es daher Zeit, sich die Entwicklung des Bildungssystems vor diesem Hintergrund anzusehen.

3. DIE HISTORISCHE ENTWICKLUNG DER SCHULE

> "Meiner Meinung nach lernt man Institutionen und die in ihnen wirkenden Kräfte nur von ihren - umstrittenen - Anfängen her kennen und nicht, wenn man sie betrachtet, nachdem sie selbstverständlich und jubiläumsreif geworden sind."
> (Florian TENNSTEDT)

Wie die "Bildung" selbst das Ergebnis jahrelanger Lern- und Erfahrungsprozesse ist, so ist auch die Herausbildung des Bildungssystems als ein langwieriger gesellschaftlicher Vorgang zu verstehen, welcher einerseits eine Differenzierung der Gesellschaft voraussetzt, andererseits selbst zu einer weiteren Differenzierung der Gesellschaft beiträgt. Um Funktion und Stellenwert von Bildung/Ausbildung auf der einen und des Bildungs-/Ausbildungssystems auf der anderen Seite erfassen zu können, ist deshalb ein historischer Rückblick notwendig.

Dieser Rückblick kann nicht die lange und verwickelte, oft auch widersprüchliche Geschichte des Schulwesens in ihren Details nachzeichnen, sondern besteht eher aus einer Bildfolge verschiedener Momentaufnahmen vor allem aus der (am besten dokumentierten) preussischen Schulgeschichte. Zudem wurde Preussen nach der Reichsgründung 1871 zum Modell für die Entwicklung des deutschen Schulwesens.

So erklärte der preußische Kultusminister von Goßler auf der Reichsschulkonferenz von 1890: "Das preußische Schulwesen hat aber - und das muß doch wohl in der Einleitung hervorgehoben werden - insofern eine eminent politische Bedeutung, als es ein einigendes Band innerhalb der deutschen Staaten geworden ist. Nach Preußen haben sich die übrigen deutschen Staaten gerichtet" (cit. n. Margret KRAUL 1984, S. 11). Preußens Schulgeschichte, die hier Zusammenhänge und Perspektiven von Bildungspolitik aufzeigt, welche aus der Bildungsdiskussion unserer Tage nahezu völlig verschwunden sind, bietet deshalb exemplarisch wesentliche Fakten und Hintergründe für die Erklärung von Konstitution und Wirkungsweise auch des heutigen Bildungswesens.

In Gesellschaften mit einem niedrigen technologischen Niveau und geringer Ausdifferenzierung von Machtpositionen sind Sozialisation und Ausbildung der nachwachsenden Generation eingebettet in den Alltag aller Gesellschaftsmitglieder. Was gelernt wird, wird durch Anschauung vermittelt, durch Gewöhnung eingeübt. Im europäischen Kulturkreis existiert deshalb zunächst so etwas wie "Kindheit" nicht; Kinder werden von Anbeginn an wie "kleine Erwachsene" behandelt (Philippe ARIES 1960) und erleben so den Erwachsenenalltag in all seinen Facetten praktisch von Anbeginn mit. Die "Privatheit" des Familienlebens im heutigen Sinn gibt es nicht, fast alles findet mehr oder weniger öffentlich statt bzw. ist ohne weiteres zugänglich. Durch diese Eingebundenheit der Kinder in das alltägliche Erwachsenenleben, in die Arbeitsvollzüge, die gesellschaftlichen Kontakte mit Nachbarn, Verwandten, Kunden usw. erübrigt sich weitgehend die Organisation und Veranstaltung von Erziehung.

Gleichzeitig ist die Entwicklung des Staates noch marginal; denn es fehlen die Voraussetzungen zur Etablierung dauerhafter, schneller und verläßlicher Transport- und Kommunikationsnetze, die erst staatliche Planung, Verwaltung und Kontrolle ermöglichen. Entsprechend ist das Herrschaftssystem des Adels im Feudalismus dezentral organisiert und die lokalen Herren sind mit wirksameren Rechten ausgestattet (Patrimonialgewalt) als die nur rudimentär existierenden zentralstaatlichen Organe.

Aber bereits in dieser Zeit, seit dem 8. Jahrhundert, lassen sich Dom-, Stifts- und Klosterschulen nachweisen, in denen der Nachwuchs des Klerus und der noch sehr wenigen Reichsbeamten ausgebildet wird. Im Vordergrund steht dabei die Vermittlung der lateinischen Sprache, denn die germanische und später die deutsche Sprache sind noch keine Schriftsprachen und somit für die Verwaltung sowohl von Kirche als auch von Staat nicht geeignet (Peter LUNDGREEN 1980, S. 14).

3.1 Die Schule als der lange Arm der Obrigkeit

Dieser Zustand bleibt über lange Zeit bestehen. Erst im 18. Jahrhundert beginnt sich ein darüber hinaus gehendes Schulwesen zu entwikkeln. Dabei ging es jedoch überhaupt nicht um die Bildung oder Ausbildung der Bevölkerung im heutigen Sinne, sondern um die Durchsetzung zentralstaatlicher Machtansprüche im Rahmen der Entfaltung des absolutistischen Staates. Ziel war es dabei einerseits, die lokale Macht der Gutsherrschaft und der Stände zu brechen und der zentralen Staatsgewalt zu unterstellen, andererseits die durch die Expansion Preußens bedingten Integrationsprozesse fremdsprachiger Minoritäten im Sinne einer 'Prussianisierung' durchzusetzen. Die dadurch längerfristig erzwungene Vereinheitlichung des Schulwesens sollte jedoch weiterhin den partikularen Interessen der Stände dienen. Wie aus den Formulierungen von Karl Abraham von ZEDLITZ, des ersten Leiters des Oberschulkollegiums, der obersten Landesschulbehörde Preußens, aus dem Jahre 1787 hervorgeht, geht man davon aus,

"daß der Bauer anders als der künftige, Gewerbe oder mechanische Handwerk treibende Bürger, und dieser wiederum anders als der künftige Gelehrte, oder zu höheren Ämtern des Staats bestimmte Jüngling, unterrichtet werden muß. Folglich ergeben sich drei Abteilungen der Schulen des Staats; 1) Bauern-, 2) Bürger- und 3) Gelehrtenschulen" (cit. n. Peter LUNDGREEN 1980, S. 31; vgl. auch Bärbel GAFERT 1979, S. 31).

Die bestehende soziale Hierarchisierung der Gesellschaft sollte also durch die zentralstaatliche Entwicklung und Kontrolle des Schulsystems nicht aufgehoben, sondern durch diese ausdrückliche Orientierung am status quo geradezu zementiert werden. D.h., es wurde von vorneherein kein Zweifel daran gelassen, daß die Installation des Schulsystems die ökonomischen und die Herrschaftsprivilegien von Teilen des Adels und vor allem der gerade entstandenen Verwaltungselite auszubauen und zu festigen hatte. Neben den neu geschaffenen Vorzugsstellen in der Verwaltung mußte dafür aber auch ein Teil der alten Privilegien des Adels kassiert werden. Dahinter steht die fortschreitende Entwicklung des Bürgertums im Preußen des 18. Jahrhunderts und der Beginn der Durchsetzung bürgerlicher Interessen und Prinzipien, die sich zunächst, zumindest in Teilbereichen, auch vorteilhaft mit denen von Teilen des Adels und des absolutistischen Staates verbinden lassen.

Die Forderung nach der Einführung eines einheitlichen gegliederten Schulwesens findet jedoch für lange Zeit keine Entsprechung in der schulpolitischen Wirklichkeit. Es entwickelt sich vielmehr ein im Rückblick zu Ende des 19. Jahrhunderts konstatiertes, regional sehr unterschiedliches 'Schulchaos' (Bärbel GAFERT 1979, S. 18). Bei allen im Verlaufe der preußischen Schulgeschichte festzustellenden Uneinheitlichkeiten und Widersprüchen konkretisiert sich die Schulentwicklung jedoch grob gesehen in zwei Linien: in der Land- und in der Stadtschule.

Am Beispiel der Landschulen läßt sich besonders deutlich zeigen, daß 'Bildung' im heutigen Sinne keineswegs das Anliegen dieser Schulen war. Es kam vielmehr an erster Stelle darauf an, den zentralstaatlichen Machtanspruch des absolutistischen Herrschaftssystems auch über das Mittel einer sich - wenn auch langsam - entfaltenden Schulpolitik durchzusetzen, auszubauen und abzusichern. Betrachtet man die Lerninhalte dieser Schulen, dann werden die Intentionen der 'Bildungsplaner' zu dieser Zeit noch deutlicher:

"Es gilt ... festzuhalten, daß nützliche Kenntnisse in einem direkten Sinne ... noch auf Jahrzehnte in den ländlichen Schulen kaum nachzuweisen sind. Möglicherweise lag daher die öffentliche Funktion ... der Landschulen in der 'Sozialdisziplinierung' ... in einem doppelten Sinne: in der jahrelangen Gewöhnung an die Ordnungselemente (Pünktlichkeit, Stillsitzen, Aufpassen usw.) der Schule als einer sozialen Institution; und in dem jahrelangen Einüben gesinnungsbildender, handlungsleitender Lesestoffe, sei es nun stärker aus dem christlichen oder 'bürgerlichen' Katechismus (z.B. Ehrlichkeit, Bescheidenheit, Fleiß usw.)" (Peter LUNDGREEN 1980, S. 37).

Achim LESCHINSKY und Peter Martin ROEDER heben in ihrer Analyse noch stärker das Interesse des Staates an dieser Art Schule hervor:

"Es geht dem landesherrlichen Gesetzgeber nicht um die Vermittlung unmittelbar wirtschaftlich nutzbringend zu verwertender Kenntnisse ... sondern darum, die Bevölkerung (auch) im Sinne eines neuen rationalen Wirtschaftsverhaltens 'regierbar' zu machen. Die Schulen sind - ähnlich wie das Militär - Stätten der Disziplinierung, der Erziehung zu Fleiß und Arbeitsamkeit, und schließlich der Ort des Lesenlernens, das den Untertanen befähigt, die Anweisungen der fürstlichen Verwaltung selbst zu entschlüsseln" (1976, S. 428).

Damit sind sie nicht zuletzt auch ein Beitrag zur Herrschaftsökonomie, denn ein Volk, das zu lesen gelernt hat, erspart der Verwaltung viel an Aufwand zur Vermittlung ihrer Anordnungen und Beschlüsse und macht sie erst damit effektiv. Der Herrschaftsökonomie dient auch die Vermittlung der erwähnten Sekundärtugenden, also der Herstellung des für die Herrschaftsstrukturen dieses Staates 'passenden' Sozialcharakters. Sowohl die Gutsherrschaft als auch der Militärdienst mußten widerspruchslos hingenommen werden, um die staatliche Ordnung nicht zu gefährden.

Militärdienst und Landschulentwicklung sind zudem von Anfang an miteinander verbunden. Galt es vor der Einführung der Militärdienstpflicht, die Bauernsöhne bereits in der Schule an militärischen Gehorsam und Unterordnung zu gewöhnen (dafür sorgten schon die - wenn auch wenigen - ehemaligen Soldaten des preußischen Heeres, die als Lehrer ihre Anstellung fanden), so bot die Landschule danach darüber hinaus die Möglichkeit einer frühen und weitgehend lückenlosen Erfassung des militärischen Nachwuchses auf dem Lande (vgl. Bärbel GAFERT 1979, S. 144 ff).

Auch bei den Bildungstheoretikern der damaligen Zeit finden sich - trotz aller teilweise progressiv anmutenden Ideen - durchgängig klare Bezüge zur Herrschaft. Ganz eindeutig aus Herrschaftsinteressen heraus werden die Lerninhalte für die verschiedenen sozialen Gruppen abgeleitet und legitimiert. So soll der Unterricht und die Ausbildung nur auf diejenigen Kenntnisse und Fertigkeiten beschränkt bleiben, welche für die Erfüllung der jeweils zugewiesenen Aufgaben unabdingbar sind. Weitergehende Kenntnisse, so wird zu recht vermutet, führten nur zur Unzufriedenheit mit den gegebenen Verhältnissen und damit zu Unruhe und Rebellion. Es geht also darum, Wissen nur selektiv zu vermitteln, ansonsten ist es - so kann man wohl sagen - die Hauptaufgabe der Elementarschulen, Wissensvermittlung zu verhindern. Denn sonst bestünde in der Tat die Gefahr, daß die Machtverteilung und Kompetenzzuweisung in der Gesellschaft durchschaut und verändert würde. Dem vorzubeugen wird nicht nur Bildung vorenthalten, sondern die Menschen sollen das gegebene Herrschaftssystem als einziges anerkennen und verinnerlichen. Achim

LESCHINSKY und Peter Martin ROEDER fassen die Position des einflußreichen preußischen Bildungstheoretikers und Gutsherrn Friederich Eberhard von ROCHOW zusammen:

"Die Vorstellung von der perfekten Ordnung der Welt sollte in den Köpfen der Bevölkerung so weit getrieben werden, daß, wie die Privilegierung einer Minderheit, auch noch Unrecht, Not und Elend der Menschen als stimmige Funktionen eines integrierten positiven Systems erschienen" (1976, S. 389).

Die Erziehung in den Land- bzw. Elementarschulen hat somit als Ziel neben der Teilqualifikation eine ganz besondere Art politischer "Bildung": den auf alle politischen Rechte verzichtenden Untertan, der sich widerspruchslos einfügt in die politische und gesellschaftliche Ordnung des absolutistischen Staates.

Aber auch diese Entwicklung ging nicht widerspruchslos vonstatten. Denn jegliche Art von Bildung unterstellt prinzipiell die Veränderbarkeit des Menschen; ohne sie wäre jede Erziehung, wären alle Versuche zur Vermittlung von Wissen zwecklos, denn der Mensch bliebe ja doch immer, was er ist und wozu er durch seine Geburt bestimmt wurde. Die Konfliktlinie ist klar: auf der einen Seite steht der alte Adel und vor allem die Kirche mit ihrer Lehre von den gottgegebenen Verhältnissen und ihrer Unveränderbarkeit durch den Menschen, ihr gegenüber die Vertreter der Aufklärung, "des Ausgangs des Menschen aus seiner selbstverschuldeten Unmündigkeit" (Immanuel KANT).

Der stete Blick ins Jenseits und die Allgewalt Gottes lassen den Menschen in seiner diesseitigen Existenz zu einer Schachfigur schrumpfen, die ohne eigenes Zutun im Spiel hin- und hergeschoben oder sogar aus dem Spiel herausgeworfen wird. In den Land- und Elementarschulen kommt es deshalb nicht darauf an, individuelle Fähigkeiten oder gar ein eigenes Selbstbewußtsein zu entwickeln, sondern im Gegenteil kollektive Furcht und Einordnung in die unverstandene Welt einzuüben. War die Ordnung gottgegeben, so war es folglich auch der einzelne in diese Welt hineingeborene Mensch und der ihm darin zugewiesene Platz. Die Gleichsetzung gesellschaftlicher Position mit der individuellen Persönlichkeit schließt Bildung, schließt die Veränderung dieser Persönlichkeit und damit auch ihrer Stellung in der Gesellschaft aus.

Die in den ländlichen Pfarrschulen gepflegte Praxis des Herunterbetens unverstandener Bibelsprüche, diese Einübung in Apathie, entspricht dieser Haltung. Die totale Gleichgültigkeit der Bevölkerung kann der Staat jedoch nicht gebrauchen. Zwar bleibt man bei allem Wandel vom partikularen Interessen dienenden Feudal- zum absolutistischen Zentralstaat nur zu gerne bei der Formel der von Gott gewollten Ordnung, aber der Untertan muß fleißig, "industriös" sein, darf nicht resignieren, weil ohnehin alles vorherbestimmt ist, sondern muß der drohenden Armut durch unausgesetzte Arbeit zu entrinnen versuchen. Er darf also in einem sehr eng abgesteckten Rahmen selbst Schmied seines Schicksals sein. Damit beschneidet der Zentralstaat nicht allein die traditionellen Rechte der Stände, sondern drängt auch den Einfluß der Kirche(n) dort zurück, wo sie ihm mehr schaden als nutzen. Dafür ist dem Staat die Aufklärung willkommen, aber eben nur so weit, wie es den eigenen Zwecken dient. Die Selbstbestimmung des Menschen ist auch nicht seine Absicht; es gilt vielmehr, ihn aus den alten persönlichen Abhängigkeiten zu lösen, um ihn in das anonymere Korsett des neuen Staates pressen zu können, dem er mit aller seiner Kraft zu dienen hat.

Die Entwicklung der Stadtschulen dagegen verläuft in weiten Teilen ganz anders. Auf den ersten Blick kommen sie den heutigen Vorstellungen von Schule als Institution zur Vermittlung von Bildung viel näher, denn an ihnen werden Fächer gelehrt, die uns auch heute noch geläufig sind und sie erweisen sich zudem als Instrument zur (teilweisen) Überwindung der ständischen und unbeweglichen gesellschaftlichen Ordnung. Dabei muß man sich jedoch vor Augen halten, daß die Stadt- gegenüber der Landbevölkerung auch zu dieser Zeit noch lediglich eine kleine Minderheit darstellt, die Entwicklung dieser Schulen lange Zeit also nur einen ganz geringen Teil der Bevölkerung Preußens berührt. Gleichwohl sind hier bereits Tendenzen zu konstatieren, die sich ohne große Abstriche bis in die heutige Zeit verlängern lassen und manchmal von geradezu verblüffender Aktualität sind.

Die Stadtschulen können teilweise zunächst als 'Gesamtgymnasium' bezeichnet werden, denn sie haben einerseits die Funktion der Ausbildung einer Elite, die über die Universitäten in die Verwaltungen gelangt, bilden auf der anderen Seite aber faktisch auch für andere Zwecke aus, denn nur die wenigsten Schüler erreichen auf ihm die Hochschulreife. Sowohl von der sozialen Herkunft als auch von den angestrebten Berufen der Schüler her erfüllt diese Schule unterschiedliche Aufgaben. Neben den Kindern aus der heranwachsenden bürgerlichen Elite beherbergt sie die Kinder kleiner Kaufleute ebenso wie die von Handwerkern. Viele der Schüler wollen von vorneherein keinen höheren Abschluß als den Abgang aus der Quarta (der dritten Klasse des Gymnasiums), um dann einen handwerklichen oder kaufmännischen Beruf zu erlernen. Margret KRAUL (1984, S. 42) ermittelt diesen Tatbestand exemplarisch für das Mindener Gymnasium von 1787, Detlef K. MÜLLER (1977, S. 31) belegt ihn für Berliner Gymnasien zwischen 1838 und 1846.

Die Nähe einer solchen "Bürgerschule" zu dem Konzept der Gesamtschule unserer Tage liegt auf der Hand. Sie wird noch größer, wenn wir feststellen, daß das frühe Gymnasium noch keine nach Jahrgängen geordneten Klassenverbände, sondern nur den Fachunterricht kennt: halbjährlich abgehaltene Prüfungen entscheiden darüber, welcher Fachklasse man jeweils zugeteilt wird. Diese vergleichsweise lockere und differenzierte Schulorganisation fällt jedoch der politischen Reaktion des Vormärz zum Opfer. Politische Kontrolle und

Disziplinierung der Schülerschaft wird zum vorrangigen Ziel. Ihm dient die Einführung des Klassenlehrers, der, weitgehend an die Stelle der Fachlehrer tretend, die Aufsicht über die nunmehr nach Jahrgängen zusammengefaßten Schüler übernimmt und über alles, was er über seine Eleven erfährt, Buch zu führen hat (Margret KRAUL 1984, S. 42, 51). So wird er - selbst bedroht vom Berufsverbot, wenn er sich nicht den Zumutungen der reaktionären Obrigkeit beugt - ganz offiziell zum Spion gegen seine Schüler, zum politischen Gesinnungsschnüffler, Verdachtschöpfer und Anzeiger. Das Gymnasium wird zur straff und einheitlich organisierten Aufsichts- und Disziplinierungsanstalt für eine unpolitisch zu haltende Jugend.

3.2 Exklusivität und Berechtigung: die Standesinteressen der Lehrer und die soziale Säuberung des Gymnasiums

Die Entwicklung der Stadtschulen ist darüber hinaus auch ein eindrucksvolles Beispiel für die mit der Entwicklung des Bildungswesens einsetzenden weiteren Prozesse sozialer Differenzierung. Denn mit dem Ausbau der Stadtschulen vergrößert sich die Anzahl von Lehrern und sie treten aus dem Randbereich der Gesellschaft, in dem sie sich bislang befanden, in eine einflußreichere Position. Die Zeiten der vereinzelten Hauslehrer in adeligen oder (groß)bürgerlichen Häusern beginnen der Vergangenheit anzugehören. Die Lehrer können sich hier als eine soziale Gruppe konstituieren; mit der nunmehr bestehenden Möglichkeit, sich zu organisieren, als homogene Gruppe aufzutreten, eröffnen sich ihnen Durchsetzungschancen und Karrieremöglichkeiten. Vor allem wollen sie ihren neu gewonnenen Status ausbauen und festigen. Im Mittelpunkt ihres Interesses steht daher nicht die Volksbildung, sondern sie orientieren sich einzig an der prestigeträchtigen 'höheren Bildung'. Ihre Schulen wollen sie einzig zu diesem Zweck organisieren und damit diejenigen Schüler außen vor lassen, die entweder die Hochschulreife nicht anstreben oder denen nicht zugetraut wird, daß sie sie erwerben können. Vor allem sollen diejenigen Eltern entmutigt werden, deren Kinder nach Ansicht der Lehrer nicht auf das Gymnasium gehören:

"Die soziale Herkunft und Berufsbestimmung der Schulmehrheit ignorierend, wenden sich Gymnasial- und Realschullehrer jahrzehntelang an ein fiktives Schulpublikum. Lateinische Abhandlungen mit griechischen Originalzitaten in den Programmen der Stadtschulen ... sind bewußt eingesetzte, demonstrative Diskriminierungen der Eltern, die nicht zur akademischen Oberschicht gehören" (Detlef K. MÜLLER 1977, S. 214)

Der Ausbau des sogenannten 'niederen Schulwesens' in den Städten erfolgt deshalb vor allem, um die Begrenzung des Angebots an höheren Schulen und die damit angestrebte Elitefunktion der Gymnasien zu legitimieren und abzusichern. Eine Beschwichtigungsstrategie. In einer zeitgenössischen Definition der 'Volksschule' kommt diese, an die Hauptschule von heute erinnernde, Restfunktion auch unverblümt zum Ausdruck: Volksschulen sind danach "diejenigen Lehranstalten ... welche dazu bestimmt sind, die nach Abzug der in höheren Schulen befindlichen übrig bleibenden großen Masse der schulpflichtigen Kinder zu unterrichten" (A. HAUBER 1875; cit. n. D.K. MÜLLER 1977, S. 262.

Diese Entwicklung lag natürlich nicht allein im Interesse der Lehrer, sondern deckte sich mit den Abgrenzungswünschen vor allem der besser gestellten Elternschaft, welche eine Statussicheung für ihren Nachwuchs anstrebte. Privilegierte Eltern und Lehrerschaft verfolgten die gleichen Ziele und konnten sich langfristig damit durchsetzen. Das unbedingte Interesse dieser Eltern leitete sich besonders aus dem Tatbestand ab, daß eine Reihe von gehobenen Positionen, vor allem beim Militär und in den wachsenden staatlichen Verwaltungen, an individuelle Bildungsvoraussetzungen geknüpft wurde.

Die Legitimation der Zuweisung privilegierter gesellschaftlicher Positionen beginnt sich mit der Expansion der Verwaltung zu wandeln: neben dem Besitzklassensystem, das über Vererbung vor allem den Status des Adels sichert, entsteht ein neues Berufsklassensystem, das sich von dem weitgehend geschlossenen System des 'alten Handwerks' unterscheidet. Die Zugangsregeln sind nicht mehr partikularistisch über Erbfolge bzw. darauf aufbauende Bevorzugungen und Benachteiligungen begründet, sondern universalistisch gefaßt, indem individuell zu erwerbende Fähigkeiten bzw. Berechtigungen zur Voraussetzung der Übernahme von Positionen gemacht werden. Damit sind diese Positionen prinzipiell jedem, unabhängig von seiner Geburt (d.h. universell) zugänglich, sofern er die geforderten Qualifikationen erwirbt.

Für den absolutistischen Zentralstaat ist die Einführung dieser Prinzipien notwendig, um Loyalität und Leistungsfähigkeit der Verwaltung zu sichern. Wären z.B. die Positionen in ihr erblich, hätte sich die staatliche Bürokratie zu einer autonomen Kraft entwickelt, die sich den Ansprüchen der Regenten leicht entziehen kann. Außerdem wäre ihre Effektivität beeinträchtigt worden, wenn die Positionen aufgrund von Geburt verteilt und damit auch Karrieremöglichkeiten durch Leistungen und Erfahrungen unmöglich gemacht würden.

Nachdem der Adel wegen dieser Entwicklung in seiner traditionellen Rolle zunehmend keine Zukunft mehr erblickt und gleichzeitig "das 'Charisma des öffentlichen Amtes' und die Aussicht auf materielle Sicherheit" (Bärbel GAFERT 1979, S. 57) in der Verwaltung entdeckt, werden für einige Zeit die höchsten Gerichts- und Verwaltungsposten zwar für Bürgerliche verschlossen, jedoch nur solchen

Adeligen erreichbar, die ein juristisches Studium erfolgreich abgeschlossen haben. Damit ist Vererbung auch dann ausgeschlossen, wenn die Besetzung dieser Stellen zu einem Adelsprivileg wird.

Zur Durchsetzung des zentralstaatlichen Herrschaftsanspruches war die Einführung eines solchen Berufsklassensystems mit den skizzierten Zugangsprinzipien also unerläßlich. Gestützt wurde es a la longue auch durch Veränderungen im Bereich des Wirtschaftens, denn mit den traditionellen Herstellungsweisen sowohl auf dem Land wie im Handwerk war die staatliche Expansion auf die Dauer nicht durchführbar. So macht sich der Staat mit der Gründung von Manufakturen, die durch arbeitsteilig organisierte Handarbeit die Produktivität drastisch erhöhen und die allein seinen wachsenden Bedarf nach Gütern decken können, selbst zum Unternehmer. In seiner merkantilistischen Form wird er zum Gegner der fortschrittshemmenden alten Produktionsorganisation. In der ersten Hälfte des 18. Jahrhunderts verlieren die Zünfte deshalb in Preußen ihre alten Privilegien; vor allem wird die Selbständigkeit der Zünfte im Bereich der Ausbildung durch generelle staatliche Ordnungen beschnitten, denn "nicht der 'ehrbare Handwerker' als Mitglied des Innungszirkels war Ziel der Ausbildung, sondern der 'brauchbare Untertan', der zudem gegenüber technischen Neuerungen aufgeschlossen war" (Achim LESCHINSKY/Peter Martin ROEDER 1976, S. 53). Die Produktionsweisen beginnen sich zu verändern: es wird nicht mehr nur auf direkte Bestellung, sondern für - wenn auch langsam - wachsende Märkte produziert. Die in Teilbereichen nunmehr der Konkurrenz ausgesetzten Handwerker sind dieser neuen Situation vor allem aufgrund ihrer mangelnden kaufmännischen Kenntnisse kaum oder gar nicht gewachsen (vgl. u.a. Heidi ROSENBAUM 1982, S. 133). Insofern unterstützt auch die wirtschaftliche Entwicklung die tendenzielle Einführung individueller Qualifikationskriterien. Denn nur derjenige kann überleben, der sich auf die neue Zeit einstellt und sich die entsprechenden Kenntnisse aneignet.

Daraus erwachsen in der ersten Hälfte des 19. Jahrhunderts auch Bemühungen, die so einseitig auf die Erziehung zum Untertanen und zur Erhaltung und Differenzierung der sozialen Hierarchie angelegten Schulen in Ausbildungsinstitute umzugestalten, deren Lehrinhalte sich an den technischen und kaufmännischen Anforderungen des erfolgreichen Herstellens, Wirtschaftens und Verwaltens orientieren sollten. Allerdings hat sich diese Form nicht durchsetzen können. Einmal ist das angezielte soziale Spektrum der Schülerschaft zu heterogen, denn es reicht von Kindern aus 'einfachen' Handwerkerfamilien bis zu denen von Großkaufleuten und höheren Beamten, zum anderen wollen die Realschullehrer den gleichen gesellschaftlichen Status (und natürlich auch das gleiche Einkommen) erreichen wie die Gymnasiallehrer. Die Folge ihrer Bestrebungen ist der Ausbau der Realschule zur "Oberrealschule", in der auch Latein (wahrlich keine "Realie") gelehrt wird: eine der Voraussetzungen dafür, daß die Hochschulberechtigung verliehen werden darf. Es entsteht also letztlich nur eine neue Variante des Gymnasiums (vgl. Achim LESCHINSKY/Peter Martin ROEDER 1976, S. 184 ff; Detlef K. MÜLLER 1977, S. 204 ff.)

Dabei können die Lehrer mit dem Berechtigungssystem argumentieren, das, eng mit dem Militär verflochten, in Preußen die Vereinheitlichung des Schulsystems provoziert und gefördert hat. Ein wichtiges Mittel für die Durchsetzung des absolutistischen Zentralstaates war schließlich die Verfügbarkeit eines stehenden Heeres. Es erlaubte die Sicherung des Staates nach innen und nach außen. Jedoch nicht jeder wird zum Dienst im Heer herangezogen: es gibt eine ganze Liste von sogenannten "Exemtionen", unbedingten Freistellungen, welche zunächst nur an die soziale Stellung gebunden sind. Die Liste der "Eximierten" reicht von den Söhnen des Adels bis zu den Arbeitern in wichtigen Industriebetrieben (Peter LUNDGREEN 1980, S. 40 f).

Sie schreibt damit einerseits ständische Privilegien fest, berücksichtigt aber andererseits mit den Industriearbeitern eine ansonsten benachteiligte Gruppe, um die im gesamtstaatlichen Interesse liegende Entwicklung der Industrie nicht zu gefährden. Die auch dadurch geförderte bürgerliche Produktionsweise, der weitere Ausbau und die Differenzierung der Staatsverwaltung sowie der damit einhergehende Ausbau vor allem des höheren Bildungswesens, führt zu einem Wandel vor allem der Freistellungskriterien. Die ständischen Privilegien werden abgelöst durch das Bildungsprivileg. Nicht mehr die Geburt, sondern nur noch der erworbene formale Bildungsstand ermöglicht Erleichterungen. Denn dienen mußten nun mit der Einführung der allgemeinen Wehrpflicht von zwei bis drei Jahren ab 1814 praktisch alle.

Bildung allein sicherte jedoch keine Bevorzugung. Erst die Verknüpfung von Bildung und Geld ermöglichte den sogenannten "einjährig-freiwilligen" Dienst auf eigene (Bekleidungs- und Bewaffnungs-) Kosten. Die Bildungskriterien dafür wurden in den mehr als hundert Jahren bis 1918 zwar ein halbes Dutzend mal geändert, die längste und bis zum Ausgang des ersten Weltkriegs noch gültige Regelung setzte dafür die Versetzung nach Obersekunda (= "Einjähriges") voraus und schuf damit praktisch einen neuen, mittleren Schulabschluß (Peter LUNDGREEN 1980, S. 66 ff). Aber nur für die männlichen Jugendlichen. Mädchen spielen in dieser Zeit im Bildungswesen praktisch überhaupt keine Rolle.

Neben dem alle jungen Männer erfassenden Militärwesen spielen die formalen Abschlüsse, welche die öffentlichen Verwaltungen als Eingangsvoraussetzungen definieren, jedoch eine noch größere Rolle für die Entwicklung des höheren Schulwesens. Diese Berechtigungen engen zwar den

"Spielraum für Experimente ein und degradieren den ursprünglich eigenverantwortlich fungierenden Leiter eines Gymnasiums, indem sie ihn zum weisungsbefugten Staatsbeamten erhöhen, zum Vollzugsbeamten der Ministerialbürokratie. Prüfungsordnungen und monopolistische Verteilung von Rechtstiteln für Bildungswege, Beamtenkarrieren und Militärberechtigung verändern formal unverbindliche Schlabschlüsse zu staatlichen Hoheitsakten (Detlef K. MÜLLER 1977, S. 37).

Jedoch haben die Lehrer damit gleichzeitig eine Waffe in die Hand bekommen, mit der sie ihre Standesinteressen vorzüglich vertreten können: denn durch das Berechtigungswesen werden

"die übrigen Fachministerien stärkere Verbündete als das für sie zuständige Ressort. Handels-, Finanz-, Innen- und Militärministerium billigen unabhängig vom Kultusministerium einzelnen Schulklassen besondere Berechtigungen für Laufbahnen in ihren Verwaltungsabteilungen zu. Die Lehrer nicht berechtigter Anstalten beziehen sich in ihren Anträgen an die Stadtverordneten auf Ausbau ihrer Schule auf diese Vorschriften. Der in der Realschulgeschichtsschreibung dargelegte Kampf von angeblich mit Gymnasien vergleichbaren Realanstalten um deren Vorrechte verläuft umgekehrt. Die 'Berechtigungen' schließen nicht willkürlich einen Teil gleichwertiger höherer Schulen aus, sondern Lehrer an Schulen mit unterschiedlicher Zielsetzung und Lehrplanstruktur benutzen die Berechtigung zur Anpassung ihrer tiefer eingestuften und auf breitere soziale Schichten bezogenen Schulform an Bildungsanstalten für eine Schülerminorität" (a.a.O., S. 206).

Dennoch entwickelt sich die 'Mittelschule', unterstützt auch durch die Vergünstigungen der "Einjährigen", jedoch ohne jemals einen bedeutenden Teil der Schüler aufzunehmen. Achim LESCHINSKY und Peter Martin ROEDER sehen darin vor allem ein Erfordernis von Seiten der Eltern und ihrem Bedürfnis nach Statusdifferenzierung, denn

"die Mittelschule (institutionalisierte) im Bildungswesen die Abspaltung des Kleinbürgertums vom gehobenen Bürger einerseits und von der Masse des Volkes andererseits. Mittelschuleigene Vorschule und Schulgeld festigten die Abschottung gegenüber der Volksschule, auf deren Lehrplan der der Mittelschule zugleich aufbaute ... Dem unteren Mittelstand war mit der Begründung der Mittelschule das Bewußtsein einer von der Unterschicht abgehobenen Stellung institutionell erleichtert und nahegelegt worden, zugleich aber hatte die Mittelschule nicht zuletzt die Funktion, seine Kinder von den Schulen des gehobenen Bürgertums fernzuhalten" (1976, S. 447). Somit ist die Entscheidung für diesen Schultyp ... nicht eine Entscheidung für bestimmte berufliche Funktionen, sondern sie ist primär die Entscheidung für einen bestimmten sozialen Status" (a.a.O., S. 173).

3.3 "Die unglückliche Bildungssucht der Eltern" und die Erfindung der Begabung

Die Armenschulen sind ebenfalls in der Regel eine städtische Erscheinung und dienten so wenig wie die Elementarschulen auf dem Lande der Bildung und Qualifikation von Kindern und Jugendlichen. Sie sind also keineswegs mit Schulen im heutigen Sinn gleichzusetzen, sondern allenfalls eine Form sozialpädagogischer Aufbewahrung (vgl. Jörn WITTERN 1982, S. VI). Ihre Aufgabe war es vielmehr, Jugendliche und Kinder von der Straße zu holen, da sie durch "Bettelei und Verwilderung" (Manfred HEEDE 1982, S. 15) nicht nur das Ordnungsempfinden der Bürger störten, sondern es wurde darin zugleich eine Gefährdung des Staatswesens gesehen, wie aus den folgenden Sätzen deutlich wird:

"Das gefürchtete Gespenst der neuen Zeit, worüber die Klagestimmen in allen Landen widerhallen, beruht wol zum Theil auf dem wirklichen Mangel materieller Hülfsmittel, auf der wirklichen Vermehrung der Noth selbst, jedoch weit mehr in der drohenden Auflösung aller soliden Zustände der Gesellschaft. Die Armuth ermangelt je mehr und mehr des moralischen Haltes und droht daher, in eine allgemeine Landplage auszuarten" (Joh. Konrad ZELLWEGER 1845, S. 3).

Der Schreiber dieser Zeilen ist Vorsteher der Armenerziehungsanstalt in der Schurtanne bei Trogen im schweizerischen Appenzell, selbst Pädagoge und keineswegs ein Zyniker; er vertritt zudem ein pädagogisches Ethos, das Bewunderung abringt. Sich und den Lehrern verlangt er das Gleiche ab wie seinen Schülern: sie sind zu den selben Zeiten auf dem Felde oder im Stall zu finden und tragen somit ebenso zur (teilweisen) Selbstversorgung der Anstalt bei wie die Schüler. Denn sonst würden sie sich nach seiner Auffassung als Vorbild selbst disqualifizieren. Daher macht dieses Beispiel den überaus hohen Stellenwert deutlich, welcher der staatlichen Ordnung als Wert an sich beigemessen wird, der man sich unterzuordnen hat und zeigt seine Verinnerlichung selbst oder gerade bei Personen, die sich mit der Kehrseite dieser Ordnung befassen.

Dennoch: mit der Ausbreitung des Schulwesens ist der Keim gelegt für eine Entwicklung, die der Dispositionsmasse der 'kleinen Leute', der Bauern, Arbeiter, Tagelöhner, Kontur gibt, der sie heraustreten läßt aus dem Schatten der Geschichte, ihnen eigene Handlungsmöglichkeiten eröffnet. Aber dieser Weg ist mühsam und er ist lang. Er führt über Generationen und geht einher mit der technologischen Umwälzung der Produktionsverhältnisse und der Entwicklung vom Agrar- zum Industriestaat.

Kleinbürger und vor allem auch die wachsende Schicht der Arbeiter lernen in den Städten sehr schnell den Wert der Bildung schätzen. Dies jedenfalls schlägt sich nieder in dem Bericht der Revisionskommission des Hamburger Armenschulwesens von 1834:

"Bei der unglücklichen Sucht der Eltern aus den niederen und mittleren Ständen, die Kinder über ihren Stand hinaus zu bilden, sind die Schullehrer genötigt, eine Menge von Dingen zu lehren, die wenigstens den Armenkindern nachteilig sind, weil sie dadurch ihren Lebensverhältnissen entfremdet werden" (cit. n. Manfred HEEDE 1982, S. 16).

Offenbar haben sich die Eltern hier - zumindest in Teilbereichen - an den Schulen mit ihren Vorstellungen durchsetzen können. Somit weckt der Ausbau des 'niederen Bildungswesens' nicht vorgesehene, gänzlich unbeabsichtigte Bedürfnisse. Es entwickelt sich so ein dialektisches Verhältnis von Maßnahmen zur Herrschaftssicherung durch das Bildungswesen einerseits und den emanzipativen Bestrebungen der klein- und 'unterbürgerlichen' Gruppen andererseits, welche die Schule als ein Instrument für ihre gesellschaftliche Behauptung und den Aufstieg in die bürgerliche Gesellschaft sehen.

Die Schulpolitik gerät so zunehmend von einer zunächst expansiven in eine defensive Stellung. Der gesellschaftspolitische Stellenwert wird über das etablierte Berechtigungswesen auch den unteren Gesellschaftsschichten vorgeführt und die vor den Gymnasien aufgestellten ständischen Barrieren schärfen - zumindest bei Teilen der Bevölkerung - das Bewußtsein für die Zementierung bürgerlicher Privilegien. Hier ist keine gottgewollte Ordnung der Welt mehr auszumachen, wie sie sich aus dem Mythos der adeligen Geburt ableiten ließ, sondern die Privilegien sind geknüpft an schulische Bewährung, an ersichtlich von Menschen, von Verwaltungen gesetzte Regeln und Kriterien. Das Prinzip der Herkunft wird abgelöst durch ein individuelles Bewährungs- bzw. - jedoch erst gegen Ende des 19. Jahrhunderts - Leistungskriterium (vgl. Günter HOBBENSIEFKEN 1980, S. 409 f).

Diese gegen den Adel gerichtete Maßnahme bringt jedoch Legitimationsprobleme nach unten mit sich. Denn gälte das Leistungsprinzip universell, müßten die Gymnasien und die Universitäten offenstehen für jedermann. Damit aber wären die Kinder des Bürgertums im Bildungswesen einer Konkurrenz ausgesetzt, welche den eben erst erreichten Status wieder gefährden würde. Es bedarf also einer neuen Rechtfertigung für die Schulprivilegien der Bürgerkinder. Dies ist die Geburtsstunde der Begabungstheorien, die bis heute die - wie wir nun wissen - aus völlig anderen Gründen erfolgte Dreiteilung das allgemeinbildenden Schulwesens legitimieren sollen.

Die "Begabung" ist eine typische Erfindung des 19. Jahrhunderts, in dem das aufgeklärte Bürgertum die evolutionstheoretischen Überlegungen des britischen Biologen Charles DARWIN begierig aufnimmt und damit eine neue Art des auf das einzelne Individuum bezogenen Determinismus gegen das kollektive und auf die soziale Einheit des Standes zielende Geburtsschicksal der alten Gesellschaft setzt. Die Vulgarisierung seiner biologischen Theorien und ihre Nutzung für die "Erklärung" der sozialen Unterschiede zwischen den Menschen ist Ausdruck einer spezifisch bürgerlichen Ideologie, welche die alten Klassenunterschiede leugnen und Legitimation für das neue System von Privilegien und Benachteiligungen finden muß. Zwar ist der Mensch nicht mehr die selbstverständlich hingenommene "fertige" Person, die ihre durch den Stand gesetzten Grenzen weder selbst noch durch ihre Nachkommen überschreiten kann, sondern wird zum Schmied ihres eigenen Schicksals, der alles und nichts erreichen kann; aber was er davon verwirklicht, hängt ab von seiner ganz persönlichen Stärke, seiner Geschicklichkeit und Durchsetzungsfähigkeit.

"The survival of the fittest": nur das Überleben der Stärksten und Anpassungsfähigsten, der Produktivsten, Tüchtigsten und also "Begabtesten" kann der neuen Ordnung zum Sieg verhelfen, ihren Bestand sichern. Mit diesem Credo verlegt der Sozialdarwinismus die Grenzen der Zukunft eines Menschen aus der sozialen Einheit seines äußeren Standes in die innersten Grundlagen seines individuellen Seins: in die Gene, die seine Erbanlagen bestimmen. Diese biologistische Betrachtungsweise läßt unter der Hand die bürgerliche Ordnung zu einer "natürlichen" werden, zum unumstößlichen Faktum einer durch die Allmacht der Naturgesetze determinierten Rahmenbedingung. Ihre "Wissenschaftlichkeit", hergestellt mit den neuen Methoden der scheinbar so vorurteilslosen Empirie, die in Abkehr von der aus der dogmatischen Theologie erwachsenen deduktiven Weltsicht nur noch den materiellen Beweis dulden will (vgl. Kap. 12), wird zum stärksten Argument in einer Gesellschaft, die den Rationalismus immer mehr zur Richtschnur ihres Handelns macht.

So wie das Gehirngewicht zur Materialisation und zur Maßeinheit der Intelligenz wird und zur Rechtfertigung der Benachteiligung der Frau herhalten muß, deren Kopfinneres angeblich weniger voluminös ausfällt wie das des Mannes (u.a. Gustave Le BON 1879; cit. n. Stephen Jay GOULD 1981; dtsch. Ausg. 1983, S. 108 f.), so kann die gesellschaftliche Bevorzugung eines Menschen in dieser Argumentation nur auf seine Veranlagung zurückgeführt werden. Diese Umdeutung der "göttlichen Auserwähltheit" protestantischer Ethik zur säkularen "Naturbegabung" kann allen Kritikern und "Sozialneidern" mit einem Schlag die Argumente entwerten: An der Existenz Gottes darf man zwar jetzt zweifeln, wer aber die ehernen Naturgesetze leugnen will, der zeigt, daß er von gestern ist und macht sich nur noch lächerlich.

Die Erfindung der "Begabung" als Legitimation für die Abschottung des Bildungswesens nach unten ist deshalb in der Tat auf den ersten Blick einleuchtend. Zumal dann, wenn die Beispiele von Tätigkeiten, die sich nur mit Talent ausüben lassen, auf der Hand liegen. So sind ganz unzweifelhaft spezifische Begabungen Voraussetzung für die Ausübung vieler künstlerischer Berufe: keinem erfolgreichen Maler, Komponisten, Dirigenten, Pianisten, schon gar keinem Sänger, auch keinem Poeten, Schauspieler oder Regisseur wird man die Begabung für ihr Schaffen absprechen wollen. Ohne so verschiedene Fähigkeiten wie räumliches Vorstellungsvermögen, Farbgefühl, ohne Musikalität, ohne die schon rein physischen Voraussetzungen einer schönen Stimme, ohne wortschöpferische Phantasie und ohne Imaginations- und Verstellungsfähigkeit sind diese Künstler nicht denkbar. Auch wird niemand ernsthaft daran zweifeln wollen, daß aus einem gänzlich unmusikalischen Menschen niemals ein virtuoser Soloviolinist oder aus einem Blinden niemals ein Maler zu machen sein wird. Aber welches Talent, welche nicht erlernbare Voraussetzung braucht denn ein Theologe, Arzt, Jurist, Ingenieur oder ein höherer Verwaltungsbeamter? Welche gleiche Veranlagung ist den Schülern mit solchen Berufszielen mitgegeben, die ihre gemeinsame Plazierung im Gymnasium rechtfertigen würde?

Die Behauptung der begabungsgerechten Konzeption des dreigliedrigen Schulsystems ist deshalb nicht das einzige Argument, mit dem das höhere Bürgertum seine Bevorzugung absichert und verteidigt. Da formal-rechtlich der Zugang zum privilegiensichernden Gymnasium als bürgerlicher Gegenentwurf zum (noch) konkurrierenden Prinzip der adeligen Geburt offen ist, müssen weitere, indirektere Mittel des Ausschlusses weiterer Bevölkerungskreise von der höheren Bildung gefunden werden. Als sehr wirksam erwies sich in diesem Zusammenhang die sogenannte "Überfüllungsdiskussion" in den achtziger Jahren des letzten Jahrhunderts. Da war die Rede vom "Abiturientenproletariat", welches bei weiterer Expansion des höheren Bildungswesens drohe. Hierdurch wurde eine Motivationssperre zur Nutzung weiterführender Bildungsangebote aufgebaut, denn

"das auf 'Ruhe und Ordnung' festgelegte Denken des unteren und mittleren Bürgertums wird durch die Androhung der Gefahr der Proletariermassen in Fabriken und Universitäten aufgerüttelt. Seine Angst, ins Proletariat abzusinken, soll ihr Pendant in der Furcht finden, ins Proletariat aufzusteigen." (Detlef K. MÜLLER 1977, S. 279; Hervorh. i. Orig.).

Dieses Argument bestimmt auch heute wieder die Bildungsdiskussion und führt - wie wir in Kapitel 8 sehen werden - zu wenig selbstbewußten und oftmals sicherlich nicht leistungsgerechten Bildungsentscheidungen vieler dadurch verunsicherter Eltern.

Trotzdem entfaltet sich langfristig auch im Bildungswesen jenes "konservativ-revolutionäre Doppelwesen", das Eduard HEIMANN 1929 (cit. n.d. Neuausg. 1980, S. 172) für die Entwicklung der Sozialpolitik konstatiert hat. Um den Konflikt zwischen den Privilegienwahrern einerseits und den von der formal privilegierenden Bildung praktisch Ausgeschlossenen andererseits nicht zu einer Gefährdung des gesamten gesellschaftlichen Systems werden zu lassen, müssen Zugeständnisse gemacht werden. Ein kleiner Teil der Privilegien wird geopfert, um das Gesamtsystem der Berechtigungen und der Bevorzugungen durch das Bildungswesen und ihre Nutznießung zu retten. Das ist eine Erklärung für den augenscheinlichen inhaltlichen Wandel des Bildungswesens; eine andere liegt in der technologischen Entwicklung der Produktion, also im Beschäftigungssystem und den daraus ableitbaren Anforderungen an die Bildung/Ausbildung von Arbeitskräften.

Bei allem technologischen und gesellschaftlichen Wandel der letzten hundert Jahre, bei allen damit einhergehenden Änderungen der Bildungsinhalte muß dennoch eins verwundern: die formale Gleichförmigkeit des allgemeinbildenden Schulwesens. Immer noch finden wir die gleiche Dreiteilung in Volks- (jetzt in Grund- und Hauptschulen aufgeteilt), Mittel- oder Realschulen und Gymnasien, und selbst in den wenigen Gesamtschulen wurde eine interne Dreigliedrigkeit über das Kurssystem eingeführt. Die Vermutung ist naheliegend, daß hier die alten Mittel der Privilegiensicherung bruchlos fortgeschrieben werden, welche die Geschichte des Bildungswesens in Deutschland mehr als deutlich bestimmt haben.

4. FAMILIE UND SCHULE

Heute hat der Staat sein Erziehungsmonopol im Schulwesen durchgesetzt und der obligatorische Schulbesuch ist längst zu einer Selbstverständlichkeit geworden. Allerdings: der Weg zur Einführung der allgemeinen Schulpflicht war lang und erst der Niedergang des wilhelminischen Kaiserreiches machte den Weg frei für die von allen Kindern zu besuchenden Volksschulen. Zwar gab es z.B. in Preußen seit 1717 die allgemeine Unterrichtspflicht in Orten mit einer Schule, aber erst nach jahrzehntelangen Diskussionen, die Manfred HEEDE (1982) nachzeichnet, ab 1870 z.B. die Schulpflicht in der Freien und Hansestadt Hamburg. Dies ist jedoch weder gleichbedeutend mit der Erfassung aller potentiellen Schüler noch kann man zu diesen Zeitpunkten von einem eigentlichen Schulsystem sprechen. Denn das würde u.a. voraussetzen, daß die Inhalte der einzelnen Schulformen aufeinander abgestimmt wären, um Übergangsregelungen zu ermöglichen. Davon kann jedoch zunächst keine Rede sein. Wer später auf ein Gymnasium oder eine Mittelschule gehen soll, besucht in vielen Ländern des Deutschen Reiches zunächst eine Vorschule, die in drei Jahren auf die weiterführende Schule vorbereitet (vgl. hierzu und im folgenden Helmut FEND 1982, S. 23-29). Bereits vor der Einschulung, bevor also irgendetwas über die schulische Leistungsfähigkeit eines Kindes bekannt wird, ist damit die weitere Bildungskarriere vorgezeichnet. Keine Frage, daß damit die Bildungsprivilegien des Bürgertums und von Teilen des Adels institutionell festgeschrieben werden.

Wenig überraschend ist deshalb auch die Heftigkeit der Anfang des zwanzigsten Jahrhunderts geführten Diskussion über die Volksschule als Einheitsschule, die unabhängig vom späteren Bildungsweg, von allen Schülern besucht werden soll. Auf der Reichsschulkonferenz 1920 in Berlin werden alle Argumente für und wider die Einheitsschule noch einmal vorgebracht. Am Ende kommt es mit dem Reichsgrundschulgesetz im gleichen Jahr, dem einzigen Schulgesetz, auf das man sich in der Weimarer Republik einigen konnte, zu einem Kompromiß: die traditionellen Privilegien werden mit den speziellen Vorschulen für Gymnasium und Mittelschule 1) aufgehoben, aber die Grundschulzeit wird einheitlich auf vier Jahre begrenzt und nicht auf sechs Jahre ausgedehnt, wie von den Progressiven gefordert (Peter LUNDGREEN 1981, S. 18). Nicht allein, daß hier bereits die Argumente vorgestanzt werden, die Jahrzehnte später die Gesamtschuldiskussion bestimmen; auch der Streit um die - später so genannte - 'Orientierungsstufe' (Klassen 5 und 6) erweist sich als so alt wie die Auseinandersetzungen um die Einführung der allgemeinen Grundschule. Im übrigen existiert sie, ohne politische Grundsatzdiskussionen anzufachen, seit Jahrzehnten in einigen Bundesländern wie Hamburg und Berlin.

Es geht bei den Auseinandersetzungen um die Schule jedoch nicht allein um die Privilegien bessergestellter Elterngruppen und der mit ihnen verbündeten akademischen Lehrerverbände, sondern auch um den Konflikt zwischen Staat und Kirche ("Kulturkampf"), der sich in Nachhutgefechten bis in die sechziger Jahre des zwanzigsten Jahrhunderts hinzieht. Vor allem die katholische Kirche besteht lange auf einer konfessionellen Zugehörigkeit der Volksschulen, bis mit der Einführung der Gemeinschaftsschulen auch hier eine weitgehende Trennung zwischen Staat und Kirche vollzogen ist - zumindest im allgemeinen Bewußtsein, denn immerhin sind z.B. in Nordrhein-Westfalen 1978 noch fast die Hälfte aller Grundschulen in konfessioneller (meist katholischer) Trägerschaft (Rolf HANSEN, unveröffentl. Berechnungen aus den "Beiträgen zur Statistik des Landes NW", Heft 422, Teil 1).

Dies alles steht in bemerkenswertem Gegensatz zu dem immer wieder herausgestellten Erziehungsrecht der Eltern. Immerhin wird dies in Artikel 6 (2) des Grundgesetzes der Bundesrepublik Deutschland garantiert. Einschränkend jedoch wacht die "staatliche Gemeinschaft" darüber, ebenso wie der Staat nach Artikel 7 (1) das gesamte Schulwesen unter seiner Aufsicht hat. Obwohl in diesen Artikeln nur die Kontrolle, nicht die Gestaltung konstitutionell festgeschrieben ist, kann es nach unserem kleinen Ausflug in die Schulgeschichte kaum mehr verwundern, daß wir in der Bundesrepublik praktisch ein staatlich organisiertes Schulwesen vorfinden, in dem elternnahe oder private Schulen nur eine ganz marginale Rolle spielen. Die Familie wird also weitgehend von der Bildung und Erziehung der Kinder ausgeschlossen. Nach Gründen dafür ist nicht lange zu suchen.

---

1) Auch wenn sie nunmehr offiziell "Realschule" genannt wird, bleibe ich hier und im folgenden beim Terminus "Mittelschule", der - wie im vorangegangenen Kapitel zu sehen war - die soziale Funktion dieser Schulart nach wie vor am treffendsten kennzeichnet.

4.1 Eltern - Rudimente der "alten Gesellschaft"

Mit der Verwerfung der bevorzugten oder benachteiligten Geburt als einzigem und allgemeingültigem Prinzip der gesellschaftlichen Statuszuteilung durch den absolutistischen Zentralstaat, der alle Lebensbereiche von seiner Ordnungsvorstellung durchdrungen sehen will, wird die Familie langfristig in eine Nebenrolle bei der Bildung und Erziehung der Kinder gedrängt. Die privaten Interessen sollen den Notwendigkeiten staatlicher Raison untergeordnet werden. Deshalb greift der Staat massiv in die Erziehung der Kinder und Jugendlichen ein, indem die Schule ganz aus dem Lebensraum der Erwachsenen herausgetrennt und z.T. gegen Elterninteressen durchgesetzt wird. Sie soll nicht mehr bloß Religionsvermittlerin oder eine Ergänzung zur Familienerziehung sein, sondern eine staatliche Agentur zur Durchsetzung und Festigung des für die absolutistische Ordnung notwendigen Sozialcharakters bei den zu 'Schülern' gewordenen Kindern. Der 'neue Staat' wird gegen die 'alte Gesellschaft' gesetzt:

"Eltern waren 'Gesellschaft', die Verkörperung des Besonderen, denen der Staat als Inkarnation des Allgemeinen gegenübertrat. Rudimentäre Formen der institutionalisierten Mitwirkung der Eltern (als Bürger) hatten keine praktische Bedeutung. Die Schule war eine strikt obrigkeitliche Veranstaltung, zu der die Eltern nicht anders als zu jeder anderen Verwaltungsbehörde standen" (Dieter MORHART 1980, S. 5).

An dieser Situation hat sich bis heute nur wenig geändert. Zwar hat die Reformpädagogik immer wieder versucht, diese Abschottung der Schule vom Elternhaus wenn nicht aufzuheben, so doch zu verringern, aber der Erfolg dieser Bemühungen war nur sehr gering. Bezeichnenderweise läßt der erste Erlaß zur Elternmitwirkung in Preußen bis Ende 1919 auf sich warten (Dieter MORHART 1980, S. 6), tritt also erst nach der Etablierung der ersten demokratischen Republik in Deutschland in Kraft.

Auch die Erfahrungen von zwölf Jahren tausendjährigem Reich mit dem so leicht gemachten diktatorischen Mißbrauch der Schule, die schnell mit dem nationalsozialistischen Staat gleichgeschaltet war, führte nach dem Zusammenbruch nicht zu einem entstaatlichten Schulwesen im Sinne einer von Eltern und Lehrern gemeinsam auf lokaler Ebene getragenen pädagogischen Unternehmung. Man glaubte vielmehr, mit der Dezentralisierung der Kompetenz für die Kulturpolitik allgemein und speziell für das Bildungswesen auf die z.T. neu geschaffenen Länder ('Kulturhoheit') einem Mißbrauch staatlicher Macht für die Zwecke diktatorischer Abrichtung in den allgemeinbildenden Schulen vorgebeugt zu haben. Auch hierin zeigt sich der unerschütterte Glaube in die Notwendigkeit staatlicher Lösungen. Die föderalistische Struktur der Bundesrepublik entwickelte sich jedoch innerhalb der Länder, vor allem im Bildungswesen, wiederum zentralistisch. Die Kultusministerien dekretieren auf dem Erlaßwege einheitliche Lehrpläne, Prüfungsrichtlinien, Klassengrößen u.ä.m. Zugleich stimmen sie ihre Schulpolitik in gemeinsamen Gremien wie der Kultusministerkonferenz und der Bund-Länder-Kommisssion für Bildungsplanung, die beide konstitutionell nicht vorgesehen sind, derart aufeinander ab, daß man - abgesehen von eher bürokratischen Details - von einem nahezu einheitlichen Schulsystem der Bundesrepublik sprechen kann. Damit sind jedoch die direkten Einwirkungsmöglichkeiten der Eltern auf die Schule denkbar gering. Das Elternrecht beschränkt sich auf einige wenige vorgegebene Entscheidungsalternativen und die möglichen Aktivitäten der Eltern auf eine allenfalls beratende Tätigkeit im Rahmen von Elternvertretungen. Diese Situation reflektiert jedoch nicht allein staatliche Ordnungsvorstellungen, sondern die zunehmende Vergesellschaftung ist auch eine Folge der Industrialisierung und ihrer durchgreifenden Konsequenzen für die Gestaltung des Alltagslebens.

4.2 Die Entfernung der kindlichen Unvernunft aus den Familien

Durch die räumliche Trennung des Arbeitsortes vom Wohnort bleiben die meisten Familienmitglieder ausgeschlossen von direkten Arbeitserfahrungen. Sie werden nur indirekt erfahrbar über Reaktionen des Vaters oder - wenn sie berufstätig ist - der Mutter. Dadurch wird den Kindern ein ganz zentraler Bereich des Alltagslebens der Erwachsenen verschlossen. Die Arbeitserfahrungen der Eltern sind Bestandteile einer fernen, unerreichbaren Welt. Die jungen Jahre erhalten damit im Vergleich zu früheren Zeiten eine andere Qualität: eine Eingewöhnung in die Totalität der Produktions- und Lebensverhältnisse durch (bloß zuschauende oder mithelfende) Teilnahme in fast allen Lebensbereichen ist unmöglich geworden. Die 'Erfindung' der Kindheit (Philippe ARIES 1960) ist die Antwort auf die geänderten Verhältnisse. Kinder werden nicht mehr als kleine Erwachsene angesehen, sondern als besonders schützenswerte kleine Wesen, die man so lange es geht vom "Ernst des Lebens" fernhält. Im Grunde genommen stören sie auch nur den reibungslosen Ablauf des in festen zeitlichen Takten notierten Arbeitsalltags: in ihrer lustbetont-anarchistischen Grundstruktur lassen sie sich von solchen Vorgaben kaum beeindrucken und es bedarf einiger Mühe, sie an die abstrakte Ordnung eines Tagesrhythmus zu gewöhnen, vor allem dann, wenn beide Eltern berufstätig sind. Aber als Konsumenten sind sie ebenso unverzichtbar wie als spätere Unterhaltsquelle für die zukünftige Rentner- und Pensionärsbevölkerung. Zudem haben eigene Kinder - weniger ökonomisch gesehen - für die meisten Menschen eine emotionale, vielleicht auch mystische oder transzendentale Qualität, durch die man sich das eigene Leben in gewisser Weise in den Kindern fortgesetzt vorstellen kann.

Der Konflikt zwischen Kindern und Beruf in den Industriegesellschaften macht den Widerspruch deutlich, der zwischen der Familie einerseits und den Anforderungen des Erwerbslebens andererseits entsteht. Die Trennung beider Bereiche führt auch zu einer Ablösung wirtschaftlicher Rationalität von den Lebenslagen der Menschen. Im Zunftwesen waren die Produktionsbedingungen eingebettet in familiale Verhältnisse und gleichzeitig Ausdruck einer bestimmten Lebensweise; für die Diktatur des spitzen Bleistifts unter den Bedingungen eines auf Konkurrenz basierenden industriellen Produktionssystems sind solche Lebensweisen entweder eine quantite negligeable oder allenfalls als Störquelle für einen reibungslosen Produktionsablauf von lästigem Interesse. Erst damit entsteht auch die Privatsphäre, die im Gegenzug als Freiraum gegen die Zumutungen der Gesellschaft verstanden und verteidigt wird.

Dennoch ist nicht zu übersehen, daß die Struktur der privaten Beziehungen in einem hohen Maße durch die Bedingungen des Produktionssystems bestimmt wird. Dies zeigt sich nicht zuletzt darin, daß Bildung und Ausbildung der Kinder und Jugendlichen vergesellschaftet sind, d.h. außerhalb der Familie in eigens dafür geschaffenen Institutionen veranstaltet werden. Die Familie selbst als begrenzter Erfahrungsraum wäre auch nicht in der Lage, die Kinder auszubilden bzw. ihnen die notwendigen Erfahrungen für das Bestehen in der Gesellschaft zu vermitteln. Zudem erweisen sich Kinder - wie wir gesehen haben - in vielem auch als dysfunktional innerhalb der Familie, welche die von außen gesetzten Regeln der rationalisierten Produktion: Pünktlichkeit, Konzentration, Kontinuität, Disziplin usw. einhalten muß. Entlastung von den Kindern erhöht unter dieser Perspektive die Funktionsfähigkeit der Familie. Schule und vorher bereits der Kindergarten nehmen eine solche Aufgabe wahr. Das Prinzip der Vernunft in den gesellschaftlichen Produktionsprozessen führt zu einer "Ausgrenzung der Unvernunft" (Klaus DÖRNER 1969) zu der neben den uneinsichtigen Kindern noch die alten Leute und die Irren gehören. Die Alten werden zusammengefaßt und besondere Wohnheime für sie geschaffen und nicht lange, nachdem man im 17. Jahrhundert beginnt, die 'Verrückten' systematisch einzusammeln und in Anstalten zusammenzupferchen, wird auch die Schule für Kinder immer bedeutsamer.

Kindheit und Jugend erweisen sich damit als gesellschaftlich konstruierte Lebensphasen und die Schule erscheint unter dieser Perspektive noch einmal in einem ganz anderen Licht als sie im vorherigen Kapitel zu sehen war. Ihre gesellschaftliche Aufgabe beschränkt sich also nicht allein darauf, Herrschaft zu vermitteln oder einen gesellschaftlichen Status zu erhalten. Paradoxerweise hat sie, die vorgibt, die jungen Menschen 'auf das Leben vorzubereiten' gleichzeitig auch die Funktion, die Kinder und Jugendlichen von eben diesem Leben fernzuhalten, dessen Konstruktion keinen Platz für kindliche Unvernunft läßt. Sie trägt damit nicht allein bei zur institutionellen Verfestigung dieser Lebensphasen, sondern bestimmt ganz wesentlich auch ihre Dauer. Die Zumutung der durch die Schulzeit verlängerten Adoleszenz ist weitgehend gleichbedeutend mit einer Herauszögerung des Zeitpunktes, zu dem die ursprüngliche Unvernunft zur Vernunft wird, indem die Schüler für "gereift", handlungsfähig und erwachsen erklärt werden.

4.3 Auflösung und Verfestigung: familiäres Milieu und schulische Bewährung

Durch die Ablösung der Kinder und Jugendlichen vom familialen Milieu, ihre Entfernung von den Grundlagen des Unterhaltserwerbs wird jedoch gleichzeitig jener soziale Determinismus aufgehoben, der die Nachkommen an den gesellschaftlichen Stand der Eltern fesselte. Die Lösung dieser ständischen Bande wird durch die Einführung der allgemeinen Schulpflicht bestätigt: Erfahrungen und Bildungsprozesse der Kinder sind nicht mehr beschränkt durch den jeweiligen gesellschaftlichen Horizont eines Bäckers, Schneiders, Arbeiters, Adeligen, Bauern oder Verwaltungsbeamten, sondern mit der Schule wird eine universelle Institution wirksam, die einen generalisierten Bildungskanon vermittelt und damit übergreifend und für alle Mitglieder der Gesellschaft einheitlich einen verbindlichen Erfahrungshintergrund konstruiert.

Hierin findet sich eine weitere, ganz andere Begründung für die Beschränkung des Erziehungsrechtes der Eltern: die Schule soll möglichst frei sein von den partikularen Interessen einzelner Elterngruppen, welche sonst die Schulen für ihre privaten Zwecke dienstbar machen könnten. Die praktisch vollzogene Verstaatlichung des Schulwesens entzieht die Schulen dem Zugriff einzelner, lokaler Gruppen und sorgt damit prinzipiell für eine Gleichheit auf der Ebene der institutionellen Bedingungen. Anders als zu den Zeiten, in denen die Schüler bereits mit dem ersten Schultag nach dem sozialen Status ihrer Eltern getrennt wurden, bieten die Schulen jetzt jedem formal die gleichen Gelegenheiten und Chancen. Nicht die soziale Herkunft ist ausschlaggebend für das Weiterkommen nach der allen gemeinsamen Grundschule, sondern schulische Leistung und Bewährung allein bestimmt über den weiteren Lebensweg.

Gleichwohl sind die Eltern damit nicht ohne Einfluß auf die Erziehung ihrer Kinder: sie sind immerhin die ersten, zudem sehr intimen, Kontaktpersonen. Ihr Verhalten, ihr Lebensbeispiel prägt die Weltsicht der Kinder ebenso wie ihre Interpretationen der im Verlaufe der Entwicklung immer größer werdenden (Außen-)Welt. In welcher Richtung diese Wirkungen auch immer auszumachen sind: ob die durch die Eltern nahegelegte Sicht akzeptiert oder im Gegenteil (und dann meist mit besonderer Vehemenz) verworfen wird, der Anlaß bleibt hinter jeder dieser Haltungen bestehen.

Die Sozialisationsforschung hat sich bemüht, die Ursachen und die Vermitlungswege der familialen Sozialisation aufzuklären und ihre Effekte zu beschreiben. Zusammengefaßt läßt sich aus ihren Ergebnissen schließen, daß die Familien bei aller ihrer Einzigartigkeit je nach ihrem sozialen Status ganz unterschiedliche Umwelten konstituieren, deren Einfluß auf den Entwicklungsverlauf der Kinder sehr ausgeprägt ist. Mit Blick auf die Schule wohl am bedeutsamsten ist das Erlernen der Sprache, selbstverständliche Voraussetzung für alle intendierten schulischen Lernprozesse. Die Verknüpfung von "Denken und Sprechen" (Lew Semjonowitsch WYGOTZKI 1934), die Notwendigkeit nuancierten Sprachgebrauchs zur Erfassung differenzierter Sachlagen macht deutlich, daß Sprache, indem sie benennt, definiert, abgrenzt, selbst an der Erschaffung von Wirklichkeit beteiligt ist. Damit ist sie nicht bloß ein Medium zur Übermittlung ansonsten sinnfälliger Tatbestände, sondern gleichzeitig Voraussetzung u n d Bestandteil jeglicher geistigen Entwicklung und Entfaltung. Umso bedeutsamer ist daher die Feststellung systematischer Zusammenhänge zwischen dem sozialen Status der Herkunftsfamilien im Berufsklassensystem und der Differenziertheit des Sprachgebrauchs bei den Kindern. Vor allem die Kinder, deren Väter (oder seltener: Mütter) als Arbeiter den Lebensunterhalt der Familie verdienen, werden in dieser Hinsicht offensichtlich benachteiligt (vgl. vor allem die Untersuchungen des englischen Soziologen Basil BERNSTEIN, zusammenfassend dazu: Klaus GLOY 1975; in Deutschland u.a. Klaus-Peter STROHMEIER und Alois HERLTH 1981).

Damit schließt sich möglicherweise ein circulus vitiosus, denn die Kinder, die in eine Familie dieser Sozialgruppe hineingeboren werden, welche bereits im ökonomischen System durch vergleichsweise geringe Einkommen und vielfach unangenehme (laute, dreckige, monotone) Arbeitsbedingungen eine gering bewertete Stellung einnehmen, sind diejenigen, welche die schlechtesten Startbedingungen in der Schule haben. Dabei kann es zunächst offen bleiben, ob es primär die elterlichen Erfahrungen am Arbeitsplatz (Unterordnung, geringer Entscheidungsspielraum, hohe physische und psychische Belastung durch Lärm, Monotonie usw.) sind, die in diesem Sinne in die Familie hineinwirken, ob sich der niedrige formale Bildungsstand der Eltern so auswirkt oder ein Zusammenwirken beider Faktoren dafür verantwortlich zu machen ist.

Festzuhalten bleibt außerdem, daß nicht allein die Sozialgruppenzugehörigkeit der Familie, sondern auch ihre Größe einen eigenständigen Einfluß auf den Erwerb sprachlicher Fähigkeiten hat: je größer die Kinderzahl, desto seltener erhalten die Kinder, abgestuft nach der Sozialgruppenzugehörigkeit, sprachliche Förderung von ihren Eltern (z.B. über Vorlesen oder Erzählen einer Geschichte; Jörn W. MUNDT 1980, S. 111) und desto später lernen sie lesen (Ronald DAVIE, Neville BUTLER, Harvey GOLDSTEIN 1972).

Damit ist klar, daß die Familie nicht allein vor dem Eintritt der Kinder in die Schule Einfluß auf ihre Entwicklung hat, sondern auch während des Schulbesuchs Auswirkungen ihrer Struktur auf die Leistungen der Kinder erkennbar bleiben. Darin liegt das Ideologische des auf den ersten Blick so universalistischen Entwurfs von Schule, denn das staatliche Schulsystem negiert solche Einflüsse und überschätzt die pädagogischen Möglichkeiten einer Schule, welche die Eltern formal von den schulischen Bildungsprozessen ausschließt, obwohl sie faktisch diese nachhaltig beeinflussen. Auch darin zeigt sich der große Einfluß, den staatliche Prinzipien und damit auch solche des politischen Klassensystems auf die Konstitution der Schule haben.

Staat und Schule können nur dann ihre einigende, regelnde und daher friedensstiftende Funktion erfüllen, wenn Sie einheitlich nach Kriterien der Gleichbehandlung aller organisiert sind. Somit entspricht der institutionelle Ausschluß der Eltern aus dem Bildungswesen der formalen Gleichheit auf der Ebene der schulischen Bedingungen. Diese Komplexität reduzierende und Legitimität fördernde Einheitlichkeit auf der institutionellen Ebene hat jedoch andererseits zur Folge, daß ein- und diesselbe staatliche Institution wie die Schule gleichzeitig verschiedene, oft sogar widersprüchliche Aufgaben erfüllen muß: Sie muß die Schüler von der gesellschaftlichen Wirklichkeit fernhalten, indem sie eine Kunstwelt aufbaut, aber sie wird auch daran gemessen, wie sie die Kinder und Jugendlichen auf diese verdrängte Wirklichkeit vorbereitet; sie soll das Elternrecht wahren, aber sie wird mit rechtlichen Handhaben ausgestattet, welche die Gleichbehandlung der Kinder nach schulischen Kriterien auch gegen den Willen der Eltern zur Regel macht; sie soll die Vorteile der Privilegierten in den nachfolgenden Generationen fortschreiben, darf aber keinen Einzelinteressen dienen; sie soll Chancengleichheit gewährleisten und Privilegien abbauen, muß aber definierte Bewährungskriterien wie Noten zur Grundlage ihrer Entscheidung machen.

Vor allem mit den beiden letzten Forderungen liegt die Schule offen im Schnittpunkt zweier konfligierender Interessen: dem Streben der privilegierten Eltern, den gesellschaftlichen Status für ihren Nachwuchs zu sichern und dem Aufstiegsverlangen weiter Kreise, vor allem des Kleinbürgertums, aber auch großer Teile der qualifizierten Arbeiterschaft, die ihren Kindern bessere Lebenschancen eröffnen wollen. Beiden allerdings muß daran gelegen sein, die Bildungswährung nicht durch zu viele Abiturienten inflationär abzuwerten. Die ersteren wollen das von vorneherein, die letzteren erst, wenn das Gelingen des Bildungsaufstiegs absehbar oder gesichert ist.

Bei aller formalen Gleichheit der schulischen Bedingungen bleiben die Ausgangsbedingungen der Schüler selbst jedoch ungleich: die ökonomische Situation, die Lebensgrundlagen und -stile ihrer Herkunftsfamilien sind in hohem Maße voneinander unterschieden. Wäre die Schule wirklich eine neutrale, staatlich regulierte Institution, deren Abschlüsse allein auf der individuellen Leistung der Schüler beruhen, dann dürften diese Unterschiede praktisch keine Rolle spielen. Zumal von der Schule gemäß ihrem eigenen Anspruch als pädagogische Anstalt selbst auch eine entsprechende Leistung beim Ausgleichen dieser Ausgangsbedingungen zu erwarten wäre. Finden wir jedoch solche Differenzen, z.B. bei den Abschlüssen, dann ist zwar formal der Einfluß der Familien auf die schulische Bildung gering, inhaltlich jedoch sehr bedeutsam. In der Folge wäre zu untersuchen, welche familiären Faktoren in dieser Richtung wie wirken und vor allem danach zu fragen, aus welchen Gründen die Schule dann bei der Kompensation dieser Unterschiede 'versagt'.

Die Schule hat also viele Gesichter, ja muß sie haben, denn sie ist - wie wir gesehen haben - widersprüchlichen Absichten und Anforderungen ausgesetzt, die sie nicht einfach negieren kann. Nachdem die ersten Abschnitte vor allem diesen Anforderungen und den Ursprüngen der Schule galten, stehen in den folgenden Kapiteln die gesellschaftlichen Wirkungen des Bildungssystems im Vordergrund. Bevor sie jedoch analysiert werden können, muß zunächst einmal die Gestaltung des heutigen Bildungs- und Ausbildungssystems erläutert werden.

5. DIE ORGANISATION DES BILDUNGSWESENS IN DER BUNDESREPUBLIK

Zählt man alle Einrichtungen auf, die sich in der Bundesrepublik hauptsächlich mit Bildung und Ausbildung beschäftigen, dann entsteht auch heute noch zunächst ein sehr verwirrendes Bild. Das Spektrum reicht von Kindergärten über Volkshochschulen, Berufsbildungszentren, politische Bildungseinrichtungen, gewerkschaftliche Schulungshäuser bis zu Sprachschulen, Fachhochschulen und Universitäten. Dieses Bild wird jedoch weniger unübersichtlich, wenn man zunächst zwischen den sog. "allgemeinbildenden" und den "berufsbildenden" Schulen unterscheidet. Denn aufgrund der Tatsache, daß mindestens eine allgemeinbildende Schule im Gegensatz zur berufsbildenden von allen Kindern und Jugendlichen besucht werden muß, kommt ihnen im Bildungssystem eine herausragende Bedeutung zu. Nicht erfaßt von dieser Zweiteilung sind alle anderen (auch öffentlichen) Bildungsinstitute und -veranstaltungen wie z.B. betriebliche Fortbildung, gewerkschaftliche Schulung oder auch Volkshochschulen, die als Ergänzungseinrichtungen im System der gesellschaftlichen Chancen und Barrieren nur eine randständige Position einnehmen.

Orientieren wir uns also zunächst am **allgemeinbildenden Schulwesen.** Die Schulpflicht hierfür beginnt mit dem sechsten Lebensjahr und gilt seit 1920 für alle Kinder, unabhängig vom sozialen Status ihrer Eltern oder ihrer Nationalität. Freiwillig dagegen und in der Hand der Eltern ist der Kindergarten- oder - seltener - Vorschulbesuch für die Kinder von drei bis sechs Jahren. Deshalb schicken auch nicht alle Eltern ihre Kinder in eine solche Einrichtung. Allerdings fehlt ihnen oft auch wegen mangelnder Plätze oder zu großer Entfernung die Gelegenheit dazu.

Die erste Phase der Pflichtschule, die vierjährige (in manchen Bundesländern auch sechsjährige) Grundschule ist gleichzeitig auch die entscheidenste. Nach ihrem Ende werden die Kinder auf die drei Typen weiterführender Schulen, die Haupt-, Mittel- und höhere Schule (Gymnasium) verteilt. Vor allem an dieser Stelle wird oft der Konflikt zwischen Schule und Eltern deutlich. Denn Grundlage und Legitimation für diese Kategorisierung von Schülern sind widersprüchlich: zwar haben die Eltern prinzipiell ein Mitsprache- wenn nicht Entscheidungsrecht, vor allem aber soll die Leistung bzw. die entsprechende Beurteilung durch die Lehrer das entscheidende Übergangskriterium sein. Daraus ergeben sich ganz spezifische Probleme, denen ein eigenes Kapitel (Kap. 8) gewidmet ist.

Die drei Schulformen bieten unterschiedlich lange und inhaltlich jeweils anders strukturierte Kurse und Abschlüsse, die mit bestimmten Berechtigungen (wie sie im vorangegangenen Kapitel beschrieben wurden) verknüpft sind. Vom Entwurf her ist das Gymnasium die umfassendste Schulart: der Abschluß 'Abitur' berechtigt formal zu allen Ausbildungen, von der Lehre bis zum Studium. Der Haupt- und der Mittelschulabschluß schränken die Wahlmöglichkeiten durch den Ausschluß des Universitätsstudiums bereits erheblich ein. Der markanteste Unterschied besteht somit nach wie vor zwischen den Gymnasien und den anderen Schularten. Dies ist auch nicht weiter verwunderlich, wenn man die Geschichte der Mittelschule ein wenig kennt. Denn ihr Entwurf zielte vor allem - wie wir gesehen haben (Kap. 3) - darauf, aufstiegsorientierte Schichten vom Gymnasium fernzuhalten, indem man ihnen eine Abgrenzung nach unten bot. Sie verhilft deshalb auch nicht zu spezifischen Berechtigungen; jedoch erwachsen aus ihr besonders bei einem Überangebot von Lehrstellenanwärtern bessere Chancen gegenüber den Absolventen der Hauptschulen. Können Gymnasien und Mittelschulen bei der Aufnahme neuer Schüler wählen und ihnen nicht genehme Schüler über kurz oder lang abweisen, so hat die Hauptschule diese Möglichkeit nicht. Sie muß alle Schüler zumindest für die Dauer der Vollzeitschulpflicht (bis zum fünfzehnten resp. sechzehnten Lebensjahr) aufnehmen. Das hat nicht allein Konsequenzen für die Zusammensetzung der Schülerschaft in den Schulen, sondern auch für das Selbstverständnis der Schulen, ihrer Lehrer und nicht zuletzt natürlich auch der Schüler. Sie als "weiterführende Schule" zu bezeichnen, wie es offiziell geschieht, ist deshalb nichts als ein Euphemismus.

Mit der Gesamtschule wollte man gegen Ende der sechziger Jahre u.a. auch eine Lösung dieses Problems finden. Dafür sollte praktisch das Konzept der Grundschule, in der alle Kinder gemeinsam unterrichtet werden, in den sog. Sekundarbereich I (Klassen 5-10) hinein verlängert werden. Ebenso wie bei der Einführung der allgemeinen Schulpflicht für die Grundschule entsteht eine heftige grundsätzlich geführte Diskussion über diese Schulform. Um den Konflikt zu versachlichen bzw. die Entscheidung hinauszuzögern, wird zunächst einmal beschlossen, solche Schulen in Modellversuchen zu erproben, um dann später vor dem Hintergrund der Ergebnisse dieser Versuche zu einer rationalen und alle Seiten überzeugenden Entscheidung zu kommen. Dabei wurden auch unterschiedliche Konzepte von Gesamtschule, von 'additiven' (alle Schularten sind organisatorisch getrennt und selbständig unter einem Dach zusammengefaßt) bis zu 'integrierten' Formen (Schularten existieren nicht mehr) eingerichtet und erprobt. Allerdings bereitet es wenig Mühe, auch in den integrierten Gesamtschulen mit dem Kurssystem entscheidende Elemente des alten dreigliedrigen Schulsystems wiederzuentdecken. Mit dieser Einrichtung der Modellversuche war eine Chance der durchgängigen und flächendeckenden Einführung der Gesamtschule in den meisten Bundesländern vergeben, denn die Ergebnisse der Modellversuche kann man so oder anders interpretieren (siehe Kapitel 9) und eine politische Entscheidung läßt sich, nachdem man sich auf diese aufwendigen Vergleichsuntersuchungen eingelassen hat, kaum noch vermitteln und durchsetzen. Damit spielen Gesamtschulen im allgemeinbildenden Schulsystem der Bundesrepublik von ihrer Zahl her nur eine sehr untergeordnete Rolle.

Das **berufsbildende Schulwesen** dagegen ist völlig anders organisiert. Denn die Berufsausbildung wird nur zu einem Teil in den eigentlichen Berufsschulen vermittelt; den größten Teil ihrer Ausbildungszeit verbringen die Jugendlichen in ihren Ausbildungsbetrieben bzw. in Ausbildungszentren. In der Regel werden sie nur ein bis zwei Tage in der Woche oder in Blockveranstaltungen über mehrere Wochen in den Berufsschulen unterrichtet. Jugendliche, die nach dem Abschluß der Haupt- oder Mittelschule keine Lehrstelle erhalten haben oder keinen Ausbildungsberuf anstreben um z.B. als angelernter oder Hilfsarbeiter (zunächst) mehr Geld zu verdienen als ein Lehrling, unterliegen gleichwohl der Berufsschulpflicht.

Die Situation der Berufsschulen unterscheidet sich ganz wesentlich von den Schulen des allgemeinbildenden Schulwesens, da sie im Rahmen des dualen Berufsausbildungssystems allenfalls zweiter Lernort neben dem Ausbildungsbetrieb und zunehmend von Berufsbildungszentren der Kammern sind und damit in Form und Inhalt ihres Unterrichts direkter Kontrole und den Ansprüchen der ausbildenden Betriebe und ihren Korporationen ausgesetzt sind. Die Einflußmöglichkeiten der Betriebe werden auch dadurch gestärkt, daß die Berufsschulen nicht - wie die Schulen des allgemeinbildenden Schulwesens - das Prüfungsrecht besitzen, sondern die Abschlußprüfungen vor den entsprechenden Ausschüssen der örtlichen Industrie- und Handelskammern (denen in der Regel u.a. auch Lehrer angehören) abgelegt werden.

Daneben sind eine Reihe von speziellen beruflichen Schulen entstanden (siehe Abb. 1), die als Voll- oder Teilzeitschulen nicht nur berufsbildende Inhalte vermitteln, sondern auch Abschlüsse verleihen, die denen der allgemeinbildenden Schulen äquivalent sind (mittlere Reife, Fachhochschulreife). Mit der Verleihung dieser Berechtigungen übernehmen die Einrichtungen des beruflichen Schulwesens teilweise auch die Funktionen der allgemeinbildenden Schulen. Sie werden damit immer mehr zum Bestandteil eines Zweiten Bildungsweges, der die Möglichkeit bietet, einen aus welchen Gründen auch immer im allgemeinbildenden Schulwesen versäumten Schulabschluß (=dem ersten Bildungsweg) nachzuholen. Zunächst kam diese Rolle fast ausschließlich dem Abendgymnasium zu, das von Personen mit Mittelschulabschluß neben der Berufstätigkeit besucht werden kann und zur allgemeinen Hochschulreife (Abitur) führt. Es spielt für die Legitimation des Bildungswesens eine wichtige Rolle, auch wenn nur etwa vier Prozent eines Hochschuljahrgangs einen solchen Abschluß vorweisen können (1976; ARBEITSGRUPPE AM MAX-PLANCK-

Abb. 1: Überblick über die Struktur des Bildungswesens in der Bundesrepublik Deutschland

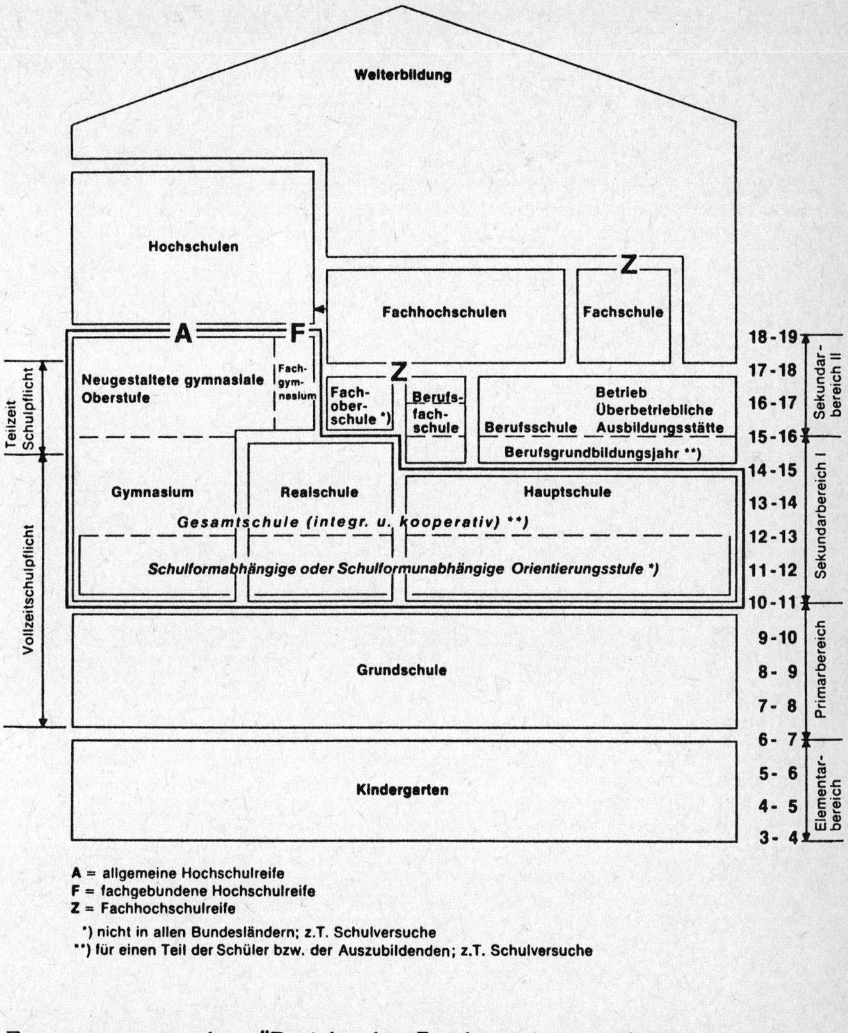

Entnommen aus dem "Bericht der Bundesregierung über die strukturellen Probleme des föderativen Bildungssystems", Bonn 1978, S. 7

INSTITUT FÜR BILDUNGSFORSCHUNG 1979, S. 150). Darüber hinaus haben die Volkshochschulen vereinzelt mit Kursen zum Nachholen des Hauptschulabschlusses die Möglichkeit des Zweiten Bildungsweges nach unten ergänzt.

Berücksichtigt man, daß in manchen Bundesländern die Bezeichnungen für die beruflichen Fortbildungsschulen verschieden sind und es noch die eine oder andere Sonderform in einigen Ländern gibt, wird das Bild des beruflichen Bildungssystems in der Bundesrepublik noch verwirrender. Außerdem dürfen die Hochschulen und Universitäten als berufliche Ausbildungsstätten nicht vergessen werden. Die Abb. 1 vermittelt schematisch vereinfacht einen Eindruck von der Grundstruktur des Bildungswesens und den erreichbaren Abschlüssen in der Bundesrepublik. Sonderschulen und einzelne, nur in bestimmten Bundesländern angebotene Sonderformen von Schulen sind in dieser Übersicht nicht berücksichtigt.

Neben den 'traditionellen Bildungspfaden':

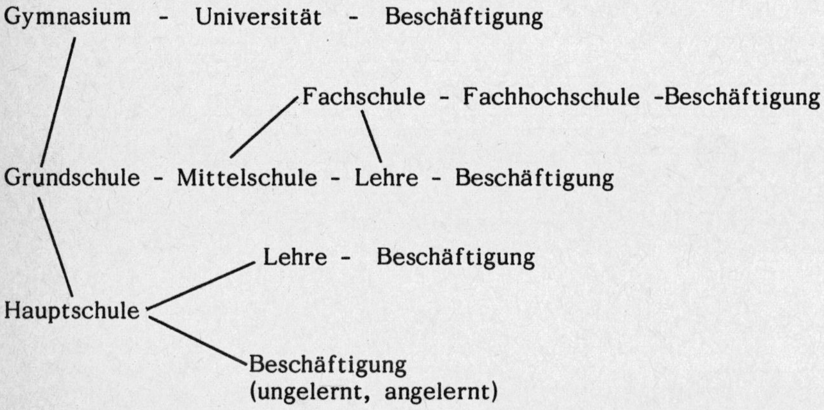

eröffnet das Schulsystem außerdem eine Reihe weiterer Bildungswege, so z.B. vom Mittelschulabschluß (bei Vorliegen bestimmter Abschlußnoten) zur Oberstufe eines Gymnasiums oder vom Hauptschulabschluß über eine Lehre, die Berufsaufbauschule zur Fachhochschule, deren qualifizierter Abschluß zu einem Hochschul- bzw. Universitätsstudium bestimmter Fächergruppen berechtigt (vgl. u.a. ARBEITSGRUPPE AM MAX-PLANCK-INSTITUT FÜR BILDUNGSFORSCHUNG 1979, S. 179).

Die Struktur des Bildungswesens bietet damit eine Reihe von verschiedenen Wegen zur Qualifikation und auch Möglichkeiten zur Revision der am Ende der Grundschule erzwungenen Bildungsentscheidung. Es wird neben anderem zu überprüfen sein, in welchem Ausmaß diese theoretischen Möglichkeiten auch genutzt werden (können).

Die Darstellung der einzelnen öffentlichen Bildungsbereiche orientiert sich dabei im Folgenden weitgehend an einem Lebenslaufkonzept, d.h. sie durchläuft die Lebensspanne von der frühkindlichen Entwicklung bis zur beruflichen Sozialisation und beschäftigt sich mit der Konstitution und der Wirkung der für die einzelnen Lebensabschnitte jeweils wichtigen Bildungseinrichtungen.

6. DER KINDERGARTEN ZWISCHEN KLEINKINDER-BEWAHRANSTALT UND BILDUNGSEINRICHTUNG

6.1 Verwahrloste kleine Tiere: die Kinder des seltsamen Wesens "Arbeiter"

Die Industrialisierung der Produktion hat durchgreifende Folgen für die Organisation des Zusammenlebens. Nicht nur, daß die Verkehrsformen der Menschen im öffentlichen Bereich weniger durch persönliche, auf sichtbarer Leistung und Gegenleistung basierende Beziehungen, als durch die Marktrelation von Geld und Ware bestimmt werden. Die Trennung von Produktionsort (Fabrik) und Familie, deren Funktion reduziert wird auf die doppelte Reproduktion der Arbeitskraft (Essen, Schlafen, Zerstreuung - Zeugen und Aufziehen von Kindern) führt zur Herausbildung des "Privaten", des "Intimen" und Nicht-Öffentlichen des Familienlebens. Es wird dabei gleichwohl mehr zu einer ideologischen Abschottung nach außen gegen die Zumutungen der Gesellschaft und auch des Staates, der immer mehr organisierend und gestaltend in das Alltagsleben eingreift, kaum ein Freiraum zur Durchsetzung und Verwirklichung eigener Vorstellungen und Lebensentwürfe. Dies zeigt sich nicht nur in der weitgehenden Verstaatlichung der (schulischen) Erziehung, wie sie in den vorangegangenen Kapiteln aufgezeigt wurde, sondern auch auf dem dornigen Weg der Durchsetzung pädagogischer Konzepte der vergesellschafteten Kleinkindererziehung.

Die vielfach in der frühkapitalistischen Entwicklung notwendige Berufstätigkeit auch der Mütter führt zu einer Verwahrlosung auch der Kinder, die während der Arbeitszeit oft allein eingesperrt zu Hause und nur mit dem Nötigsten versorgt anregungslos vor sich hindämmern. Die Struktur der industriellen Arbeitsplätze läßt die Mitnahme der Kinder zu den Arbeitsstellen an lärmenden Maschinen, in gefährliche Bergwerke oder zugige Fabrikhallen nicht zu. Zudem erlaubt die immer weiter fortgesetzte Arbeitsteilung, die daraus erwachsende gegenseitige Abhängigkeit der Arbeiter(innen) in der Produktion keine Ablenkungen durch Aufmerksamkeit fordernde Kinder. Zu Hause ist niemand, der sich während der langen Arbeitszeit der Eltern um die Kinder kümmern könnte: die der Auflösung der alten Ordnung parallele Not auf dem Lande treibt die jungen Menschen allein in die wachsenden Städte, ohne die eigenen Eltern, jüngere oder ältere Geschwister, für die dort weder Platz noch Auskommen wäre. Die jungen Eltern bleiben auf sich selbst gestellt. Die Versorgung und Erziehung der Kleinkinder bedarf daher längerfristig einer gesellschaftlichen Lösung, denn die Notwendigkeiten der industriellen Herstelllungsprozesse und die mageren Löhne erlauben den Familien keine eigene, private Lösung mehr. Der sonst alles durchdringende Gestaltungswille des Staates setzt sich selbst jedoch dort seine Grenzen, wo er direkte soziale Verantwortung übernehmen müßte: vor den Fabrikmauern und vor den Haustüren der Arbeiter. Weder die Organisation der Produktion (Arbeitszeit, Kinderarbeit etc.) findet zunächst sein Interesse, noch die des Familienlebens, die aus der Fabrik und dem Zwang des Unterhaltserwerbs von Männern und Frauen gleichermaßen erwachsenden Probleme der Erziehung und Betreuung der Kleinkinder. Die größeren Kinder (über sechs Jahre) werden zunächst ohnehin in den Fabriken gebraucht, wo sie als billige Arbeitskräfte besonders geschätzt werden. Schulische Bildung war für diese Tätigkeiten weder nötig noch sonderlich erwünscht. Erst Mitte des 19. Jahrhunderts bekommt die Schule mit der Einschränkung, später dem Verbot der Kinderarbeit eine größere Bedeutung. Sie nimmt zwar, wie wir gesehen haben, die älteren Kinder für einen Teil des langen Arbeitstages in ihre Obhut, für die Pflege und Erziehung der Kleinkinder aber hat auch sie keinen Platz.

Es sind vor allem bürgerliche Gruppen, Vereine, aber auch engagierte Einzelpersonen, die sich etwa ab 1825 in Deutschland aus den verschiedensten Motiven der alleine gelassenen kleinen Kinder annehmen. Die Kirchen spielen bis zum Revolutionsjahr 1848 hierbei im Gegensatz zu heute so gut wie keine Rolle. Zwar sind, wie Margot KRECKER (1966, S. 83 ff) in lokalen Archiven akribisch ermittelte, fast alle Kleinkindereinrichtungen einer religiösen Zurichtung der Kinder verpflichtet, aber nur ein verschwindend geringer Teil von ihnen (3 von 223 ermittelten) gehört vor 1848 auch zu einer Kirchengemeinde.

Man nennt sie 'Verwahrungsanstalt', 'Warteschule', 'Kinderbewahranstalt': die Namen machen hinreichend deutlich, daß sie einzig die Funktion hatten, die Kinder der Arbeiter für die Dauer des Arbeitstages aufzubewahren und mit Nahrung zu versorgen. Sie entwickeln zunächst auch keinerlei Anspruch einer pädagogischen Arbeit mit den Kindern, die zwar der häuslichen Vereinzelung und Einsamkeit entgehen, aber nur, um sich dafür in der auf die bloße Anwesenheit von Wartungspersonal und anderen Kleinkindern beschränkten und deshalb nicht viel anregenderen Atmosphäre einer Verwahrstelle wiederzufinden.

Sind die Mütter und Väter, die dies zulassen, deshalb zu verurteilen? Wohl kaum. Die Schaffung dieser Einrichtungen ist für sie unter den gegebenen Bedingungen sogar ein Fortschritt. Ihr täglicher Überlebenskampf in den Manufakturen und Fabriken läßt ihnen zudem keine Wahl: der Verzicht auf eigene Kinder wäre gleichbedeutend mit dem Verzicht die eigene Zukunft, sie müßten enthaltsam leben und lägen bei Verlust ihrer Arbeitsfähigkeit durch Krankheit, Invalidität oder Alter ohne jede Unterstützung auf der Straße. Eigene Kinder sind deshalb überlebenswichtig. Nur sie können in der Frühzeit der industriellen Entwicklung die Chance einer Versorgungssicherung bieten. Renten-, Kranken-, Invaliditäts-, Arbeitslosenversicherung: all das ist noch Utopie, Hoffnung auf eine bessere Welt, ja umstürzlerisch und Verrat an der politischen und gesellschaftlichen Ordnung.

Denn die bürgerliche Vorstellung von diesem seltsamen Wesen "Arbeiter" ist einfach: es arbeitet nur, wenn es aufgrund der materiellen Lage dazu gezwungen ist; das satte und gesicherte Wesen ließe alle Arbeit fallen und würde erst durch Not wieder in die Fabrikhallen getrieben. Die Not, der Mangel muß also erhalten bleiben, sonst bricht die so vielversprechende industrielle Produktion wieder zusammen. Alle Versuche zur Verbesserung der Lebensumstände dieses wichtigen Produktionsfaktors werden deshalb als Versuche zum Umsturz bekämpft, vor allem, wenn sie von den Arbeitern selbst über Koalitionsbildungen unternommen werden und mit Skepsis oder Ablehnung betrachtet, wenn sie von engagierten bürgerlichen Philanthropen oder den Kirchen kommen. Auch sollen die Kinder der Arbeiter wieder Arbeiter werden, wozu ihnen also besondere Aufmerksamkeit schenken oder gar in sie investieren?

Kinder gelten für lange Zeit ohnehin nicht viel, auch nicht in Adel und Bürgerstand, die mit Besitz bzw. festen beruflichen Positionen über eine weitgehend risikofreie Zukunftssicherung verfügen. Vor allem im Frankreich des 17. und 18. Jahrhunderts machen sich, wie Elisabeth BADINTER (1980) ausführlich untersucht hat, die adeligen und bürgerlichen Familien frei von den als langweilig empfundenen Belästigungen der Kinderpflege und -erziehung. Die Säuglinge werden gleich nach ihrer Geburt einer Amme übergeben, die gegen (meist geringe) Bezahlung die Pflege übernimmt. Das Interesse der Eltern an den Lebensumständen ihrer Kinder ist mäßig; die Säuglinge sterben wie die Fliegen. Die Kindersterblichkeit ist ohnehin hoch; durch das unkontrollierte Ammenwesen wird sie noch höher. In Deutschland ist das kaum anders. Der Spreewald liefert noch im späten 19. Jahrhundert die Ammen für die bürgerlichen Mütter Berlins: Landmädchen lassen sich schwängern, um sich nach der Geburt ihres Kindes an eine wohlhabende Berliner Familie als Amme vermieten zu können.

Das wirft ein zweifaches Licht auf die Existenzbedingungen des Nachwuchses: den Bürgerfrauen ist er allenfalls lästige Notwendigkeit für die Legitimation ihrer Versorgung durch die Ehe, die Pflege überlassen sie allzu gerne anderen; für die mittellosen Mädchen aus dem Spreewald dagegen sind eigene und fremde Kinder notwendige Ressource des Überlebens. August BEBEL geißelt diese Verhältnisse in seiner 1883 erstmals erschienenen Arbeit "Die Frau und der Sozialismus" sarkastisch als "gewerbsmäßige Ammenzüchterei" (1909; Nachdr. 1918, S. 450).

Mutterliebe, Elternliebe, das sind unverständliche Fremdworte in dieser Zeit. Sie können sich erst später entwickeln, als die Säuglingssterblichkeit mit den Fortschritten der Hygiene, der Medizin, aber auch der Vorschuleinrichtungen drastisch sinkt. Vorher wären sie eine existenzgefährdende Fehlinvestition: niemand könnte es verkraften, zwei, drei, vier oder noch mehr geliebte Menschen innerhalb weniger Jahre zu verlieren, in der die eine Trauer von der nächsten Verzweiflung abgelöst würde. Für die Eltern fängt daher der Mensch erst im Alter von drei, vier Jahren an, wenn sein Überleben wahrscheinlich geworden ist. Vorher sind es stupide, sprachlose, schreiende, fressende, unsaubere, also lästige und langweilige kleine Tiere, die man sich vom Leibe hält. Das bedeutet nicht, daß nicht hier und da elterliche Gefühle auszumachen wären, sich emotionale Bindungen zwischen Kindern und Ammen einstellen und Kinder wohlbehütet vom Säuglingsalter an aufwachsen; aber das sind für lange Zeit die Ausnahmen. Erst nach der Veröffentlichung des "Emile" von Jean-Jacques ROUSSEAU im Jahre 1762 beginnt sich die Mutterliebe langfristig zu einem Imperativ unserer Kultur zu entwickeln. Vorerst jedoch bleibt sie bloße Mode bei denen, die es sich leisten können und wollen. Sogar ROUSSEAU selbst glaubt sich gezwungen, seine fünf Kinder, deren Spur sich in der Folge verliert und die ihre Eltern nie wiedersehen, in einem Findelhaus gegen den Willen der Mutter, Lebensgefährtin und späteren Frau verwahren zu lassen (Martin RANG 1963, S. 25-32).

Den meisten Müttern aus dem vierten Stand bleiben ohnehin nur zwei Alternativen: arbeiten und die Kleinkinder für die Dauer des Arbeitstages sich selbst überlassen bzw. in eine Bewahranstalt stecken oder in Mutterliebe zusammen mit dem Kind zu verhungern. Die arbeitende Mutter hat auch wenig Zeit, sich um ein neugeborenes Kind zu kümmern: in der ständigen Furcht, ihren Arbeitsplatz an eine Konkurrentin zu verlieren, muß sie nach der Geburt so schnell wie möglich zurück in die Fabrik. "Die unausbleiblichen Folgen für die kleinen Würmer sind: vernachlässigte Pflege, unpassende Nahrung, auch gänzlicher Mangel an Nahrung; sie werden, um ruhig zu sein, mit Opiaten gefüttert" (August BEBEL 1909; Nachdr. 1918, S. 130).

6.2 Die Einrichtungen der Menschenfreunde des Eigentums und die Gründung des bürgerlichen Kindergartens

Aber es gibt auch einflußreiche Außenseiter im Bürgertum wie den utopischen Sozialisten Robert OWEN, der seine Fabrik in Wales (New Lanark; übernommen 1800) und die 25 Jahre später in Nordamerika gegründete Genossenschaft "New Harmony" als Bestandteile eines menschenwürdigen Gemeinwesens begreift, in denen zwar die Gesetze der industriellen Produktion nicht aufgehoben werden können, aber zum Ausgleich neben Schulen ab 1809 die "infant schools" entstehen, in welche die Kleinkinder der Fabrikarbeiter aufgenommen werden, bis sie mit sechs Jahren die eigentliche Schule besuchen. Es sind keine Verwahranstalten, sondern sie sollen als pädagogische Einrichtungen die Kinder besser erziehen, als es die Eltern mit ihrer mangelnden Bildung könnten. Die Verbesserung der Lage der Arbeiter, ihr Aufstieg in die bürgerliche Gesellschaft oder die Einrichtung einer Alternative dazu kann nur über die Vergesellschaftung ihrer Erziehung und Bildung erfolgen. Robert OWEN sieht daher richtig, daß die Chancen der Arbeiterkinder in der sich entwickelnden Industriegesellschaft nur verbessert werden können, wenn sie dem Einfluß oder richtiger: der mangelnden Aufsicht und Erziehung ihrer Eltern in wesentlichen Bereichen entzogen werden.

Die Kleinkindererziehung wird aber nicht nur als lästig empfunden oder als Meilenstein auf dem Weg zur Emanzipation der Arbeiter gesehen; weitsichtigere Zeitgenossen wie Amalie WINTER wissen den langfristigen politischen Nutzen einer organisierten Armenhilfe und Kleinkindererziehung für die Sicherung der eigenen Privilegien genau einzuschätzen:

"Bei der übergroßen Vermehrung der Armenklasse, ... bei dem zügellosen, nur für den Moment lebenden Proletarierleichtsinne wächst die Armut heran zur politischen Macht, und wenn nicht die Humanität es dem Menschenfreunde zur Pflicht machte, so mildernd als möglich in das Elend einzugreifen, so gebietet die Klugheit sowohl dem Staate, als auch jedem einzelnen, sich irgendeines Besitztums erfreuenden, den Armen so viel als möglich Waffen zu reichen zum Kampfe gegen die Armut und deren Folgen, damit sie nicht eines Tages den Kampf gegen die Besitzenden eröffnen mögen" (1846, S. VIII/IX; cit. n. Margot KRECKER 1966, S. 99f).

Armenhilfe also als Wehr gegen politische Machtansprüche des vierten Standes. Aber nicht nur. Das auf Ruhe und Ordnung bedachte Bürgertum will integrieren, überzeugen. Da nur derjenige revoltiert, der nichts zu verlieren hat, muß den Arbeitern durch den Ausbau der Volkserziehung das Gefühl vermittelt werden, "daß jeder etwas zu verlieren habe, daß jeder von der ihm angemessenen Arbeit leben könne und wolle und einen weisen Gebrauch von den Früchten derselben zu machen wisse", wie der Wiener Kaufmann Josef WERTHEIMER 1828 in Ergänzung zur zweiten Auflage seiner Übersetzung des einflußreichen Buches des OWEN-Schülers Samuel WILDERSPIN "Über die frühzeitige Erziehung der Kinder und die englischen Kleinkinderschulen" anmerkt (cit. n. Margot KRECKER 1966, S. 102). Die Arbeiter sollen davon überzeugt werden, daß ihre C h a n c e auf unterhaltssichernde Arbeit und die Eröffnung der Möglichkeiten vergesellschafteter Erziehung in den Kleinkinderbewahranstalten so viel wert ist, wie der bürgerliche Besitz, der ihnen vorenthalten bleiben soll. Die Integration, die möglichst konfliktfreie Eingliederung in die von bürgerlichen Vorstellungen geprägte (und noch zu prägende) Gesellschaft ist wichtiges Anliegen beim Ausbau der Kleinkindereinrichtungen. Auch erscheinen die Kosten als zu hoch, die sich aus der Kriminalisierung vom bürgerlichen Konzept abweichender, egalitär-revolutionärer oder einfach zwischen alter Gesellschaft und neuer Ordnung desorientierter Daseinsvorstellungen und Handlungsweisen ergeben. So ist der Ausruf von Fr. W. ANDRÄ zu verstehen:

"Eine bessere Erziehung, mehr Rettungshäuser für Verwahrloste, gute ... Schulen, Fortbildungsanstalten für Erwachsene, Bewahranstalten für die kleinste Jugend! - und wir bräuchten weit weniger Zucht-, Arbeits- und Besserungshäuser" (1852, S. 31 f; cit.n. Margot KREKKER 1966, S. 103).

An vordringlicher Stelle steht das Bestreben, den Kindern das bürgerliche Credo der Unantastbarkeit käuflich, also rechtmäßig erworbenen Eigentums und seiner privaten Verfügbarkeit beizubringen. Dieses Prinzip soll die Arbeit in den Kinderbewahranstalten durchdringen, in denen "die Kinder selbst die unbedeutendsten Kleinigkeiten, sei es auch nur eine Stecknadel, eine Nadel, ein Bild oder ein Pfennig, welche sie finden, nicht als ihr Eigentum für sich behalten, sondern es dem rechtmäßigen Besitzer wieder zurückgeben" (Carl JOHN 1830, S. 32; cit.n. Margot KRECKER 1966, S. 99).

Diese beabsichtigte Rigorosität der Durchsetzung des unbedingten Eigentumsprinzips mag heute als kleinbürgerlich-spießig erscheinen. In der Phase des Umbruchs vom feudalen Lehnssystem zum bürgerlichen Nationalstaat, der in Deutschland erst noch entstehen will, ist es jedoch auch revolutionär. Untergräbt es doch die Grundlagen des feudalen Herrschaftssystems, welche das Eigentum nicht abstrakt als handelbares Gut in der Form beliebiger Waren begreift, sondern als Grundlage einer an Personen gebundenen Beziehung zwischen Lehnsherrn und Vasall. Dabei erhält der Lehnsherr nicht nur Rechte, sondern übernimmt auch Fürsorgepflichten, während dem Lehnsmann die unbeweglichen Güter zur landwirtschaftlichen Produktion überlassen werden.

Vor allem aber kann dem Adel und Teilen des Bürgertums nicht an der Nationalerziehung gelegen sein, der sich nahezu alle Befürworter der vergesellschafteten Kleinkindererziehung verpflichtet fühlen. Sie rüttelt an den Festen ihrer Macht: dem wirtschaftlichen Protektionismus der Kleinstaaterei, mit welcher der Adel durch seine Verwaltungseliten das Bürgertum als universelle Klasse niederzuhalten versucht und unliebsame unternehmerische Konkurrenz ausschaltet. Die Vordenker und Förderer der Volkserziehung geraten somit selber in die Gefahr, kriminalisiert zu werden. Dies gilt vor allem da, wo es nicht um die bloße Verwahrung, sondern um eine pädagogische Arbeit mit den Kindern geht. Zunächst bleibt die Kleinkinderpädagogik nämlich für die ohnehin behüteten Kinder des Adels und des aufsteigenden Bürgertums reserviert: sie werden, um den Übergang von der Familie zur Schule zu erleichtern, in eigene Einrichtugen aufgenommen, in denen sie "etwas geregelter, ernsthafter als zu Hause ... unterhalten, beschäftigt und belehrt werden" (Gerhard UHLHORN 1895, S. 744; cit.n. Wilma GROSSMANN 1974, S. 28). Dieser pädagogische Auftrag setzt voraus, daß die Kinder schon etwas älter (drei bis vier Jahre) sind, bevor sie aufgenommen werden.

1840 gründet Friedrich FRÖBEL in Rudolstadt den ersten Kindergarten, eine Kleinkindereinrichtung, deren Bezeichnung sich aus dem dazugehörigen Gartenstück ableitet, in dem die Kinder u.a. die Wachstumsprozesse und den Zyklus der Natur kennenlernen sollen. Schon die Öffnungszeiten machen den privilegierten Charakter des Unternehmens deutlich: zweimal in der Woche kommen die Kinder jeweils für zwei Stunden zusammen. Die Eltern der ersten 24 Kinder sind denn auch je zur Hälfte adeliger und bürgerlicher Herkunft, unter ihnen auch Kaufleute und Fabrikbesitzer (Friedrich FRÖBEL 1840 in einem Brief; cit.n. Margot KRECKER 1966, S. 79).

Von nun an sind Bürgertum und Arbeiterschaft auch in der sich entwickelnden vergesellschafteten Kleinkindererziehung institutionell voneinander getrennt. Wie bei der Diskussion um die Einführung der einheitlichen Grundschule (vgl. Kapitel 3 und 4) wehren sich die privilegierten Eltern gegen alle Versuche, ihre Kinder zusammen mit den Kindern der Arbeiter in ein und denselben Kindergarten zu schicken. So bleiben auf der einen Seite die nach 1848 verstärkt von den Kirchen übernommenen und ausgebauten reinen Bewahranstalten für die Arbeiter und die Armen bestehen, auf der anderen Seite entwickeln sich die pädagogisch ausgerichteten Kindergärten des privilegierten Bürgertums und Teilen des Adels. Dennoch verbietet der preußische Innenminister 1851 die Kindergärten. Vordergründig, weil Fröbels Neffe Karl in einer Veröffentlichung aus dem gleichen Jahr den Kindergarten als Teil eines sozialistischen Erziehungssystems dargestellt hat, in Wirklichkeit jedoch soll damit nach der eigenen Einschätzung Friedrich FRÖBELs das Aufstreben des Bürgertums und vor allem das der wachsenden Lehrerschaft gebremst werden (Wilma GROSSMANN 1974, S. 38).

Der wachsende vierte Stand muß seine eigenen Lösungen finden. Als Gegenentwurf zu den versperrten bürgerlichen Kindergärten entstehen daher ab 1860 in Deutschland (das Kindergartenverbot in Preussen wird 1861 wieder aufgehoben) die sog. "Volkskindergärten", welche die notwendigen organisatorischen Rahmenbedingungen der Kinderbewahranstalten, wie ganztägige Öffnung, beibehalten, gleichzeitig aber Elemente des FRÖBELschen Kindergartens in die nunmehr pädagogische Konzeption einbeziehen. Von den bürgerlichen Kindergärten unterscheiden sie sich insbesondere dadurch, daß sie keine familienergänzende Erziehung anbieten können, sondern praktisch eine familienersetzende Funktion übernehemen müssen. Auch findet in ihnen eine Erziehung zur Arbeit statt, indem die Kinder durch kleinere Erwerbsarbeiten (Korbflechten, Weben usw.) innerhalb des "Volkskindergartens" zu den im Vergleich zu den alten Bewahranstalten enormen Kosten der Einrichtungen beitragen (Wilma GROSSMANN 1974, S. 42 ff).

6.3 Die Konstruktion der Mütterlichkeit oder der Kindergarten im Zwielicht von Kollektivismus und Sozialhilfe

Dennoch haftet den schließlich einheitlich "Kindergarten" genannten Einrichtungen auf Jahrzehnte für viele das Odium der bloßen 'Bewahranstalt' an. Vor dem Hintergrund der kategorischen Reduktion der Frau auf die Mutter, ihres selbstverständlich werdenden Verzichts auf eine Rolle außerhalb der Familie und die von ihr geforderte liebevolle und fürsorgliche Hingabe für die Kinder wird schnell zur 'Rabenmutter', wer sich seiner Kinder zeitweise 'entledigt', um aus materiellen oder anderen Gründen einer eigenen Beschäftigung nachzugehen.

Wie konnte es zu einer so gründlichen Umkehrung der früheren Situation kommen? Einmal führt der lange Weg von Arbeitern und Teilen der Angestelltenschaft zur Durchsetzung ihrer Rechte und Interessen zu einigen wesentlichen Erfolgen: die Löhne steigen, die sozialen Sicherungssysteme werden ausgebaut, und wo vordem keine Alternative zur unausgesetzten Arbeit von Männern und Frauen, Vätern und Müttern, ja auch von Kindern bestand, eröffnen sich nunmehr Spielräume einer Lebensplanung, eigene Entscheidungsmöglchkeiten entstehen für die Gestaltung des mit zunehmender Arbeitszeitverkürzung wichtiger werdenden Privatlebens. Zum anderen führt der Ausbau des Gesundheitswesens langfristig zu einem drastischen Absinken der Säuglings- und Kindersterblichkeit. Zuerst bei den besser versorgten Bürger- und Adelsfamilien, schließlich auch in den Familien der Arbeiter. Damit erst wird das 'Mutter sein', die ausdauernde Beschäftigung mit den kleinen Kindern, psychisch möglich. Auch werden die Frauen auf dem Arbeitsmarkt immer mehr in die undankbare Rolle von schlecht bezahlten 'Konjunkturpuffern' gedrängt, deren Dispositionsmasse auch dazu beiträgt, den Arbeitslohn zu drücken. Da nur eine Verknappung der Arbeitskraft den Preis der Arbeit erhöhen bzw. sichern kann, haben die Männer ein Interesse an der Verringerung des Frauenanteils unter den Beschäftigten. Gleichwohl läßt sich dies aus materiellen Gründen nicht für alle verwirklichen. Vielen Frauen bleibt somit zunächst nur die zugestandene Beschäftigung als Dienst- oder Kindermädchen in den bürgerlichen Haushalten: aber auch darin zeigt sich die Zuordnung der Frau zur Familie, zum Haushalt.

Die beiden Weltkriege erzwingen einen nachhaltigen Bruch dieser Entwicklung: an der 'Heimatfront' müssen die Frauen die Männer an vielen Stellen in der Produktion, vor allem bei der Herstellung von Rüstungsgütern ersetzen. Besonders groß ist dieser Bruch im Dritten Reich, das die Frau reduzieren will auf das nationalsozialistische Ideal einer blonden und breithüftigen Gebärerin der reinen arischen 'Rasse'; auf ein Wesen, das sich von deutschen Männern begatten läßt, um dem Führer schließlich die erzeugten Kinder zu schenken und aufzuziehen. Nicht zuletzt dient der "Muttertag" der offiziellen Zelebrierung dieser menschenverachtenden Zuchtveranstaltung. Die Wirklichkeit wird anders: die durch den Krieg erzwungene Berufstätigkeit der Frauen und Mütter, die Abwesenheit der Männer läßt diese Vorstellung schnell zu Makulatur werden. Die arbeitenden Mütter können sich nicht mehr ausschließlich dem Gebären und der "Aufzucht" der "Herrenrasse" widmen, sondern sind gezwungen, ihren Nachwuchs während der Arbeitszeit außerhäusig unterzubringen.

Dieser Zwang der Frauen zur Arbeit, vor allem aber der Drang der zurückkehrenden Männer, die wie selbstverständlich wieder in ihre alten Stellen zurückkommen, führt nach dem Zweiten Weltkrieg zum Rückzug vieler Frauen in die Familie. Nicht immer freiwillig. Der Betrug an den Männern, die Jahre im Krieg verloren haben, führt nach ihrer Rückkehr zu einem weiteren Betrug, diesmal an vielen Frauen, die z.B. von den nunmehr überfüllten Hochschulen und Universitäten zugunsten der Männer relegiert werden. Das kann auch im Privaten vermittelt werden: die Männer verdienen das Geld, die Frauen können zurück zu ihren eigentlichen Aufgaben im Haushalt und sich der Kindererziehung widmen. Frauen verzichten zugunsten ihres Mannes. Schließlich haben sie dadurch ja auch den indirekten Vorteil des besseren Verdienstes des Mannes.

Sie müssen den ganzen Sinn ihres Daseins in der 'perfekten Hausfrau', in der guten liebevollen Mutter finden. Ihre scheinbare Unentbehrlichkeit in dieser Rolle wird zu ihrer Daseinslegitimation; die Welt ist wieder in Ordnung. In der Familienpolitik wird auch versucht, dafür zu sorgen, daß es so bleibt. Das beengte katholische Weltbild der ersten Nachkriegsregierungen stützt diese für die Frauen geradezu überlebenswichtigen Selbstkonzepte. Die sich selbst genügende Familie wird zum ideologischen Leitbild. Der Kindergarten gerät in den Verdacht, eine kollektivistische, familienzerstörende Einrichtung zu sein. So glaubt sich Franz-Josef WÜRMELING, der erste Bundesfamilienminister, noch 1960 gezwungen

"... sehr sorgfältig zu erwägen, inwieweit die Familie durch Schaffung solcher Sozialeinrichtungen zwar von außen geschützt, aber von innen entkräftet wird. Oft dürfte es besser sein, die Familie, und hier in erster Linie die Hausfrau und Mutter durch persönliche Unterstützung (Familienpflegerinnen usw.) zu entlasten. Für Mütterwirken gibt es nun einmal keinen vollwertigen Ersatz" (Bulletin des Presse- und Informationsamtes der Bundesregierung vom 25. November 1960; cit.n. Dietrich HAENSCH 1969, 4. Aufl. 1974, S. 109).

Damit wird der Rückzug der Frauen aus dem Berufsleben auch ideologisch untermauert. Der Kindergarten wird dabei ganz bewußt ins Zwielicht gestellt: weit entfernt davon, ihn als eine Bildungseinrichtung zu begreifen, wird auch seine übergreifende pädagogische Funktion für alle Kinder in Zweifel gezogen. Diese Haltung knüpft direkt an das Ergebnis der Reichsschulkonferenz von 1920 in Berlin an, für die der Kindergarten vordringlich eine Ersatz- und Auffangeinrichtung bei Versagen der Familie zugewiesen bekommt. Mit dieser Entscheidung wird er gewollt in die Nähe von Zwangsmaßnahmen der Familienfürsorge, Sozialhilfe, Sozialarbeit, kurz: von Armeleuteeinrichtungen gerückt, über die rechtschaffene Bürger die Nase zu rümpfen haben. Wer jetzt noch seine Kinder in den Kindergarten schickt, der gesteht sein Versagen als Vater oder Mutter ein, der dokumentiert nach außen, daß er nicht in der Lage ist, seine Kinder selbst zu erziehen.

Der Kindergarten wird somit nicht, wie vor allem von den Sozialdemokraten gefordert, eine staatliche, weltliche und obligatorische Einrichtung im Rahmen eines einheitlichen Schulwesens, sondern er wird aus der Schulgesetzgebung ausgeklammert und der Jugendwohlfahrtsgesetzgebung unterstellt. Er bleibt damit vor allem den kirchlichen Wohlfahrtsverbänden überlassen (Edith BERNSTORFF 1960, S. 207 ff). Nur "soweit die freie Wohlfahrtspflege dem Bedürfnis nach Kindergärten nicht ausreichend zu entsprechen vermag, haben Staat und Gemeinden Kindergärten einzurichten" (Reichsschulkonferenz, Amtlicher Bericht, S. 694; cit. n. a.a.O., S. 209).

6.4 Die überrollten Ideologen: die soziale Selbstverständlichkeit des Kindergartens

Trotz all dieser Versuche, den Kindergarten als allgemeine und selbstverständliche pädagogische Einrichtung zu verhindern, geraten die Träger nach dem Zweiten Weltkrieg in Zugzwang. Vor allem die in der Phase der Vollbeschäftigung steigenden Zahlen der arbeitenden Frauen und Mütter lassen den Ausbau der Kindergärten immer dringlicher werden. Allein zwischen 1965 und 1977 ist die Erwerbsquote verheirateter Frauen von 36,5 % auf 44,7 % gestiegen (Eike BALLERSTEDT, Wolfgang GLATZER 1979, S. 338). Die ab den sechziger Jahren an den Rändern der Großstädte entstehenden Satellitenstädte mit ihren kinderfeindlichen Hochhäusern und der kaum kinderfreundlicheren Gestaltung der Außenflächen unterstützen gleichzeitig die Forderung nach Kindergärten, um den Kindern auch nicht berufstätiger Mütter Spiel- und Beschäftigungsmöglichkeiten zu eröffnen, die sie in ihrer Umwelt nicht mehr vorfinden. Seit 1965 hat sich daher die Versorgungsquote mit Kindergartenplätzen mehr als verdoppelt. Dabei spielt allerdings - wie Tab. 1 deutlich macht - auch die seit den siebziger Jahren sinkende Geburtenrate eine Rolle. Der Kindergartenbesuch wandelt sich damit von der Ausnahme zur sozialen Selbstverständlichkeit.

Die Selbstverständlichkeit hat jedoch auch heute noch ihre regionalen Lücken. Die in der Tabelle für die Bundesrepublik insgesamt ausgewiesene Durchschnittszahl für 1982 verdeckt zum Beispiel,

Tab. 1: Die Entwicklung der Versorgung mit Kindergartenplätzen 1914-1981

Jahr	Anzahl Kindergärten	mit... Plätzen	Anteil der Kindergartenplätze je 100 3-6 jährige Kinder
1914	-	-	ca. 5
1928	-	-	ca. 10
1940	-	-	fast 20
1960	12.290	817.200	33
1965	14.113	952.900	33
1970	17.493	1.160.700	38
1975	23.130	1.478.900	66
1980	24.011	1.393.700	79
1981	24.149	1.396.500	79
1982	22.648	1.333.800	77

Quellen: Für die Zahlen bis 1940: Line KOSSOLAPOW 1980, S. 432. Sie differenzieren nicht nach Kindergärten und den damals noch vielfach existierenden Bewahranstalten; für alle übrigen Angaben: DER BUNDESMINISTER FÜR BILDUNG UND WISSENSCHAFT 1985, S. 12 f; ab 1982 ohne Sonderkindergärten; neuere Zahlen sind nicht verfügbar.

daß in einigen Bundesländern bereits mehr Kindergartenplätze angeboten werden, als überhaupt Kinder in den entsprechenden Altersgruppen da sind (z.B. Baden-Württemberg mit 2 % Überangebot), während in anderen Bundesländern, z.B. in Niedersachsen, jedoch wegen mangelnder Kindergartenplätze die Hälfte der Familien auf den Kindergartenbesuch für ihr Kind verzichten muß (BUNDESMINISTER FÜR BILDUNG UND WISSENSCHAFT 1985, S. 13).

Nimmt man die Kindergartensituation noch genauer unter die Lupe, dann zeigt sich weiterhin ein Mangel an gut erreichbaren Kindergärten vor allem in den weniger dicht besiedelten ländlichen Gebieten (Jörn W. MUNDT 1980, S. 118 ff) aber auch in vielen Stadtrandgemeinden. Offensichtlich bestimmen bei der Kindergartenplanung die Richtwerte für die Einrichtungsgrößen die Standortfindung und nicht die Erreichbarkeit für die Kinder. Die Abkehr von solcherart Normendenken und die Zuwendung zu unkonventionelleren Unterbringungsmöglichkeiten des Kindergartens (z.B. durch wohnungsnahes Anmieten von Räumen) könnte die Planungsflexibilität und damit die Kindergartenversorgung gerade dort beträchtlich erhöhen.

Aber auch wenn der Kindergarten noch nicht überall gleich gut erreichbar ist: sein Besuch ist nahezu zur Regel geworden. Damit steigen aber auch die Anforderungen an die Qualität seiner pädagogischen Arbeit. Er soll nicht 'aufbewahren',sondern die Entwicklung der Kinder fördern, ihnen Erfahrungen, Zusammenhänge vermitteln, die sich in der Familie nicht oder kaum noch herstellen lassen. Für die steigende Zahl der Einzelkinder bietet der Kindergarten praktisch die einzige Möglichkeit, kontinuierlich soziale Erfahrungen in gemeinsamen Situationen mit Gleichaltrigen in einer Gruppe zu machen.

Seine soziale Selbstverständlichkeit verdankt der Kindergarten paradoxerweise auch einer dezidierten Gegenbewegung, die in den sechziger Jahren zu den eher auf Einfügung des Kindes in die Gruppe, auf Gehorsam, Ordnung und Sauberkeit achtenden Einrichtungen entsteht. Die "revolutionäre Avantgarde" der Studentenbewegung entdeckt nicht nur Karl MARX, sondern auch Sigmund FREUD und mit ihm erst die eigene, dann die Kindheit ihres Nachwuchses. Der am eigenen Leib erfahrenen Repression der lustfeindlichen Familien- und Kindergartenerziehung mit ihrer meist religiösen Einfärbung soll eine neue Generation 'befreiter' Kinder nicht mehr ausgesetzt werden.

Inspiriert von der pädagogischen Konzeption des faszinierenden britischen (Privat)Schulgründers Alexander Sutherland NEILL wollen sie in ihren "Kinderläden" (benannt nach den kleinen aufgelassenen Einzelhandelsgeschäften, in denen die ersten dieser Einrichtungen entstehen) eine "anti-autoritäre" Erziehung verwirklichen. Die Kinder sollen sich "selbst regulieren", ganz nach ihrem Lustprinzip agieren, dürfen dreckig sein, Farbe nicht nur in Zusammenhang mit Pinsel und Papier benutzen, ihre Aggressionen ausleben und ungestört Lärm produzieren.

Der auf die Spitze getriebene Individualismus und das Anti-Soziale des ungebremsten Auslebens der Stimmungen und Gefühle wirkt zwar einerseits wie eine Befreiung vom Korsett entmündigender nationalsozialstischer Abrichtungspraktiken und vom restaurativen Muff nicht nur der Kinderstuben in den fünfziger Jahren, andererseits steht er in offenem Gegensatz zu den eigenen politischen Zielen der Studentenbewegung, der es ja gerade um Demokratisierung, um die Installierung einer sozialistisch ausgerichteten Politik ging.

Institutionell gesehen scheitert dieses Erziehungsprojekt zwar, denn die Kinderläden verschwinden in den meisten Städten weitgehend wieder, aber ihre zunächst so skandalöse Erscheinung wirkt weiter. Wie breit die damit ausgelöste Diskussion war und welches Bedürfnis an Umorientierung in Erziehungsfragen damit angesprochen wurde, zeigt beispielhaft die Verbreitung von Alexander Sutherland NEILLs Buch über "Summerhill", die von ihm ins Leben gerufene Schule, das 1969/70 in nur zehn Monaten dreizehn Auflagen mit über einer halben Million Exemplaren in der Bundesrepublik erlebt!

Allerdings beschränkt sich die Rezeption dieses Modells nur auf die vorschulische Erziehung. Einerseits, weil die Kinder der jungen Avantgarde über dieses Alter noch nicht hinausgekommen sind, andererseits die Schulstrukturen in Deutschland so staatlich verfestigt sind, daß die Einrichtung von Alternativschulen allenfalls am Ende des "langen Marsches durch die Institutionen" möglich scheint, den diese linke Studentengeneration anzutreten sich anschickt. Wesentliches Verdienst dieser öffentlichen Debatte bleibt ihr Beitrag zur Erlösung des so lange aus ideologischen Gründen vernachläßigten Kindergartens aus seinem Schattendasein und zur Veränderung der Kindergartenpädagogik, die jetzt freieren, kreativeren und interessanteren Formen der Betreuung und des sozialen Lernens Raum gibt. Damit hat die Kinderladenbewegung, die mit einer radikalen Kritik der traditionellen Kindergärten angetreten war, letztlich zur Aufwertung des Kindergartens und zu seinem quantitativen Ausbau (vgl. Tab. 1) beigetragen.

Gegen Ende der sechziger Jahre wird der Kindergarten mit der Bildungsreform aber auch als möglicher Bestandteil des Bildungswesens wiederentdeckt: er sollte die Startchancen in der Grundschule verbessern helfen. Frühes Lesenlernen, Grundbegriffe der Logik und mathematische Operationen standen in der Folge auf dem 'Lehrplan' des Kindergartens. Die Vorwegnahme schulischen Lernstoffes sollte zu einem Ausgleich der ansonsten unterschiedlichen Ausgangsniveaux der Kinder bei Schulantritt führen, indem besonders die Kinder aus Arbeiterfamilien gefördert werden sollten. Damit wäre der Kindergarten ausdrücklich zu einer Bildungseinrichtung im schulischen Sinne geworden. Die zu dieser Zeit einsetzende Diskussion über die Einführung der Vorschule als Pflichtveranstaltung für alle Fünfjährigen unterstreicht diese Entwicklung. Dagegen stemmen sich die Kindergärten und versuchen einen Teil des Reformschwunges durch die Einrichtung von sog. "Vorschulgruppen" für die älteren Kinder aufzufangen. Bei ohnehin sinkenden Kinderzahlen fürchten viele Kindergärtnerinnen um ihre Stellen, die Kirchen sehen nach ihrem erzwungenen Rückzug aus dem Schulwesen durch diese weitere Säkularisierung für sich die Gefahr, noch weiter aus dem Erziehungswesen herausgedrängt zu werden. Letztlich scheitern die Vorschulambitionen aus finanziellen Erwägungen: sowohl die Kosten des vollen Ausbaus des Elementarbereichs (wie Kindergarten und Vorschule nunmehr in der Nomenklatur des Bildungsgesamtplanes von 1970 genannt werden), aber vor allem die kontinuierlich anfallenden Personalkosten und die unausbleibliche besoldungsrechtliche Gleichstellung des Vorschulpersonals mit den Lehrern schrecken in der beginnenden Phase wirtschaftlicher Unsicherheit von solchen staatlichen Verpflichtungen ab. Diese Überlegungen treffen sich mit den wiederauflebenden konservativ-ideologischen Vorbehalten, welche die Auflösung der Familie durch den Kindergartenausbau befürchten.

Anders in Frankreich. Bemerkenswert genug waren es dort konservative Regierungen, die den Ausbau der "ecole maternelle" vorantrieben, sodaß trotz der Freiwilligkeit ihres Besuchs seit 1974 alle Vierjährigen und immerhin vier Fünftel der Dreijährigen in die Vorschulerziehung integriert sind (Bruno NIESER 1980, S. 67). Offensichtlich sieht niemand darin eine Bedrohung des Familienmodells, denn dann müßten wenigstens ein paar Prozent Eltern den Besuch der "ecoles maternelles" verweigern. Zudem sind die Einrichtungen des Elementarbereichs in Frankreich im Gegensatz zur Bundesrepublik weitgehend in den Bildungsbereich integriert und werden nicht als Wohlfahrtseinrichtungen definiert und geführt.

Aber auch in der Bundesrepublik genießt der Kindergarten mittlerweile ein hohes Ansehen. Praktisch alle Eltern mit einem Kind im entsprechenden Alter, unabhängig davon, ob sie es in den Kindergarten geben oder nicht, glauben, daß im "Kindergarten die Kinder Dinge lernen, die sie zuhause nicht lernen können" (Jörn W. MUNDT 1980, S. 114). Er wird also primär als Bildungseinrichtung und nicht als Bewahranstalt oder als Einrichtung zum Ersatz nicht funktionsfähiger Familien gesehen. Interessanterweise auch werden die Kindergärten, die jetzt allen Kindern offenstehen und deshalb Kinder sozial heterogener Herkunft, aus Arbeiterfamilien wie von Akademikern oder Fabrikbesitzern beherbergen, vor allem von den bessergestellten Eltern genutzt. Akademiker, Freiberufler, höhere Beamte und leitende Angestellte, sie alle nehmen das Kindergartenangebot häufiger an, als die Eltern aus der mittleren Angestelltenschaft, kleinere Selbständige, einfache Beamte. Auch darin, daß sie dies länger tun, d.h. ihre Kinder früher in den Kindergarten schikken als die übrigen Eltern, zeigt sich die besondere Wertschätzung des Kindergartens in dieser Gruppe (vgl. auch Franz-Xaver KAUFMANN, Alois HERLTH, Klaus-Peter STROHMEIER und Hans-Joachim SCHULZE 1980, S. 318). Am seltensten sind es noch die Arbeiter, die den Kindergarten für ihre Kinder in Anspruch nehmen (siehe Tabelle 2). Damit ist der Kindergarten nunmehr offensichtlich frei vom Image einer "Straf- und Armeleuteanstalt", das die Vertreterin der preußischen Landesregierung auf der Reichsschulkonferenz 1920 befürchtete, wenn es nicht gelänge, den obligatorischen Kindergartenbesuch durchzusetzen (Edith BERNSTORFF 1960, S. 208).

Tab. 2: Der Kindergartenbesuch nach Sozialgruppenzugehörigkeit der Eltern und Kinderalter (in Prozent von 1818 befragten Eltern)

	Kinderalter			
Sozialgruppe	4	5	6*	Jahre
-obere	80	80	83	
-mittlere	69	71	82	
-untere	58	69	70	
insgesamt	69	73	79	

* Die Kinder, die zum Befragungszeitpunkt bereits in die Schule gingen, wurden aus dieser Rechnung ausgeklammert.

Quelle: Jörn W. MUNDT 1980, S. 136.

Denn der nicht staatliche und nicht obligatorische Kindergarten muß Beiträge verlangen; Kosten, die vor allem die weniger gut verdienenden Eltern nicht aufbringen wollen oder können. Selbst wenn sie nach dem Einkommen gestaffelt sind, schrecken sie doch viele Eltern ab. Damit sind zwar alle Versuche, den Kindergarten aus ideologischen Gründen zu diskreditieren, gescheitert, aber teilweise im wörtlichen Sinne auf Kosten der weniger einkommensstarken Bevölkerungskreise. Vor allem aber werden dadurch kaum die Chancen genutzt, die der Kindergarten ausländischen Kindern für das Erlernen der deutschen Sprache und das Kennenlernen unserer kulturellen Gepflogenheiten bieten könnte.

Auch wenn die Entwicklung der vergesellschafteten Kindererziehung im Vorschulalter ganz anders verläuft als befürchet: der historische Zusammenhang zwischen mütterlicher Berufstätigkeit und der Unterbringung der Kinder in Kindergarten oder Kindertagesstätte besteht - wenn auch gegenüber früher stark abgeschwächt - auch heute noch.

Berufstätige Mütter schicken ihr Kind eher in einen Kindergarten als Hausfrauen; bemerkenswerterweise bleibt dabei die vorgefundene Abstufung nach den drei Sozialgruppen erhalten, wobei ins Auge fällt, daß die Mütter aus allen drei Gruppen auch gleich häufig berufstätig sind. In allen Gruppen jedoch, unabhängig davon, ob die Mutter nun berufstätig ist oder nicht, besucht die Mehrheit der Kinder den Kindergarten (Jörn W. MUNDT 1980, S. 138). Wenn also auch die Mütter, die selbst den ganzen Tag Zeit hätten, sich mit ihrem Kind zu beschäftigen, den Kindergarten wählen, dann unterstreicht dies noch einmal die positive Einschätzung des Kindergartens als - im weitesten Sinne - Bildungseinrichtung. Vor diesem Hintergrund verweist sowohl die unterschiedliche regionale Versorgung mit Kindergärten als auch die sozialgruppenspezifische Inanspruchnahme auf bereits hier bestehende Ungleichheiten im Zugang zu Bildungseinrichtungen und Bildungsmöglichkeiten, die in den folgenden Kapiteln im Vordergrund der Untersuchungen stehen.

7. DIE BILDUNGSREFORM

7.1 Raumfahrt, Kalter Krieg und Bildungskrise

Am 4. Oktober 1957, mitten im "Kalten Krieg" zwischen den beiden, gegen die Nazi-Diktatur noch verbündeten Supermächten, eröffnet die UdSSR mit dem so spektakulären wie unerwarteten Start des ersten Erdtrabanten "Sputnik I" das Raumfahrtzeitalter. In den USA, die sich in allen Bereichen von Wissenschaft und Technologie führend wähnen, löst dieser Erfolg des neuen Gegners Ängste, Befürchtungen, Unterlegenheitsgefühle, kurz: einen Schock aus. Auf der Suche nach den Ursachen für den vermeintlichen Vorsprung der UdSSR stößt man schnell auf die mangelnde Qualität der eigenen Nachwuchsschulung. In einer Intensivierung und Verbesserung von Bildung und Ausbildung sieht man deshalb den Schlüssel für zukunftsträchtige technologische Innovationen, wirtschaftliche und vor allem militärische Überlegenheit. Das erste im Jahr darauf diesbezüglich verabschiedete Gesetz läßt schon von seiner Bezeichnung her keinen Zweifel an seinen Absichten: "National Defense Education Act".

Es geht also zunächst keineswegs um die Verbesserung der gesellschaftlichen Chancenstruktur, wie sie sich in entscheidenden Teilen im Bildungssystem konstituiert und verfestigt, sondern um den Ausbau mathematisch-naturwissenschaftlichen Unterrichts und um die gezieltere Beförderung einer Schüler- und Studentenelite zu den Bannerträgern des technischen und damit des nationalen Fortschritts (vgl. Herbert F. BODE 1980, S. 7, 245 ff). Erst mit dem Aufbruch zu den "new frontiers" in der kurzen Amtszeit John F. KENNEDY's Anfang der sechziger Jahre werden auch sozialpolitische Elemente unter der Überschrift "soziale Gerechtigkeit" Bestandteil der bildungspolitischen Zielvorstellungen.

Mit gigantischen Investitionen wird nicht nur der Grundstein für das ehrgeizige und prestigeträchtige Mondprogramm gelegt, auch das Bildungssystem erhält erhebliche Mittel, um sowohl eine qualitativ bessere Ausbildung zu bieten, als auch eine größere Anzahl von Kindern bisher benachteiligter Gruppen an qualifizierender Bildung teilhaben zu lassen - nicht aus bloßem Gerechtigkeitssinn, sondern auch aus Einsicht vor dem Hintergrund der erstarkenden Bürgerrechtsbewegung, Rassenunruhen und den daraus resultierenden Gefahren für die soziale und wirtschaftliche Stabilität des Landes.

Als der Theologe und Bildungsexperte Georg PICHT in einer Artikelserie in der Wochenzeitung "Christ und Welt" im Februar 1964 "Die deutsche Bildungskatastrophe" konstatiert, beginnt auch in der Bundesrepublik eine lebhafte Diskussion über das vorher allenfalls am Rande beachtete Bildungswesen. Er zeigt in seiner im gleichen Jahr auch als Buch erschienen Studie auf, um wieviel stiefmütterlicher Bildung noch in der Bundesrepublik behandelt wird. Die Folge: der Abiturientenanteil an einem Schülerjahrgang in der Bundesrepublik ist, verglichen mit anderen Industriestaaten, beschämend gering. Auch ist keine Tendenz zu seiner Erhöhung, wie überall sonst in den industrialisierten westlichen Nationen, zu erkennen.

Die Katastrophe scheint programmiert: zu wenig Wissenschaftler, Ingenieure, Techniker und gut ausgebildete Kaufleute. Schließlich geht die Bildungsökonomie mit der für viele zu dieser Zeit so einleuchtend klingenden Theorie des "Humankapitals" davon aus, "daß wirtschaftliches Wachstum nur durch wachsende Bildungsausgaben zu erreichen sei" (Paul WINDOLF 1984, S. 76). Damit besteht die Gefahr einer Abkoppelung der Bundesrepublik von der wissenschaftlichen und technologischen Entwicklung in vielen Wirtschaftsbereichen mit der drohenden Folge des zukünftigen Verlustes wirtschaftlicher Konkurrenzfähigkeit.

Eine beklemmende Perspektive für die extrem exportabhängige Bundesrepublik. Allein die Hochrechnung der Länderkultusminister für den Lehrerbedarf zeigt bei den steigenden Geburtenziffern der sechziger Jahre die absurde Konsequenz, daß, um auch nur den unmittelbaren Bedarf decken zu können, mindestens 90 % aller zu erwartenden Abiturienten den Lehrerberuf wählen müßten (Georg PICHT 1964, S. 21 f). PICHT kommt weiterhin zu dem Schluß, daß die Zahl der Abiturienten zumindest verdoppelt und damit die Zahl der Akademiker insgesamt erheblich gesteigert werden muß "wenn Westdeutschland im Zuge der Entwicklung der wissenschaftlichen Zivilisation nicht unter die Räder kommen soll" (a.a.O., S. 28). Zwar spricht er gleichzeitig von der Schulpolitik als der "Sozialpolitik von heute" (S. 30) und versteht unter sozialer Gerechtigkeit in der 'Leistungsgesellschaft' "nichts anderes als gerechte Verteilung der Bildungschancen" (S. 31), sein Anliegen bleibt jedoch weniger der soziale Ausgleich als die Erhöhung des Anteils qualifizierter Abschlüsse. Daß dies nur über eine Verbesserung der Bildungschancen auch für die traditionell von der weiterführenden Bildung ferngehaltenen Gruppen der Arbeiter, der Landkinder und der Mädchen gelingen kann, erscheint mehr als (nicht unwillkommene) Folge denn als Absicht.

7.2 Das "Bürgerrecht auf Bildung" und die Utopie der Weltkultur

Umfassender sind Analyse und Argumentation Ralf DAHRENDORFs, dessen 'Plädoyer für eine aktive Bildungspolitik' 1965 (b) unter dem programmatischen Titel "Bildung ist Bürgerrecht" erscheint. Ihm geht es in Ergänzung zu PICHTs Argumentationslinie nicht allein um eine bessere Nutzung des "human capital" im Rahmen der wirtschaftlichen und technologischen Entwicklung, sondern um eine Veränderung der Chancenstruktur im Bildungswesen. Er setzt den Titel seines Buches dann auch insbesondere gegen konservative Kritiker einer Bildungsreform, welche ihre Bildungsprivilegien sehr vordergründig zu verteidigen suchen, indem sie den Ausbau des Bildungswesens platt auf eine bloß volkswirschaftlich zweckmäßige Anlage reduziert sehen wollen, die sie als nicht rentierlich abwerten. Vielmehr begreift DAHRENDORF die allgemeinbildenden Schulen als entscheidenden und übergreifenden gesellschaftlichen Sozialisationsfaktor, "denn was die Schule an Begründung bürgerlicher Befähigung und Entfaltung versäumt, kann keine noch so sorgsam ersonnene Einrichtung der übrigen Bildungswege nachholen" (a.a.O., S. 36).

Dabei ist nicht zu übersehen, daß der Staat sein Legitimationspotential insgesamt erhöht, wenn er das Bildungswesen weniger sozial selektiv, sondern mehr nach Kriterien von Chancengleichheit ausrichtet und organisiert. Aktive Bildungspolitik bedeutet für ihn deshalb nicht allein die Öffnung der Bildungseinrichtungen für traditionell von der Bildung ferngehaltene Bevölkerungsgruppen, sondern er sieht sie als wichtigen, ja zentralen Bestandteil für die Entwicklung einer freien und offenen Gesellschaft. Neben den institutionellen Bedingungen müssen daher auch die subjektiven Voraussetzungen für eine Durchsetzung von Chancengleichheit geschaffen werden:

"Rechtliche Chancengleichheit bleibt ja eine Fiktion, wenn Menschen aufgrund ihrer sozialen Verflechtungen und Verpflichtungen nicht in der Lage sind, von ihren Rechten Gebrauch zu machen. Wer seine Kinder zwar auf eine höhere Schule schicken darf, aber durch den Kenntnis- oder Wunschhorizont seiner sozialen Lage ... gar nicht auf den Gedanken kommt, ist ein sehr abstrakter Staatsbürger, ein Staatsbürger der Theorie, doch nicht der Realität. Daß jede Chance zwei Seiten hat, die der objektiven Möglichkeit - der Erlaubnis - und die der subjektiven Möglichkeit - der Fähigkeit -, ist ein Gedanke, der fast so alt ist, wie die demokratischen Verfassungen, die dennoch immer wieder Menschen Dinge erlauben, ohne sie in die Lage zu versetzen, ihre Rechte auch auszunutzen. Das Recht aller Bürger auf Bildung nach ihren Fähigkeiten bliebe daher unvollständig ohne das Zerbrechen aller ungefragten Bindungen, also den Schritt in eine moderne Welt aufgeklärter Rationalität" (a.a.O., S. 23 f).

Das ist der Aufbruch in das neue aufgeklärte Zeitalter, das Abstreifen alles Provinziellen, des Lokalen, nicht mehr Zeitgemäßen. Es gibt dem nach den Beengungen von Diktatur, Krieg und mühsamem Wiederaufbau entwickelten Lebensgefühl der späten fünfziger und frühen sechziger Jahre seinen Ausdruck. Die Beschränkungen des Traditionalen zurücklassen, die alten Zäune niederreißen auf dem Weg zum 'internationalen Standard'. Vergessen wir nicht: 1957 ist nicht nur das Jahr des ersten "Sputnik", sondern auch das Gründungsjahr der Europäischen Wirtschaftsgemeinschaft. Die alten Grenzen der europäischen Völker, um die in zwei menschenverachtenden Weltkriegen gemordet wurde, sollen endlich fallen.

Freiheit, Freizügigkeit, Integration in die Weltgesellschaft ohne nationale Egoismen sind nicht nur die Träume von Architekten und Städtebauern, die alle Städte der Welt nach den gleichen modernen Gestaltungsprinzipien um- oder neu bauen wollen. Egal wo er aus dem neuen, die Kontinente in Stunden verbindenden Verkehrsmittel Flugzeug steigt, überall soll sich der Weltbürger in den einander angeglichenen Städten gleich zu Hause fühlen und das Gefühl von Unvertrautheit oder Fremdheit gar nicht erst aufkommen. Die so nivellierten und nach den gleichen funktionalen Kriterien und Standards hergestellten Lebensbedingungen sollen allen Menschen die gleichen Lebenserfahrungen vermitteln, die Regionalkultur einer Weltkultur weichen. "International" muß alles sein in dieser Zeit, das irgendwie den Anspruch darauf erhebt, zeitgemäß, "modern" zu sein.

Die Utopie der "Weltkultur" dient hehren Zielen: nie wieder sollen die Völker aus Unwissenheit, aus Fremdheit, wegen nationaler Eigeninteressen und daraus entstehendem Haß einen Krieg gegeneinander führen. Die schrecklichen Erfahrungen beider Weltkriege sollen überwunden werden mit der Erschaffung einer Welt, in der die Gründe für Kriege einfach entfallen. Bildung wird gesetzt gegen Unwissenheit, rationale und freie Entscheidung gegen Bindung und Tradition.

Allerdings zeigen schon Zeitumstände und Anlaß der Bildungsreform - Kalter Krieg und Sputnik-Schock - daß diese Utopie allenfalls für die ehedem verfeindeten westlichen Staaten bedeutsam wird. Auch deckt sie sich auffällig mit den Erfordernissen der sich stürmisch entwickelnden modernen Industrie, die nach sozialer und räumlicher Mobilität verlangt und letztlich den bindungslosen, dafür der Fortschritts- und Modernitätsideologie verpflichteten Typus des lernfähigen und flexibel einsetzbaren Arbeitnehmers nach amerikanischem Muster für ihre Unternehmungen braucht. Nicht ganz so offensichtlich wie die "mobile homes" in den USA symbolisiert die genormte Austauschbarkeit der an den Rändern der bundesrepublikanischen Städte hochgezogenen Wohnblöcke, die den Bewohnern so gut wie keine eigenen Gestaltungsmöglichkeiten ihrer privaten Umwelt zubilligen, die gewollte Bindungslosigkeit der Gesellschaft in dieser Zeit.

Die Industrialisierung macht auch vor der Architektur nicht Halt. Weniger allerdings durch wirklich industrielle Fertigung als durch die Übernahme einer Industrie-Ideologie, die Architekten wie LE CORBUSIER von "Wohnmaschinen" sprechen läßt, die sie entwerfen und in die sie die Menschen ebenso einpassen wollen, wie man sie für einen industriellen Arbeitsplatz zurichtet. Die Industriewelt soll alles Alltagsleben bis in den privaten Bereich hinein durchdringen. Als traditionell empfundene und damit als fortschrittshemmend erkannte private Lebenswelten sollen nach den erfolgreichen Prinzipien der Arbeitswelt modernisiert und der gesamte Lebensraum der Menschen durchrationalisiert werden. Gewiß auch das eine Utopie, aber nicht ohne Folgen für die Lebensbedingungen vieler Menschen - wovon sich jedermann an den Peripherien unserer Städte überzeugen kann.

Erfolge in diesem Sinne lassen sich auch bei der Betrachtung der Lebensverhältnisse auf dem Lande feststellen: mit der Bildungsoffensive werden auch dort nicht allein neue Lebenschancen für die Kinder des niedergehenden alten Mittelstands und der Bauern eröffnet, der verlorene Kulturkampf der Kirchen führt auch zur Auflösung der beengenden Atmosphäre des katholisch-kleinbürgerlichen Milieus und kirchlicher Bevormundung. "Indem die regionalen und die religiösen Verwerfungen im Schulwesen eingeebnet wurden, konnte die Schule zum Einfallstor der modernen Lebenswelt werden, um die kleinräumlichen, lokalen, vorindustriell geprägten Lebensmilieus für den ökonomischen und kulturellen Einfluß der städtischen Zentren zu öffnen" (Hans-G. ROLFF et al. 1980, S. 55).

'Modernisierung' bedeutet aber nicht nur eine Befreiung von "ungefragten Bindungen", sondern auch eine Zerstörung von Traditionsbeständen in den Lebensstilen, Kommunikationsstrukturen, sozialen Umwelten und Selbstwahrnehmungen der Menschen. Mit zunehmender Sichtbarkeit der vorher kaum wahrnehmbaren negativen Seiten der 'Modernisierung' beginnt der nahezu grenzenlose Optimismus der aufgeklärten Rationalisten, für die nahezu alles machbar erscheint, erst seit den siebziger Jahren brüchig zu werden. Wachstumskrisen, ökologische Folgeprobleme einer nur am ökonomischen Primat ausgerichteten Industriepolitik, der gewollte Verzicht auf Bindungen in der säkularisierten Welt, führen zumindest in Teilen der Bevölkerung zu Perspektivlosigkeit, Sinnkrisen und Identitätsproblemen.

Gleichwohl bleiben Analyse und Forderung DAHRENDORFs in einem Sinne richtig: sowohl die Durchsetzung einer freien Gesellschaft mit dem Primat individueller Selbstbestimmung als auch ihre damit einhergehende Modernisierung ist nur möglich durch den Verzicht auf traditionelle Bindung, damit aber auch dem Verlust an quasi vorherbestimmten Lebenshorizonten und daraus gewonnener Verhaltenssicherheit. Er ist sich dieser Dialekik im übrigen durchaus bewußt: "Wir wissen nicht, welches Glück die Modernität uns bringt; aber wir können wissen, daß das Unglück, das die Vergangenheit den meisten Menschen gebracht hat, hier wenigstens teilweise beseitigt werden kann" (Ralf DAHRENDORF 1965 b, S. 39).

Gewendet auf das Bildungsverhalten bedeutet dies freilich nicht für alle gleich eine Veränderung ihres gewohnten Verhaltens, im Gegenteil: die angestammte Bildungselite wird geradezu zu einem gesellschaftlichen Leitbild stilisiert. Allerdings legt sie wenig Wert auf eine solche Anerkennung: sie fürchtet den Verlust ihrer traditionellen Perspektive, die Gefährdung ihres Status und eine Verschlechterung ihrer Einkommenschancen durch die Konkurrenz der zu weiterführenden Bildungsentscheidungen ermunterten Arbeiter und Kleinbürger.

7.3 Die Einberufung der "Begabungsreserven"

Die Bildungsreform in der Bundesrepublik ist jedoch keine Erfindung der sechziger Jahre. Bereits in der Zeit direkt nach dem zweiten Weltkrieg sind zunächst die meisten Versuche vor allem auch der alliierten Besatzungsmächte (vgl. Kapitel 13) gescheitert, "an demokratische, noch nicht verwirklichte Forderungen der deutschen schulpolitischen Tradition" anzuknüpfen (Hans-Georg HERRLITZ, Wulf HOPF, Hartmut TITZE 1981, S. 142), wie dies der gemeinsame Aufruf der SPD und der KPD im Jahre 1945 versucht. Auch in der gerade gegründeten CDU werden die darin geäußerten Vorstellungen von einem einheitlichen, öffentlichen, der Trennung von Kirche und Schule verpflichteten demokratischen Schulsystem geteilt.

So wird in einigen Bundesländern (Hamburg, Schleswig-Holstein, Bremen und - nach vordem weitergehenden Vorstellungen - auch Berlin) die 1920 auf der Reichsschulkonferenz gescheiterte Forderung einer Grundschulzeit von sechs Jahren verwirklicht, in anderen Bundesländern wird versucht, die einzelnen Schulformen organisatorisch und inhaltlich stärker miteinander zu verschränken (a.a.O., S. 142 f). Zwar bleiben die genannten Bundesländer zum Teil bei den neuen Regelungen, die in die gleiche Richtung zielenden Reformansätze in den übrigen Bundesländern fallen jedoch den Problemen zum Opfer, die es mit sich bringt, das praktisch völlig zerstörte Bildungswesen überhaupt wieder aufzubauen. Der Beginn des Kalten Krieges und die beginnende Integration in den westlichen Machtblock überlagern sehr schnell das eigentliche Ziel einer durchgreifenden Demokratisierung des deutschen Bildungssystems nach zwölf Jahren menschenverachtender Diktatur. Auch gewinnt die katholische Kirche mit der Desavouierung der Linken wieder an Einfluß.

Sie "wird von vielen als eine der wenigen, während der nationalsozialistischen Herrschaft integer gebliebenen Institutionen angesehen und (konnte) daher besondere Autorität in Anspruch nehmen ... Gemäß der vorherrschenden moralischen - und nicht soziologisch-politischen - Interpretation des Nationalsozialismus als 'Abfall vom christlichen Glauben' konnte die Kirche demokratische Forderungen nach Entkonfessionalisierung und Integration des Schulwesens mit dem Argument zurückweisen, daß sie genauso 'unchristlich' waren wie die - scheinbar identischen - schulpolitischen Maßnahmen der Nationalsozialisten" (a.a.O., S. 145).

Langfristig erweist sich zudem die Entwicklung in der sowjetisch besetzten Zone, später DDR, als das zugkräftigste Argument gegen jede Demokratisierung des Bildungswesens: allein das Wort "Einheitsschule" erweckt sofort den Verdacht kommunistischer Systemveränderung und Agitation.

Nichts konnte den konservativen Privilegienwahrern besser passen als das in Vielem abschreckende Beispiel der gesellschaftlichen und politischen Entwicklung in der DDR. So läßt sich das traditionelle dreigliedrige Schulsystem ziemlich nahtlos wieder einführen und verfestigen, zumal auch Effizienzgesichtspunkte dafür sprechen: immerhin gelingt der von niemandem in den ersten Nachkriegsjahren für möglich gehaltene wirtschaftliche Aufschwung der jungen Bundesrepublik zum "Wirtschaftswunder" mit eben diesem Bildungssystem. Erst die von Georg PICHT 1964 zusammengefaßten und publik gemachten Folgen der restriktiven "Begabten"auslese läßt die wieder etablierten Bildungsprivilegien ins Wanken geraten. Die sich abzeichnende Notsituation für die gesamte Nation vor Augen, müssen Zugeständnisse bei der sozialen Selektion im Bildungswesen gemacht werden, um die Abiturientenzahlen zu erhöhen.

Allerdings muß zunächst von den Befürwortern einer Bildungsexpansion überzeugend dargelegt werden, daß die bislang praktizierte Auslese in den Schulen nicht allen geeigneten Kindern die Chance einer weiterführenden Bildung gibt. Die Suche nach den 'Begabungsreserven' beginnt.

Allein der Begriff "Begabungsreserven" ist eindeutig genug. Unumwunden wird damit zugegeben, daß Fähigkeiten und Talente bewußt nicht genutzt sondern als eine Art Vorrat gehalten wurden, auf den man erst in einer Notsituation zurückgreift. Anders als in einer Reservearmee, die ihre militärische Ausbildung bereits in der Rekrutenzeit erhalten hat, bleibt die "Begabungsreserve" untrainiert. Streng genommen gilt diese "Reserve" immer nur gerade für die Jahrgänge, für die die Bildungsentscheidung erst noch getroffen werden muß; alle anderen sind kaum mehr mobilisierbar. Damit sind aber auch ihre Bildungschancen vertan.

Aus guten Gründen hält man sich nicht damit auf, den Begriff der 'Begabung' in diesem Zusammenhang pädagogisch-psychologisch zu definieren und in aufwendigen Untersuchungen zum Kriterium für die

Zugehörigkeit zur 'Bildungsreserve' zu machen. So heißt es lapidar in der Einleitung der berühmten Sammlung von Gutachten, die der Deutsche Bildungsrat 1968 unter dem Titel "Begabung und Lernen" herausgibt: "Der Ausschuß war sich bald über die wissenschaftliche Unbrauchbarkeit des Begriffs Begabung einig. Er ist zu unbestimmt und zu weit" (Heinrich ROTH 1968, S. 19; Hervorh. i. Orig.). Genau das ist aber auch seine Funktion. 'Begabung' muß als einer jener Termini, der jedem irgendwie einleuchtet, von dem aber niemand wirklich weiß, was er eigentlich bedeutet, im Unbestimmten bleiben, wissenschaftlich den Charakter einer Fiktion behalten. Läßt sich doch sonst die eigentlich durch nichts gerechtfertigte soziale Bevorzugung im Bildungswesen nicht mehr legitimieren (vgl. hierzu auch Kapitel 3). Jetzt wird der Begabungsbegriff zwar in bemerkenswerter Weise umgedeutet von einem traditionellen Ausschlußkriterium zu einem Sesam-öffne-dich der niederen sozialen Schichten für das weiterführende Schulsystem, er bleibt aber weiterhin undefiniert, damit flexibel handhabbar und je nach bildungspolitischer Konjunktur in der einen oder anderen Weise verwendbar.

Viel überzeugender ist deshalb der Weg, den der Lehrer Roderich von CARNAP und der Bildungsökonom Friedrich EDDING in ihrer bereits 1962 vorgelegten Arbeit "Der relative Schulbesuch in den Ländern der Bundesrepublik 1952 bis 1960" einschlagen. Einmal zeigt der Vergleich zwischen dem alten Deutschen Reich von 1926 und der Bundesrepublik von 1960 bereits eine Verdreifachung des Abiturientenanteils (a.a.O., S. 9), zum anderen ergeben sich ganz erhebliche Unterschiede in der Entwicklung der Abiturientenzahlen in den einzelnen Ländern der Bundesrepublik. Sie führen die beiden Autoren zu den Fragen:

"Warum sind von den 16 jährigen Saarländern 19 v.H. in Vollzeitschulen, von den 16 jährigen Schleswig-Holsteinern aber 39 v.H.? Warum erreichen im Saarland 4 v.H. einen mittleren Abschluß, in Schleswig-Holstein aber 24 v.H.? Warum machen in Rheinland-Pfalz 4 v.H. der männlichen Jugend das Abitur, im benachbarten Hessen aber 8 v.H? Warum gelingt das Abitur in Hamburg 3,7 v.H. der Mädchen, in Berlin aber dem doppelten Anteil? (a.a.O., S. 15).

Die Rechtfertigung solcher drastischen Ausleseunterschiede mit dem Hinweis auf Begabungsunterschiede wäre wohl grotesk. "Große Verschiedenheiten zwischen der für die Schulbildung relevanten erbbiologischen Durchschnittsveranlagung der Bewohner Schleswig-Holsteins und Bayerns, Hessens und des Saarlandes sind bisher jedoch von keiner Seite vermutet, geschweige denn nachgewiesen worden" (a.a.O.).

Allein die kurze Beschäftigung mit der historischen Entwicklung des Bildungswesens in Deutschland hat ja bereits klar gemacht, wie abwegig eine solche biologistische Argumentation wäre. Gleichwohl verschanzen sich manche konservative Gegner der ersten Anläufe einer Bildungsreform hinter solchen absurden Barrieren (so z.B. Karl

Valentin MÜLLER 1956). Angesichts der ins Auge fallenden Probleme in Zusammenhang mit der drohenden "Bildungskatastrophe" finden sie jedoch kaum politisch-praktische Resonanz; zu offensichtlich dient die Argumentation der Wahrung eigener Interessen, um glaubwürdig zu sein.

Ein größeres Echo finden dagegen die umfangreichen Arbeiten von Soziologen und Sozialgeographen, welche die vielfältigen sozialen und (bildungs-)politischen Ursachen zu erfassen versuchen, die zu den erheblichen Differenzen bei den Schulabschlußquoten der Bundesländer führen, die Roderich von CARNAP und Friedrich EDDING mit ihrer nüchternen Auflistung von Zahlen konstatiert haben. Die benachteiligten Gruppen sind schnell ausgemacht. In einer Reihe von Analysen, die gleichzeitig auch den Beginn einer empirischen Bildungssoziologie in der Bundesrepublik markieren, werden die subjektiven Hemmschwellen gegenüber weiterführender Bildung vor allem in der großen Gruppe der Arbeiter in den traditionellen Lebensstilen und -entwürfen gefunden (vgl. u.a. Janpeter KOB 1963, Susanne GRIMM 1966, Theodor LOEHRKE, Edeltraud GEBAUER 1965). "Die höhere Schule ist für Arbeiter vielfach eine unbekannte Welt, vor der sie ihre Kinder eher zu schützen suchen, als ihre Neugier zu entfachen" (Ralf DAHRENDORF 1965 b, S. 69).

Die mangelnden Vorbilder erfolgreicher weiterführender Bildungs- und Berufswege in ihrem oft homogenen Milieu begründen die soziale Distanz zu Mittelschule und besonders Gymnasium. Gibt es dagegen solche Vorbilder in der unmittelbaren Erfahrungswelt von Nachbarschaft, Bekannten oder Verwandten, verringert sich offensichtlich diese Distanz, wie zunächst Janpeter KOB (1963) vermutet und dann Susanne GRIMM (1966) in ihrer Untersuchung bestätigt, denn alle von ihr befragten Arbeiter mit für ihre Schicht atypischen Wünschen nach einer weiterführenden Bildung für ihre Kinder sind "im Verlaufe ihres Lebens mit Fremdgruppen in Berührung gekommen ..., die ihr Verhalten richtungweisend beeinflußt haben" (a.a.O., S. 48).

Der Traditionalismus, das Verharren in angestammten Positionen lockert sich also da auf, wo andere Lebensstile erfolgreich vorgelebt werden und Bestandteile von Alltagserfahrungen werden. In traditionell ländlichen Gebieten sind solche Erfahrungen jedoch viel seltener zu machen als in den vielfach heterogeneren Städten. Ihre relative Abgeschlossenheit nach außen läßt fremde Einflüsse noch weniger wirksam werden als z.B. in neueren, nicht mehr so abgegrenzten Arbeitervierteln. Allerdings zeigt sich darin auch die Wirkung einer auf bürgerlich-städtische Verhältnisse fixierten Bildungspolitik. So ist die niedrige Bildungsbeteiligung auf dem Lande zu einem großen Teil auch damit zu erklären, daß es dort bis weit in die sechziger Jahre hinein nur ganz wenige, oftmals sogar überhaupt keine erreichbaren weiterführenden Schulen gibt, wie der Geograph Robert GEIPEL (u.a. 1965) exemplarisch in ländlichen Regionen Hessens aufzeigt.

Bei der durchgängigen Bildungsbenachteiligung der Mädchen zeigt sich der Traditionalismus im Festhalten vor allem der Eltern an den überkommenen Vorstellungen von der Rolle der Frau als Hausfrau, Kindererzieherin, als Mittelpunkt und Klammer des häuslichen Familienlebens. Für eine solche Zukunft wäre weiterführende Bildung, das Abitur oder das Studium eine Fehlinvestition.

Was bereits 1905 Max WEBER zum Anlaß für seinen berühmten Aufsatz über "Die protestantische Ethik und der Geist des Kapitalismus" wurde, der durchgängig geringe Anteil von Katholiken an der weiterführenden Bildung zu Ende des 19. Jahrhunderts, zeigt sich noch in den Untersuchungen der sechziger Jahre und veranlaßt den Jesuitenpater Karl ERLINGHAGEN 1965 ein "Katholisches Bildungsdefizit in Deutschland" festzustellen. Die Konfessionszugehörigkeit ist allerdings nur zu einem Teil als der "Verursacher" der geringeren Bildungschancen auszumachen: Katholiken sind sowohl in der Arbeiterschaft als auch in der Landbevölkerung überproportional vertreten. Dennoch bleibt ein Rest eigenständigen Einflusses der Konfessionszugehörigkeit wirksam, den schon Max WEBER im Traditionalen des katholischen Milieus ortete.

Es äußerte sich zu seiner Zeit auch darin, daß die 'alten' handwerklichen Berufe vor allem in katholischer Hand waren, die Protestanten dagegen bei den 'moderneren' Industrieberufen dominierten. Handwerkliches Gewerbe war noch ohne große Bildungsumwege vererbbar, industrielle Effizienzstrukturen dagegen verlangen für herausgehobene technische und leitende Funktionen eine qualifizierte Ausbildung und letztendlich auch eine berufliche Flexibilität, die dem Handwerker traditionellerweie fremd ist. Diese Stellungen sind nicht vererbbar und nur über wie immer definierte persönliche Leistung zu erreichen.

Zur Inkarnation der verwehrten Bildungschancen der sechziger Jahre wird das aus der umfangreichen Studie von Hansgert PEISERT (1967) destillierte Arbeitermädchen in einer ländlichen Region geringer Bildungsdichte mit mehr als 90 % Katholikenanteil (a.a.O., S. 19).

7.4 Die zweite Abschaffung des "Gesamtgymnasiums"

Die aufgrund sozialer und regionaler Faktoren bildungsbenachteiligten Gruppen sind also identifiziert; von ihnen kann angenommen werden, daß sie einen großen Teil der postulierten 'Begabungsreserve' stellen. Aber nicht allein die aus welchen Gründen auch immer resultierende Bildungsabstinenz vieler sozialer Gruppen führt zu den niedrigen Abschlußzahlen. Die Schulen selbst tragen dazu bei.

Ein nicht unbeträchtlicher Teil von Schülern schafft zwar die Hürde des Übergangs von der Grund- in die weiterführende Schule, erreicht dort jedoch keinen Abschluß. Bis in die sechziger Jahre erhalten sich so Formen des alten 'Gesamtgymnasiums' (Detlef K. MÜLLER, 1977) und noch 1964 stellt Hans-Jürgen HAGEL fest, daß im gesamten Bundesgebiet die Hälfte aller Schüler der fünften bis zehnten Klassen das Gymnasium nach der mittleren Reife verlassen (S. 55). Allerdings konstatiert er an dieser Stelle auch einen hohen Anteil von Schülern, die, nachdem sie der Schulpflicht entwachsen sind, dem Gymnasium ohne jeden Abschluß den Rücken kehren. So schafften 1957, im Jahr des "Sputnik-Schocks", nicht einmal ein Fünftel aller aufgenommenen Sextaner auch das Abitur (S. 69 f), noch weniger also als Karl KURZ (1930) in seiner Bremer Untersuchung - die einen 'Verlust' von zwei Dritteln ergab - feststellte. Wie diese Zahl vermuten läßt, beruht der vorzeitige Abgang nicht allein auf freiwilligem Verzicht, sondern auch auf Zwang, denn Schüler, die zweimal das Klassenziel nicht erreichen, werden von den höheren Schulen entfernt.

In den Arbeiten der Tübinger Forschungsgruppe um Ralf DAHRENDORF und Hansgert PEISERT, die 1967 die Ergebnisse ihrer Untersuchung über den vorzeitigen Abgang vom Gymnasium veröffentlicht, zeigt sich sehr einprägsam, daß - in dieser Abstufung - die Kinder einfacher Beamter, kleinerer Angestellter, Kaufleute und Handwerker sowie vor allem die von Arbeitern unterdurchschnittliche Erfolgsquoten aufzuweisen haben. Darüber hinaus sind auch hier die Mädchen benachteiligt, die nur in der Unterschicht bessere (aber trotzdem insgesamt geringere) Erfolgschancen als die Jungen haben (Hannelore GERSTEIN 1967, S. 140).

Die soziale Selektion im Bildungswesen erfolgt also zweistufig: viele Eltern fassen von vorneherein keinen höheren Bildungsabschluß für ihr Kind ins Auge und bleiben damit 'freiwillig' fern von Mittelschulen, vor allem aber von Gymnasien. Riskieren sie jedoch atypischerweise einen solchen Versuch, ist die Wahrscheinlichkeit ihres Scheiterns erheblich höher als die von Kindern aus anderen sozialen Milieus oder die von Jungen. Da dies in der Regel kein Geheimnis bleibt, werden dadurch viele von einer vielleicht ins Auge gefaßten weiterführenden Bildungskarriere für ihre Kinder abgeschreckt. Ein Teufelskreis, vor allem wenn man bedenkt, welche weitreichenden Folgen die formale Bildung in der modernen Industriegesellschaft hat.

Da mit der Auflösung der ständischen Bindungen auch die durch die Geburt vorgenommene Plazierung in der gesellschaftlichen Hierarchie hinfällig wird, avanciert der Bildungsabschnitt eines Lebenslaufes nunmehr zum entscheidenden Kriterium für die Stellung im gesellschaftlichen Gefüge. Schließlich werden mit dem Abschluß einer weiterführenden Schule spezifische Berechtigungen des Zugangs zu beruflichen Positionen geregelt. Diese Funktion der Bildungsabschlüsse (vgl. Kapitel 3) blieb seit ihren Ursprüngen in Preußens Gloria bis heute unangetastet.

Allen voran hat der Staat im öffentlichen Dienst ein komplexes Geflecht von Eingangsvoraussetzungen und Laufbahnen entwickelt, an dem sich in groben Zügen auch die tarifvertraglich geregelten Eingruppierungen in der privaten Wirtschaft orientieren. Das Bildungswesen vermittelt also nicht allein inhaltlich das notwendige Wissen für das individuelle Bestehen gegenüber den Anforderungen, die aus dem gemeinsamen Leben Vieler resultieren, sondern entscheidet auch ganz formal und sehr weitgehend über die gesellschaftliche Position, die man erreichen kann.

Auf den ersten Blick wird die Schule damit gleichsam "zur ersten und damit entscheidenden **zentralen sozialen Dirigierungsstelle** für die künftige soziale Sicherheit, für den künftigen sozialen Rang und für das Ausmaß künftiger Konsummöglichkeiten", wie Helmut SCHELSKY 1957 (S. 17; Hervorh. i.Orig.) feststellt. Damit erweist sich die nachgewiesene Benachteiligung verschiedener Gruppen im Bildungssystem auch als ein eminent soziales Problem und nicht zuletzt - wie auch in den USA - als ein Problem sozialer Gerechtigkeit, das auch Fragen nach der Legitimität einer solche Ungleichheit produzierenden Ordnung aufwirft.

Ganz nüchtern und rein ökonomisch betrachtet, markieren die Zahlen des vorzeitigen Abgangs für viele einen unvertretbar hohen Anteil von Fehlinvestitionen im Bildungswesen, denn vielfach steht der Aufwand an Zeit und finanziellen Mitteln in keinem Verhältnis zur Zahl der schließlich "erzeugten" Abiturienten. Dafür werden u.a. auch schlechte Rahmenbedingungen wie das Schulraumdefizit und vor allem die numerische Schüler-Lehrer Relation verantwortlich gemacht: die Klassen sind zu groß und es gibt zu wenig Lehrer (vgl. u.a. Peter POSCH 1967). Die als vordringliches gesellschaftliches Ziel propagierte Erhöhung der Abiturientenzahlen sollte deshalb (s.o.) auch dazu beitragen, den Lehrermangel zu beseitigen und damit die Qualität der Schulen langfristig zu verbessern.

Auch erscheint die dreifache Wirklichkeit des Gymnasiums als Schule zur Vorbereitung auf ein Studium, zur Vermittlung der mittleren Reife und als Institution zur (sozialen) Auslese, nicht zuletzt gemessen am gymnasialen Selbstverständnis, als überfrachtet und ineffizient. An erster Stelle soll daher - wie schon einmal, vgl. Kap. 3 - das Gymnasium von den Schülern 'entlastet' werden, die nur einen mittleren Abschluß anstreben, damit es sich vordringlich um diejenigen Schüler kümmern kann, die das Abitur als Ziel anstreben. Dafür ist es notwendig, vor allem auch das Mittelschulwesen auszubauen, das in allen Bundesländern bislang nur ein sehr beschränktes Angebot bereithält. Der damalige Kultusminister von Baden-Württemberg und einer der profiliertesten Vertreter der Reformpolitik zu dieser Zeit, Wilhelm HAHN, nennt die Zielgrößen für sein Land:

"Als 1964 der Schulentwicklungsplan für die allgemeinbildenden Schulen erarbeitet wurde, legten von einem Altersjahrgang 16,4 % der Schüler einen mittleren Abschluß und 8,3 % das Abitur ab. Im Rahmen der Gesamtkonzeption sollen bis 1980 in Baden-Württemberg 40 % der Schüler eines Altersjahrgangs die 'Mittlere Reife' oder die Fachschulreife und 15 % das Abitur erreichen. Um dieses Ziel zu verwirklichen, muß das Netz der Realschulen und der Gymnasien so feinmaschig werden, daß die Schüler die Möglichkeit haben, ihrer Begabung entsprechende Schulen zu besuchen. Der Prozentsatz der Sextaner, die das Abitur erreichen, soll bis 1980 beträchtlich gesteigert werden" (1967, S. 9).

Aber auch soziale Gesichtspunkte finden Eingang in seine Argumentation:

"Wenn es gelungen ist, begabte Kinder aus Arbeiter- und Bauernfamilien und aus abgelegenen Gebieten sowie talentierte Mädchen zu einer besseren Schulbildung zu ermuntern, so darf dies als echte schul- und gesellschaftspolitische Tat angesprochen werden" (a.a.O.).

Abgesehen davon, daß dieses Zitat einen weiteren Beleg für die Willkürlichkeit des Begabungsbegriffes liefert - woher will man wissen, daß eben 40 % eines Altersjahrgangs dreizehn Jahre später 'begabt' für die mittlere Reife sind? Woher, daß gerade 15 % zum Abitur geeignet sein werden? - zeigt es, wie zahlenmäßig definiert von offizieller Seite die Vorstellungen von der notwendigen Bildungsexpansion waren - und daß diese Zielgrößen 1980, und zwar bundesweit, nahezu exakt erreicht wurden (BUNDESMINISTER FÜR BILDUNG UND WISSENSCHAFT 1982, S. 62 f).

7.5 Neuorganisation oder Modernisierung?

Auch wenn vor dem Hintergrund unbestreitbarer Fakten bis dahin kaum ein Dissens in der Analyse der mangelnden Effizienz des Bildungssystems festzustellen ist, entwickeln sich doch erhebliche Meinungsverschiedenheiten über den Inhalt dieser Reformen.

Bezogen auf das allgemeinbildende Schulwesen lassen sich zwei grundlegende Richtungen ausmachen. Die Vorstellungen eher liberal-konservativen Zuschnitts zielen auf Ausbau vor allem des Mittelschulwesens, Modernisierung und größere Durchlässigkeit des bestehenden Schulsystems, dessen dreigliedrige Organisation nicht angetastet werden soll. Grundsätzlicher ist der Vorschlag einer durchgreifenden Neuorganisation des Bildungswesens, das die Gesamtschule an die Stelle des traditionell gegliederten Schulsystems setzen will. Mit ihr soll die frühe, kaum revidierbare und damit alles entscheidende Differenzierung nach der Grundschule aufgehoben und durch ein Einheitsschulkonzept ersetzt werden, das die Entscheidung für einen bestimmten Abschluß möglichst lange offen halten und damit vor allem den bislang benachteiligten Kindern größere Bildungschancen ermöglichen soll.

Interessanterweise werden an dieses Schulmodell von manchen Gruppen geradezu revolutionäre Hoffnungen geknüpft: wenn die Reproduktion der gesellschaftlichen Klassenstruktur über das Schulsystem gelingt, dann liegt hier der Schlüssel für die radikale Veränderung der gesamten Gesellschaft. Schon der Blick in die über jeden Verdacht sozialistischer Experimentiererei erhabenen USA mit ihrem traditionellen Gesamtschulsystem hätte diese Hoffnungen als obsolet erscheinen lassen müssen. Wir werden sehen, daß sie auch in Deutschland nie einen realen Hintergrund hatten und das Bildungssystem überhaupt ein völlig ungeeignetes Feld für das systemverändernde Aushebeln der in der bestehenden Ordnung etablierten Macht- und Herrschaftsverhältnisse ist. Diese unterstellte revolutionäre Potenz des Bildungssystems ist jedoch vor allem das Ergebnis konfliktsuchender Wahlkämpfe, die sowohl Konservative wie Sozialdemokraten jeweils für ihre Zwecke beschwören, um die Gesamtschule entweder als sozialistisch-gleichmacherisches Teufelswerk zu verdammen, oder als Schlüssel zur zukünftigen klassenlosen Gesellschaft hochzustilisieren.

Die reale Politik trägt ganz andere Züge: auf ein Modellprogramm zur Erprobung der Gesamtschule einigen sich alle Bundesländer; auch in sozialdemokratisch regierten Ländern bleibt das traditionelle Schulsystem erhalten und in allen Bundesländern rückt die Problematik des Übergangs von der Grundschule in die weiterführenden Schulen in den Blickpunkt des reformerischen Eifers. Damit sind die tatsächlich bestehenden Konflikte jedoch keineswegs ausgeräumt. Die folgenden zwei Kapitel beschäftigen sich deshalb ausführlicher mit diesen beiden grundsätzlichen Reformansätzen.

8. DER ÜBERGANG VON DER GRUND- IN DIE WEITERFÜHRENDE SCHULE

> "Soziale Faktoren sind zwar außerindividueller Herkunft, die in einer ... Gesellschaft zentralsten wirken im wesentlichen erst dadurch, daß die Person sie sich so zu eigen macht, daß sie nicht mehr den Charakter äußeren Zwanges haben" (Janpeter KOB)

Die wichtigste Entscheidung in einem Schülerleben ist in der Regel im letzten Jahr der Grundschule zu treffen, wenn bestimmt werden muß, welche weiterführende Schule 2) in Zukunft besucht wird. Sie ist, wie wir gesehen haben, über die Schulzeit hinaus für die späteren Erwerbschancen und damit generell Lebenschancen von herausragender Bedeutung, denn mit der Schulwahl und dem ihr jeweils entsprechenden Abschluß werden nach wie vor spezifische Berechtigungen des Zugangs zu beruflichen Positionen geregelt. Diese Entscheidung ist zwar prinzipiell korrigierbar, aber, da dies eigentlich nicht vorgesehen ist, nur unter Schwierigkeiten.

Selbst im einfachsten Fall, in dem eine Revision der ursprünglichen Entscheidung nach unten, d.h. vom Gymnasium auf eine Mittelschule beabsichtigt wird, ist bereits nach kurzer Verweilzeit mit Problemen zu rechnen. Die Lehrpläne sehen jeweils einen Kanon von unterschiedlichen Fächern bzw. Fächern in verschiedener Reihenfolge vor und die Schwierigkeiten im Gymnasium werden durch (zumindest Anfangs-) Probleme in der Mittelschule abgelöst. Fast unmöglich wird jedoch der Versuch, eine Entscheidung nach oben zu korrigieren: nicht allein die Fächerstruktur, auch das vorgesehene Unterrichtsniveau verweisen zumeist auf den langen Umweg über das berufsbildende Schulwesen oder den 'klassischen' Zweiten Bildungsweg mit Fernunterricht oder Abendgymnasium. Trotz aller begründeten Hoffnung und Zuversicht im Einzelfall: dieser Weg ist so mühsam und lang (vgl. Kapitel 5, Abb. 1), daß die meisten letztlich doch vor dem damit verbundenen Verzicht, dem abverlangten Aufwand an Zeit und Arbeit kapitulieren.

---

2) Nach offizieller Lesart schließt dies zwar die Hauptschule mit ein, im folgenden werden jedoch unter weiterführenden Schulen nur Mittelschule und Gymnasium verstanden. Zwar führen alle drei Schularten über die Grundschule hinaus, Gymnasium und m.E. Mittelschule sind aber die einzigen, die über das Pflichtschulpensum hinaus auch Berechtigungen vermitteln.

8.1 Empfehlung statt Aufnahmeprüfung

Bis in die sechziger Jahre ist das Hindernis klar auszumachen: wer die Mittelschule oder das Gymnasium besuchen will, der muß vorher eine Aufnahmeprüfung in der gewünschten Schule bestehen. Sie setzt sich zusammen aus einem ganzen Ensemble von schriftlichen und mündlichen Einzelprüfungen, kann sich bis zu einer Woche hinziehen und ist natürlich je nach Bundesland unterschiedlich strukturiert.
Nicht im Unklaren werden die Eltern auch über die direkten Kosten des Besuchs einer weiterführenden Schule gelassen: Schulgeldfreiheit wird nur in den (schon aus statistischen Gründen) seltenen Fällen besonderer schulischer Leistungen und geringem elterlichen Einkommen gewährt. Zudem können vor allem die Gymnasien es sich leisten, im Laufe der Zeit die Schüler, die sie nicht wollen, von ihrem Besuch auszuschließen. Wen vor allem dies trifft, war im vorangegangenen Kapitel zu sehen.

Das sind Barrieren, die abschrecken, die wirken. Wer nicht von der 'Begabung' seines Kindes völlig überzeugt ist oder die volle Unterstützung eines Lehrers hat, läßt sich meist nicht einmal auf das Risiko der Aufnahmeprüfung an der fremden Schule ein, der scheut erst recht das langfristige und kaum überschaubare finanzielle Wagnis der für viele nicht unerheblichen Investitionen, zu denen sich Schulgeld, Ausdehnung der Schulzeit und damit Versorgungskosten und Verdienstausfälle summieren. Manchen ist es jenseits allen finanziellen Horizonts: sie können es sich von vorneherein einfach nicht leisten. Für die Kinder des gehobenen Bürgertums jedoch geht die Rechnung allemal auf: weiterführende Bildung ist für sie selbstverständlich, die Prüfung, auf die man auch hintrainiert werden kann, kaum ein Hindernis. Im Gymnasium bleiben sie so fast unter sich, Konkurrenz haben sie kaum zu fürchten, ihnen gehört die Welt.

Doch die restaurative Bildungsidylle der späten fünfziger Jahre hält nicht lange. Sie wird eingeholt von der Wirklichkeit einer Gesellschaft, in der Bildungsfragen auf einmal in das Zentrum politischer Diskussion gerückt werden und in der als selbstverständlich hingenommene Haltungen und Verfahrensweisen vor dem Hintergrund krisenhafter Entwicklungen auf einmal öffentlich nach ihrem Sinn befragt werden.

Als erstes rückt die Selektionshürde "Aufnahmeprüfung" in das Blickfeld der Reformer. Sie wurde zwar nach außen immer als unabdingbares Mittel einer 'begabungsgerechten Auslese' dargestellt und sogar zu einer "sozialen Aufgabe" hochstilisiert (Wilhelm TEBBE 1951); daß sie in Wirklichkeit als wirksames Mittel der Abschottung des Bildungswesens gegen Aufsteiger dient, bestätigt die nun einsetzende Suche nach den 'Begabungsreserven'. Nimmt man die den Aufnahmeprüfungen unterstellte Funktion beim Wort, erweisen sie sich wenig überraschend als nahezu wertlos: der frühzeitige Abgang bleibt über Jahrzehnte trotz Auswahlprüfung die Regel. Vor allem natürlich auch deshalb, weil die Gymnasien vielfach nur zur Erlangung der mittleren Reife genutzt werden.

Dennoch gibt es Versuche, die traditionelle Aufnahmeprüfung durch eigens konstruierte psychologische Testverfahren zu ersetzen, wie sie bereits 1953 K. STRUNZ vorschlägt und später Josef HITPASS mit seinen Arbeiten (1961, 1963) wieder in die Diskussion bringt. Die Ergebnisse dieser Versuche sind, wie Lotte SCHENK-DANZINGER (1963) bilanziert, nicht nur widersprüchlich, sondern vor dem Hintergrund der wirksamen sozialen Faktoren auch relativ belanglos. Deshalb wird der Vorschlag psychologischer Tests als Ersatz für die Aufnahmeprüfungen zwar verworfen, aber auch der alte Zustand wird nicht beibehalten. Die Aufnahmeprüfungen werden zugunsten weniger rigide erscheinender Verfahren abgeschafft. In erster Linie bilden jetzt die Grundschulleistungen und ein entsprechendes Gutachten die Basis für die Übergangsentscheidung. Vor allem aber wird darauf hingewiesen, daß nunmehr den Eltern ein erheblicher Entscheidungsspielraum zugestanden werde.

An dieser Stelle wird der bereits im vierten Kapitel angesprochene Konflikt zwischen dem elterlichen Erziehungsrecht und schulischen Leistungsprinzipien bzw. Notenmaßstäben besonders deutlich: Immerhin hat die Schule in einigen Bundesländern (Bayern, Baden-Württemberg) das Recht, bei Vorliegen bestimmter formaler Voraussetzungen auch gegen den erklärten Willen der Eltern eine Plazierung ihres Kindes im Sekundarbereich vorzunehmen. Merkwürdigerweise aber nur dann, wenn die Eltern einen höheren Bildungsabschluß für ihr Kind vor Augen haben, als die Schule ihn für möglich hält. Im umgekehrten Fall, wenn das Kind laut Lehrerurteil zu einer höheren Schulausbildung befähigt wäre, die Eltern jedoch - aus welchen Gründen auch immer - nur einen niedrigeren Abschluß wollen, wird das Entscheidungsrecht der Eltern respektiert. Elterliches Erziehungsrecht in diesem Sinne wird in diesen Bundesländern also nur dann akzeptiert, wenn schulische Vorschläge bestätigt werden oder Selbstbeschränkung geübt wird. Die Behauptung einer leistungs- und 'begabungsgerechten' Plazierung im weiterführenden Schulsystem, die durch diese Verfahren gewährleistet würde, ist damit ad absurdum geführt. Sie würde erst dann gelten, wenn auch allen als fähig für Mittelschule oder Gymnasium angesehenen Kindern eine niedrigere Schulform verweigert würde. Der Entscheidungsspielraum der Eltern, die so oft proklamierte teure Wahlfreiheit erweist sich so bei näherem Hinsehen lediglich als die großzügig gewährte billige Freiheit zum Verzicht.

In anderen Bundesländern dagegen (Berlin, Niedersachsen) wird den Eltern auch im Konfliktfall das letzte Wort bei der Übergangsentscheidung zugebilligt. Sie können also auch in dem Fall, in dem das Grundschulgutachten eine niedrigere Schulart für ihr Kind empfiehlt, ihren ursprünglichen Wunsch realisieren. Es wird im folgenden zu untersuchen sein, welche Folgen das für die soziale Selektion im allgemeinbildenden Schulwesen hat.

Die Abschaffung der Aufnahmeprüfungen in den süddeutschen Bundesländern jedenfalls ändert kaum etwas. Ist sie deshalb nur Kosmetik? In gewissem Sinne ja. Zwar wird zunächst ganz pädagogisch argumentiert: das Gymnasium, die Mittelschule kennt die Entwicklung der Schüler nicht, die zur Aufnahmeprüfung kommen, wohl aber die Grundschule. Deshalb soll die Grundschule die Empfehlung aussprechen und dazu nicht allein die Schulnoten, sondern das gesamte Arbeitsverhalten, das Umfeld der Kinder heranziehen. Das erscheint vernünftig, allerdings nur unter der Voraussetzung, daß man eine solche Auslese überhaupt will und eine Legitimation für eine solche Praxis benötigt.

Im großen und ganzen aber ändert sich dadurch nur wenig an den Auswahlregeln: Die Kulissen werden umgestellt, das sperrige Hindernis Aufnahmeprüfung wird von der Bühne geschafft, aber das Stück, abgesehen von ein paar redaktionellen Änderungen, bleibt das gleiche. Das zeigt sich nicht zuletzt darin, daß im Konfliktfall zwischen Elternhaus und Schule, d.h., wenn die Eltern einen höheren Schulabschluß als die begutachtenden Lehrer für ihr Kind wollen, in ihnen die Aufnahmeprüfung wieder aus der Requisitenkammer geholt wird.

8.2 Statistik für Nelkenzüchter oder die Verwirrung des Publikums

Bei aller Skepsis, zu der diese Überlegungen Anlaß geben, sollten die Reformen jedoch vor allem an ihren selbstgesetzten Zielen gemessen werden. Da war e r s t e n s die Steigerung der Abiturientenzahlen. Bei ihnen ist der Erfolg, wie Abbildung 2 zeigt, klar zu sehen. Die bis etwa Mitte der sechziger Jahre stagnierenden Abiturientenzahlen steigen ganz erheblich: zwischen 1965 und 1984 allein haben sie sich mehr als vervierfacht. Hat sich die von Georg PICHT 1964 vorgesehene "Bildungskatastrophe" damit als Modellfall einer "suicidal prophecy" (Robert K. MERTON 1957) erwiesen, d.h. hat ihre Vorhersage zu politischen Gegenmaßnahmen geführt, die ihr Eintreten verhindert haben?

Das ist wohl nur zu einem Teil so. Der andere Teil wird deutlich, wenn man in der Abbildung 2 die Entwicklung des relativen Anteils der Abiturienten betrachtet. Diese Kurve verläuft weitaus flacher und weist darauf hin, daß ein großer Teil des absoluten Zuwachses ganz einfach auf demographische Faktoren, d.h. vor allem den erheblichen Geburtenzuwachs der fünfziger und sechziger Jahre zurückzuführen ist. Herbert EIGLER, Rolf HANSEN und Klaus KLEMM (1980) schätzen seinen Einfluß nach einer Modellrechnung auf ca. ein Drittel des beobachteten Anstiegs zwischen 1965 und 1977.

Zum anderen läßt sich der Anstieg auch des relativen Abiturientenanteils aus Wandlungen der Sozialstruktur erklären, vor allem aus dem Zuwachs an Beamten und Angestellten um immerhin 10,4 Prozentpunkte allein in den zehn Jahren zwischen 1965 und 1975 (Eike BALLERSTEDT, Wolfgang GLATZER 1979, S. 55). Diese Gruppen schicken traditionellerweise ihre Kinder erheblich häufiger in weiterführende Schulen als die abnehmende Zahl der Arbeiter. Beides also Gründe, die völlig jenseits bildungspolitischer Einflußmöglichkeiten liegen.

Zweitens sollte die Chancenungleichheit abgebaut werden, der "abstrakte Staatsbürger" zum "konkreten" werden, dem Chancen nicht nur formal zugestanden werden, sondern der selbst in die Lage versetzt wird, sie umzusetzen in reales und selbstbestimmtes Handeln (Ralf DAHRENDORF 1965 b). Hat die Reform der Übergangsregelungen nun eine Verbesserung der Bildungschancen gebracht? Sind die Anteile der traditionell bildungsfernen Gruppen, vor allem der Arbeiter, an den Übertritten in die weiterführenden Schulen gestiegen? So ziemlich alle bildungspolitischen Verlautbarungen der letzten Jahre legen eine weitgehende Bejahung dieser Fragen nahe. Die Wirklichkeit allerdings sieht anders aus. Die wenigen Zahlen, die über die soziale Selektion bei den Übergängen überhaupt verfügbar sind, sprechen für sich (Abbildung 3).

Fast interessanter noch als diese Zahlen, die für die entscheidenden Reformjahre zwischen 1967 und 1977 in Baden-Württemberg praktisch keine Verbesserung der Chancengleichheit bei den Übergängen dokumentieren, ist die Tatsache, daß sie die einzigen sind, die in der Bundesrepublik Auskunft über das Ausmaß sozialer Selektion beim Übergang geben. Berücksichtigt man weiterhin, daß seit 1978 diese Zahlen auch in Baden-Württemberg nicht mehr veröffentlicht bzw. erhoben werden, muß man einen bemerkenswerten Gegensatz feststellen zwischen der Aufmerksamkeit, die dieses Thema in oft heftigen politischen Auseinandersetzungen gefunden hat und den darüber zur Verfügung gestellten Daten. Die Bemerkung Hansgert PEISERTs aus dem Jahre 1967 über die mangelnde Datenlage der amtlichen Statistik gilt heute wie damals:

"Immer noch sind wir hier auf Schätzungen und die Ergebnisse monographischer Einzeluntersuchungen angewiesen, während wir uns mit einem Griff zum statistischen Jahrbuch der Bundesrepublik beispielsweise über die Entwicklung der 'Schnittblumenfläche für Edelnelken im Zierpflanzenunterglasanbau' sehr genau orientieren können" (S.66).

Abb. 2: Anzahl der Abiturienten von 1950-1984 und ihr Anteil an der 18-jährigen Wohnbevölkerung

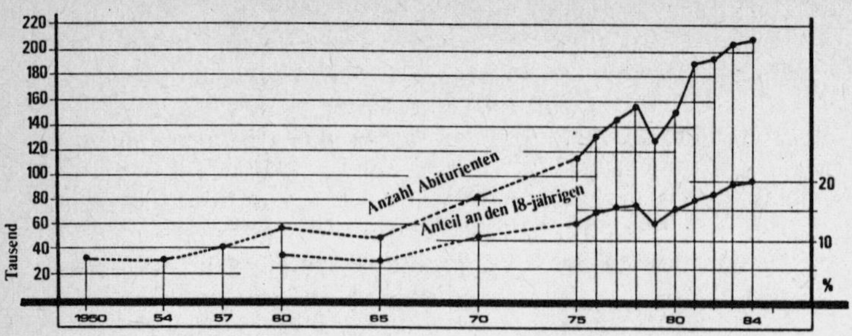

Quelle: Der Bundesminister für Bildung und Wissenschaft 1985

Abb. 3: Die Übergänge auf die weiterführenden Schulen in Baden-Württemberg nach Sozialgruppen 1967-1977

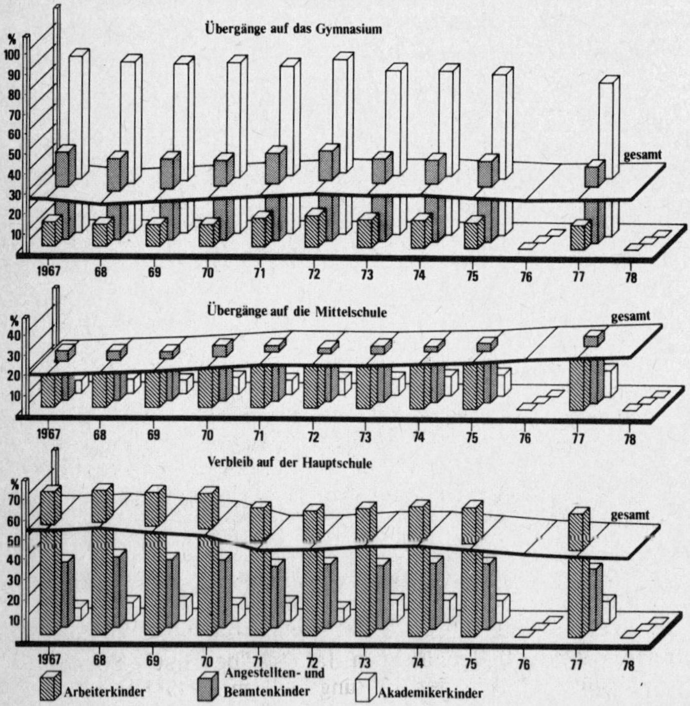

Quelle: Statistisches Landesamt Baden-Württemberg (Hrsg.): Statistik von Baden-Württemberg, Band 250: Das Bildungswesen 1978, Stuttgart 1978, Tab. 31, S. 51 und eigene Berechnungen. Alle Gruppen und die Übergänger insgesamt sind gleich hundert gesetzt, sodaß die Chancenstruktur adäquat abgebildet ist. Ab 1973 geändertes Berechnungsverfahren, daß die Quoten etwas geringer ausfallen lässt als das vordem angewandte Verfahren. 1976 und 1978 sind keine Zahlen über die Sozialgruppenverteilung ausgewiesen.

Konnte man vielleicht Anfang der sechziger Jahre noch mit viel Wohlwollen die fehlenden Daten mit dem kaum vorhandenen öffentlichen Interesse an Bildungspolitik entschuldigen, so muß man heute klar von einer Absicht sprechen, mit der hier zentrale Informationen über die soziale Verteilungsfunktion des Bildungswesens unterdrückt werden. Die Gründe dafür muß man nicht lange suchen.

Die Absolutzahl der Abiturienten ist allein aus den erwähnten demographischen und sozialstrukturellen Gründen so stark angestiegen, daß viele um den Marktwert des Abiturs und des anschließenden Studiums fürchten und den Erhalt ihrer sozialen Position für die eigenen Kinder gefährdet sehen. Die Probleme zeigen sich allenthalben: der "numerus clausus" in den Studienfächern, die noch relativ problemlos in lukrative Berufspositionen münden, überfüllte Seminare und Vorlesungen an Hochschulen und Universitäten, Probleme des Übergangs vom Studium in den Beruf. Die alten Bildungsprivilegien beginnen zu bröckeln. Keine Frage, daß viele in dieser Position geradezu ein Interesse daran haben müssen, die Zahl der Gymnasiasten zumindest nicht weiter zu erhöhen und deshalb weitere Diskussionen über die soziale Durchlässigkeit des allgemeinbildenen Schulwesens zu verhindern.

Vor allem aber möchten nahezu alle Politiker solche Unfrieden stiftenden Debatten mittlerweile vermeiden. Sie säßen dabei wohl auch zwischen allen Stühlen. Selbst wenn sie Maßnahmen zur Verringerung der sozialen Selektion ergriffen, verschlechterten sie damit langfristig die Einkommens- und Statuschancen der akademischen Berufe und würden deshalb nicht nur die traditionellen Privilegienwahrer, sondern auch viele Aufsteiger gegen sich aufbringen, die sich um die hergebrachten Berufsmöglichkeiten geprellt sehen würden.

Ein Beharren auf dem Ist-Zustand oder sogar ein Zurückdrehen der relativen Abiturientenzahlen durch eine Ausdünnung der Übergänge auf den Stand der sechziger Jahre auf der anderen Seite hätte nicht nur Arbeiter zum Gegner, sondern wegen der veränderten Erwerbs- und Sozialstruktur auch große Teile der traditionellen Klientel der Gymnasien, die dann auf das Abitur für ihre Kinder verzichten müßten. Deshalb ist es besser, die wirklichen Zahlen bleiben unbekannt. So läßt es sich erheblich schlechter gegen die faktische Bildungspolitik argumentieren.

Jeder auch nur mittelmäßige Public-Relations-Fachmann kann mit dem in Abbildung 2 dargestellten Anstieg der absoluten Abiturientenzahlen Vorwürfe ungerechter Chancenverteilung im Bildungswesen zu einer Antwort zusammenformulieren, die eine erhebliche Verbesserung der Bildungschancen in den letzten Jahren "beweist". So hat sich doch allein seit dem Beginn der Bildungsreform 1965 bis 1984 die Zahl der Abiturienten auf das 4-fache erhöht, selbst der prozentuale Anteil der Abiturienten ist noch um fast das 3-fache in diesem Zeitraum von nur 6,9 % auf sage und schreibe 20 % gestiegen! Auch die absolute Zahl der Arbeiterkinder hat erhebliche Zuwächse zu verzeichnen usw. usf.

Wie das beharrliche Gleichmaß der sozialen Struktur der Übergänge in Baden-Württemberg zwischen 1967 und 1977 in Abbildung 3 beweist, sind alle diese Behauptungen nicht einmal die halbe Wahrheit. Aber darauf kommt es auch gar nicht an. Jeder, der diese soziale Selektion durch die allgemeinbildenden Schulen angreift, kann ohne diese Daten lediglich mit der schon von Hansgert PEISERT (1967, s.o.) beklagten Kombination von Daten aus Einzeluntersuchungen und der undifferenzierten Zahl der Gesamtübertritte argumentieren. Für die Kultusverwaltungen ist es ein leichtes, solche Angriffe abzuwehren: Die Untersuchungen sind nicht repräsentativ, verzerren also die wirklichen Verhältnisse und können deshalb keineswegs auf die Gesamtzahl der Übertritte in einem Bundesland hochgerechnet werden. Methodische Diskussionen hohen Niveaus und verwirrenden Inhalts können daran geknüpft werden, deren Zweck allein darin liegt, für kaum jemanden verstehbar zu sein.

Nach dem Schnittmuster sorgfältig austarierter Ausgewogenheit steht Behauptung gegen Gegenbehauptung und die verweigerte Nachvollziehbarkeit der Argumente suggeriert, daß wohl an beidem etwas dran sein müsse. Die so hergestellte Uneindeutigkeit einer einfachen Sachlage verwirrt und macht vor allem den Teil des Publikums ratlos (und soll es wohl auch), um dessen Bildungschancen es dabei geht, der dieses Spiel aber nicht durchschauen kann.

Noch besser allerdings läßt sich vor dem Hintergrund der immer wieder herausgestellten Bildungsexpansion die Forderung nach Aufhebung sozialer Selektion als weitere Verschärfung der ohnehin schon mißlichen Lage von Abiturienten und Studenten diffamieren. Das Schema dieser Argumentation ist seit der "Überfüllungsdiskussion" in den achtziger Jahren des 19. Jahrhunderts bekannt (vgl. Kapitel 3), die Abschreckungswirkung so bewußt falscher Begriffe wie "Akademikerproletariat" damals wie heute gewollt und effektiv. Kein Wunder, daß der vorgesehene Anteil der Eltern ohne eigene weiterführende Bildungserfahrung an der Übergangsentscheidung: ihr Verzicht, nach wie vor sehr hoch ausfällt.

8.3 Die Kunststücke des pädagogischen Fortschritts: die Wirkungen von Übergangsregelungen im Vergleich

Bevor wir anhand von Untersuchungsbeispielen näher darauf eingehen, zunächst noch einen Blick auf zwei weitere Gruppen, die in den sechziger Jahren als im Schulwesen benachteiligt erkannt wurden: Katholiken und Mädchen. Im allgemeinbildenden Schulwesen sind beide heute keine Problemgruppen mehr. Zwar war der eigenständige Anteil der Konfessionszugehörigkeit am Bildungsverzicht schon damals nicht mehr sehr groß (vgl. Kapitel 7), aber selbst dieser Teil ist offensichtlich nicht mehr wirksam. Die Mädchen dagegen waren eine in den Gymnasien unterrepräsentierte Gruppe. Dort haben sie Mitte der siebziger Jahre mit den Jungen gleichgezogen, in den Mittelschulen waren sie demgegenüber schon in den fünfziger Jahren dominant. Seit Anfang der sechziger Jahre haben sie auch da noch stärker zugenommen als die Jungen, sodaß der Abstand zu ihnen noch größer geworden ist (Luitgard TROMMER-KRUG 1980, S. 251).

Kann man dies nun endlich als eindeutigen Erfolg der Bildungsreform, vor allem der Veränderung der Übergangsverfahren, verbuchen? Kaum. Mehr noch als alle bildungspolitischen Einflußmöglichkeiten liegt der Grund für die höhere Bildungsbeteiligung der Mädchen in den Veränderungen des gesellschaftlichen Rollenbildes der Frau. Die Lebenschancen der Frauen reduzieren sich nicht mehr wie selbstverständlich auf die unsichere, auf Gefühlen basierende Versorgungschance im Abhängigkeitsverhältnis einer Ehe, sondern dieses Leitbild wird abgelöst von dem einer selbstständigen Partnerin, die ihre Unabhängigkeit vor allem durch eigene Berufstätigkeit, oder zumindest die jederzeitige Möglichkeit dazu, sichert. Gute Schul- und Berufsausbildung ist dazu die unabdingbare Voraussetzung. Freilich werden die Frauen auch von einer über viele Jahre an Vollbeschäftigung geradezu leidenden Wirtschaft zur Berufstätigkeit gedrängt, läßt alleine der Lehrermangel mit den daraus resultierenden, nahezu automatisch zu verwirklichenden Berufschancen viele Mädchen einen fast risikolosen langen Bildungsweg einschlagen.

Geringen Einfluß dürften die reformierten Übergangsregelungen auch auf die zwischen Stadt und Land festgestellten Unterschiede in der Bildungsbeteiligung haben, die heute wie damals - wenn auch auf höherem Niveau - weiter bestehen. Landkinder sind nach wie vor benachteiligt, wie Herbert EIGLER, Rolf HANSEN und Klaus KLEMM (1980, S. 58) nach einer Sonderauswertung des Mikrozensus von 1978 konstatieren. Auf dem Lande fehlt es in weiten Teilen wie ehedem an einem geeigneten Schulangebot: vor diesem Hintergrund ist jede Diskussion über Übergangsregelungen müßig.

Wie sehen nun im einzelnen die Übergangsregeln aus, die einerseits als sozialer und pädagogischer Fortschritt, als Garant größeren Entscheidungsspielraums der Eltern gepriesen werden, mit denen gleichwohl aber das Kunststück gelingt, praktisch die gleichen sozialen Selektionseffekte zu erzeugen, wie mit den alten Aufnahmeprüfungen?

Als sollte trotz aller Gleichförmigkeit im Aufbau des Schulwesens der Bundesrepublik der Föderalismus besonders betont werden, hat sich zunächst jedes Bundesland seine eigene Regelung für den Übergang in die Sekundarstufe zugelegt. Die Willkürlichkeit der Entscheidungskriterien wird dadurch einmal mehr unterstrichen. Allen Regelungen aber ist gemein, daß entweder nach der vierten oder, im Falle von Orientierungsstufen, nach der fünften oder sechsten

Klasse die Schüler plaziert werden müssen. In Bayern und Baden-Württemberg wird im Gegensatz zu den anderen Bundesländern der Notendurchschnitt in bestimmten Fächern der Grundschule als Entscheidungskriterium besonders betont. Dabei werden, wie in Baden-Württemberg, minimale Durchschnittsnoten in den Fächern Deutsch und Mathematik für den Übertritt auf das Gymnasium (2,5) und die Mittelschule (3,0) festgelegt.

Diese Note allein freilich macht noch keinen Übergang auf eine weiterführende Schule; dazu gehört auch die Beurteilung des Lernverhaltens und der allgemeinen Entwicklung des Kindes, die in die Formel der "vorbehaltlosen Eignung" im Grundschulgutachten münden muß. Die Untersuchung Richard FAUSERs (1983) von fast sechshundert Fällen zeigt, daß in Baden-Württemberg der Notendurchschnitt alleine in der Tat zu keinem Übertrittsautomatismus wird: zwar erhalten drei Viertel der Kinder mit einem Notendurchschnitt bis 2,5 die Empfehlung zum Gymnasium, für 22 % der untersuchten Fälle wird jedoch nur die Mittel-, in den übrigen sogar nur die Hauptschule empfohlen. Auffällig dabei ist, daß bei gleichen Notendurchschnitten die Empfehlungen für die Arbeiterkinder im Schnitt niedriger ausfallen: lediglich drei Viertel von ihnen mit einem Notendurchschnitt von unter 3,0 wird die Eignung zum Besuch einer weiterführenden Schule zuerkannt gegenüber fast allen (92 %) der Kinder aus Angestellten- und Beamtenfamilien. Trotz guter Noten landen sie in der Hauptschule.

Das ist vor dem Hintergrund ohnehin schlechterer Durchschnittsnoten für die Kinder aus Arbeiterfamilien zu sehen: nur zwei Drittel von ihnen hätten in dieser Untersuchung nach ihrem Notendurchschnitt das Gymnasium gegenüber mehr als 80 % der Angestellten- und Beamtenkinder besuchen können. Nicht nur, daß die Schüler aus Arbeiterfamilien es offensichtlich schwerer haben, den Anforderungen der Schule zu entsprechen und gute Notendurchschnitte zu erreichen, sie werden darüber hinaus bei gleichen Noten gegenüber den Kindern aus Angestellten- und Beamtenfamilien in den Empfehlungen der Lehrer deutlich schlechter bewertet. Aber auch wenn die Notendurchschnitte - wie in Berlin - nicht Grundlage der Schulempfehlung sind, bleibt ihr Zusammenhang praktisch genauso eng wie in Baden-Württemberg. Das zeigt eine weitere Studie von Richard FAUSER (1984), die zu dem Schluß kommt, daß diese Regelung für die Arbeiterkinder keinerlei Veränderung ihrer Chancen bedeutet, für das Gymnasium empfohlen zu werden.

Auf der institutionellen Ebene werden viele Arbeiterkinder somit in zwei Stufen aus dem Rennen geworfen. Läßt sich die erste Selektionsstufe über die Noten, zumindest im Rahmen des weitgehend unpädagogischen und elternfern organisierten staatlichen Schulwesens, noch mit Leistungsunterschieden begründen, so fällt die Rechtfertigung bei der zweiten über die (erst recht) subjektive Beurteilung der Lehrer im Gutachten allerdings nicht leicht. Möglicherweise schätzen die Lehrer jedoch die Bewährungschancen von Kindern aus

Arbeiterfamilien in den weiterführenden Schulen ganz richtig ein. Denn diese Schulen stellen nicht allein Anforderungen an die Kinder, sondern auch an die Eltern. Entscheidende Teile ihres pädagogischen Auftrags gibt die Schule an die Eltern zurück, denn ohne ihr aktives Eingreifen - nicht nur bei den Hausaufgaben - werden in der Regel keine weiterführenden Abschlüsse erreicht. Nicht nur der gute Wille dafür ist gefragt, ihre effektive Hilfestellung setzt voraus, daß die Eltern selbst über einen entsprechenden Bildungshintergrund verfügen. Ohne Abitur oder zumindest die mittlere Reife sind die Eltern mit dieser Aufgabe regelmäßig überfordert.

Gerade jene Eltern also, deren Einkommensverhältnisse es am wenigsten zulassen, wären somit auf die Finanzierung von Nachhilfestunden für ihre Kinder am ehesten angewiesen. Institutionell ist das Schulgeld zwar abgeschafft, implizit bleibt es jedoch durch diese Situation für viele weiter bestehen. Die Wirkung für den Ausschluß der nicht gewollten Aufsteiger und potentiellen Konkurrenten von der weiterführenden Bildung bleibt prinzipiell die gleiche; der eigentliche Vorteil für die Privilegienwahrer liegt jedoch darin, daß mit dem Schulgeld der Stein des Anstoßes beseitigt und den Angreifern damit ein wesentliches Ziel genommen ist.

Viele Eltern ohne diese Bildungsvoraussetzugen reagieren entsprechend, ohne daß sie dieses Spiel bewußt durchschauen würden oder sie werden unter Verweis auf ihre Ohnmacht, hieran etwas verändern zu können, fatalistisch. So ist ihre Antwort der (eigentlich nicht gewollte) Verzicht: mehr als ein Drittel der auf das Gymnasium empfohlenen Arbeiterkinder werden nach den immerhin vom Bundesministerium für Bildung und Wissenschaft in Auftrag gegebenen Untersuchungen FAUSERs in vier Bundesländern durch die Entscheidung der Eltern niedriger plaziert; die Angestellten oder Beamten tun dies nur zu knapp einem Zehntel (Richard FAUSER 1984, S. 39)

Allerdings spielt es eine erhebliche Rolle, ob diese Entscheidung bereits nach dem vierten Schuljahr, wie in Baden-Württemberg, oder erst zwei Jahre später, nach der Orientierungsstufe, wie in Niedersachsen, getroffen werden muß. Folgen in Baden-Württemberg mit nur 45 Prozent weniger als die Hälfte der Arbeitereltern einer Empfehlung auf das Gymnasium, so sind es in Niedersachsen mit 91 Prozent mehr als doppelt so viele! Dagegen wird aufgrund der rigideren Regelung in Baden-Württemberg das Verdikt zum Verbleib auf der Hauptschule von fast allen angenommen, in Niedersachsen halten sich lediglich zwei Drittel der Arbeitereltern daran (a.a.O., S. 40). Die Empfehlungen für eine weiterführende Schule nach der Orientierungsstufe erzeugen also weit mehr Vertrauen bei den Eltern, als die, die direkt nach der Grundschule für die erst zehnjährigen Kinder ausgesprochen werden.

Ohne die Erfahrung mit der Orientierungsstufe, die offensichtlich auch die Arbeiter von dem Können ihrer Sprößlinge überzeugen kann, findet sich eine weitere Selektionsstufe in den Köpfen der Eltern, wie neben den für sich sprechenden Zahlen auch dieser Interviewausschnitt aus Baden-Württemberg belegt:

"Und deswegen hab' ich, trotzdem er jetzt aufgrund des letzten Zeugnisses und auch aufgrund der Orientierungsarbeiten ins Gymnasium gehen könnte, hab' ich mich für die Realschule entschieden. Das heißt, das haben wir im Familienkreis beraten: mit Sohn, mit Vater und mit mir. Und wir haben alle gesagt, uns ist ein guter Realschüler lieber als ein schlechter Gymnasiast" (Mutter, angelernte Arbeiterin; Norbert SCHREIBER 1983, S. 39).

Das sind wenig selbstbewußte Bildungsentscheidungen. Und sie rekurrieren, wie dieses Beispiel zeigt, typischerweise nicht auf die schulischen Leistungen des Kindes, sondern auf die soziale Unsicherheit dem Gymnasium gegenüber. "Mögen hätte ich schon, aber dürfen hab ich mich nicht getraut" - der Münchener Komiker Karl VALENTIN bringt das Dilemma vieler Eltern aus der Arbeiterschaft auf den Punkt.

8.4 Soziale Selektion auch ohne Schule: die Doppelwelt des "abstrakten Staatsbürgers"

Noch deutlicher zeigen die Bildungswünsche von Eltern noch nicht schulpflichtiger Kinder, daß dieser Verzicht wenig mit schulischen Leistungen - die zu diesem Zeitpunkt ja noch gar nicht bekannt sind - aber viel mit sozialen Faktoren zu tun hat. Damit setzt sich in gewisser Weise auch heute noch freiwillig fort, was früher erzwungene Regel war. Denn bis zum Ende des Kaiserreiches gehörte die Entscheidung in diesem Alter der Kinder und ihre ständische Ausrichtung zu den sozialen Selbstverständlichkeiten: wer später auf ein Gymnasium oder eine Mittelschule gehen wollte, besuchte eine spezielle Vorschule. Die anderen Kinder wurden in eine Volksschule gesteckt, ohne in der Regel je die Möglichkeit zu haben, z.B. aufgrund guter Leistungen, später noch in Gymnasium oder Mittelschule überwechseln zu können. Kinder aus dem gehobenen Bürgertum und dem Adel sollten so zu keiner Zeit mit den Arbeiterkindern oder den in die Mittelschule abgedrängten Kindern kleiner Beamter und Angestellter zusammen kommen. Diese versuchte schulische Abschottung aufgrund ausschließlich gesellschaftlicher, d.h. leistungsfremder Kriterien im 'Säulenmodell' der Schulen ist zwar heute aufgehoben, dafür spielt aber die soziale Selbstselektion eine umso größere Rolle.

Sie wird besonders eindrucksvoll deutlich in den bereits vor jeglicher Schulerfahrung mit den Kindern geäußerten Abschlußwünschen (s. Tab. 3). Zunächst einmal überrascht dennoch, daß gut vier Fünftel der Eltern zu diesem frühen Zeitpunkt bereits klare Wünsche äußern, obwohl nicht, wie früher, bereits vor dem Schuleintritt eine Entscheidung getroffen werden muß. Besonders markant dabei sind die sozialen Differenzen: für die Gebildeten ist und bleibt das Abitur eine soziale Selbstverständlichkeit.

Der größte Teil der von kleinen Beamten und einfachen Angestellten dominierten mittleren Sozialgruppe setzt es sich ebenfalls als Ziel für seine Kinder, aber viele beschränken sich bereits auf die mittlere Reife, die schließlich bei den Arbeitern als Abschlußwunsch klar dominiert.

Verschiedenartige 'Begabung' kann diese Unterschiede nicht erklären, denn die Kinder, um die es hier geht, haben noch nie eine Schule betreten und die Eltern werden kaum in der Lage sein, sie in diesem Alter, zumal ohne den Hintergrund schulischer Erfahrungen, hinsichtlich ihrer Leistungsfähigkeit richtig einzuschätzen. Es müssen also andere Überlegungen sein, von denen sich die Eltern hier leiten lassen. Die Vermutung ist naheliegend, daß es sich dabei vorrangig um solche handelt, die mit den Lebensweisen und -perspektiven der einzelnen Gruppen zusammenhängen.

Für den größten Teil der Eltern der mittleren Sozialgruppe bedeutet ja der Abiturwunsch formal bereits einen Bildungsaufstieg. Daß dieser Aufstieg nicht von allen gewollt wird, hat vielfältige Gründe. Nahezu ein Drittel der Familien verdanken z.B. ihre Eingruppierung in die mittlere Sozialgruppe weniger ihrer Stellung im Berufs- als im Besitzklassensystem. Als kleinere Selbständige oder Landwirte haben sie vermutlich vielfach weniger einen Aufstieg, als die Erhaltung ihres Geschäftes, ihres Besitzes bei der Lebensplanung für ihre Kinder vor Augen. Diese Art von (meist) an Eigentum gebundener Beschäftigung läßt sich traditionellerweise vererben. Die feste Aussicht auf die Weiterführung des elterlichen Betriebes führt nicht selten zu einer strikten Funktionalisierung der Bildung und Ausbildung im Hinblick auf die spätere Tätigkeit. Anders als bei den freien Berufen eines Arztes, Rechtsanwalts oder Ingenieurs, deren Praxen, Kanzleien oder Büros nur über den Umweg einer hochqualifizierten Universitäts- oder Fachhoschschulausbildung an die Nachkommen weitergegeben werden können, lassen sich diese Betriebe mehr oder weniger direkt und ohne große Umwege, die ja immer auch die Gefahr des Scheiterns in sich bergen, vererben. Allerdings kaum an alle Kinder; bei mehr als einem Kind bekommt die Höhe des Schulabschlusses für die nicht erbenden Kinder den gleichen Stellenwert wie für die Familien ohne eigenen produktiven Besitz.

Aber nicht allein Besitz, auch Berufe können quasi 'weitervererbt' werden: dies war z.B. über Jahrzehnte zu beobachten bei Bergleuten und Stahlarbeitern, die teilweise bis in die dritte und vierte Generation sogar im gleichen Betrieb Beschäftigung fanden.

Tab. 3: Die Bildungswünsche von Müttern für ihre Kinder im Vorschulalter (1988 Befragte; Angaben in Prozent)

	Bildungswunsch			
Sozialgruppe* (Väter)	Hauptschulabschl.	Mittlere Reife	Abitur	habe noch keine Wünsche
obere (n = 575)	-	11	74	15
mittlere (n = 799)	2	37	44	17
untere (n = 614)	9	46	23	22
davon: Gelernte (n = 443)	7	49	23	20
Ungelernte (n = 171)	12	39	21	28

* obere Sozialgruppe: freie Berufe, Beamte im Höheren und Gehobenen Dienst, leitende Angestellte; mittlere Sozialgruppe: kleinere Selbständige, einfache Angestellte und Beamte, Meister, Werkmeister, Poliere; untere Sozialgruppe: gelernte und ungelernte Arbeiter.

Quelle: Jörn W. MUNDT 1980, S. 186

Für diese (über lange Zeit vergleichsweise gut bezahlten) Arbeiter gab es praktisch keine Alternative zu einer Familientradition und Lebensform, für deren Fortsetzung und Erhalt der Volks- bzw. Hauptschulabschluß ausreichend war. Erst mit der von geschlossenen Zechen und niedergehenden Stahlwerken, einer tiefgreifenden strukturellen Krise der Wirtschaft erzwungenen Auflösung dieser Traditionen bekommen weitergehende Schulabschlüsse eine existentielle Bedeutung auch für diese Gruppen.

Allerdings ist die Entscheidung für die Option "weiterführende Bildung" besonders für sie mit einem hohen Risiko behaftet. Sie haben keine Erfahrungen mit Gymnasium oder Mittelschule, sie kennen nach wie vor die Anforderungen nicht, die dort gestellt werden und sehen sich daher selbst auch kaum in der Lage, ihren Kindern auf einem solchen Bildungsweg beizustehen, zumal ihnen auch die dazu notwendigen fachlichen Kenntnisse fehlen.

Tab. 4: Bildungsentscheidungen bei Geschwistern über 10 Jahren und ihr Einfluß auf die Bildungswünsche für die Kinder im Vorschulalter (Angaben in Prozent)

Sozialgruppe	Das ältere Kind besucht... die Hauptschule	die Mittelschule	das Gymnasium
obere (n = 66)	6	18	76
mittlere (n = 112)	21	41	38
untere (n = 94)	40	51	9
insgesamt (n = 272)	24	39	37

Die Eltern haben sich entschieden für/mußten für das ältere Kind akzeptieren:	Bildungswunsch für das jüngere Kind: Hauptschulabschluß	Mittlere Reife	Abitur	noch keine Wünsche
die Hauptschule (n = 74)	15	55	12	18
die Mittelschule (n = 118)	3	66	19	12
das Gymnasium (n = 106)	1	17	72	10

Quelle: Jörn W. MUNDT 1980, S. 203

Daß die Hauptschule dennoch von kaum jemandem für sein Kind gewünscht wird, ist vor dem Hintergrund des Images dieser Schule als 'Restschule' kein ernst zu nehmender Einwand: Die Verschiebungen der Qualifikationsanforderungen auf dem Lehrstellenmarkt in Richtung mittlere Reife lassen die Mittelschule längerfristig zur Regelschule werden. Wer Kontinuität will, muß heute in vielen Fällen schon die mittlere Reife für sein Kind wollen, der Hauptschulabschluß käme häufig entsprechend den verminderten Arbeitsmarktchancen bereits einem Abstieg gleich.

Dennoch ist zu dem Zeitpunkt, zu dem die Übergangsentscheidungen getroffen werden müssen, wie wir gesehen haben, die Bereitschaft vor allem der Arbeitereltern zum Verzicht noch größer als er bereits prospektiv in den Bildungswünschen für die Vorschulkinder zum Ausdruck kommt. Der Weg von den Bildungswünschen zu den Bildungsentscheidungen ist vor allem für diese Grupppen wohl ein Weg der Enttäuschungen und der Reduktion von ohnehin bereits durch Selbstbeschränkung gekennzeichneten Vorstellungen.

Jürgen SASS (1978) zeigt das Ansteigen dieser Resignation bei den Arbeitern, das umso größer wird, je länger die Kinder die Schule besuchen. Wie gering die Rolle der tatsächlichen schulischen Leistungen jedes einzelnen Kindes dabei einzuschätzen ist, wird unmittelbar deutlich, wenn man den Einfluß betrachtet, den die für ältere Geschwister bereits getroffenen Schulentscheidungen auf die Bildungswünsche für die jüngeren Kinder haben.

Auch wenn sie keine Repräsentativität für sich beanspruchen: die Tabellen 3 und 4 zeigen klar, daß sich erstens die obere Sozialgruppe mit ihren Bildungswünschen durchsetzt und wie groß zweitens das Ausmaß des Verzichts vor allem bei der Arbeiterschaft ausfällt. Allerdings halten die Eltern mehrheitlich auch dann noch an einem Mittelschulabschluß als Wunsch fest, wenn sie für ihr älteres Kind keinen weiterführenden Schulbesuch verwirklichen konnten. Aber das zeigt, daß die Hauptschule als 'Restschule' praktisch jede Attraktivität verloren hat. Die Eltern werden durch eine solche erzwungene Entscheidung ganz offensichtlich verunsichert und lassen sich auch bei den Bildungsentscheidungen von bereits vorher gemachten schlechten Erfahrungen leiten, wie die Aussage einer weiteren, als angelernte Arbeiterin tätigen Mutter zeigt, deren ältester Sohn nach einem halben Jahr Mittelschule auf die Hauptschule überwechseln mußte:

"Ich sag' ja, das (die Schulentscheidung) liegt also echt nicht an mir. Er lernt gern, lernt eigentlich nicht schlecht. Aber ich sag', da müsst' ich mich also wirklich mit der Lehrerin besprechen ... Also, ich kann da nicht sagen, ich möcht', daß er in die Realschul' (geht) - Klar ist's schön, wenn er's schaffen tät, aber ich gang so ein Ding nicht noch mal ein (was mir mit dem ältesten Sohn passiert ist)" (Norbert SCHREIBER 1983, S. 62).

Der Übergang auf die weiterführenden Schulen ist zwar Ausdruck übergreifender sozialer Selektion, welche durch die Schulorganisation begünstigt und teilweise sogar hervorgerufen wird, den einzelnen Betroffenen wird jedoch immer wieder nahegelegt, es als ein individuelles, allein an persönliche Leistungen oder Eigenschaften, an persönliches Versagen gebundenes Schicksal zu begreifen. Offensichtlich wird mit dieser Organisation des allgemeinbildenden Schulwesens die Ungleichheit des Zugangs zu weiterführender Bildung sichergestellt, ohne daß formale Barrieren errichtet werden müßten, die, wie früher, bestimmte Sozialgruppen ersichtlich von vorneherein abweisen.

Der 'abstrakte Staatsbürger' wird, wie diese Ergebnisse zeigen, keineswegs, wie Ralf DAHRENDORF (1965 b) programmatisch zu Beginn der Bildungsreform gefordert hat, abgelöst vom 'konkreten', seine Chancen und Rechte selbstbewußt nutzenden Staatsbürger. Damit bleiben, wenn auch in modifizierter Form, die alten Privilegien erhalten, gleichzeitig erscheint aber das allgemeinbildende Schulwesen durch die Abschaffung alter Hürden formal als frei von Klassenbeschränkungen. Hier wird eine Doppelwelt von theoretischem Prinzip und praktischer Funktion konstruiert, indem bewußt das Auseinanderfallen staatlicher Gleichheitsprinzipien und gesellschaftlicher Wirklichkeit genutzt wird: formale Gleichheit wird als gesellschaftliche Wirklichkeit ausgegeben und damit in Wirklichkeit gesellschaftliche Ungleichheit fortgeschrieben. Dieser Doppelcharakter macht das System nur schwer angreifbar; es sind keine direkt faßbaren institutionellen Barrieren auszumachen, im Gegenteil: es ist leicht, mit dem Hinweis auf formale Gleichheit des Zugangs, das Prinzip der Leistung als Voraussetzung für die Plazierung zu verteidigen.

Wir werden darauf noch näher einzugehen haben (siehe Kap. 10). An dieser Stelle genügt es, festzuhalten, daß die Reform der Regelungen des entscheidenden Übergangs von der Grundschule in die Sekundarstufe die soziale Selektion kaum beeinflußt hat. Schlagen wir den Bogen zurück in das dritte Kapitel, kann uns diese Erkenntnis kaum überraschen. Schließlich haben diese Maßnahmen nichts am grundsätzlichen Organisationsprinzip des allgemeinbildenden Schulwesens geändert. Auch wenn jetzt im Gegensatz zu früher immer wieder die schulische Leistung jedes einzelnen Schülers als einzige Legitimation für die betriebene Auslese angeführt wird, so bleibt doch der Entwurf des dreigliedrigen allgemeinbildenden Schulsystems leistungsfremd an sozialen Statusgruppen orientiert. Die Verteilung der Schülergruppen nach ihrer sozialen Herkunft auf die Schularten belegt dies ebenso wie die im Lehrergutachten bei gleicher Leistung deutlich werdenden Benachteiligungen von Kindern aus Arbeiterfamilien.

Was aber geschieht, wenn man das allgemeinbildende Schulwesen von Grund auf reformiert, wenn man die dreigliedrige Organisation zugunsten der seit Jahrzehnten geforderten Einheitsschule verwirft? Das ist die zweite, viel weiter gehende Reformalternative, die mit der Einrichtung von Gesamtschulen in die Praxis umgesetzt wird.

9. DIE GESAMTSCHULE

9.1 Machtwechsel und ideologischer Grabenkampf

Nachdem der erste Blick über die Grenzen in andere Länder den quantitativen Aspekten der "Bildungsproduktion" galt, die, wie bei Georg PICHT (1964), den westdeutschen Abschlußzahlen gegenübergestellt wurden, richtet sich der zweite Blick der Bildungsreformer auf die pädagogischen, vor allem aber schulorganisatorischen Maßnahmen, mit denen solche Erfolge erreicht wurden.

"In diesen Ländern waren Schulmodelle teils in der Diskussion, teils in der Erprobung und teils realisiert, die in weit größerem Maße als das deutsche Bildungssystem auf eine frühzeitige Auslese verzichteten. Amerika stand dabei für ein Land, das seit Jahrzehnten ein Gesamtschulsystem praktizierte, Schweden für ein Land, das 1962 mit Parlamentsbeschluß die Gesamtschule einführte und England für eine Nation, in der sich seit dem Education Act von 1944 zunehmend Gesamtschulen ausbreiten" (Helmut FEND 1982, S. 31).

Aber auch in Italien, in Dänemark und in Griechenland werden bis Mitte der siebziger Jahre Gesamtschulsysteme eingeführt. Keineswegs immer von 'linken' Regierungen, wie die Beispiele Italiens und vor allem Frankreichs belegen, wo die nach dem konservativen Erziehungsminister HABY benannte Reform bereits in den sechziger Jahren durchgesetzt wird, in deren Zentrum die Einführung der "College d'Enseignement Secondaire" (CES) genannten Gesamtschule steht (vgl. Bruno NIESER 1980, S. 54 f.) Im Gegenteil: die linken Oppositionsparteien, Kommunisten wie Sozialisten, haben diese Reform bekämpft, weil sie ihrer Ansicht nach nur den Unternehmerinteressen nach besserer Ausbildung dient und an den Gründen sozialer Ungleichheit und Ungerechtigkeit nichts ändert (vgl. in Hans-Werner KILZ 1980, S. 63). Man wird sich fragen müssen, warum gerade in der Bundesrepublik ein ideologischer Grabenkampf um die Gesamtschule entbrannt ist.

Aber greifen wir nicht vor. 1968 wird die erste neue Gesamtschule in Berlin-Neukölln, die Walter-Gropius-Schule, eröffnet. Dies führt jedoch weder zu einer Flut von Neugründungen noch zu einer durchgreifenden Umorganisation des Bildungswesens insgesamt, da im Gegensatz zu den meisten anderen Staaten in der Bundesrepublik Schulpolitik keine Sache des Bundes, sondern der Bundesländer ist. So konnte diese neue Schulform nicht einfach mit einem Parlamentsbeschluß eingeführt werden.

Der Deutsche Bildungsrat als übergreifendes und unabhängiges Beratungsgremium, veröffentlicht deshalb am 31. Januar 1969 seine Empfehlung für ein Modellprogramm zur Erprobung dieser neuen Schulart. Ausgehend von einem Konzept der Leistungsdifferenzierung, mit dem man ihren individuellen Stärken und Schwächen besser gerecht werden will, sollen alle Schüler zwar gemeinsam die gleiche Schule besuchen, jedoch je nach ihren fachspezifischen Fähigkeiten in verschiedenen Leistungskursen und ohne eine starre Organisation des Unterrichts in Schulklassen. Absicht dieses Systems ist die Ablösung der verfrühten und punktuellen Auslese zum Ende der Grundschulzeit und die Eröffnung von mehr Flexibilität und Revisionsmöglichkeiten. Zunächst waren vierzig dieser neuen Schulen vorgesehen, um die Effektivität ihres Konzeptes mit wissenschaftlichen Begleituntersuchungen zu evaluieren.

Jedoch fällt diese Empfehlung in eine unter zwei Aspekten ungünstige Zeit. Anfang der siebziger Jahre steigen ja bereits die Abiturientenzahlen auch ohne die Einführung eines neuen Schulsystems. Wozu also diese Entwicklung auch noch forcieren und eingeschliffene Privilegienstrukturen gefährden? Zwar werden in allen Bundesländern noch Gesamtschulmodelle eingerichtet, Berlin und Hamburg führen sie auch später als Regelschule ein, aber die von den Konservativen regierten Länder tun dies bereits mit erkennbarer Reserve. Sie machen sich über kurz oder lang die Argumente vor allem des traditionellen Bildungsbürgertums zu eigen, das mit dieser Expansion letztlich ein preisdrückendes Überangebot von Akademikern auf dem Arbeitsmarkt vorhersieht und damit um seine Privilegien fürchtet.

Es gibt aber auch übergreifende politische Gründe, die diese Furcht, berechtigt oder nicht, bestärken. Die - wie der internationale Vergleich belegt - in West-Europa nahezu säkulare Entwicklung zur Gesamtschule fällt in der Bundesrepublik in eine politisch hochsensible Zeit. Nach zwanzig Jahren ununterbrochener CDU-Herrschaft wird mit der Bundestagswahl 1969 der erste Machtwechsel in der Geschichte der Bundesrepublik vollzogen. In der daraus verständlichen Reform-Euphorie der ersten SPD-Regierung unter Willy Brandt, die gegen die verkrusteten Strukturen des CDU-Staates "mehr Demokratie wagen" will, wird Schulpolitik (obwohl der Bund hier kaum Kompetenzen hat) neben der betrieblichen Mitbestimmung zum beherrschenden innenpolitischen Thema.

Das Konzept der Gesamtschule wird deshalb immer mehr mit den Sozialdemokraten in Verbindung gebracht und identifiziert, weshalb es in den folgenden allgemeinen Auseinandersetzungen zwischen dem durch den Machtwechsel verunsicherten bürgerlichen Lager und den Sozialdemokraten zunehmend seine sachlichen Konturen verliert. Aus letztlich unverständlichen Gründen werden den Gesamtschulgegnern ihre Argumente von entschiedenen Gesamtschulbefürwortern auch noch auf einem silbernen Tablett serviert. Einige von ihnen sehen in dieser neuen Schulform abgelöst von jeder seriösen Analyse d i e strategische Möglichkeit, die "gnadenlosen Strukturen der obsoleten spätkapitalistischen Klassengesellschaft revolutionär aufzubrechen, neues Bewußtsein zu schaffen und so die einzig an objektiven Bedürfnissen und sozialer Gerechtigkeit orientierte klassenlose Gesellschaft" einzurichten.

Vereinzelte Versuche, Arbeiterkindern generell einen Notenbonus gutzuschreiben, tun ein übriges: schnell avanciert die bürgerliche Gesamtschule mit solchen, an die DDR erinnernden Vorschlägen, zur sozialistischen, oder noch besser: kommunistischen Kaderschmiede, wird ihre Schulpraxis als pädagogisch unverantwortliche Gleichmacherei, als leistungsfremde Einheitsbildung diffamiert. Vor allem in Hessen, wo sich die CDU gegenüber der SPD langsam nach vorne arbeitet, wird die dort besonders geförderte Gesamtschule Anlaß zu erbitterten Wahlkampfauseinandersetzungen in den siebziger Jahren. Gleichwohl hat dieser Streit Tradition in Deutschland: bis in die Formulierungen hinein werden die gleichen Argumente reproduziert, die bereits die Diskussion über die Einführung der Grundschule, der ersten Einheitsschule in Deutschland, im Jahre 1920 bestimmt haben. Nur, daß jetzt - die Erfahrungen totalitärer nationalsozialistischer Herrschaft hinter sich und das abschreckende Beispiel der DDR neben sich - das deshalb ganz bewußt immer wieder gebrauchte Wort von Einheitsschule einen noch schlechteren Beigeschmack hat als damals.

Kurz: Die Diskussionen könnten kaum unsachlicher geführt werden. Denn zunächst einmal gibt es d i e Gesamtschule gar nicht. Neben dem ursprünglichen Konzept der binnenschulischen leistungsdifferenzierten und integrierten Gesamtschule des Bildunsrates entstehen gleichzeitig die kooperativen oder additiven Gesamtschulen, in denen die drei traditionellen Schulformen zwar unter einem Dach zusammengefaßt werden, jedoch organisatorisch getrennt erhalten bleiben. Bei ihnen handelt es sich oft auch nicht um Modell-, sondern, wie in Hessen, um Regelschulen (dort offiziell mit dem Wortungetüm "schulformbezogene Gesamtschule" bezeichnet).

Auch gibt es die Gesamtschule sowohl mit Ganztagsbetrieb als auch nach dem überkommenen Schema organisiert, das nur vormittags Unterricht vorsieht und den Nachmittag unterrichtsfrei (jedoch mit Hausaufgaben vollgestopft) beläßt. Nicht zuletzt entstehen Gesamtschulen mit gymnasialem Aufbauzweig und solche, die nur die Sekundarstufe 1 in sich beherbergen. Es gehört wenig Phantasie dazu, sich bereits nach diesen wenigen Stichworten vorzustellen, daß sich hinter dem Markenzeichen "Gesamtschule" schon von den Organisationsmodellen her in Wirklichkeit ganz verschiedene Schulen verbergen. Wir werden darauf zurückkommen.

9.2 Die Vergleichsuntersuchungen: Warentest mit Zufallsergebnissen?

Zur Versachlichung der bildungspolitischen Entscheidungen beitragen sollten an erster Stelle die bereits vom Bildungsrat ab initio vorgesehenen Vergleichsuntersuchungen zwischen dem traditionellen und dem deshalb versuchsweise zu etablierenden Gesamtschulsystem. Es war herauszufinden, welches der beiden Systeme die Kinder besser fördert, soziale Faktoren weniger zur Geltung kommen läßt und damit zu mehr weiterführenden Abschlüssen führt. Um die Möglichkeit auszuschalten, daß in beiden Schulsystemen jeweils unterschiedliche Bewertungsmaßstäbe angelegt werden, werden auch Leistungsvergleichsstudien durchgeführt.

Damit allerdings kommt unter der Hand eine Art der Bewertung ins Spiel, die mit dem Konzept der Gesamtschule überhaupt nichts zu tun hat. Vor allem in der öffentlichen Rezeption entsteht so das Bild eines im Ergebnis verwirrenden Warentests, bei dem mal das eine, mal das andere Schulsystem bessere Leistungen der Schüler hervorbringt. Zu besseren Leistungen aber will die Gesamtschule eigentlich gar nicht führen, sondern das nahezu Unwiderrufliche der punktuellen Bildungsentscheidung des alten Systems ersetzen durch eine kontinuierliche und mehr an den individuellen Leistungsprofilen der Schüler ansetzende Bewertung, die die Bildungs- bzw. Abschlußoptionen länger offenhält. Damit sollten vordringlich die sozialen Selektionsmuster des traditionellen Schulsystems aufgebrochen und zugunsten einer gerechteren Lösung abgeschafft werden.

Wenden wir uns deshalb zunächst diesem Aspekt der Revidierbarkeit von Schullaufbahnentscheidungen zu. Die erste, bundesweite Vergleichsuntersuchung aus dem Jahre 1973, im Auftrag der Deutschen Forschungsgemeinschaft durchgeführt von der Gesamtschulforschungsgruppe um Helmut FEND am Zentrum I Bildungsforschung der Universität Konstanz, zeigt hier ein klares Bild: die Veränderungsquoten in den Gesamtschulen liegen mit etwa dreißig Prozent fast drei mal so hoch wie im traditionellen Schulsystem. Zudem überwiegen die Aufstiege ganz erheblich gegenüber den Abstiegen; in den traditionellen Schulen ist es gerade umgekehrt (Helmut FEND, Herbert KNÖRZER, Willi NAGL, Werner SPECHT und Roswith VÄTH-SZUSDZIARA 1976, S. 56 ff.). Ein Ergebnis, das 1979 von Helmut LUKESCH, Hubertus SCHUPPE, Eick DREHER, Hans HAENISCH und Richard KLAGHOFER in ihrer Vergleichsstudie über "Chancengleichheit und Offenheit der Bildungswege" in Nordrhein-Westfalen auch in dieser Größenordnung bestätigt wird.

Eine grobe Gegenüberstellung von Schülern aus "unteren" und "mittleren/oberen sozialen Schichten" zeigt zudem kaum Unterschiede in den Mobilitätsmustern (a.a.O., S. 22). Das ist zunächst die Bestätigung der lange geäußerten Vermutungen, daß erstens mit zehn Jahren am Ende der Grundschulzeit die Entwicklung eines Kindes kaum verläßlich abgeschätzt werden kann und zweitens, daß der an gesellschaftliche Statusgruppen und nicht an pädagogische Konzepte angelehnte Organisationsentwurf des dreigliedrigen Schulsystems (vgl. Kapitel 3) solche offenbar notwendigen Revisionen kaum zuläßt.

Darüber hinaus jedoch sind die Vergleichsuntersuchungen kaum dazu angetan, die Entscheidung pro oder contra Gesamtschule mit ihren Ergebnissen auf eine sachlich eindeutige Grundlage zu stellen. Denn was auf den ersten Blick unwiderlegbare Fakten zu liefern verspricht, erweist sich bei näherer Betrachtung als ein Verfahren zur Herstellung mehr oder weniger zufälliger Ergebnisse. Das liegt nicht allein an den Gesamtschulforschern, die in oft mühseliger Arbeit die Daten dafür erhoben und zusammengetragen haben, sondern in erster Linie an den Rahmenbedingungen, unter denen diese Versuche stattfinden. Denn der angestrebte Vergleich legt die Konkurrenz zwischen diesem neuen Schulangebot und dem traditionellen Schulsystem nicht nur nahe, sondern provoziert sie geradezu, vor allem in jenen Orten, in denen die neue Gesamtschule bereits auf ein voll entwickeltes traditionelles Schulangebot trifft.

Daran ist zunächst nichts Schlechtes; im Gegenteil: es erhöht die Wahlmöglichkeiten von Eltern und Schülern zumindest für die Zeit der Modellversuche. Für die Vergleichsuntersuchungen zwischen den beiden Schulsystemen ergeben sich hieraus jedoch gravierende Konsequenzen, welche die Qualität ihrer Ergebnisse entscheidend beeinträchtigen. Denn in vielen Städten ist auf der einen Seite das weiterführende Schulangebot zu Beginn der Gesamtschulversuche nur mangelhaft ausgebaut. In manchen Städten gibt es nur ein oder zwei Gymnasien und/oder Mittelschulen, in vielen dicht bevölkerten Stadtteilen überhaupt keine weiterführenden Schulen. Eine neu eingerichtete Gesamtschule ist dort nahezu ebenso konkurrenzlos wie in vielen kleineren Städten, in denen die Gesamtschule die erste und einzige weiterführende Schule ist.

Die Folge: In den Städten, in denen die Gesamtschule neben ein bereits voll ausgebautes Schulsystem gesetzt wird, beherbergt sie nur eine Auswahl von Schülern im Gegensatz zu den Orten, in denen sie konkurrenzlos ist. Denn vor allem die Familien des Bildungsbürgertums ändern in den Orten mit konkurrierenden Angeboten ihr Verhalten kaum: sie schicken ihre Kinder weiterhin auf das Gymnasium. Damit aber ist ein wichtiges Anliegen der Gesamtschule, der gemeinsame Unterricht von allen Kindern unmöglich geworden. Vor allem aber bedeutet dies für den Vergleich zwischen traditionellem und Gesamtschulsystem, daß die ermittelten Differenzen - besonders bei den vielfach durchgeführten Leistungstests - zum weitaus größten Teil auf diese Selektionseffekte, auf die unterschiedliche Zusammensetzung der Schülerschaft in den verschiedenen Schulformen zurückzuführen sind und keineswegs auf den direkten Einfluß der Organisationsform.

Dieser Umstand ist den Gesamtschulforschern nicht verborgen geblieben. Sie sprechen von "creaming", wenn sie darauf hinweisen wollen, daß bei konkurrierendem Angebot die 'besseren' Schüler in der Regel auf das Gymnasium überwechseln und die Gesamtschule eher meiden (vgl. u.a. Hans HAENISCH, Helmut LUKESCH 1980, S. 22, 262). Damit aber ist von vorneherein klar, welche geringe Aussagefähigkeit die Vergleichsuntersuchungen nur haben können.

Ihre Ergebnisse selbst sprechen eine noch deutlichere Sprache. Vergleicht man nicht nur die beiden Schulsysteme miteinander, sondern betrachtet die Unterschiede zwischen den einzelnen in die Vergleichsuntersuchungen einbezogenen Schulen, ergeben sich dabei nämlich erheblich größere Unterschiede als zwischen den Schulsystemen (u.a. Hans HAENISCH 1979, S. 214 f). Eigentlich wenig verwunderlich gibt es nach diesen Untersuchungen gute und schlechte Schulen in beiden Schulsystemen. Mit diesem Ergebnis ist aber sowohl das vom Bildungsrat ursprünglich vorgesehene Konzept der Qualitätsprüfung der Schulsysteme, welche die sachgerechte Grundlage für die Entscheidung pro oder contra Gesamtschule schaffen sollte als auch nahezu die gesamte öffentliche und politische Diskussion, so wie sie über die Gesamtschule geführt wurde, hinfällig. Welche Organisationsform auch immer den Rahmen abgibt für eine konkrete Schule, sie hat wohl weniger Einfluß auf die Schulwirklichkeit als andere Faktoren, die von außen auf die Schulen einwirken.

9.3 Der Etikettenschwindel oder "die" Gesamtschule gibt es gar nicht

Klaus-Jürgen TILLMANN, Margaret BUSSIGEL, Elmar PHILIPP und Ernst RÖSNER konnten in ihrer 1979 erschienenen Studie über Modell und Realität der kooperativen (=schulformbezogenen) Gesamtschule in Hessen eine Reihe der Gründe ermitteln, die im Gegenatz zur quasi amtlich-einheitlichen Schulwelt, die zentralistische Landespolitik und bürokratischer Vollzug gleichermaßen anstreben wie suggerieren, dazu führen, daß jede einzelne Schule unabhängig von ihrer Zugehörigkeit zu einem der Schulsysteme ihren unverwechselbaren Charakter hat.

Sie beleuchten den Widerspruch zwischen eben dieser zentralistischen Landespolitik und den lokalen Wünschen und Vorstellungen der zur Einrichtung von Schulen führt, die zwar alle offiziell und formal als schulformbezogene Gesamtschulen gelten, deren alltägliche Schulwirklichkeit jedoch nahezu die ganze Variationsbreite der Schulformen von der integrierten Gesamtschule bis zum allenfalls durch die Nähe der einzelnen Schularten etwas modifizierten traditionellen dreigliedrigen Schulsystem wiederfinden läßt.

Wie ist ein solcher Etikettenschwindel möglich? Betrachten wir zur Beantwortung dieser Frage zunächst die landespolitische Ebene. 1969, mit dem Beginn der Gesamtschulversuche in der Bundesrepublik, tritt in Hessen eine Novellierung des Schulverwaltungsgesetzes in

Kraft, welche die rechtliche Grundlage für die Einrichtung von Gesamtschulen schafft. Zwei Formen der Gesamtschule werden in ihm verankert: die integrierte Gesamtschule als Modell- und die schulformbezogene Gesamtschule als Regelschule. Integrierte Gesamtschulen bedürfen demnach nicht allein der Genehmigung durch das Kultusministerium, sondern auch der Zustimmung der betroffenen Schulträger, Eltern und Lehrer. Die kooperative Form kann dagegen jederzeit auch ohne eine solche Zustimmung eingerichtet werden. Dafür müssen sie dann allerdings auch nach den für das traditionelle Schulsystem geltenden Lehrplänen und rechtlichen Bestimmungen arbeiten (Klaus-Jürgen TILLMANN et al. 1979, S. 33). Bis 1974 verläuft der Ausbau dieser beiden Gesamtschulformen nahezu parallel. Der forcierte Ausbau des integrierten Systems führt jedoch zu Anlaufschwierigkeiten, die in diesem Landtagswahljahr ihr vehementes Echo bei der darüber hinaus die Gesamtschule auch ideologisch bekämpfenden Opposition finden.

Zunächst, um nicht weitere Kritik zu provozieren, nach verlorener Landtagswahl dann jedoch gezwungen durch einen Koalitionskompromiß mit der FDP, verzichtet die SPD-geführte Landesregierung seitdem auf die weitere Einrichtung von integrierten Gesamtschulen (a.a.O., S. 37). Selbst da also, wo sich in einer Kommune, wie vom Verwaltungsgesetz vorgeschrieben, Schulträger, Eltern und Lehrer einig wären in der Absicht, eine integrierte Gesamtschule einzurichten, würde ihnen demnach nur eine schulformbezogene Gesamtschule bewilligt. Auf der anderen Seite läßt sich mit der Beförderung der kooperativen Form zur Regelschule auch da eine Gesamtschule durchsetzen, wo z.B. lediglich eine Erweiterung des Gymnasiums von allen Beteiligten gewünscht wird. Diese beiden möglichen Ausgangssituationen legen die Vermutung nahe, daß es sich bei den in der Folge jeweils entstehenden Schulen um ganz verschiedene Einrichtungen handelt.

Die vier ausführlichen Fallstudien von Klaus-Jürgen TILLMANN et al. (1979) bestätigen diese Vermutung. Die kooperative Gesamtschule in einem Ort, in dem zunächst weitgehende Einigkeit über die Einrichtung einer integrierten Gesamtschule bestand, weist nach der von den Autoren 1975 durchgeführten Vergleichsuntersuchung aller 49 damals in Hessen bestehenden schulformbezogenen Gesamtschulen den höchsten Integrationsgrad auf (S. 171). In einer anderen Gemeinde dagegen "wurde das Schulwesen umstrukturiert, obwohl von den Betroffenen niemand eine Reform wollte. Im Ergebnis zeigt sich ein Schilderwechsel, hinter dem im wesentlichen 'alles beim alten' geblieben ist" (S. 127). An einer weiteren Schule, an der ebenfalls praktisch keine Kooperation zwischen den Schulformen stattfindet, weil die Reform gegen den erklärten Willen des Kollegiums durchgeführt wurde, ist auch das Ausmaß der Revisionen von Plazierungsentscheidungen mit nur fünf Prozent für eine Gesamtschule, in deren Konzept die Möglichkeit solcher Umstufungen ja zentral ist, verschwindend gering. Daß es sich dabei auch noch ausnahmslos um Abstufungen handelt, macht erst recht deutlich, wie sehr man sich in dieser 'Gesamtschule' am traditionellen Schulwesen orientiert und damit die von außen erzwungene Schulreform nach innen in eine andere Wirklichkeit transformiert.

Allein dieses Ergebnis macht plausibel, daß die Vergleichsstudien bereits in ihrem Ansatz mit der Unterstellung der in sich einheitlich organisierten Schulsysteme einer Fiktion erliegen. Die Schulunterschiede sind jedoch nicht einfach zufälliger Natur. In der systematisierenden Zusammenfassung ihrer Studie stellen die Autoren fest, daß

"stärkere Kooperation ... sich überall dort (fand), wo schulformbezogene Gesamtschulen aus bestehenden Haupt- und Realschulen gebildet wurden; ein Gymnasialzweig wurde in solchen Fällen neu eingerichtet und jahrgangsweise aufgebaut ... Geringe Kooperation fand sich vor allem an den Schulen, die aus mehreren bereits bestehenden Einzelsystemen - ein Gymnasium Kl. 5-13 eingeschlossen - durch Fusion gebildet wurden" (S. 356).

Die Bedeutung der einzelnen Schule, der schulspezifischen Binnenorganisation für ihren Erfolg stellen auch Michael RUTTER, Barbara MAUGHAN, Peter MORTIMORE und Janet OUSTON (1979; cit. n.d. dtsch. Ausg. 1980) in ihrer detaillierten Studie von zwölf Londoner Sekundarschulen heraus. Weder die Größe der Schule, noch das Alter der Gebäude oder die durchschnittliche Klassengröße determinieren nach dieser Untersuchung die Schulwirklichkeit. Vielmehr ist es das 'Schulklima', oder, wie die Autoren es nennen - 'Schulethos', "eine Grundstruktur bestimmter Wertorientierungen, Einstellungen und Verhaltensmuster" (a.a.O., S. 211), das die Arbeit in der Schule bestimmt. Konkret stellen sie fest, daß es

"an den 'erfolgreichen' Schulen ... weitaus seltener vor(kam), daß Lehrer berichteten, sie könnten in der Planung ihres Unterrichts ganz nach Gutdünken verfahren. Curriculumplanung wurde in diesen Schulen vielmehr als Gemeinschaftsaufgabe angesehen" (S. 143). "An den weniger erfolgreichen Schulen schienen die Lehrer teilweise stark isoliert: sie unterrichteten ganz nach ihrem individuellen Plan, und kaum jemand schien sich dafür zu interessieren, was sie inhaltlich anboten und wie sie ihren Unterricht gestalteten" (S. 169).

Auch wenn diese Herausstellung der Einzelschule gegenüber etwelchen äußeren Schulorganisationsmerkmalen prinzipiell auch für die westdeutsche Schulwirklichkeit gilt, darf doch nicht übersehen werden, daß auch formal den lokalen Schulbehörden in Großbritannien ein weitaus größerer Handlungsspielraum zugestanden wird als in der Bundesrepublik (Heinz STÜBIG 1980, S. 12). Die erheblich stärkere Position des "headmasters" im Vergleich zum deutschen Schul(di)rektor tut ein übriges zur Schaffung einer Administrationsstruktur, welche die individuelle Entwicklung jeder einzelnen Schule nahezu vorschreibt.

Leider beschränken sich Michael RUTTER et al. nur auf den binnenschulischen Raum und blenden, anders als Klaus-Jürgen TILLMANN et al. (1979), den Einfluß lokaler und überregionaler Politikstrukturen und anderer außerschulischer Faktoren auf die Schulentwicklung aus. Dabei könnte gerade die Verknüpfung dieser verschiedenen Ebenen und die Nachzeichnung ihrer wechselseitigen Abhängigkeit viel zur Erklärung der Wirkungsweisen von Schule beitragen und zu realistischen Einschätzungen der formalen Schulorganisationsfrage führen.

Wie groß nämlich der Einfluß des unmittelbaren schulischen Umfeldes auf die Wirkungschancen der (Gesamt)Schulen ist, zeigt sehr einprägsam die Untersuchung von Tino BARGEL, Manfred KUTHE und Hubertus SCHOBER über "Gesamtschule und Gemeinde" (1979). In ebenfalls vier ausführlichen Fallstudien von Gesamtschulen, je zwei in städtischen und ländlichen Umgebungen Nordrhein-Westfalens, wird die ganz unterschiedliche Wirklichkeit jeder dieser Schulen in Abhängigkeit von spezifischen regionalen und lokalen Ausgangslagen deutlich. Entwickelt sich die Gesamtschule z.B. in der einen Kleinstadt zu einer von nahezu allen sozialen Gruppen und politischen Gruppierungen akzeptierten Schule, die auch Schüler von außerhalb anlockt, führt sie in der anderen als bessere Hauptschule mit entsprechender Klientel ein Schattendasein und ist überdies noch Anlaß für zahlreiche politische Auseinandersetzungen.

Im ersten Ort gab es vorher kein Angebot an weiterführenden Schulen, auch nicht in erreichbarer Nähe, und deshalb auch nur eine schwache Bildungsbeteiligung, in der anderen Kleinstadt dagegen entwickelte sich bereits vor der Einrichtung der Gesamtschule am Ort durch zwei angrenzende Nachbarstädte mit ausgebauter traditioneller Bildungsinfrastruktur eine rege Bildungsnachfrage (Tino BARGEL et al. 1979, S. 176-186). Ein weiterer Beleg dafür, daß die Konkurrenz der Angebote einen nachhaltigen Einfluß auf die Entwicklungschancen der Schulen hat. Praktisch keiner derjenigen, die sich vorher bereits am Gymnasium orientierten, ist bereit, seine Kinder zu Gesamtschülern 'degradieren' zu lassen. Dagegen schafft die neue Schule an einem Ort ohne solche Traditionen neue Möglichkeiten des Bildungsverhaltens, die gerne wahrgenommen werden. Die Gesamtschule übernimmt hier auch die Funktion eines Gymnasiums und erhält ein entsprechendes Image, zumal ihre Akzeptanz in diesem speziellen Fall noch dadurch erheblich gesteigert wird, daß sie sich zu einem zentral gelegenen und im Schnittpunkt zweier aufeinander zuwachsender Ortsteile liegenden Sport- und Kulturzentrum entwickelt.

Beide Schulen haben somit von vorneherein ganz unterschiedliche Wirkungschancen, deren Bestimmungsfaktoren ganz außerhalb ihrer eigenen schulorganisatorischen und pädagogischen Konzepte liegen. Bei einem Vergleich beider Schulen würde im Ergebnis aber der Eindruck erweckt, daß die erste Schule 'besser' wäre als die zweite. Zieht man dazu als Kriterium z.B. die Abschlußquoten heran, "ohne die unterschiedlichen Aufnahmeregelungen der beiden Schulen zu beachten, dann schneidet ... (die erste Schule) erheblich besser ab; berücksichtigt man aber, daß ... (dort) eine nicht unbeträchtliche Anzahl auswärtiger Schüler aufgenommen werden (die häufig aus statushöheren und bildungsmotivierteren Elternhäusern stammen) und bezieht daher den Vergleich nur auf die aus dem örtlichen Einzugsbereich kommenden Kinder, dann verschwinden die Unterschiede in den Abschlußzahlen zwischen den beiden Schulen" (Tino BARGEL, Manfred KUTHE, Hubertus SCHOBER 1979, S. 352). Kurz: die Vergleichsuntersuchungen sind, gemessen an ihren eigenen Zielen, weitgehend unbrauchbar, weil sie der Standortproblematik, die in allen diesen Ergebnissen und Befunden ihren markanten Ausdruck findet, kaum oder gar keine Beachtung schenken.

Erst 1979 unterziehen Manfred KUTHE, Tino BARGEL, Willi NAGL und Klaus REINHARDT die Gesamtschulen in einem Bundesland (Nordrhein-Westfalen) einer systematischen Überprüfung hinsichtlich der regionalen und sozialen Umfelder, in denen sie angesiedelt sind. Dabei zeigt es sich, daß die Gesamtschulen überwiegend in den Arbeitervierteln eingerichtet wurden und sich dabei "sowohl von den Standortpräferenzen von Gymnasien (in erheblichem Maße) als auch von Realschulen (in schwächerem Maße)" (a.a.O., S. 146) unterscheiden. Damit haben die Gesamtschulen zwar einerseits gezielt zur Verbesserung der Bildungsinfrastruktur in benachteiligten Arealen beigetragen, ein Vergleich mit den Schulen des traditionellen Schulsystems wird dadurch jedoch andererseits ohne die systematische Berücksichtigung dieser verschiedenen Ausgangslagen sinnlos.

Kaum besser zu bewerten ist auch die Beschränkung der Vergleichsstudien allein auf den zu einem Zeitpunkt in den Schulen festgestellten Leistungsstand der Schüler. Unausgesprochen steht dahinter die Annahme, daß die Kinder beim Eintritt in die jeweiligen Schulen praktisch gleiche Gruppen konstituieren. Eine völlig unrealistische Unterstellung, wie allein der Blick auf die unterschiedlichen Schulstandorte und die jeweils der Aufnahme vorgeschalteten Selektionsprozesse beim Übertritt in die weiterführenden Schulen klarmacht. "Auf Grund dieser Unterschiede kann man die Qualität einer Schule nicht einfach anhand des am Ende der Schulzeit erreichten Leistungsstands beurteilen. Man ist gezwungen, die Eingangsvoraussetzungen der Schüler ... in irgendeiner Weise zu kontrollieren. In gewisser Hinsicht soll ja gerade der von einer Schule ermöglichte Leistungszuwachs als Indikator für die Qualität dieser Schule herangezogen werden" (J.S. COLEMAN 1975; cit. n. Michael RUTTER 1979 et al., dt. Ausg. 1980, S. 30; Hervorh. i. Orig.). Das ist letztlich nur möglich, wenn man die Entwicklung der Schüler von ihren Ausgangspositionen an in Längsschnittstudien verfolgt und die Fort- oder auch Rückschritte in dieser Hinsicht ursprünglich gleichzusetzender Schüler miteinander vergleicht. Genau das ist jedoch keineswegs geschehen.

Ein weiteres Manko der vorgelegten Vergleichsstudien ergibt sich daraus, daß das Alter der Schulen nicht berücksichtigt wird. Die Schulen des traditionellen Schulsystems sind in der Regel älter, eingespielter als die neuen Gesamtschulen. Anlaufschwierigkeiten, wie sie jede Schule zu Anfang überwinden muß, zumal wenn es sich um eine neue Schulform handelt, mit der noch kaum Erfahrungen vorliegen, bleiben als Einflußfaktor ausgeblendet und werden unter der Hand dem formalen Schulorganisationsmodell zugeschlagen (vgl. Tino BARGEL et al., 1979, S. 353). Unberücksichtigt bleibt auch, daß auf der anderen Seite die neuen Schulen nicht selten erheblich besser ausgestattet werden, als viele Schulen des traditionellen Systems.

9.4 Was bleibt?

Mit diesen Einwänden aber werden nicht nur die Leistungsvergleichsstudien zu Makulatur, sondern man muß sich in der Bilanz wohl auch fragen, warum überhaupt die formale Schulorganisation als (möglicher) Wirkungsfaktor so hochgespielt wird. Im Prinzip ändert ja auch die Gesamtschule nichts an der dreigliedrigen Organisation des allgemeinbildenden Schulwesens. Was im traditionellen Schulsystem in versteinerter Form über strikt voneinander getrennte Schulgebäude auch nach außen hin manifest wird, versteckt sich in Gesamtschulen als Kurssystem hinter den Wänden eines einzigen Schulgebäudes.

Es handelt sich bei den Gesamtschulen selbst in der integrierten Form also keineswegs um eine Einheitsschule, in der alle Kinder wie in der Grundschule gleichzeitig miteinander unterrichtet werden. Mit der Einführung der Kurssysteme, welche die gerade in einer einzigen Schule zusammengefaßten Schüler gleich wieder voneinander trennen, wird quasi durch die Hintertür die alte Abstufung wieder eingeführt. Schließlich bleibt bei den Abschlüssen alles beim alten: die Kinder werden wie ehedem nach schulischen Kriterien entsprechend dem hierarchischen Entwurf des traditionellen dreigliedrigen Schulsystems sortiert und den gleichen formalen Abschlußverfahren zugeführt wie im alten System.

Was also bleibt von der Gesamtschulreform unter der Perspektive der Verbesserung von Chancengleichheit? Den vermutlich größten Beitrag dazu haben die neuen Schulen wohl nicht ihrer Schulorganisation zu verdanken, sondern ihren Standorten in ländlichen Regionen und städtischen Vierteln, in denen vorher keine weiterführenden Schulen vorhanden waren, die eine eventuelle Bildungsnachfrage hätten befriedigen können. Erhöht wird ihre Akzeptanz als weiterführende Schule bei traditionell bildungsfernen Gruppen jedoch sicherlich dadurch, daß man nicht gleich eine definitive und kaum (nach oben) revidierbare Bildungsentscheidung treffen muß, wie sie im traditionellen Schulsystem in der Regel bereits nach der Grundschule verlangt wird. Eine allfällige Aufgabe der ursprünglichen Ziele auf der anderen Seite verliert viel von ihrem Schrecken und ihrer sozialen Peinlichkeit: Eltern und Schülern bleibt der lästige Schulwechsel und damit die Manifestation des Scheiterns nach außen erspart. Das erhöht die Bereitschaft vieler Eltern, auch dann einen Versuch mit weiterführender Bildung für ihr Kind bei Vorliegen der entsprechenden Voraussetzungen zu wagen, wenn sie sich ihrer Sache von vorneherein nicht sicher sein können. Schließlich ist es für die Eltern auch einfacher, Informationen über die weiterführenden Bildungswege zu bekommen, wenn sie dafür nicht extra eine fremde Schule aufsuchen müssen.

Aber diese strukturell angelegten Vorteile bleiben ungenutzt, wenn insbesondere die Lehrer das Gesamtschulmodell nicht akzeptieren und - wie wir gesehen haben - erfolgreich unterlaufen. Gleichwohl bietet die Gesamtschule für die absehbare Zukunft Vorteile gegenüber der traditionellen Schulorganisation. Der starke Geburtenrückgang in den siebziger Jahren mit seinen regional ganz unterschiedlichen Auswirkungen führt an vielen Orten wegen mangelnder Schülerzahlen zu einer Gefährdung des Angebots weiterführender Schulen. Denn im traditionellen Schulsystem müssen mit hohen Kosten gleich mindestens drei Schulen gleichzeitig vorgehalten werden, wo von der Schülerzahl her eine einzige (Gesamt-) Schule den Bedarf leicht decken könnte.

Auf mittlere Sicht müssen ohnedies Lösungen für die aus den demographischen Entwicklungen resultierenden Probleme des Schulwesens gefunden werden, die vielfach eine Abkehr von der traditionellen Gliederung des Schulwesens erfordern. Es werden wohl weniger gesellschaftspolitische Vorstellungen von der Schule als demographische Zwänge sein, die vielleicht doch letztlich dazu führen, daß jenseits aller politischen Konfliktlinien die Gesamtschule in der einen oder anderen Form in der Zunkunft eine größere Rolle spielen wird. Dabei wird es aber auch nötig sein, das nach wie vor dominierende einrichtungsbezogene Denken bei der Schulplanung zu überwinden.

Die Entwicklung des Schulwesens, wie sie sich zu einem guten Teil auch in den zitierten Untersuchungen präsentiert, hat ja zur Genüge deutlich gemacht, daß man mit der Normierung der Schulen nach dem einen oder anderen Modell keineswegs auch eine Normierung der Ergebnisse erreichen kann. Im Gegenteil. Würde man sich mehr auf die Ziele und faktischen Wirkungen von Bildungsprozessen konzentrieren, anstatt sich mit der allenfalls nebensächlichen Frage der formalen Schulorganisation aufzuhalten, wäre für alle Beteiligten erheblich mehr zu erreichen.

So führen die Versuche zur Vereinheitlichung des Schulwesens in Wirklichkeit zu ganz disparitären Verhältnissen und sind keineswegs ein Beitrag zur Verbesserung der Chancengleichheit. Schon gar nicht dann, wenn die Schulen zu Einheitsmodellen mit bestimmter Schulgröße, Zügigkeit usw. genormt werden, die wiederum überall, egal wie die örtlichen Verhältnisse sind, eingerichtet werden. Diese Fixierung provoziert nicht selten die groteske Situation, daß für eine Schule ein Einzugsbereich gefunden werden muß, der naturgemäß umso größer wird, je ländlicher das Areal ist, anstatt die jeweilige Schule und ihre interne Organisation den Gegebenheiten und Erfordernissen der Standorte und ihrem Umfeld anzupassen.

10. ALLGEMEINBILDENDE SCHULEN UND GESELLSCHAFT

Glaubt man den Aussagen in vielen bildungspolitischen Diskussionen, dann haben die Bildungsreformen der sechziger und siebziger Jahre in der Tat die Bildungschancen verbessert und damit auch zu einem Strukturwandel in der Gesellschaft geführt. Für die einen ist dies die Bestätigung der bildungspolitischen Entscheidungen in den Reformjahren, die eben auch auf eine Reform der Gesamtgesellschaft über die Schule zielten. Chancengleichheit, Demokratisierung, Modernisierung sind ihre Stichworte. Für die Gegner der Reformpolitik hat das geänderte Handeln von Administrationen, Schulen und Lehrern lediglich einen 'Bildungsboom' zur Folge, der zu einem Überhang an Abiturienten und Studenten geführt hat. Die daraus resultierenden verschlechterten Berufs- und Lebenschancen dieser traditionell privilegierten Gruppe werden der Bildungsreform angelastet. Wir werden im Folgenden diese Aussagen überprüfen und uns darüber hinaus vor dem Hintergrund unserer bisherigen Ergebnisse noch einmal grundsätzlich die Frage zu stellen haben, inwieweit es überhaupt möglich ist, über schulische Reformen etablierte gesellschaftliche Strukturen aufzubrechen und zu verändern.

10.1 Die Expansion des Bildungswesens vor der Reform

Blicken wir zunächst noch einmal zurück: Wie wir in Kapitel 8 gesehen haben, ist etwa ein Drittel der Bildungsexpansion zwischen 1965 und 1977 allein auf demographische Faktoren, d.h. geburtenstarke Jahrgänge, zurückzuführen (Herbert EIGLER, Rolf HANSEN, Klaus KLEMM 1980; vgl. auch Abb. 2 in Kapitel 8). D.h., auch ohne Veränderung der festgestellten sozialen Selektion im allgemeinbildenden Schulwesen wäre die Abiturientenzahl in diesem Zeitraum um gut ein Drittel gestiegen. Zu diesen demographischen Veränderungen kommt noch der Effekt eines sozialen Strukturwandels, der sich in der weiteren Abnahme der Landbevölkerung und auch darin äußert, daß zwischen 1965 und 1977 der Arbeiteranteil an den Erwerbstätigen von 47,8 % auf 42,9 % sinkt, die Beamten- und Angestelltenschaft aber von 32,5 % auf ebenfalls 42,9 % steigt (Eike BALLERSTEDT, Wolfgang GLATZER 1979, S. 55). Selbst bei gleichbleibendem sozialgruppenspezifischem Bildungsverhalten und entsprechender schulischer Selektion, wie sie Abb. 3 in Kapitel 8 nahelegt, folgt allein daraus eine weitere erhebliche Steigerung der Abiturientenzahlen. Zudem nimmt die Zahl der Kinder pro Familie nach einem Anstieg zwischen 1961 und 1970 kontinuierlich ab, wobei gleichzeitig die Zahl der Familien bis 1973 stetig zunimmt. Vor allem geht der Anteil kinderreicher Familien mit drei oder mehr Kindern zurück (a.a.O., S. 40). Die Untersuchungen zum Übergang von Rita BAUR (1972) und zum allgemeinen Bildungsverhalten von Hans W. JÜRGENS und Wolfgang LENGSFELD (1977) zeigen, daß mit steigender Kinderzahl Übergänge bzw. Abschlüsse geringer ausfallen. Zwar ist dieses Ergebnis etwas zu relativieren, weil zu einem Teil auf Effekte der Sozialgruppenzugehörigkeit zurückzuführen (die durchschnittliche Kinderzahl in Arbeiterfamilien liegt höher als die in Angestellten- und Beamtenfamilien), gleichwohl bleibt die Kinderzahl als eigenständiger Einflußfaktor auch bei Konstanthalten der Sozialgruppenzugehörigkeit erhalten.

Diese Beziehung gilt bereits für die vor jedem Schulbesuch der Kinder erfragten elterlichen Bildungswünsche, allerdings mit Ausnahme der Freiberufler, höheren Beamten und leitenden Angestellten, allesamt meist Akademiker. Kleinere Beamte, Angestellte, Selbständige, zusammengefaßt zur mittleren Sozialgruppe, lassen sich jedoch in diesem Sinne ebenso, wenn auch auf deutlich höherem Niveau, von der Zahl ihrer Kinder bei den Bildungswünschen leiten, wie die in der unteren Sozialgruppe zusammengefaßten Arbeiter (Jörn W. MUNDT 1980, S. 202). Damit ist ein weiterer, von Bildungspolitik und Schulreform unbeeinflußter Faktor identifiziert, der die Zahl der Schüler an den weiterführenden Schulen und die Abiturientenzahl steigen läßt.

Wenig Einfluß hatten die Schulen auch auf den durchgreifenden gesellschaftlichen Wandel, der zu dem enormen Anstieg des Anteils von Mädchen in Gymnasien und Mittelschulen führte, in denen sie seit Mitte der siebziger Jahre dominieren (vgl. hierzu auch Kapitel 8).

Im übrigen hat Peter DREWEK (1984) sehr zu recht darauf hingewiesen, daß bereits vor der Bildungsreform entgegen den Ausleseintentionen der Administrationen und dem elitären Selbstverständnis der Gymnasien in den fünfziger Jahren die relativen Abiturientenzahlen zu steigen beginnen. Entsprechend sinken auch die Schüleranteile in den Oberstufen der Volksschulen (heute Hauptschulen genannt) schon damals, eine Entwicklung, die heute vielfach als neueren Datums angesehen und den Effekten der Bildungsreform zugeschlagen wird (vgl. Tab. 5). Peter DREWEK sieht darin z.T. die Folge der Bildungsexpansion aus der Zeit vor dem Zweiten Weltkrieg.

Der Anteil der Abiturienten an der Altersgruppe der 19-jährigen hat sich allein in der Zeit zwischen 1926 und 1936 mehr als verdreifacht (von 2,74 % auf 8,74 %). Diese in Zusammenhang mit der strukturellen Weimarer Schulreform von 1920 stehende Entwicklung

(Einführung von obligatorischer Grundschule und von Übergängen) wirkt sich zeitversetzt auch auf die Bildungsentscheidungen der fünfziger Jahre aus: die zu Eltern gewordenen Abiturienten von damals wollen auch für ihre Kinder nicht auf das Abitur verzichten. Darüber hinaus liegt die Vermutung nahe, daß die "Arbeitslosigkeit und Berufsnot der Jugendlichen" (so der Titel einer Untersuchung im Auftrag des DGB von Helmut SCHELSKY aus dem Jahre 1952) bereits zu dieser Zeit bei vielen Schülern dazu führt, länger als ursprünglich vielleicht geplant, in allgemeinbildenden Schulen zu bleiben und folglich höhere Abschlüsse zu erwerben. Denn, wie wir gesehen haben, verlassen ansonsten viele Jugendliche das allgemeinbildende Schulwesen ohne weiterführenden Abschluß nicht etwa wegen mangelnder Leistungsfähigkeit oder "Begabung", sondern als Folge unerschwinglicher finanzieller Belastungen (Schulgeld, Kosten für Schulbücher, Verdienstausfälle), bildungsfeindlicher Orientierungen, die eine weiterführende Bildung ausschließen oder weil sie schlicht unter Vorwänden von den Schulen verwiesen werden.

Die weiterführenden Schulen reagieren also entgegen ihrem eigenen Selbstverständnis offensichtlich flexibel, verschieben faktisch ihre so oft als unumstößlich ausgegebenen Anforderungen an die Schüler entsprechend den sich wandelnden gesellschaftlichen Rahmenbedingungen. Tab. 5 zeigt diese Entwicklung für die Zeit von 1950 bis Mitte der sechziger Jahre recht deutlich.

Tab. 5: Prozentuale Verteilung der Schüler des allgemeinbildenden Schulwesens in der Sekundarstufe I nach Schulreformen in Nordrhein-Westfalen 1950-1965

Jahr	Volks-, Hauptschüler	Mittelschüler	Gymnasiasten
1950	76	7	17
1955	66	12	21
1960	66	13	21
1965	59	17	23

(Entnommen aus Peter DREWEK 1984, S. 73)

Längst vor der Mitte der sechziger Jahre einsetzenden Bildungsreform verändern sich auch die Erfolgsquoten an den weiterführenden Schulen: die Chancen steigen, daß das mit dem Übergang angestrebte Bildungsziel auch tatsächlich erreicht wird. Beim Gymnasium allerdings spielt zunächst eine wesentliche Rolle, daß es mit dem Ausbau des Mittelschulwesens immer mehr seine Funktion als "Gesamtgymnasium" (vgl. Kap. 3 und 7) verliert, denn viele Schüler sind traditionellerweise nur mit dem eingeschränkten Ziel "Mittlere Reife" auf diese Schulform gewechselt. Aus diesem Blickwinkel betrachtet, dokumentiert Tabelle 6 auch eine Verfestigung der institutionellen Grenzen von Schulkarrieren. Mit anderen Worten: Die Plazierung zum Ende der Grundschulzeit erhält immer mehr den Charakter einer lebenswegbestimmenden Entscheidung.

Gleichzeitig erklären die besseren Erfolgsquoten jedoch auch einen Teil des in Kapitel 8 festgestellten Paradoxes, nach dem zwar die Abiturientenzahlen steigen, die Übergangsziffern aber praktisch konstant bleiben.

Vor allem aber zeigen diese Zahlen, daß der soziale Strukturwandel in der Bundesrepublik nicht erst mit der Bildungsreform der sechziger Jahre beginnt. Zwar bleibt der Arbeiteranteil an den Erwerbstätigen zwischen 1959 und 1965 nahezu konstant (er sinkt von 51 % auf 48 %), auf Kosten des alten Mittelstands der kleinen Selbständigen und Handwerker steigt jedoch der Anteil der Angestellten

Tab. 6: Die Erfolgsquoten der auf Gymnasien und Mittelschulen Nordrhein-Westfalens übergetretenen Schüler von 1950-1971 (in Prozent der jeweils pro Jahrgang eingetretenen Schüler)

Schuljahr	Gymnasium	Mittelschule
1950/51	40,0	76,2
1955/56	44,1	74,9
1960/61	55,7	75,1
1965/66	61,5	80,1
1869/70	75,1	-
1970/71	-	89,5

(entnommen aus Peter DREWEK, Klaus HARNEY 1982, S. 593)

und Beamten in diesem Zeitraum von 20 % auf 32,5 %. Weil die Bevölkerung zu dieser Zeit noch wächst, bedeutet dieser Anstieg in absoluten Zahlen mehr als eine Verdoppelung von Angestellten und Beamten (eigene Berechnungen nach den Daten in PROJEKT KLASSENANALYSE 1974, S. 106 und 109). Mehr noch als alle anderen Faktoren hat dieser Wandel den Anstieg der Schülerzahlen in den weiterführenden Schulen begünstigt und damit erheblichen Druck auf die Bildungspolitik ausgelöst.

Was bleibt also übrig von der vielfach als revolutionär empfundenen Bildungsreform? An erster Stelle die verstärkte Fortsetzung des Ausbaus des Bildungswesens, der Bau von Schulen, um der durch die oben genannten Umstände gestiegenen Bildungsnachfrage gerecht werden zu können: Die Zahl der Gymnasien steigt zwischen 1960 und 1982 um 36 %, die Zahl der Mittelschulen auf das 2,3 fache (siehe Abb. 3). Die nach wie vor geringe Zahl der Gesamtschulen (297 im Jahre 1983) dagegen läßt keinen Schluß auf ihren Beitrag zur Bildungsexpansion zu. Die markante Abnahme der Volksschulen ist die Folge der Abschaffung der "Zwergschulen", die zugunsten größerer und besser ausgestatteter Mittelpunktschulen aufgegeben werden. Trotz der unbestreitbaren Erfolge im Ausbau des weiterführenden Schulwesens verdeutlicht das Bild, wie gering der Anteil weiterführender Schulen an der Gesamtzahl der Bildungseinrichtungen dennoch geblieben ist.

Der überproportionale Ausbau des Mittelschulwesens überrascht kaum: sollen doch die aufstiegsorientierten Kleinbürger nicht anders als im 19. Jahrhundert von den Gymnasien ferngehalten werden, die um ihre Privilegien fürchten. Wie zu Zeiten der 'Erfindung' der Mittelschule kommt ihr so vor allem eine Defensivfunktion zu, erlaubt gleichzeitig aber damals wie heute auch die demonstrative Abgrenzung der unteren Mittelschichten von den Arbeitern.

In der Bilanz bleibt von den gesellschaftsverändernden Absichten der Bildungsreform also wenig. Der Einfluß genuin schulischer Faktoren scheint sehr gering gegenüber den Folgen ungeplanten gesellschaftlichen Wandels. Die eigentliche Leistung der Bildungspolitik in den vergangenen Dekaden liegt demnach weniger in der Veränderung des Schulwesens als Instanz zur Reproduktion und Bestätigung gesellschaftlich konstruierter und vermittelter Ungleichheit, als in der Anpassung an drastisch veränderte gesellschaftliche Rahmenbedingungen durch den forcierten Ausbau des allgemeinbildenden Schulwesens. Wer die Langwierigkeit politischer Entscheidungsprozesse, zumal unter der von jedem einzelnen Bundesland eifersüchtig gehüteten Kulturhoheit kennt, weiß, daß dies nicht wenig ist. Immerhin wurde damit auch ein Teil jener regionalen Disparitäten in der Versorgung mit weiterführenden Bildungseinrichtungen beseitigt, die vielen potentiellen Schülern die Möglichkeit weiterführender Bildungsabschlüsse verwehrte.

Festzuhalten aber ist: nicht über die Bildungspolitik wurde der Anstoß gegeben für gesellschaftliche Veränderungen, für Ausbau und Reform des Bildungswesens, sondern die Bildungspolitik war lediglich die administrative Antwort auf den durchgreifenden gesellschaftlichen Wandel, der die Entwicklung der Bundesrepublik seit ihrer Geburtsstunde kennzeichnet. Der circulus vitiosus, von dem in Kapitel 4 die Rede war, ist für die Kinder aus Arbeiterfamilien weiterhin gültig. Ihre über mehr als ein Jahrzehnt nahezu konstant gebliebenen Übertrittsquoten auf Gymnasien und Mittelschulen, der von Richard FAUSER (1984) ermittelte Dreischritt von schlechteren Noten, seltenerer Empfehlungsquote bei gleichem Notendurchschnitt und bei Erfüllen aller Übergangskriterien größeren Bereitschaft,

Abb. 4: Die Entwicklung der Zahl der allgemeinbildenden Schulen in der BRD

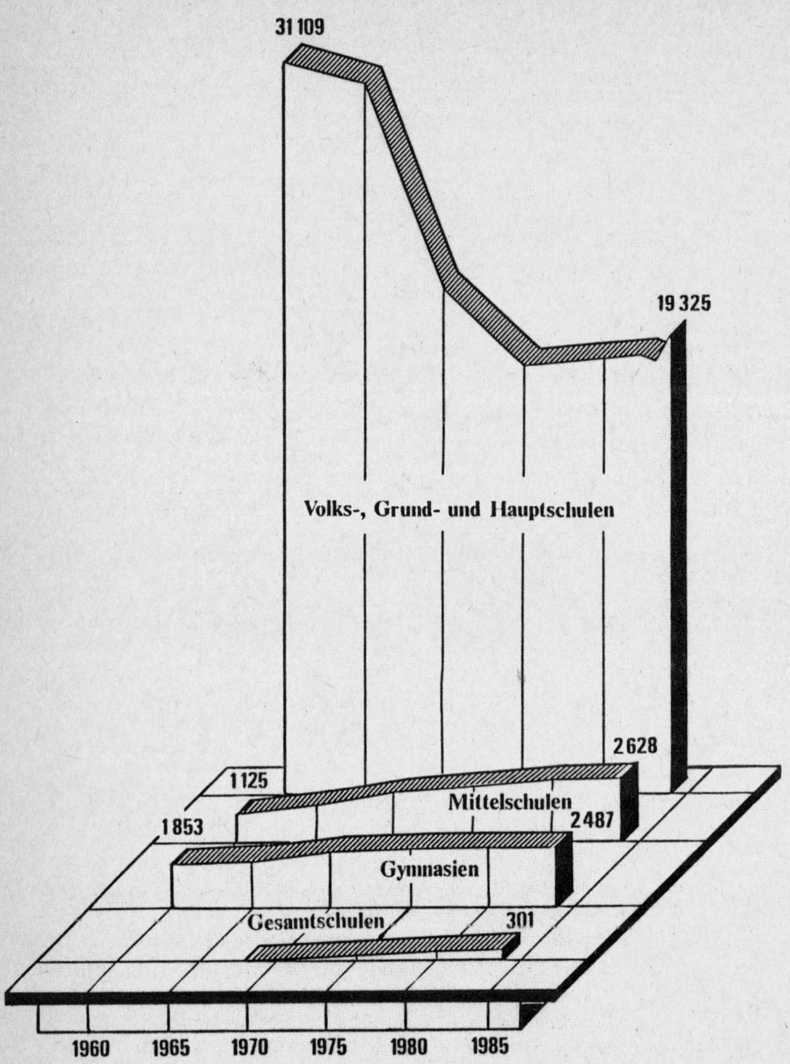

Quelle: Der Bundesminister für Bildung und Wissenschaft 1985

auf einen höheren Abschluß zu verzichten, als bei den Kindern von Angestellten und Beamten, markiert den Weg der Chanceneinschränkung für die Arbeiterkinder.

Wie kann es zu einer solchen Begrenzung der Bildungsmöglichkeiten kommen, wenn doch 'Chancengleichheit' und das universalistische Prinzip der Leistung, das nach Herkunft nicht fragt, die Maximen unserer Schulen sind? Schauen wir uns die drei Selektionsschritte etwas näher an.

10.2 "Begabung" statt Lernen, Performanz statt Leistung, Eltern statt Pädagogik: die Mechanismen der sozialen Selektion

Die erste Frage dabei ist die nach den Gründen für die durchschnittlich schlechteren Schulnoten von Arbeiterkindern im Vergleich zu den übrigen Herkunftsgruppen. Vor dem Hintergrund der Schulgeschichte sind vorschnelle Antworten, die uns weismachen wollen, daß Arbeiterkinder eben von ihrer genetischen Ausstattung her 'dümmer' seien, schnell als das zu erkennen, was sie sind: Pseudobiologische Rechtfertigungsversuche für den aus Konkurrenzgründen g e w o l l t e n Ausschluß dieser Kinder von weiterführender Bildung.

Würden z.B. Lehrer so argumentieren, wäre die 'Dummheit' ihrer Schüler schnell erklärt: wer a priori als 'dumm' angesehen wird, dem wird auch die entsprechende Behandlung zuteil. Er darf dem Unterricht zwar beiwohnen, aber seine aktive Teilnahme ist nicht erwünscht, es sei denn zur Demonstration seiner Unfähigkeit. Das mag zwar den einen oder anderen erst recht dazu anspornen, es dem Lehrer zu zeigen, die meisten wird es zur apathischen Hinnahme führen; sie werden schon aus Gründen der Selbstachtung der Schule so schnell wie möglich den Rücken kehren.

Aber das soll den Lehrern gar nicht unterstellt werden. Wir gehen im Gegenteil hier davon aus, daß sie entsprechend dem universalistischen, allein der Leistung verpflichteten Selbstverständnis der allgemeinbildenden Schulen alle Schüler im großen und ganzen gleich behandeln und nach den gleichen Kriterien beurteilen (auch wenn wir bereits wissen und weiterhin sehen werden, daß dies nicht der Fall ist). Demnach wären die Notenunterschiede nicht auf Schulen oder Lehrer zurückzuführen, sondern auf außerschulische Faktoren.

Nach ihnen ist nicht lange zu fahnden: die Sozialisationsforschung hat genügend Belege gesammelt, die in schöner Regelmäßigkeit die Entwicklungsdefizite der Arbeiterkinder bereits vor jedem Schulbesuch aufgedeckt haben. Der Begriff 'Defizit' impliziert natürlich, daß es so etwas wie einen Standard von Entwicklungsleistung gibt. Fraglos existiert ein solcher Standard und ebenso unstrittig setzt die Schule ihn für die aufgenommenen Kinder voraus. Der Begriff 'Schulreife', ihre in Zweifelsfällen übliche Feststellung über psychologische Testverfahren, belegen dies hinreichend. Das von Sozialisationsforschung und Entwicklungspsychologie herausgearbeitete untrennbare Ineinanderwirken von inhärenter Entwicklung und umweltabhängiger Sozialisation, ihre wechselseitige Beeinflußung, bedeutet, daß die Schule mit Kindern konfrontiert wird, die vom ersten Schultag an ganz unterschiedliche Voraussetzungen mitbringen. Ihrem Entwurfsprinzip der formalen Gleichheit, d.h. der gleichen Behandlung aller Schüler entsprechend, negiert die Schule jedoch diese Unterschiede. Mit der Konsequenz, daß sie nicht aufgehoben, sondern in der Regel bestätigt, durch den Amtsakt der Notengebung offiziell beglaubigt werden, wie bereits Ende des 8. Kapitels festzustellen war.

Das kennzeichnet letztlich ein Paradoxon, nach dem nur die Gleichbehandlung in der Schule die Ungleichheit sichert. Eine Gleichbehandlung allerdings, die sich an denjenigen Schülern orientiert, die bereits von ihrem Elternhaus her alle Voraussetzungen für eine erfolgreiche schulische Karriere mitbringen. Im Grunde genommen ist die Schule für sie nur eine Institution zur Vertiefung und vor allem Bestätigung ihrer durch die Eltern längst geformten "Begabungen", die nicht durch Zwang, methodische Bemühungen o.ä.m. entstehen, sondern

"gerade in den 'kultivierten' Klassen sind Ermahnungen und eine bewußte Einführung in die Kultur fast überflüssig. Im Gegensatz zum kleinbürgerlichen Milieu, wo die Eltern meist nur den guten Willen zur Bildung weitergeben können, gehen von einem kultivierten Milieu diffuse Reize aus, durch deren geheime Überzeugungskraft das kulturelle Interesse mühelos geweckt wird" (Pierre BOURDIEU, Jean-Claude PASSERON 1964; cit. n.d. deutschen Ausgabe 1971, S. 38)

Das vorgelebte Beispiel Bücher lesender Eltern, die Faszination der eigenen Entdeckungen im elterlichen Bücherschrank, das Interesse der Eltern am Lesen, an der Imaginationsfähigkeit der Kinder, an der Auseinandersetzung mit den durch Literatur vermittelten Erfahrungen, an diesen Versuchen, den Geheimnissen der fremden Welt auf die Spur zu kommen, illustrieren und verdeutlichen, was Pierre BOURDIEU und Jean-Claude PASSERON damit meinen.

In Familien dagegen, in denen die Eltern nicht oder kaum lesen, entsprechend nur wenige (und meist nicht die interessantesten) Bücher vorhanden sind und die sogenannten Unterhaltungsprogramme im Fernsehen eine größere Rolle spielen, sind Anregungen und intellektuelle Herausforderungen der Kinder Mangelware. In den Schulen erscheinen sie deshalb kaum als 'begabt', womit eben doch - wenn auch unausgesprochen - unterstellt wird, sie seien sozusagen "von Natur aus", von ihrer genetischen Ausstattung her, weniger intelligent und leistungsfähig. Deshalb traut man ihnen von vorneherein weniger zu als den anderen Kindern und braucht sich ihnen auch nicht mit besonderer pädagogischer Anstrengung zu widmen.

Dabei darf nicht übersehen werden, wie sehr wirkliche pädagogische Arbeit mit Mühe, Hartnäckigkeit, Ausdauer und oft auch Enttäuschungen verbunden ist. Die Erfindung der 'Begabung' ist deshalb auch gut dazu geeignet, die Arbeit der Lehrer zu vereinfachen und zu erleichtern. Zudem sind die Lehrer mit ihrem zumeist akademischen Bildungshintergrund Mitglieder einer 'kultivierten Klasse', halten sich selbst für 'begabt' und suchen auch bei ihren Schülern nach Anzeichen dafür. Sie honorieren damit weit weniger die tatsächliche Arbeit und Anstrengung eines Schülers, als die eher spielend erworbene intellektuelle 'Mitgift' ihres Elternhauses. Genau darin liegt einer der wesentlichen Gründe für die Fortsetzung und Konstitution sozialer Benachteiligung im Bildungswesen.

"Für die Angehörigen der unterprivilegierten Klassen bleibt schulmäßiges Lernen auf allen Stufen des Bildungsgangs der einzig mögliche Zugang zur Kultur; das Erziehungswesen könnte infolgedessen der Königsweg zur Demokratisierung der Bildung sein, wenn es die ursprünglichen Unterschiede im Bildungswesen nicht dadurch, daß es sie ignoriert, perpetuieren würde; indem es Schularbeiten (damit sind keine Hausaufgaben gemeint; J.W.M.) als zu 'schulmäßig' verwirft, wertet es die von ihm vermittelte Bildung zugunsten der ererbten Kultur ab, welche ohne die Spuren vulgärer Anstrengung durch die Attribute der Leichtigkeit und Grazie besticht" (Pierre BOURDIEU, Jean-Claude PASSERON 1964; cit. n.d. deutschen Ausgabe 1971, S. 39).

Damit setzt die Schule das voraus, was sie eigentlich erst vermitteln soll, wendet sich also im Prinzip ab von jeglicher Pädagogik. Eine pädagogisch orientierte Schule müßte alles daran setzen, die durch ihre häuslichen Verhältnisse benachteiligten Kinder zu fördern, ihnen das nahezubringen, was sie vorgibt weiterzureichen und die Lernfortschritte anstatt das Lernniveau, die 'Begabung' zu honorieren.

Der immer wiederholte Hinweis auf die Leistung als alleiniges Prinzip der Selektion im allgemeinbildenden Schulwesen würde eine solche Handlungsweise der Schule nahelegen. Der (physikalische) Begriff der Leistung setzt sich schließlich aus den drei Elementen Kraft, Weg und Zeit zusammen. Der Weg wird jedoch von der Schule einfach nicht wahrgenommen. Sie interessiert sich nicht für das Ausgangsniveau ihrer Schüler, nicht für ihre Anstrengungen, sondern nur für das Erreichen des definierten Lernniveaus selbst, unabhängig davon, auf welchem (kurzen oder langen) Weg es erreicht wurde. Es ist in Wirklichkeit also nicht 'Leistung', die im allgemeinbildenden Schulsystem über Erfolg oder Mißerfolg entscheidet, sondern Performanz, d.h. die den schulischen Beurteilungsrastern entsprechende Demonstration eines bestimmten intellektuellen Niveaus. Würde man dieses 'pädagogische' Prinzip der Schulen auf andere Dienstleistungsbereiche übertragen, wie z.B. das Gesundheitswesen, dann bekämen wir "ein Krankenhaus, das die Gesunden pflegt und die Kranken abweist" (LETTERA A UNA PROFESSORA 1967).

Daß entgegen den Beteuerungen der Schule aber nicht einmal die Performanz des einzelnen Schülers ausreicht, die Lehrer zu beeindrucken, zeigt der zweite Schritt auf dem Weg zur Begrenzung der Bildungsmöglichkeiten für die Arbeiterkinder, die bei gleichen Schulnoten geringere Chancen haben, die Empfehlung für eine weiterführende Schule ausgesprochen zu bekommen. Wie ist das zu erklären? Eine Antwort könnte auf die Parteilichkeit der Lehrer verweisen, die als Teil der 'kultivierten Klasse' ihren gesellschaftlichen Status über jene Bil-dungszertifikate erreichen und absichern, die sie zum Teil selbst vergeben. Es muß also ihr Interesse sein, den Kreis der Empfänger dieser Zertifikate nicht zu groß werden zu lassen, um sie nicht als Zugangskriterium zu privilegierten Positionen inflationär abzuwerten. Unterstützt werden sie dabei von jenen Eltern, die aufgrund ihrer eigenen Position die gleichen Interessen haben. Sie wollen keinen Wettbewerb, der ihre Stellung gefährden würde, sondern sie möchten den selbst erreichten Status für ihre Kinder über die allgemeinbildenden Schulen bestätigt und gesichert sehen.

Weniger orientiert an den Handlungsmaximen der direkten Interessendurchsetzung des Bildungsbürgertums liegt eine andere Antwort im Entwurf des allgemeinbildenden Schulwesens selbst. Allein durch die Vergabe von Hausaufgaben wird ein Teil des von der Schule beanspruchten Erziehungs- und Bildungsmonopols (siehe Kapitel 4 und 8) unter der Hand an die Eltern zurückdelegiert. Die in der Regel für das Erreichen weiterführender Abschlüsse notwendige Anleitung und Unterstützung der Lernarbeit durch die Eltern zeigt deutlich, daß die Schule sich tendenziell ihrer pädagogischen Aufgaben entledigt und in der Tat in weiten Teilen zu einer Agentur wird, die nur die Kompetenz des Elternhauses bestätigt. Die Anforderungen an die Performanz der Schüler werden damit wesentlich ergänzt durch die Bildungsanforderungen an die Eltern.

Wer aus eigenen schulischen Erfahrungen nicht mit den Inhalten des Fächerkanons vertraut ist, kann seinen Kindern beim Bewältigen der gestellten Aufgaben nicht selbst helfen. Ein Teil der Eltern kann dies zwar durch teure (von vielen Lehrern als zusätzliche Erwerbsquelle nicht ungern gesehene) Nachhilfestunden kompensieren, viele können sich jedoch diese, dem abgeschafften Schulgeld praktisch gleichkommende Regelung kaum leisten.

Wenn die Übergangsempfehlungen der Lehrer nicht allein die in den Noten gespiegelte Performanz, sondern das gesamte Lern- und Arbeitsverhalten der Schüler berücksichtigen sollen (Richard FAUSER 1983, S. 27), dann verbirgt sich in der Praxis dahinter wohl die realistische Einschätzung fehlender Unterstützungsmöglichkeiten der von ihrer eigenen Biographie her bildungsfernen Gruppen unter den Eltern.

Aber auch die Eltern selbst schätzen ihre Möglichkeiten in diesem Schulsystem ganz richtig ein, wie der dritte Selektionsschritt, der Verzicht auf weiterführende Bildung trotz des Erfüllens aller Übergangsvoraussetzungen, zeigt. Waren sie in der Grundschule vielfach noch in der Lage, ihren Kindern unter die Arme zu greifen, so sehen sie diese Möglichkeiten in den weiterführenden Schulen kaum oder gar nicht mehr. Daß ein per se (sic!) so nutzloses Fach wie Latein (von dem im 12. Kapitel noch ausführlicher die Rede sein wird) immer noch in gymnasialen Lehrplänen vorkommt, ist ja nicht allein durch Rücksichtnahme auf die Lehrer zu erklären, die ohne dieses Fach in den Schulen keine Daseinsberechtigung mehr hätten, sondern vor allem durch den Abschreckungseffekt auf unterbürgerliche Schichten, den es seit dem vergangenen Jahrhundert nicht verloren hat (vgl. Kapitel 3). Die jetzt wie vor hundert Jahren wieder angefachte "Überfüllungsdiskussion", das Gerede vom "akademischen Proletariat", tun ein übriges zur Verunsicherung dieser Eltern und bewirken letztlich bei vielen den auf den ersten Blick freiwillig erscheinenden Verzicht.

10.3 Selbstanerkennung durch Verzicht

Ist das Ganze also nichts weiter als eine Verschwörung der Privilegierten gegen die kleinen Leute? Nein und ja. Zunächst: es gibt keine verschworene Gemeinschaft, keine geheimen Zirkel, in denen man sich abspricht, in denen man komplizierte Strategien entwickelt und Aktionen plant, um die Gefährdung der eigenen Privilegien und die der heranwachsenden Kinder abzuwenden. Im Gegenteil. Die Spielregeln des Bildungserwerbs sind öffentlich ausgelegt und unterliegen nicht zuletzt auch der öffentlichen Kontrolle. Bildungsfragen werden in den Parlamenten oft genug auch kontrovers verhandelt. Zudem hat jede Wahlstimme im politischen System das gleiche Gewicht. Was läge also näher, als anzunehmen, daß derjenige, der sich in seinen Bildungsmöglichkeiten benachteiligt sieht, nur einer solchen Partei die Stimme gibt, die diese Bildungsschranken niederreißen will? Wäre dies der wahlentscheidende Punkt: eine solche Partei könnte sich auf eine große Mehrheit bei der Durchsetzung ihres Programms stützen (siehe Abb. 3). Aber es gibt sie nicht. Entweder also halten die meisten Bürger unserer Gesellschaft die Bildung für nicht so wichtig oder sie sehen sich in dieser Hinsicht selbst nicht als benachteiligt. Beide Möglichkeiten bedürfen vor dem Hintergrund der Fakten einer Erläuterung.

Daß die Bildung für nicht so wichtig angesehen wird, ist kaum zu erwarten. Schließlich wird die herausragende Bedeutung der formalen Bildungsabschlüsse für das Erreichen privilegierter Positionen im Berufsklassensystem tagtäglich und vor den Augen aller demonstriert. Auch zeigen die Bildungswünsche der Eltern (trotz mancher Abstriche), daß sie um den Schlüsselcharakter der Bildungszertifikate für die Lebenschancen ihrer Kinder wissen (vgl. Jörn W. MUNDT 1980, S. 184 ff). Wir stellen aber auch fest, daß diejenigen Eltern, deren Kinder von weiterführender Bildung ausgeschlossen werden sollen, auch gerade die sind, die den Bildungsverzicht auch selbst wollen.

Das kann kein Zufall sein. Im ersten Kapitel war festzustellen, daß die notwendige 'Selbstanerkennung' dazu führt, daß auch Machtordnungen anerkannt werden können, die mit extremer Unterdrückung einhergehen. Bei den Bildungsentscheidungen bzw. genauer: dem Teil, den die Eltern in der Regel mitbestimmen dürfen, haben wir es mit einem strukturell ähnlichen Phänomen zu tun. Niemand kann den unlösbaren Konflikt zwischen den eigenen Vorstellungen und ihren nicht oder kaum vorhandenen Realisationsmöglichkeiten (von Leon FESTINGER 1957 als "kognitive Dissonanz" bezeichnet) ständig in sich tragen, ohne sich in eine akute Gefahr der Selbstzerstörung zu begeben.

Vorstellung und Wirklichkeit müssen deshalb in einen erträglichen Gleichklang gebracht werden. Würde die Wirklichkeit nach den eigenen Vorstellungen modelliert: das wäre in letzter Konsequenz die Revolution. Sie aber verlangt kühle Analyse, hohes Selbstbewußtsein, Standfestigkeit, einen unerschütterlichen Willen und hohe Risikobereitschaft: alles oder nichts. Nur wer wirklich nichts zu verlieren hat, wird sich diese Haltung zu eigen machen. Vor allem aber setzt eine solche Revolution in hohem Maße das voraus, was hier erst ihr Ziel wäre: eine fundierte Bildung und Ausbildung, ohne die sie weder durchgeführt, noch ihre Errungenschaften gesichert werden könnten. Die Selbstanerkennung wird deshalb weniger über revolutionäre Akte als über die Uminterpretation der eigenen Wünsche und Vorstellungen bewerkstelligt. Der Zwang wird so zu einer freiwilligen Entscheidung, die Fügsamkeit in eine Pflichterfüllung umgedeutet, welche man der Sicherheit schaffenden Ordnung schuldig ist. Die gesellschaftlichen Verhältnisse bekommen dadurch nahezu den Charakter einer natürlichen und unumnstößlichen Ordnung zugeschrieben.

Genau diesen Charakter aber haben sie nicht. Erinnern wir uns: die Arbeiter, die kleinen Angestellten, die Direktoren, die Chefärzte gibt es primär nicht, weil es sie aus einer unmittelbaren, arbeitsbedingten Notwendigkeit heraus geben muß, sondern weil es diese Positionen und die damit verknüpfte Hierarchie geben soll. Auch ist das Bildungssystem nicht der Schöpfer dieser sozialen Ungleichheitsstrukturen, sondern es hat zunächst eher die Funktion der Legitimation und Absicherung der privilegierten wie der benachteiligten Positionen im Berufsklassensystem. Schließlich ist der Zusammenhang zwischen der allgemeinbildenden Schulbildung und den beruflichen Anforderungen inhaltlich kaum herzustellen.

Die allgemeinbildenden Schulen sind fast völlig freigehalten von berufsbildenden Elementen und vermitteln trotz aller Wandlungen in Technik und Gesellschaft einen über Jahrzehnte erstaunlich gleichgebliebenen Kanon von Fächern und Inhalten. In der außerschulischen Berufspraxis verwertbare, sachbezogene Kenntnisse werden in diesen Schulen kaum vermittelt, können auch nicht unterrichtet werden, denn die Vielzahl der möglichen Berufe mit den zu ihnen gehörenden Spezialkenntnissen würden jeden Lehrplan sprengen. Die Schule kann ihre Legitimation also nicht direkt aus der Vorbereitung auf das in unserer Gesellschaft so zentrale Berufsleben ableiten, weil sie - wie wir bereits gesehen haben - vor allem in der Herstellung und Bestätigung von Statusgruppen wirksam wird.

Wenn Herrschaft heißt "die Chance, für einen Befehl bestimmten Inhalts bei angebbaren Personen Gehorsam zu finden" (Max WEBER, 1921; cit. n.d. Ausgabe 1976, S. 28), oder, wie in diesem Falle, die Entwurfsprinzipien des Schulwesens anzuerkennen, sich ihnen anzupassen und unterzuordnen, dann ist die Schule in ihrer Funktion auch Ausdruck von Herrschaft. Diese Unterordnung kann mit verschiedenen Mitteln erreicht werden. Sie könnte erzwungen werden durch das Machtmittel unmittelbarer Gewalt, aber das birgt Gefahren für die (privilegierende) Ordnung in sich; sie führt oft zu offenen Konflikten, zu Unruhen und letztlich zur Gegengewalt. Meist reicht schon die Androhung von Gewalt, die des Entzugs von Rechten, von Freiheit; sie selbst bleibt deshalb als sicherndes Netz besser im diffusen Hintergrund.

Ökonomischer als offene Konflikte zu wagen ist es, die Konfliktlinien zwischen Herrschern und Beherrschten unklar und verschwommen zu lassen, die Beziehungen zwischen ihnen komplex und schwer durchschaubar zu gestalten. Das ist aber nicht bloße Wirkung der durchtriebenen Strategien von Herrschenden, sondern notwendige Folge der permanenten Kämpfe zwischen Privilegienwahrern und denen, die sie in Frage stellen. In der Regel führen sie weder zu absoluten Siegern und Besiegten oder zu einfachen Veränderungen, sondern zu komplizierten Kompromissen, in denen die einen möglichst viel von ihrer hergebrachten Position behalten wollen, welche die anderen abzuschaffen beabsichtigen.

Dabei läßt sich allerdings manche, zunächst revolutionär erscheinende Forderung geschickt in ihr Gegenteil verkehren. So hat die Einführung von Prinzipien- statt Personenherrschaft zwar den unabweisbaren Vorteil größerer Gerechtigkeit, indem sie Willkür abschafft und für alle Gemeinschaftsmitglieder gleiche Rechtsbedingungen kreiert, gleichzeitig wird sie dadurch jedoch anonymisiert und schlechter angreifbar. Das Pendant zu dieser Herrschaftsform auf der individuellen Ebene ist die freiwillige Unterordnung unter das für alle geltende Prinzip: die Benachteiligten sollen glauben, ihr Verzicht sei freiwillig, auf eigene Entscheidung gegründet. Die Barrieren des gesellschaftlichen Aufstiegs sollen nicht erkennbar die Möglichkeiten eines Lebenslaufes brutal begrenzen und damit zu Angriffspunkten machen, sie sollen vielmehr in den Köpfen der Menchen selbst im Gewand der Einsicht, der Überzeugung entstehen: unsichtbar, dafür aber umso wirksamer. Das verlangt aber auch Opfer, demonstrativ sichtbare Opfer von den privilegierten Gesellschaftsmitgliedern. Damit die Bevorzugung nicht ohne weiteres erkennbar wird, muß sie über ein universelles Prinzip legitimiert werden, das alle formal gleich behandelt. Wer nach diesen Prinzipien versagt, wer sich als nicht 'begabt' genug, zu wenig fleißig, zu unbeholfen erweist, der wird aus dem Rennen geworfen, egal welcher sozialen Herkunft er ist. Der soziale Determinismus wird abgelöst durch Bewährungsprinzipien; die Chance tritt an die Stelle der Bestimmung.

Verinnerlicht wird also ein Prinzip, das für alle gilt, dessen Konsequenzen jeder in gleicher Weise bei Vorliegen der entsprechenden Kriterien zu spüren bekommt. Das klingt so gar nicht nach Herrschaft, sondern nach jenen egalitären Prinzipien, für welche die bürgerliche Emanzipation und vor allem die Arbeiterbewegung mehr als ein Jahrhundert hindurch gekämpft und gearbeitet haben. Auch das macht den Verzicht leichter und erträglicher. Denn er dokumentiert letzten Endes das Fehlen der so lange bekämpften Willkür, von Klassenschranken, ist also auch Fortschritt, für den es sich lohnt, Opfer zu bringen.

10.4 Die Inflation der Bildungswährung und die Eigeninteressen der Lehrer

Diese Mechanismen der Privilegiensicherung sind ständig gefährdet. Weniger jedoch durch die Opposition der faktisch nahezu abgeschlossenen Gruppen als durch die andauernden, tiefgreifenden Veränderungen des gesellschaftlichen Umfeldes. Die Maßnahmen zum Statuserhalt müssen den gewandelten Bedingungen immer wieder angepaßt, umformuliert, uminterpretiert, aber auch geändert werden, wenn die einmal erreichten Bevorzugungen nicht von vorneherein aufgegeben werden sollen. Das führt letzten Endes zu jenem "konservativ-revolutionären Doppelwesen" im Fortgang der Sozialgeschichte, von dem bereits zu Ende des dritten Kapitels die Rede war.

Bestandteil dieses Wandels ist zunächst die zunehmende Bedeutung der Bildungszertifikate für die Statuszuordnung. "Ursache hierfür waren die Verwissenschaftlichung, Professionalisierung und Bürokratisierung der Berufswelt und die damit zusammenhängende Ausdehnung des Berechtigungswesens" (Rainer GEISSLER 1978, S. 481). Die Kombination allerdings von sozialem Strukturwandel und hohem Geburten-

überschuß führte über die daraus resultierende Bildungsexpansion zu einer tendenziellen Minderung des Marktwertes der Zertifikate. Bedingt auch durch die unabwendbare strukturelle Krise des auf Wachstum an sich ausgelegten Wirtschaftssystems entsteht ein Überangebot an qualifizierten Abschlüssen, was "die Bedeutung des Bildungsniveaus als Zuordnungskriterium abschwächen wird. Was viele besitzen, kann nicht das ausschlaggebende Kriterium für die Verteilung von Privilegien an wenige sein" (a.a.O., S. 482; Hervorh. i. Orig.).
Wenn die formalen Bildungsabschlüsse ihre statuszuweisende Funktion behalten sollen, dann muß immer wieder versucht werden, die Zahl der privilegierenden Abschlüsse nicht zu groß werden zu lassen. Die vielfältigen Versuche, das Image der Lehrberufe zu verbessern, aber auch die "Überfüllung" der Hochschulen und Universitäten zu beklagen, gleichzeitig die Ausbildungsförderung für Schüler zusammenzustreichen, sind in diesem Zusammenhang zu sehen.

Evident ist aber bereits jetzt, daß der Versuch, stärkere Selektion in den noch durch das Bildungs- und Ausbildungssystem gehenden geburtenstarken Jahrgängen durchzusetzen, mit den Eigen- und Selbsterhaltungsinteressen der Bildungsinstitutionen kollidiert.
Und das, obwohl gerade auch die Lehrer ein Interesse an der Selektionsfunktion der Schule haben, sichert sie ihnen doch eine herausgehobene gesellschaftliche Stellung.

Die extreme Verringerung der Geburtenzahlen seit den siebziger Jahren führt jedoch an vielen Orten bereits zu erheblichen Problemen, Kindergärten oder Schulklassen zu füllen. Gymnasien werben bereits um Schüler und treten dabei in Konkurrenz zueinander. Schüler, die noch vor wenigen Jahren glatt abgewiesen worden wären, werden jetzt an manchen Orten nahezu zum Eintritt eingeladen. Die Chance, zum vorzeitigen Abgang gezwungen zu werden, dürfte in Zukunft recht gering sein. Welche weiterführende Schule kann es sich noch leisten, freiwillig auf Schüler zu verzichten?

Auch das zeigt die nahezu beliebige Dehnbarkeit des 'Begabungs'-begriffs und macht deutlich, daß es fast ausschließlich Opportunitätserwägungen sind, welche die Selektionspolitik der allgemeinbildenden Schulen bestimmen. Sie können in der Analyse somit auch nicht reduziert werden auf ihre Funktion zur Sicherung der Bestandsinteressen der 'kultivierten Klasse', ohne die grundlegenden Interessen der Lehrer zu berücksichtigen .

Wie die Professionalisierung jeder Tätigkeit, führt auch die des Lehrerberufes zu einem Bedarf an kontinuierlichen Aufgaben. Das klingt paradox, würde man doch zunächst davon ausgehen, daß umgekehrt die Dauerhaftigkeit der Aufgaben zur Etablierung einer Berufsgruppe führt. Das zwar auch; aber wenn diese Aufgaben zur ausschließlichen Erwerbs- und Unterhaltsquelle für eine große Gruppe werden, dann führt dies zwangsläufig dazu, daß sie ein Interesse daran haben muß, daß der Problembereich, den sie bearbeitet, erhalten bleibt. Ein deutliches Beispiel dafür ist die Professionalisierung von Heilberufen, besonders die des Arztes. Wenngleich er ausgebildet ist zur Bekämpfung und m.E. zur Verhinderung menschlichen Leidens, darf man nicht übersehen, daß dieses Leiden seine einzige Erwerbsquelle ist. Ärzte müssen also ein Interesse an der Existenz dessen haben, was sie bekämpfen. Daraus ist ihnen kein Vorwurf zu machen, genausowenig wie den Lehrern, die praktisch gezwungen sind, ihr Selektionsverhalten den sinkenden Schülerzahlen anzupassen, wenn sie nicht ihre konkrete Selbstaufgabe zugunsten eines abstrakten Prinzips betreiben wollen.

Zwar würde die Professionalisierung des Lehrerberufs dadurch nicht aufgehoben, aber die kaum abwendbare Verringerung der Lehrerzahlen könnte ihre 'bargaining power', ihre Durchsetzungsfähigkeit, erheblich vermindern und damit ihre gesellschaftliche Stellung gefährden.

Der Schüler tritt den Lehrern also nicht allein als pädagogisches Objekt, sondern (vor allem unter diesen Bedingungen) auch als (indirekte) Erwerbsquelle gegenüber. Die Wirklichkeit der Schule, wie wir sie in ihrer Widersprüchlichkeit bereits im vierten Kapitel kennengelernt haben, erhält damit eine weitere Facette.

10.5 Die Zahlung der Note: Konkurrenz und Meritokratie

Fassen wir das bislang Gesagte zusammen, erscheinen die allgemeinbildenden Schulen als komplizierte Vehikel, die jeweils die z.T. entgegengesetzten Interessen verschiedener Gruppen transportieren sollen. Akademiker wollen die Privilegien ihrer eigenen Stellung auch für ihre Kinder über die Exklusivität des Gymnasiums gesichert wissen; aufstiegsorientierten Eltern ist die allgemeinbildende Schule die praktisch alles entscheidende Treppe auf dem Weg nach oben; für Arbeiter und andere bleibt sie in ihrer gymnasialen Form eine ferne Welt von Verheißungen, in denen sich ihre Handlungskompetenz verliert, die sie aber bei aller (erzwungenen) Resignation nicht aus den Augen verlieren; den Lehrern liefert sie ihren Status, ihr Einkommen. Und alle sind sich darin einig, daß es sie geben muß, weil in der durchrationalisierten Welt der industriellen Fertigung kein Platz für die unvernünftigen Kinder ist.

Ist die Schule also nur - in sich bereits widersprüchlich genug - Asyl der Unvernunft, offizielle staatliche Agentur zur Bestätigung von Talenten, Lebensgrundlage für die in ihr mit dieser hoheitlichen Aufgabe betrauten Beamten? Nun, sie vermittelt auch Inhalte. Weniger bezogen auf den im Fächerkanon zusamengefaßten, oft zweifelhaften Lernstoff, als auf grundlegende strukturelle Erfahrungen. Zwar versuchen die Schulen über die Kulturtechniken des Lesens, Schreibens und Rechnens hinaus übergreifend Wissen aus verschiedenen Wissenschaftsbereichen als 'Allgemeinbildung' zu vermitteln, sie erscheinen vor dem Hintergrund zweier grundlegender Funktionen jedoch allenfalls als sekundär.

Der erste Aspekt betrifft das methodische Aneignen und das Reproduzieren von Lerninhalten, das "Lernen lernen". Es wird zwar oft argumentiert, daß dies den Schulen nur in den allerseltensten Fällen gelänge, aber das gilt allenfalls für wissenschaftliche Standards, um die es hier gar nicht geht. Für die an den Schulbesuch anschließende Berufsausbildung, für die Herausbildung eines habitus flexibler Anpassungsfähigkeit, notwendige und oft als zu selbstverständlich hingenommene Voraussetzung für das Lösen der beruflichen Aufgaben, ist dieser Aspekt schulischer Erfahrungsvermittlung von herausragender Bedeutung.

Noch wichtiger ist allerdings das Erlernen des gesellschaftlichen Konkurrenzprinzips. Auch wenn die Schule einerseits die Kinder und Jugendlichen von direkten gesellschaftlichen Erfahrungen abschneidet, vermittelt sie andererseits jedoch gesellschaftliche Werte und Handlungsdispositionen. Die Unterordnung unter das tagtäglich eingeübte Konkurrenzprinzip, das Akzeptieren der abstrakten Benotung mit ihren konkreten Konsequenzen für die Entfaltung oder Verhinderung von Lebenschancen: das ist die eigentliche inhaltliche Aufgabe von Schule. Sie war es nicht immer.

Das Konkurrenzprinzip und ihr Markenzeichen, die Notengebung, halten erst Einzug in die Schulen und verdrängen das vorher gültige Prinzip der 'Bewährung' für sozial privilegierte Schüler, nachdem mit der industriellen Revolution die Marktkonkurrenz zum Credo der wirtschaftlichen Ordnung wird und die weiterführenden Schulen nominell allen offen stehen. Die Entfremdung des Arbeiters von seinem Produkt in der arbeitsteiligen Industrieproduktion findet ihre Entsprechung in den Schulen:

"Das reale Eigentum setzt den Tauschwert an die Stelle des Gebrauchswerts, verwandelt das **Gut** in Ware: durch Zahlung wird die Spur der menschlichen Arbeit und des früheren Besitzers ausgelöscht; zurück bleibt ein **Ding**. Die Beziehung zwischen dem Schüler und seinem Produkt ist die gleiche: das innere Band, das diesen jungen Arbeiter mit seinem Werk vereinigt, wird durch die Zahlung einer **Note** durchgeschnitten. Tatsächlich entspricht die unter eine Arbeit gesetzte Ziffer ganz und gar dem Preis einer Ware" (Jean-Paul SARTRE 1971; cit. n.d. dt. Ausg. 1978, S. 492; Hervorh. i. Orig.)

Der Währungscharakter der Noten wird besonders da deutlich, wo ihr Durchschnittswert nicht nur über den Aufstieg innerhalb des allgemeinbildenden Schulwesens entscheidet, sondern auch den Zugang zu attraktiven Berufen regelt. Der numerus clausus an den Universitäten zeigt exemplarisch, wie die Verwendung von Noten aus Schulfächern, die mit dem angezielten Studium inhaltlich nichts gemein haben, über den Ausschluß von Berufsfeldern entscheidet. Die Grundlagen für diese Entscheidungen bleiben immer die gleichen abstrakten Notendurchschnitte, egal ob man so verschiedene Fächer wie Medizin, Pharmazie, Psychologie oder Architektur studieren möchte. Die oft genug vergebliche Suche nach einer Lehrstelle vermittelt Haupt- und Mittelschulabsolventen ähnliche Erfahrungen: gute Noten führen zu besseren Chancen auf dem Arbeitsmarkt beim Eintritt in das Berufsleben.

Das hat auch ganz praktische Gründe. Der Markt braucht bestimmte Klassifizierungen der auf ihm angebotenen Waren, um überhaupt einen sinnvollen Handel zu ermöglichen. Sonst müßte jeder Nachfrager von Nachwuchsarbeitskräften sich zum Beispiel zunächst seine eigenen Kriterien für die Eignungsbeurteilung zusammenstellen und auf jeden Bewerber anwenden. Ein, wie jeder Eignungsdiagnostiker weiß, sehr aufwendiges und damit für die meisten Firmen unökonomisches Verfahren, das zudem noch den Nachteil geringer Markttransparenz hat. D.h., nicht nur die Nachfrager hätten Schwierigkeiten, den Markt richtig einzuschätzen, auch die Anbieter blieben im Unklaren über ihre Chancen. Die daraus resultierenden mangelnden Möglichkeiten der Chanceneinschätzung, der Selbstvergewisserung, würden zu unrealistischen Selbstkonzepten, zu Apathie, Rückzug oder auch sozialer Instabilität führen. Sie muß wegen daraus folgender geringer Planungssicherheit, der damit verbundenen hohen materiellen wie psychischen Kosten vermieden werden. Es ist also wichtiger, sich auf irgendetwas zu einigen, das zumindest den Anschein gerechter Verteilung erweckt, als sich in einem regellosen Raum zu bewegen.

Die prognostische Kraft der Schulnoten ist zwar zweifelhaft, zu einem Teil haben sie jedoch die Wirkung einer "selffulfilling prophecy" (Robert K. MERTON 1957), d.h. die nur aus dem Glauben an ihre Validität erwachsende positive Erwartungshaltung führt oft schon zu einer positiven beruflichen Entwicklung, die wiederum den Glauben an die Gültigkeit der Schulnoten als Selektionskriterium bestärkt. Umgekehrt führt der Ausschluß aufgrund schlechter Noten dazu, daß jegliche Chance verwehrt bleibt, eine entsprechende Eignung für ein Studium oder einen Beruf unter Beweis zu stellen. Das kennzeichnet das Dilemma von Praktikabilität und Zuteilungsgerechtigkeit. Jedem eine Chance zu geben, der sich für einen bestimmten Beruf entschieden hat, wäre gerecht, weil eine allfällige Selektion nach konkreten und aussagefähigen beruflichen Kriterien erfolgen könnte, aber kaum praktikabel, weil sie eine lange Zeit in Anspruch nehmen würde, die sowohl zu hohe Kosten verursachte als auch unzumutbar für den Teil der Aspiranten wäre, die danach abgewiesen werden müßten.

Das Grundproblem der Passung von Aspiration, Fähigkeit und Bedarf bliebe zudem auch durch dieses langwierige Verfahren ungelöst. Denn die Verteilung der Zugangschancen erfolgt nicht allein aufgrund von subjektiven, auf die Fähigkeiten bezogenen Eignungskriterien, sondern richtet sich an erster Stelle nach dem vorhandenen

Bedarf. Und der ist variabel und kann sich von Jahr zu Jahr ändern. Wo der eine Abschlußjahrgang noch gute Aussichten der Realisierung von Berufswünschen hat, trifft der folgende auf fast verschlossene Türen, obwohl in ihm genauso viele Jugendliche zu finden wären, denen eine erfolgreiche Ausbildung zuzutrauen wäre, wie in dem vorangegangenen Jahrgang. Faktisch wandeln sich also die Zugangskriterien, denn wo der eine noch mit mittelmäßigen Schulnoten den Einstieg schafft, wird der nächste mit besseren Noten bereits abgewiesen.

Perfektioniert zu einem System wird diese Situation in den "concours" des französischen Schulwesens, in denen die Schüler zu einem Wettkampf um eine feststehende Zahl von (knappen) Studienplätzen in den elitären "Grandes Ecoles" aufgerufen werden (vgl. Bruno NIESER 1980, S. 113). Dabei spielt die Performanz der Schüler an sich nicht direkt eine Rolle, sondern nur vermittelt über ihre relative Position, nach der die begehrten Plätze vergeben werden. Mit konstant gleicher Performanz kann man in einem Jahr einen Platz gewinnen, im anderen wegen steigender Teilnehmerzahlen oder 'besserer' Mitbewerber chancenlos sein. Neben dem numerus clausus in einigen Hochschulfächern hat sich mittlerweile bei der Einstellung des Lehrernachwuchses in der Bundesrepublik eine ähnliche Praxis eingebürgert.

Der Erwerb der formalen Berechtigung mit einem Abschluß wie Abitur oder Staatsexamen reicht also nicht mehr aus zum Einstieg in die eigentlich vorgesehenen Karrieren, sondern sie gelten praktisch nur noch in Verbindung mit einem je nach Nachfrage variierten Notendurchschnitt. Damit beschränkt sich der Wettbewerb nicht mehr allein auf die Zugangswege zu diesen Berechtigungen, sondern auch die Inhaber gleicher Berechtigungen treten über die Noten in Konkurrenz zueinander. Dies darf jedoch nicht verwechselt werden mit dem Durchsetzen des 'Leistungsprinzips', auch wenn das dem Selbstverständnis vieler Gruppen in unserer Gesellschaft entspräche.
Nicht nur aus den vorausgegangenen Überlegungen zum Leistungsbegriff nähren sich Zweifel an dieser Interpretation, sondern vor allem aus dem Umstand, daß die Performanz in der Institution Schule zum Auswahlkriterium beim Zugang in begehrte Studienfächer oder Berufsausbildungsgänge wird. Da ja die allgemeinbildenden Schulen in der Regel inhaltlich sehr wenig mit Studium oder Berufsausbildung gemein haben, haben wir es hier eher mit einem meritokratischen Verteilungsprinzip zu tun.

Der Verdienst guter Benotungen in der Schule gilt als Währung zum Erwerb von Eintrittsbillets für attraktive Karrieren über die berufliche Ausbildung. Die Vermittlung dieser grundlegenden Erfahrung nimmt vorweg, was später im Arbeitsleben im Prinzip nicht anders geregelt ist. Primär nicht die Beurteilung individueller, subjektbezogener Leistungen entscheidet über den beruflichen Auf-

und Abstieg, sondern vor allem die aufgabenbezogene Performanz, das Erfüllen von normierten Erwartungen und genau festgelegten Zielvorgaben.

Im übrigen wird dies nicht laufend überprüft, nicht nur, weil es bei vielen Tätigkeiten nicht so einfach zu ermitteln ist wie über Stückzahlen und Qualitätsprüfungen in der Fließbandproduktion, sondern weil es zu unausgesetztem Wettbewerb und ständiger, 'leistungsgemäßer' Umorganisation und Umbesetzung in den Hierarchien führen müßte. Die Instabilität dieser Situation würde die notwendige Kontinuität der Produktionsprozesse beeinträchtigen und damit den eigentlichen Zweck der Betriebe gefährden. Abgesehen von der faktischen Unmöglichkeit, die Produktivität einzelner Arbeitskräfte mit unterschiedlichen Aufgaben auf unterschiedlichen Hierarchieebenen miteinander zu vergleichen, würde dies zu erbitterten Dauerkonflikten zwischen den Inhabern begehrter Positionen und ihren Herausforderern führen, die ein übriges zur Effizienzminderung der Arbeitsorganisation beitrügen.

Diesen Wettbewerb zu verhindern, liegt deshalb im Interesse nahezu aller Beteiligten. Im übrigen gibt es genügend Strategien und Taktiken, einmal erreichte Positionen auch im Betrieb zu verteidigen und auszubauen (vgl. die beiden ersten Kaptel). Performanz zählt deshalb nur da, wo es um punktuelle Karriereentscheidungen geht. Sie muß sich nicht allein auf direkt produktions- oder aufgabenbezogene Qualifikationen und Arbeitsergebnisse beschränken, sondern kann neben persönlichen Beziehungen auch beeinflußt sein von leistungsfremden Überlegungen wie z.B. der Absicht, innerbetriebliche Konkurrenten auszuschalten, unbequeme Kritiker durch Aufstieg in Entscheidungsgremien mundtot zu machen usw.. Die Stabilisierung der einmal erreichten Position jedenfalls ist gleichbedeutend mit einem meritokratischen Prinzip, mit dem eine wie auch immer definierte 'Leistung' zur Begründung einer jahre- oder jahrzehntelangen Blockierung einer Position wird. Besser qualifizierte, tüchtigere Konkurrenten können ausgeschaltet oder sogar zur Sicherung der eigenen Position eingesetzt werden.

Die beruflichen Karrieren sind also weit mehr hierarchie- als leistungsgesteuert. Das allgemeinbildende Schulwesen bereitet auf diese Wirklichkeit vor, indem es die Schülerschaft hierarchisch schichtet, die fragwürdigen Noten zu gerechten Leistungsbeurteilungen erklärt und die Kinder von Anfang an das in ihm installierte meritokratische Berechtigungswesen gewöhnt.

11. BERUFLICHE BILDUNG

11.1 Gewerbefreiheit und die Abschaffung der Berufe

Am Anfang der neuen, industriellen Gesellschaft steht die Abschaffung der beruflichen Bildung. Durch die industrielle Revolution verlieren die traditionellen handwerklichen Fähigkeiten und Fertigkeiten Sinn und Wert. Die zur Herstellung eines Produktes erforderliche Gesamtqualifikation wird zerlegt in einzelne Handgriffe, die jedermann in kürzester Zeit erlernen kann. Mit dieser arbeitsteiligen Produktion erledigt sich auch das Problem der beruflichen (Aus-)Bildung. Jedenfalls ist das die vielverbreitete Auffassung zu Beginn des 19. Jahrhunderts.

Um den wirtschaftlichen Fortschritt durch die auf Stagnation und traditionelle Lebensweise festgelegten Zünfte nicht zu gefährden, wird in Preussen 1810/11 die Gewerbefreiheit eingeführt. (Andere deutsche Länder folgen dem preußischen Beispiel z.T. viel später damit, so z.B. Bayern erst 1868.) Jeder kann nunmehr ein Gewerbe eröffnen, wenn er die Lust dazu verspürt: Die Mauern der zünftigen Zugangsregeln sind geschleift, die in den alten Zunftordnungen festgelegte Selbstbeschränkung, der Verzicht auf technischen Fortschritt, um keine Konkurrenz untereinander aufkommen zu lassen, macht unbeschränktem Zugang und Wettbewerb Platz. Die von den alten Handwerksorganisationen gepflegten Traditionen der Berufsausbildung sind nicht länger die Vorraussetzung für die Gründung eines Betriebes. Damit geht jedoch keineswegs eine heile Welt zugrunde. Die zünftige Handwerkeridylle - so es sie je gegeben hat - ist schon lange vorher brüchig geworden. Bereits im 17. Jahrhundert besteht - obrigkeitlich sanktioniert - neben der zünftigen eine unzünftige Produktion, wie z. B. Friedrich LÜBBERS (1925) anhand einer Urkunde von 1602 aus Harburg berichtete:

"Den Schneidern auf den Dörfern wird angezeigt, daß sie hinfüro keine Arbeit zu machen an sich nehmen als weiß und grau, auch keine Lehrjungen noch Knechte ins Werk setzen, daß sie vielmehr, sofern ihnen englisch oder gefärbt Wandt zugebracht wird, die Leute damit an die Erbschneider verweisen" (S. 213).

Das Monopol der Zünfte galt also nicht immer, überall und für alle Erzeugnisse eines Handwerks. Wer außerhalb produzierte, war zwar eingeschränkt in seiner Angebotspalette, brauchte dafür aber weder Lehrbrief noch Wanderbuch vorzulegen und sparte sich die oft langwierige Aufnahmeprozedur. Für viele gab es allerdings auch gar keine Möglichkeit des Eintritts in eine Zunft, weil entweder kein Bedarf gesehen wurde oder die strengen Regeln der "ehrlichen und ehelichen Abkunft" ihren Zugang untersagten . Bevölkerungswachstum sowie die merkantilistische Expansion des Staates, die in der Gründung von Manufakturen ihren Ausdruck fand und die starre Haltung der Zünfte, die unfähig waren, auf die anbrechende neue Zeit zu reagieren, drängen die traditionelle Produktionsweise mehr und mehr in eine Randposition. Selbst in den zunächst wegen der strengen Zunftordnungen fabriklosen Städten gerät sie ins Hintertreffen, weil der steigende Bedarf nicht mehr gedeckt werden kann. 1789 kommen in Hamburg bereits 2 000 Bönhasen (= meist verheiratete Gesellen, die heimlich zünftige Arbeiten auf dem "Böhn", dem Boden oder Stockwerk, verrichten) auf nur 120 Schustermeister mit zusammen 200 Gesellen (Antje KRAUS 1965, S. 21). Bei den anderen Gewerben sind die Relationen ähnlich.

Die Gewerbefreiheit setzt damit eher einen vorläufigen Schlußpunkt unter eine lange Entwicklung, als daß sie schlagartig eine neue Realität schafft. Allerdings sind mit ihr auch offiziell die traditionellen Ausbildungsgänge abgeschafft, die bereits in den Manufakturen, im Verlags- und Fabriksystem praktisch keine Rolle mehr gespielt haben (vgl. Walter GEORG, Andreas KUNZE 1981, S. 17). War vordem schon formalisierte berufliche Bildung nur für den geringsten Teil der Bevölkerung von Bedeutung, verschwindet sie zunächst einmal ganz. Es gibt zwar immer wieder Versuche, gewerbeorientierte, berufliche Schulen zu errichten, über viele Jahrzehnte hinweg sind diese Anläufe jedoch zum Scheitern verurteilt. Vor allem weil die Fabrikanten und Gewerbetreibenden in ihren neuen Industrien keinerlei Bedarf dafür haben. Im Gegenteil. Liegt nicht der Vorteil der industriellen Arbeitsteilung gerade darin, daß praktisch jedermann für die zu erledigenden Aufgaben eingestellt werden kann, daß jeder durch jeden zu ersetzen ist, weil besondere Kenntnisse nicht verlangt werden? Was sollen also gewerbliche Schulen in einer Phase der Entberuflichung, in Zeiten, in denen sich die ausgebildeten Handwerksgesellen zunehmend in Fabriken wiederfinden, in denen sie neben gänzlich unausgebildeten Landschulabsolventen die gleichen Handgriffe wiederholen, dieselben kümmerlichen Löhne erhalten?

11.2 "Industriosität", "Gewerbefleiß" und die Entbehrlichkeit der beruflichen Bildung

Dennoch reißt die Serie der Versuche zur Etablierung solcher Schulen nicht ab. Weniger jedoch mit der Absicht, konkrete arbeitstechnische Kenntnisse und Fertigkeiten zu vermitteln, als vielmehr abstrakt zur Durchsetzung und Absicherung des für die Aufrechterhaltung der neuen Produktion notwendigen "Gewerbefleißes", der auch einer sozialen Stützung der haltlosen Jugend bedarf. Schließlich hat sich der Herstellungsprozess radikal verändert: Die Arbeit an einem Produkt ist nicht mehr - wie im alten Handwerk - durch seine allmähliche Fertigstellung in einer überschaubaren Umwelt zu motivieren, durch den damit gesetzten, quasi natürlichen Endpunkt auf den hin man sich zubewegt. Die Zerlegung der Gesamtarbeit in einzelne für sich genommen sinnlose Handgriffe, die unablässig wieder und wieder wiederholt werden müssen, benötigt abstraktere Tugenden. Andauernde Arbeit, "Industriosität" und "Gewerbefleiß" müssen daher in den zu Arbeitern zu erziehenden unterbürgerlichen Schichten gefördert werden. Das geschieht zunächst (wie im dritten Kapitel zu sehen war) in den Elementar- und Volksschulen, aber auch in den Betrieben selbst. Weder sollen die Fabrikanten zugunsten weiterer schulischer Erziehung und Bildung auf Arbeitszeit, noch die jungen Arbeiter auf ihre ohnehin knapp bemessene Freizeit verzichten. Das erklärt ihre für lange Zeit eher marginale Bedeutung.

So bleibt der Besuch der wenigen für die gewerbliche Jugend eingerichteten "Fortbildungsschulen" freiwillig, die entweder an Sonntagen oder an Werktagsabenden die jungen Arbeiter und Lehrlinge religiös unterweisen, den Volksschulstoff wiederholen oder einfach die jungen Leute vor den "Gefahren der Straße" bewahren wollen. Mit dem zweiten großen Industrialisierungsschub ab 1850 verlieren sie zunächst noch den Rest ihrer ohnedies geringen Bedeutung, wie Tab. 7 anhand der Entwicklung in vier preussischen Bezirken zeigt.

Tab. 7: Die Entwicklung des Fortbildungsschulwesens in vier Bezirken in Preussen von 1844 bis 1853

	1844 Anzahl der		1853 Anzahl der	
Bezirk	Schulen	Schüler	Schulen	Schüler
Bromberg	155	3 141	1	150
Frankfurt/Oder	219	3 627	5	415
Magdeburg	312	4 742	10	695
Merseburg	216	?	14	?

(Entnommen aus Simon TYSSEN 1954, S.61)

Rechnet man diese Zahlen hoch auf ganz Preussen, dann bedeutet das für das Jahr 1853 einen Schulbesuch von gerade 2 Prozent aller Jugendlichen (Simon THYSSEN 1954, S. 61)!

Nachdem das preussische Kultusministerium 1860 die Kompetenz für die Fortbildungsschulen vom Handelsministerium übernimmt, werden selbst diese bescheidenen Ansätze noch weiter demontiert zu eigentlichen Bildungsverhinderungsanstalten. So heißt es im ersten gemeinsamen Erlaß der beiden Ministerien aus dem gleichen Jahr: "Als erster Grundsatz wird festzuhalten sein, daß nicht ein Bedürfnis der Fortbildung fingiert, oder der Wunsch nach derselben künstlich erzeugt werde" (cit.n. Wolfdietrich JOST 1982, S. 119).

Ganz anders verläuft die Entwicklung in Württemberg. Hier wird die "Sonntagsgewerbeschule" zwar schon 1739, also lange vor Einführung der Gewerbefreiheit, prinzipiell zur Pflicht gemacht, faktisch aber erst ab etwa 1825 auch gefördert. Im Gegensatz zu Preussen expandiert das Gewerbeschulwesen hier auch über 1850 hinaus (Simon THYSSEN 1954, S. 52). Anders als in den preussischen Fortbildungs- und Sonntagsschulen erteilen in ihnen neben Lehrern und Geistlichen auch Gewerbetreibende Unterricht, stehen also auch tätigkeitsbezogene und qualifizierende Inhalte auf ihrem Programm.

Ähnliches versucht in Preussen das Ministerium für Handel, Gewerbe und öffentliche Arbeiten mit den ab 1821 geründeten "Technischen Schulen". Sie sollten die Durchsetzung und Modernisierung der preußischen Industrie durch ihre auf die Gewerbepraxis bezogene Arbeit systematisch fördern. Die Eingangsvorraussetzungen für diese Schule sind zunächst gering: Lesen, Schreiben und die Beherschung des Einmaleins. Ursprünglich für einen zweijährigen Unterricht geplant, wird er wegen der vorgesehenen Stoffülle bald (1826) auf drei Jahre verlängert (vgl. Wolfdietrich JOST 1982, S. 52 ff). 1827 wird die Berliner Schule umbenannt in "Gewerbeinstitut" um das Modell abzugeben für die in Städten und Provinz- Hauptorten zu etablierenden "Provinzial- Gewerbeschulen". Diese werden zwar auf zentrale Veranlassung gegründet, sind aber keineswegs einheitlich organisiert und haben im wesentlichen nur den Namen gemeinsam. Je nach den regionalen Bedürfnissen verbergen sich dahinter Handwerker-, Kaufleute- oder Industriearbeiterschulen. In vielen Städten werden sie zudem mit den (dem Kultusminister unterstehenden) Realschulen verknüpft und allgemeinbildende Fächer wie Deutsch oder moderne Fremdsprachen eingeführt - Anlaß für einen Dauerkonflikt zwischen diesen Städten und dem Handelsministerium. Zudem ist die gesellschaftliche Bedeutung dieser Schulen nicht allzu hoch zu veranschlagen: bis 1848 gibt es erst zwanzig von ihnen in ganz Preussen und ihre zudem geringen Schülerzahlen (durchschnittlich insgesamt ca. 1 100 in den Jahren 1867-1869; a.a.O., S. 201) unterstreichen dies noch einmal.

Waren in Verwaltung, Wissenschaft und Kirche Ansehen und Stellung nur über formale Bildung zu erreichen, so spielte sie im Gewerbe praktisch keine Rolle. Hier zählte der wirtschaftliche Erfolg und nicht die Fähigkeit, lateinische Sprüche zu zitieren, die Selbstbehauptung gegenüber der Konkurrenz und nicht der mit dem Amt (vielleicht) von Gott mitgelieferte Verstand. Es entsteht also eine unternehmerische Gegenwelt zum philologischen Geistesadel des sich ob seiner hehren humanistischen Ideale selbst zelebrierenden Bildungsbürgertums.

Damit etabliert sich ein neues Besitzklassensystem, dessen Positionen zunächst über Initiative, technische und kaufmännische Geschicklichkeit, sekundär dann über Vererbung, Anpassung und Bewahrung erworben bzw. vergeben werden.

Anders als die feudalistische Besitzklasse verbindet den Unternehmer jedoch nichts mehr mit seinem "freien Untertan", dem Arbeiter. Ihre Beziehung wird reduziert auf den Vertrag, mit dem der Unternehmer die jederzeit austauschbare Arbeitskraft für bestimmte Zeiträume anmietet; alles andere bleibt ausgeklammert. Die Freiheit von sozialen Verpflichtungen und Zwängen auf der einen, von Herkunft und Bildung auf der anderen Seite ist das Kennzeichen dieser neuen Spielart des Bürgertums. Ihr Ansehen und Prestige versucht sie über andere Wege zu erreichen - und wird dabei vom Staat unterstützt, dem an der Entwicklung des Gewerbes und der neuen Industrie gelegen ist.

"... daneben wurden aber auch weitere soziale Umgangs- und Anerkennungsformen im Umkreis der staatlichen Gewerbeförderungspolitik entwickelt, die dem Bedürfnis nach Prestige und Ansehen der Gewerbetreibenden genügen konnten. Ein Ort dieser sozialen Anerkennung war eine Sprosse auf der Stufenleiter der sozialen Karriere. Bildung zählte so gut wie kaum zu den Elementen dieser Karriere" (Wolfdietrich JOST 1982, S.59 ff).

Wenn schon für die Gewerbetreibenden und Unternehmer selbst Bildung und Ausbildung zunächst nichts zählte, wieviel weniger galt sie dann für Arbeiter! Diese Geringschätzung von Bildung bei den Unternehmern und Gewerbetreibenden traf sich mit den Abwehrstrategien des Bildungs- und Verwaltungsbürgertums, das einzig seine zur Ideologie hochstilisierte neuhumanistische Bildung und keinesfalls irgendeine mit dem Odium des Handwerklichen behaftete technische Ausbildung gelten ließ. Berechtigungen konnten deshalb über die technische Bildung nicht erworben werden.

Erst nachdem die in den Verwaltungen alles beherrschenden Juristen in den immer wichtiger werdenden technischen Fragen unübersehbar und im wahrsten Sinne des Wortes mit ihrem Latein am Ende sind, werden mit den Bau- und Bergakademien spezielle Ausbildungsgänge für die Techniker des öffentlichen Dienstes geschaffen, die nur von Abiturienten besucht werden dürfen. Damit bleiben das Bildungsprivileg im öffentlichen Dienst und die strikte soziale Trennung von Bildungsbürgertum auf der einen und "ungebildeten" Technikern, Gewerbetreibenden, Handwerkern und Arbeitern auf der anderen Seite erhalten.

11.3 Die Abwendung von der Nützlichkeit und vom Nutzen der Abwendung

Diese Privilegien sind ohne die Überhöhung der Gruppenegoismen zu übergreifenden Ideologien nicht zu haben. Der Rückblick in die Welt des klassischen Altertums, vor allem auf Hellas, auf griechische Kultur und Philosophie, deren Rezeption vor allem die Bildung zum "Menschentum" hervorhebt, die gegen die in der Folge der Aufklärung so betonte Nützlichkeit (Utilität) gesetzt wird, liefert die Ingredienzien dafür. Dabei ist der Neu-Humanismus mit seiner Betonung der Menschen- und Allgemeinbildung keineswegs bloß darauf angelegt worden, den Ausschluß der in diesem Sinne "Ungebildeten" von den priviligierenden Stellen in der Gesellschaft zu legimitieren. Er wollte vielmehr auch der drohenden Vermarktung des Menschen durch die anwachsende Industrie, die Reduktion auf ein bloßes Funktionieren im Produktionsprozess verhindern.

Allerdings gilt dieses Ziel wohl kaum für alle, denn auch der Neu-Humanismus emanzipiert sich nicht vom zeitgenössischen ständischen Denken. So geht es wohl ebenso um die Vermeidung zu direkter und spezialisierter Nutzbarmachung des Menschen als Produktionsfaktor, die das sich entwickelnde neue Wirtschafts- und Gesellschaftssystem unflexibel und unfähig zur Anpassung an die sich laufend verändernde Markt- und Wirtschaftslage und für technische Entwicklungen machen könnte. Dieser Gefahr zu entgehen bedeutet aber gleichzeitig auch das Eröffnen individueller Optionen und Entwicklungsmöglichkeiten, einen Schritt weiter auf dem langen Weg zur Ermöglichung und Durchsetzung persönlicher Freiheit.

Wilhelm von HUMBOLDT, der wohl bedeutenste Theoretiker dieser Richtung, faßt seine Überlegungen 1809 in seinem "amtlichen Bericht der Sektion Kultus und des Unterrichts für den preussischen König" so zusammen:

"Es gibt schlechterdings gewisse Kenntnisse, die allgemein sein müssen und noch mehr eine gewisse Bildung der Gesinnung und des Charakters, die keinem fehlen darf. Jeder ist offenbar nur dann ein guter Handwerker, Kaufmann, Soldat und Geschäftsmann, wenn er an sich und ohne Hinsicht auf seinen besonderen Beruf ein guter, anständiger, seinem Stande nach aufgeklärter Mensch und Bürger ist. Gibt ihm der Schulunterricht was hierzu erforderlich ist, so erwirbt er die besondere Fähigkeit seines Berufes sehr leicht und behält immer die Freiheit, wie im Leben so oft geschieht, von einem zum anderen überzugehen (cit.n.d. Ausg. 1956, S.121f; Hervorh. v. mir).

Das erklärt vielleicht die auf den ersten Blick so paradoxe Entwicklung des preußischen Schulwesens, das sich gerade zu dem Zeitpunkt von den "Realien" abwendet, zu dem die Grundsteine der Industrialisierung gelegt werden.

Allerdings will HUMBOLDT, wie das Zitat beweist, keineswegs gleiche Bildung für alle, noch sieht er in der Bildung ein Mittel zur Emanzipation der anwachsenden unterbürgerlichen Schichten - die Arbeiter tauchen in seinen Übelegungen noch gar nicht auf - aber er reduziert den Bildungsbegriff auch nicht allein auf das Erlernen alter Sprachen, wenn er im gleichen Jahr in seinen in Gumbinnen verfaßten "Unmaßgebliche(n) Gedanken über den Plan zur Einrichtung des litauischen Stadtschulwesens" schreibt, "auch Griechisch gelernt zu haben könnte... dem Tischler ebensowenig unnütz sein, als Tische zu machen dem Gelehrten" (a.a.O., S.78).

Wie wir sehen werden, neigen allerdings die Tischler eher dazu, Griechisch zu lernen, um ihren Status zu verbessern, als daß Gelehrte auch nur den Gedanken an so niedere handwerkliche Arbeiten wie das Tischlern für sich wagen würden. So wird von anderen Neu-Humanisten schon der Begiff "Nützlichkeit" in Bausch und Bogen verdammt, so von Ernst August EVERS in seiner 1807 erschienenen Schrift mit dem bezeichnenden Titel "Über die Schulbildung zur Bestialiät", in der er jegliche berufs- bzw. tätigkeitsbezogene Ausbildung ablehnt, die für ihn nur "Tiermenschen" von "selbstsüchtiger Verschmitztheit" und "moralischer Nullität" hervorbringt (cit. nach Herwig BLANKERTZ 1963, S. 75, 164). Hier gerinnt Bildung zu einem idealistischen l'art pour l'art, die ihren Zweck jenseits aller Nützlichkeit allein in sich selbst findet. Allerdings nur nach ihrem demonstrativ hervorgekehrten Selbstverständnis. Die inhaltlich so nutzlosen Bildungszertifikate haben mit der Konstruktion des Berechtigungssystems den sozialen Nutzen für ihre Inhaber sehr nachhaltig bewiesen.

Zwei Gründe sind es also im wesentlichen, welche die Anläufe zur beruflichen Bildung zunächst scheitern lassen: das dezidierte Desinteresse der Unternehmer und die Ausrichtung des Schulwesens auf einen so überzogenen Begriff von Allgemeinbildung, daß alles Handwerkliche und Technische ausgeschlossen, ja diffamiert wird. Folglich sind auch alle Einrichtungen der gewerblichen Bildung berechtigungslos. D.h., daß ihren Absolventen sowohl die Vewaltung wie das Privileg des einjährig-freiwilligen Dienstes in der Armee versperrt bleiben.

Vor allem das "Einjährige" entwickelt sich im 19. Jahrhundert zu einem grundlegenden sozialen Unterscheidungsmerkmal. Wer etwas "Besseres" sein will, wer sich abheben will von der stumpfen und ungebildeten Masse, der muß zumindest diese Berechtigung vorweisen können. Mit ihr läßt sich der herausgehobene Status besonders wirkungsvoll nach außen demonstrieren; ihre Inhaber sorgen deshalb auf vielfältige Weise dafür, daß dieses Privileg weit über den eigentlichen Anlaß hinaus - den verkürzten Militärdienst zu eigenen Bewaffnungs- und Bekleidungskosten - in der Gesellschaft als d a s Kriterium der Anerkennung bürgerlicher Existenz gewertet wird.

Illustriert wird die herausragende Bedeutung dieser Berechtigung durch die langen Bemühungen der Volksschullehrer, sie auf den Seminaren zu erlangen. Nach ihrem späten Erfolg von 1896 gründen sie, die meist aus kleinen Verhältnissen stammen, dafür sogar Unterstützungskassen, um möglichst vielen den kostspieligen einjährig-freiwilligen Militärdienst zu ermöglichen, der allein den begehrten Titel des Reserveoffiziers verleiht und zum Arrivee der "niederen" Lehrerschaft in der bürgerlich-militaristischen Gesellschaft des Kaiserreiches verhelfen soll (vgl. Herwig BLANKERTZ 1969, S. 108; Rainer BÖLLING 1983, S. 61 f). Schulen, die nicht mindestens diese Berechtigung verleihen können, sind deshalb ein Nullum in den Augen der Bildungsbürger.

Auch Handwerkern und kleinen Gewerbetreibenden bleibt der herausragende Statuswert des Einjährigen nicht verborgen; da alle Qualifikationen ohne diese Berechtigung kaum gesellschaftliche Anerkennung finden, liegt ihnen für den Aufstieg ihrer Kinder daran, daß auch die Provinzial-Gewerbeschulen zu ihrer Verleihung ermächtigt werden. Dadurch wiederholt sich hier in ähnlicher Weise der Weg, den die ursprünglich an praktischer Bildung orientierte Realschule zur allgemeinbildenen Oberrealschule zurücklegt, einer den Realien in Wirklichkeit abgewandten neuen Spielart des Gymnasiums (s. Kapitel 3). Die eigentlich für die Vorbereitung der Lehrlinge, Gesellen und Arbeiter auf die Anforderungen der Provinzial-Gewerbeschulen gedachten einjährigen Vorklassen (die ohnehin dem Kultusministerium unterstehen) werden immer weiter ausgedehnt: der Lehrplan erhält in Anlehnung an die allgemeinbildenden Schulen Fremdsprachen und der Unterricht zieht sich jetzt über mehrere Jahre hin. 1870 ist die Entwicklung so weit gediehen, daß bereits die Sekunda-Reife zur Aufnahmebedingung der Gewerbeschule festgesetzt wird. Acht Jahre später ist die Umdefinition von der ursprünglichen Förderklasse zur Unterstufe des Gymnasiums vollends durchgesetzt, "die Adressaten, an die sich die Vorklasse von 1850 gerichtet hatte, waren aus dem gewerblichen Ausbildungsgang 'herausorganisiert' worden. ... Der Ausschluß der Schüler, für die die Vorklasse ehemals gedacht war, war garantiert" (Wolfdietrich JOST 1982, S. 185). Damit war auch der Weg frei für die Verleihung der begehrten Berechtigung, das bürgerliche Bildungsprivileg gefestigt - und ein weiterer Versuch der Etablierung gewerblicher Bildung gescheitert.

11.4 Für "Gottesfurcht" und "Vaterlandsliebe": eine Schule gegen die "unheilvollen Lehren" der Sozialdemokratie

Parallel dazu setzt jedoch ab den 1870er Jahren eine Gründungswelle der zwanzig Jahre vorher nahezu bedeutungslos gewordenen Fortbildungsschulen ein. War vordem ihr Besuch zumeist freiwillig, wird sie jetzt zur Pflicht gemacht. Vorreiter ist die Regierung von Sachsen, die mit dem Volksschulgesetz vom 26. April 1873 eine dreijährige Fortbildungsschulpflicht für Jungen anordnet und es den Gemeinden freistellt, einen auf zwei Jahre begrenzten Fortbildungsschulbesuch der Mädchen zu bestimmen. Innerhalb weniger Jahre folgen die meisten deutschen Länder diesem Beispiel, wenn auch z.T. mit Modifikationen. So beschließt die preussische Regierung im darauffolgenden Jahr erstmals die staatliche Unterstützung der Fortbildungsschulen in allen Provinzen, macht sie aber von der Einführung der Fortbildungsschulpflicht dort abhängig (Simon THYSSEN 1954, S. 87 f).

So entwickelt sich die Fortbildungsschule in Preussen erst ganz allmählich von einer Ausnahmeeinrichtung zu einer weitgehend selbstverständlichen Schule für die gewerbliche Jugend (vgl. Abb. 5). Zwar verläuft der Ausbau des Fortbildungsschulwesens kontinuierlich und mit hohen Zuwachsraten, der Anteil von Jugendlichen jedoch, die tatsächlich von der Fortbildungsschulpflicht erfaßt werden (können), bleibt zunächst noch weit von den heutigen Standards entfernt. Wie hoch der Prozentsatz der gewerblichen Jugendlichen in Fortbildungsschulen zu dieser Zeit ist, kann wegen der mangelnden Daten nur geschätzt werden: mit ca. zwei Prozent um 1880 können danach die Neugründungen wegen der wachsenden Bevölkerung Preussens gerade den Stand von 1853, den Simon THYSSEN (1954, S. 61) berechnet hat, halten; in den über dreißig Jahren bis 1911 überholt zwar der Ausbau des Fortbildungsschulwesens die Raten des Bevölkerungswachstums, bietet aber immer noch erst für etwa ein Zehntel der gewerblichen Jugend Preussens einen Schulplatz 3). Allerdings muß man davon ausgehen, daß die Verhältnisse auf dem Land und in den Städten sich erheblich voneinander unterschieden. In dem auch zu Beginn des 20. Jahrhunderts immer noch stark agrarisch geprägten Preussen war die Industrialisierung nur punktuell in den Städten weit fortgeschritten, sodaß man davon ausgehen kann, daß die Fortbildungsschule dort eine erheblich größere Rolle spielte als es diese Zahlen vermuten lassen.

---

3) Die Schätzungen gründen auf den Angaben in Gerd HOHORST, Jürgen KOCKA, Gerhard A. RITTER, 2. Aufl. 1978, S. 23, 158, 159, Gerhard A. RITTER, Merith NIEHUSS 1980, S. 33 und Klaus HARNEY 1980, S. 88

Abb. 5: Die Entwicklung der Fortbildungsschule in Preußen

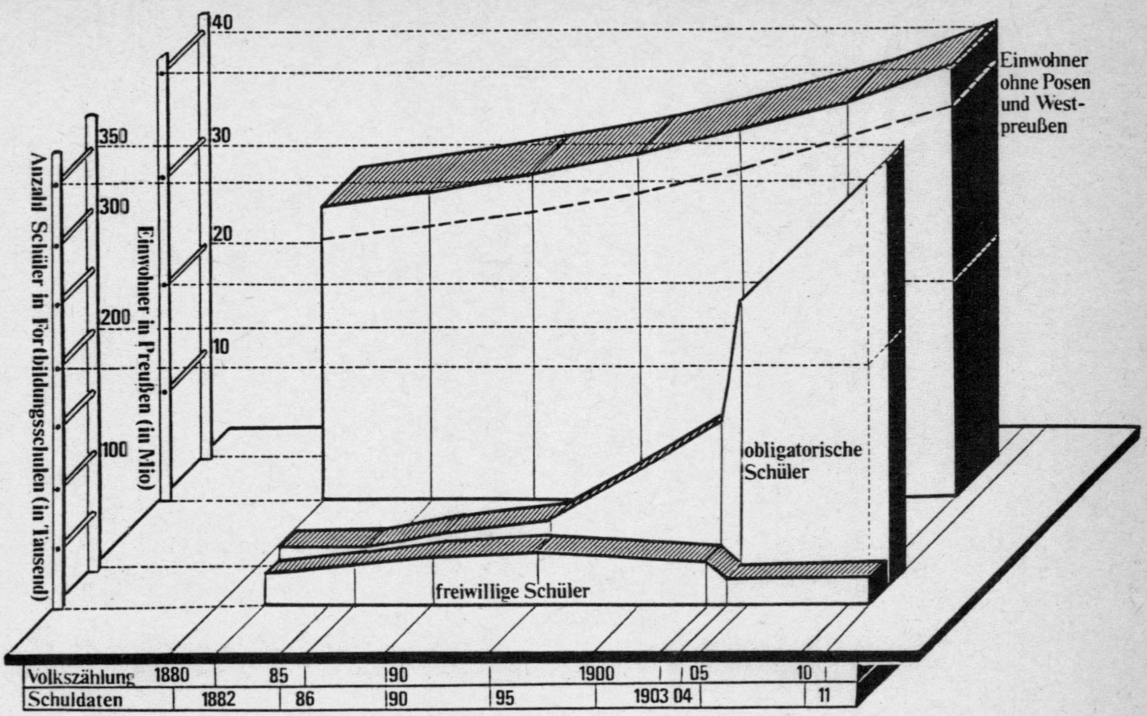

Quelle: Klaus Harney 1980, S. 87 f

Wie ist diese plötzliche Wende zu erklären? Wodurch wird aus dem jahrzehntelangen staatlichen Desinteresse nunmehr ein unbedingtes Engagement für die Schule der gewerblichen Jugend? An erster Stelle erklärt wohl die soziale und politische Entwicklung diesen Wandel: die Selbstorganisation des anwachsenden vierten Standes in Solidar- und Arbeitervereinen, sein Versuch, die Alltagsrisiken gegen die Interessen von Staat und Unternehmern abzusichern und mit dem politischen Kampf um gleiche Rechte und Machtteilhabe zu verbinden, seine Organisation überhaupt, provoziert die Gegenreaktion von Staat und Bürgertum. Der Beeinflussung der vom Staat alleine gelassenen Arbeiter- und Handwerkerjugend durch Arbeiter(bildungs)vereine und revolutionäre Assoziationen muß entgegengewirkt werden. Verbote dieser Organisationen allein reichen kaum aus. An ihre Stelle muß deshalb etwas anderes, positives, gesetzt werden, das die gewerbliche Jugend dem "verderblichen Einfluß" sozialistischer und staatsgefährdender Vereinigungen entzieht. An erster Stelle des Lehrplans der zur Pflicht gemachten Fortbildungsschule steht daher nicht die tätigkeitsbezogene gewerbliche Ausbildung der alten Provinzial-Gewerbeschulen, sondern die allgemeine staatsbürgerliche Bildung.

Die Prinzipien des starken Staates, die Ansprüche der sich entwickelnden großen Industrie an Fleiß und Ausdauer der jugendlichen Arbeiter sollen ihnen als Grundlage ihres bescheidenen (Wohl)Standes klargemacht werden, Disziplin und Gehorsam als grundlegende persönliche Tugenden zur Sicherung von Ruhe und Ordnung in der bürgerlichen Gesellschaft vermittelt werden. Friedrich Adolf Wilhelm DIESTERWEG, 1820 Lehrer in Moers, später Direktor des Berliner Lehrerseminars und prominenter Befürworter dieser Schule läßt keinen Zweifel an ihrer politischen Zielrichtung:

"Den möglichen Einwand, daß dem Lehrling, dem angehenden Tagelöhner, dem Gesellen dazu die Zeit fehle, beseitige ich durch die Bemerkung, daß er gehen muß..., weil wir ohne Anwendung dieser Mittel in den Zustand der Anarchie und der Revolution zu geraten Gefahr laufen" (cit.n. Simon THYSSEN 1954, S. 86).

Die Sozialistengesetze, mit denen 1878 die Arbeiterbewegung politisch mundtot gemacht werden sollte, können ihr Anwachsen kaum verhindern, erweisen sich als Fehlschlag. Es müssen also andere Mittel und Wege gefunden werden, die Bedrohung von Bürgertum und Kaiserreich abzuwenden. Die Ordre des Kaisers vom 1. Mai (!) 1889, ein Jahr vor der (Wieder-)Gründung der Sozialdemokratischen Partei, spricht eine ebenso deutliche Sprache:

"Schon längere Zeit hat mich der Gedanke beschäftigt, die Schulen in ihren einzelnen Abstufungen nutzbar zu machen, um der Ausbreitung sozialistischer und kommunistischer Ideen entgegenzutreten. In erster Linie wird die Schule durch Pflege der Gottesfurcht und der

Liebe zum Vaterlande die Grundlage für eine gesunde Auffassung auch der staatlichen und gesellschaftlichen Verhältnisse zu legen haben" (Erlaß Wilhelm II ; cit.n.d. Wiederabdruck 1973, S. 409).

Noch schärfer und ganz abgestellt auf die Praxis des vaterländischen Schulmannes formuliert zehn Jahre zuvor der Lehrer an der Städtischen Fortbildungsschule für Knaben in Leipzig, Julius KIRCHHOFF, seine antisozialistischen Ziele:

"Man trifft aber die Sozialdemokratie ins Herz, wenn man das Volk gerade in den unteren Schichten in seiner Bildung hebt durch Fortbildungsschulen... Wer will leugnen, daß die Fortbildungsschule der Ort sei, wo den unheilvollen Lehren der Sozialdemokratie indirekt und direkt entgegengewirkt werden kann? Sie hat auch die Gewalt, ... ihren Schülern den Besuch von Volksversammlungen zu verbieten. In Leipzig kann die Fortbildungsschule bis zu zwölf Stunden Gefängnisarrest diktieren. Gerade Leipzig hat die ernsteste Veranlassung, den Verherrlichungen der Kommune und den Beschimpfungen derer gegenüber, die die Feier patriotischer Feste verhöhnten, in seiner Fortbildungsschule vaterländische Gedenktage zu patriotisch heiligen Tagen zu erheben, die jugendlichen Gemüter den Einflüssen der vaterlandslosen Staatsverderber zu entziehen" (Julius KIRCHHOFF 1879, S. 69; cit. n. Herwig BLANKERTZ 1969, S. 131).

Die reine Disziplinierung durch Strafandrohung, die direkten Versuche zur Erzwingung des unbedingten Gehorsams allein lassen sich jedoch auf Dauer kaum durchhalten und könnten im Gegenteil den Widerstand gegen die Standesordnung noch weiter herausfordern. Da, wo mit Gewalt und äußerlichen Verboten nichts mehr zu erreichen ist, muß versucht werden zu überzeugen, muß die Verbotsschranke in den Köpfen der Arbeiter selbst installiert werden. Die schulische Fürsorge des Staates auch für die arbeitende Jugend bietet die besten Möglichkeiten dafür. Schließlich sollen die jungen Erwachsenen den Bruch zwischen der behütenden Volksschule und der reinen Utilität der Betriebe, in denen sie Arbeit finden, nicht ohne Orientierung, ohne die Erfahrung gesellschaftlicher Bindung, die Stütze eines (bürgerlichen und staatsbezogenen) Weltbildes über sich ergehen lassen.

Einen weiteren, gleichwohl weit weniger wichtigen Grund für diese tiefgreifende Wende liefern die Berichte über die ersten, ab 1851 zunächst abwechselnd in London und Paris stattfindenden Weltausstellungen. In dem hier möglichen Gesamtvergleich offenbart sich die inferiore Qualität der deutschen Industriewaren, werden die Gründe für die Mißerfolge auf den immer wichtiger werdenden internationalen Warenmärkten sichtbar (vgl. hierzu und im folgenden die ausführliche Darstellung bei Wolfdietrich JOST 1982, S. 214- 247). Nicht zuletzt wegen der mangelnden künstlerischen Gestaltung vieler wichtiger Exportgüter wird die offensichtlich schlechte gewerbliche

Ausbildung dafür verantwortlich gemacht. Nach dem Beispiel Englands entstehen die sogenannten "Zeichenschulen", zunächst als private Ausbildungseinrichtungen, schließlich aber mit staatlicher Förderung. In ihnen sollen jedoch vor allem die Handwerker und Gewerbetreibenden weiter qualifiziert werden; für die Masse der arbeitenden Bevölkerung bleiben diese gewerbebezogenen Ausbildungsgänge ebenso bedeutungslos wie vordem die Provinzial-Gewerbeschulen.

Der Vormarsch industrieller Fertigungsverfahren, der vermehrte Einsatz komplizierter und teurer Maschinen führt ab etwa 1860 zu einer Nachfrage auch von gelernten Arbeitern. Allerdings sehen die Industriellen kaum eine Veranlassung für die Etablierung einer neuen, den Anforderungen qualifizierter Fabrikarbeit (Einrichten, Warten, Kontrollieren etc.) entsprechenden Ausbildung. Vielmehr bedient man sich für solche Positionen vorrangig ausgebildeter Junghandwerker, die im Handwerk selbst kaum eine Zukunft sehen. Gleichwohl gibt es auch so etwas wie "Fabriklehrlinge", aber nicht im rechtlichen Sinne, denn die Gewerbeordnung von 1869 in Preussen bezeichnete jeden als Lehrling, der in einen Betrieb eintrat, um ein Gewerbe zu erlernen und die die Gewerbefreiheit noch einmal bestätigende Novelle der Gewerbeordnung von 1878 verzichtet schließlich völlig auf eine Definition (vgl. Herwig BLANKERTZ 1969, S. 122).

Die ganze Widersprüchlichkeit der Entwicklung im gewerblichen Bildungs- und Ausbildungswesen wird deutlich bei der Feststellung, daß ausgerechnet in demselben Jahr die staatliche Wirtschaftsverwaltung in Preussen die ersten Werkstätten ausschließlich zu Lehrzwecken bei der Eisenbahn einrichtet (Walter GEORG, Andreas KUNZE, 1981, S. 52 ff.), also eine außerhalb des Handwerks angesiedelte systematische Qualifizierung im maschinentechnischen Bereich einführt. Bei dem Konzept der Trennung von Arbeit und Ausbildung ging man davon aus, "daß die Beschäftigung der Lehrlinge innerhalb der Arbeitsräume weder für die fachliche, noch für die moralische Erziehung derselben wünschenswert und vorteilhaft ist" (Paul SCHEVEN 1894, S. 450; cit.n. a.a.O, S. 55). Eine eigentlich betriebliche Ausbildung wird damit abgelehnt.

In diesen Lehrwerkstätten wird zum ersten Mal eine Ausbildungsform eingeführt, die im Prinzip in der Industrie auch heute noch Gültigkeit hat: Die praktische Tätigkeit in der Werkstatt wird ergänzt durch schulischen Unterricht, der, abgehalten von Volkschullehrern und technischen Beamten, zweimal wöchentlich innerhalb der täglich zehnstündigen Arbeitszeit, z. T. auch in öffentlichen Teilzeitschulen, stattfindet. Die insgesamt vierjährige Ausbildung wird unterteilt in zwei Abschnitte: in den ersten zwei Jahren beschränkt sie sich auf die Lehrwerkstätten-Tätigkeit, in den letzten zwei Jahren ist sie bereits produktive Arbeit unter Anleitung und Aufsicht qualifizierter Arbeiter in verschiedenen Abteilungen. Vor allem die großen Kapitalgesellschaften in der Eisen- und Stahlindustrie greifen dieses Konzept auf und zur Jahrhundertwende haben

16 von ihnen solche Lehrwerkstätten, in denen auch die ersten hauptberuflichen Ausbilder tätig werden (Günter HOBBENSIEFKEN 1980, S. 179).

11.5 Die Rekonstruktion der handwerklichen Ordnung und eine Unteroffiziersschule für die Eisenindustrie

Zum Ende des 19. Jahrhunderts verliert die wirtschaftsliberale Idee der völligen Gewerbefreiheit endgültig an Überzeugungskraft. Obwohl Deutschland zur Industrienation geworden ist, bleibt festzuhalten, daß vor allem das Handwerk, diese Produktionsform der versunkenen alten Zeit, damit entgegen den Erwartungen nicht überflüssig geworden ist. So verliert zwar das alte Handwerk seine Daseinsberechtigung in einer Umwelt durchgreifender demographischer und technischer Entwicklungen, aber nicht alles läßt sich industriell fertigen, schon gar nicht Dienstleistungen wie Wartung, Reparatur etc.. Insgesamt verringert sich die Bedeutung des Handwerks, seine Existenzberechtigung verliert es jedoch nicht. Wer gelernt hat, Konkurrenz nicht zu fürchten und kaufmännische Rechnung und Kalkulation nicht scheut, der kann als Handwerker auch in der neueren Zeit überleben. Trotz der proklamierten Gewerbefreiheit stirbt das Handwerk also keineswegs aus, wie man in der ersten Euphorie der industriellen Aufbaujahre glaubte. In der gewerblichen Ausbildung wird es eine größere Rolle spielen, als man sich das zu Beginn der Industrialisierung je hätte vorstellen können.

Es gibt immer stärkere Bestrebungen, die von vielen als liberalistisch, ordnungslos, ja anarchisch empfundene Gewerbefreiheit wieder aufzuheben. An erster Stelle natürlich vom Handwerk selbst, das seine Stellung gesichert und geschützt sehen will, aber auch aus übergreifend ordnungspolitischer Sicht, denn die stete Existenzgefährdung beschert gesellschaftliche und politische Stabilitätsprobleme. Immerhin gewinnen die Sozialdemokraten auch viele Anhänger in der vielfach entwurzelten und proletarisierten Handwerkerschaft. Schließlich wächst die ständischen Gesellschaftsmodellen zugeneigte, vor allem katholische Handwerkerschaft mit ihrer Forderung nach Re-Institutionalisierung quasi zunftmäßiger Privilegien zu einer Bewegung an, die kaum noch zu ignorieren ist. 1897 endlich wird mit der Handwerkernovelle im Deutschen Reich die Gewerbefreiheit maßgeblich eingeschränkt; Handwerkskammern werden eingerichtet und alte Ausbildungstraditionen mit der Wiedereinführung von Gesellen- und Meisterprüfungen neu belebt. 1908 wird das "Halten" von Lehrlingen wieder vom Nachweis einer handwerklichen Meisterprüfung abhängig gemacht. "Mit diesen Gesetzen entschied sich der Weg einer Neuordnung der Berufsausbildung: Handwerk als 'Lehrwerkstatt des Volkes' in dem Sinne, wie die Armee als 'Schule der Nation' galt"

(Herwig BLANKERTZ 1969, S. 127). Damit war zugleich eine industriespezifische Ausbildung abgeblockt: Alle gewerblichen Prüfungen mußten vor den von Handwerkern getragenen Kammern abgelegt werden, die sich an den traditionellen Berufsbildern orientierten und die Situation in den Industriebetrieben weitgehend ignorierten.

"So erhielt Deutschland an der Wende zum 20. Jahrhundert ein neues Ausbildungswesen, welches gleichsam als Ironie der Entwicklung 'die Konturen und Inhalte nicht von den Trägern der Industrialisierung, sondern von vorindustriell-berufsständisch denkenden und handelnden Kräften' (H. Abel) bestimmen ließ. Das sich freilich erst im 20. Jahrhundert entfaltende duale System der Berufsausbildung ist also ein Produkt der Reaktion, die den konservativen Obrigkeitsstaat und das Großbürgertum mit den kleinen Gewerbetreibenden gegen den Sozialismus verband" (a.a.O., S. 127 f.).

Darüber hinaus macht die Anbindung der Fortbildungsschule an den Elementarschulbereich unmißverständlich klar, daß diese Schule entgegen den Assoziationen, die sich mit ihrem Namen verbinden könnten, keinesfalls zu Hoffnungen auf Aufstiegsmöglichkeiten in die bürgerliche Gesellschaft berechtigen. Weder verleiht sie Berechtigungen, noch besteht nach ihrem Abschluß irgend eine Möglichkeit einer staatlich oder gesellschaftlich anerkannten Weiterbildung. Sie ist eine Sackgasse (Wolfdietrich JOST 1982, S. 211).

Dabei gab es vorher neben den Lehrwerkstätten der Eisenbahn durchaus weitere Ansätze zur Etablierung einer industriespezifischen Ausbildung. Wolfdietrich JOST berichtet ausführlich über einen Versuch, den der "Verein der Eisengießereien und Maschinenfabriken im Oberbergamtsbezirk Dortmund" Anfang der achtziger Jahre des 19. Jahrhunderts in dieser Richtung unternimmt. Allerdings bezieht er sich lediglich auf die Werkmeisterausbildung, denn einmal sehen die Unternehmer einen Bedarf für Facharbeiter eines Spezialisierungsgrades, den es einfach nicht gab, zum anderen galt es, die Stellung der zu Werkmeistern aufgestiegenen Arbeiter nach unten abzusichern, um auch ihre Effektivität als Vollstrecker von Unternehmensentscheidungen und Disziplinierungsinstanz zu gewährleisten. Eine spezielle Ausbildung in der dann 1882 in Bochum errichteten "Rheinisch-Westphälischen Hüttenschule" sollte ihnen auch zu der für die Durchsetzung ihrer Position notwendige Autorität verhelfen. Die Auswahlpraxis der Betriebe, die nicht allein fachliche, sondern auch soziale und vor allem politische Kriterien anwenden, macht deutlich, daß es sich bei der von der Stadt unterhaltenen Einrichtung in der Tat "um eine Art Unteroffiziersschule für die Eisenindustrie" handelt, wie sie der Sterkrader Fabrikdirektor Carl LUEG (GHH) ohne Umschweife charakterisiert (cit.n. a.a.O., S. 261).

Jedoch gerät dieser Ausbildungsgang von zwei Seiten unter Beschuß. Einmal durch den Rat der Stadt Bochum, der wegen der überregionalen Bedeutung der Schule die finanziellen Aufwendungen lieber dem örtlichen Gymnasium (sic!) zukommen lassen will, zum anderen schaltet sich mit einem Klagelied über die vermeintliche technische Überqualifikation der so ausgebildeten Werkmeister eine Vereinigung in die Diskussion ein, die über Jahrzehnte die Definition von Berufsbildern und Ausbildungsgängen im gewerblichen-technischen Bereich dominierend prägt: der Verein Deutscher Ingenieure (VDI). Bereits 1856 von Praktikern aus der Industrie und Beamten aus Schulen und Hochschulen gegründet, ist der VDI die Interessenvertretung des neuen Typus des abhängig in leitenden Positionen beschäftigten Technikers. Um die Position ihres neuen Berufsstandes zu stabilisieren, auszubauen und gegen Konkurrenz von unten abzusichern, versuchen sie vor allem den Aufstieg aus der Arbeiterschaft in Technikerpositionen zu verhindern. Die so konzipierte Werkmeisterausbildung scheiterte, denn es "wurde darüber geklagt, daß durch diese Ausbildung dem Werkstatt- und Fabrikbetrieb die tüchtigsten Kräfte nicht nur nicht zugeführt, sondern geradezu entzogen würden" (Simon THYSSEN, 1954, S. 119).

11.6 Die Themaverfehlung des Dr. Kerschensteiner

Trotz aller Probleme: die Notwendigkeit einer auch fachlich ausgerichteten Bildung der Arbeiter wird immer augenscheinlicher. Aber bislang fehlen noch alle Voraussetzungen dafür. Zunächst mußte sich deshalb die nur auf allgemeine staatsbürgerliche Bildung und Sozialdisziplinierung angelegte Fortbildungsschule zu einer eigentlichen Fachschule wandeln, in der auch tätigkeitsbezogene Kenntnisse vermittelt werden. Die Antwort des Dr. Georg KERSCHENSTEINER, seit 1895 stätischer Schulrat und königlicher Schulkommissär in München auf eine 1900 von der "Erfurter Akademie der gemeinnützigen Wissenschaften" gestellte Preisfrage liefert die offensichtlich überzeugende Begründung dafür - mit einer Themaverfehlung.

Schließlich hatte die Frage gelautet: "Wie ist unsere männliche Jugend von der Entlassung aus der Volksschule bis zum Eintritt in den Heeresdienst am zweckmäßigsten für die bürgerliche Gesellschaft zu erziehen? Es sollen die Ziele einer allgemein-sittlich intellektuellen Erziehung unserer männlichen Jugend im Gegensatz zu einer bestimmten Berufserziehung dargelegt werden" (cit.n. Herwig BLANKERTZ 1969, S. 135; Hervorh. dort). KERSCHENSTEINERs Antwort: durch Berufserziehung.

Indem er das vom Neu-Humanismus so verpönte egoistische Berufsinteresse der Schüler zum didaktischen Anknüpfungspunkt machte, übertrug er das grundlegende Credo des konkurrenzkapitalistischen Wirtschaftens, nach dem das egoistische Gewinnstreben einzelner die Grundlage für die Wohlfahrt des Gemeinwesens aller ist, auf die gewerbliche Ausbildung. Der so bemerkenswerte Gegensatz zwischen der grundlegenden Philosophie des kapitalistischen Wirtschaftens und der davon abgehobenen idealistischen und zweckfreien, auf das "Menschentum" gerichteten Bildungsideologie, die das gesamte Schulwesen bestimmt, wird damit einfach übergangen. Erst vom Berufsinteresse führt der Weg über Bildungsmotivation und Berufsidentifikation zu allgemeinem Staatsinteresse.

In später ausgemerzten Stellen in seiner bezeichnenderweise "Staatsbürgerliche Erziehung der deutschen Jugend" betitelten Schrift macht KERSCHENSTEINER seine Zielrichtung klar, indem er sich gegen die "Irrlehre" der Sozialdemokratie wendet und vorschlägt, durch "Begabtenaufstieg" innerhalb des neuen beruflichen Schulwesens die Arbeiterbewegung ihrer potentiellen Führer zu berauben (vgl. Herwig BLANKERTZ 1969, S.135 ff.; Walter G. DEMMEL 1978, S.10 ff.).

Die damit implizierte Ablösung der allgemeinen, fachunspezifischen Fortbildungsschule durch die nach Berufsfachgruppen differenzierte Berufsschule ist jedoch nichts eigentlich Neues. Schon 1888 schreibt Friedrich RÜCKLIN zur "Volksgewerbeschule":

"Die Volksgewerbeschule hat demgemäß nur ein einziges Unterrichtsgebiet und dieses ist das naturgemäß gestaltete Geschäftsgebiet des einzelnen Schülers. ... Unsere Ansicht ist darum die, daß Pflege der beruflichen Fähigkeiten des Schülers und Lehrlings die erste, unerläßliche und einzige Aufgabe der Volksgewerbeschule ist, und daß die allgemeine Bildung als gesundes Gewächs nur auf dem Boden der beruflichen Tüchtigkeit gedeihen kann. Die Volksgewerbeschule ist also ganz wesentlich eine Berufsschule" (cit.n.d. Wiederabdruck 1970, S. 116, 120).

Das liegt sehr nahe an KERSCHENSTEINERs späterer Formulierung von der Berufserziehung als der "Pforte zur Menschenbildung", hat aber nicht diese durchschlagende Wirkung. Denn erst mit der Veröffentlichung von KERSCHENSTEINERs Schrift, die die fachliche Unterweisung der Arbeiter als Grundlage der staatsbürgerlichen Bildung, sprich: der Sozialdisziplinierung und der politischen Enthaltsamkeit, begreift, wird diese Idee auch langfristig wirksam. "Die Preisschrift von 1901 war die Geburtsstunde der Berufsschule; auf ihrer Basis wurde KERSCHENSTEINER der "Vater", München das "Mekka" der deutschen Berufsschule" (Herwig BLANKERTZ 1969, S. 136) .

Jedoch dauerte es noch einige Jahrzehnte, bis diese Schule 1938 unter nationalsozialistischer Herrschaft mit der gesetzlichen Verordnung der Berufsschulpflicht für das Deutsche Reich auch faktisch eine Regeleinrichtung wird. Vorher ist zu klären, welche industriellen Tätigkeiten neben dem Handwerk überhaupt einer systematischen Ausbildung bedürfen. Denn zunächst einmal zeichnet sich Fabrikarbeit ja gerade dadurch aus, daß sie keine so spezielle Qualifikation voraussetzt. Nicht nur die fortschreitende Technisierung in der Industrie, sondern vor allem die soziale und politische Notwendigkeit einer stärkeren Bindung des Besitzers der "freien" Arbeitskraft an "sein" Unternehmen und an "sein" Vaterland führen kurzfristig zur Einrichtung spezieller industrieller Ausbildungsgänge. Arbeitskämpfe, soziale Unruhen, die Gefahr eines revolutionären Umsturzes lassen sich am ehesten bannen, wenn die Arbeiter sich zugehörig fühlen, ihnen berufliche Kompetenz am Arbeitsplatz und (beschränkte) Aufstiegsmöglichkeiten in der militärmäßig organisierten Hierarchie der großen Unternehmen zugestanden werden. Mit der Orientierung am überkommenen Modell der handwerklichen Ausbildung knüpft man an das alte Ideal des unabhängigen Produzenten an, ohne es je einlösen zu können. Aber man suggeriert den zu "Facharbeitern" aufgestiegenen Industriesoldaten damit den gleichen (Qualifikations-) Stand wie den selbständigen Handwerkern. Dafür akzeptiert die Industrie zunächst die Ausbildungs- und Prüfungsordnungen der wiederauferstandenen Handwerkerorganisationen.

Die Konflikte bleiben nicht aus. Nicht nur sieht sich das Handwerk als der Financier der Ausbildung des qualifizierten Industrienachwuchses. Auch die Unternehmen sind mit Problemen konfrontiert: Schließlich kann die Erziehung zum eigenverantwortlichen, umfassend in seinem Gewerbe ausgebildeten Handwerker, die mit Blick auf die spätere Meisterschaft auch organisatorische und kaufmännische Kenntnisse einschließt, nicht ihre Sache sein. Für die niedrigeren Anforderungen der Industrie sind die Ausbildungsgänge auch theoretisch überfrachtet, dauern zu lange und sind in ihrer Betonung des Leitbildes eines eigenverantwortlich handelnden und die Geschäfte in ihrer Gesamtheit überblickenden Handwerkers dysfunktional für die Vorbereitung auf die eingeschränkten Aufgaben und Perspektiven, die in der strikt arbeitsteiligen Hierarchie der großen Betriebe den Arbeitern zugewiesen wird. Jedenfalls dann, wenn die Ausbildung ernsthaft betrieben wird; nicht selten ist sie jedoch unvollständig und schlecht, weil die Lehrlinge als billige Arbeitskräfte mißbraucht werden. Zudem erweist sich das Repertoire an handwerklichen Berufen langfristig auch als zu klein, um alle Aufgabenstellungen in der Industrie qualifiziert abdecken zu können. Kurz: die Schaffung von neuen Berufen, Ausbildungsgängen und Prüfungsordnungen erweist sich als unumgänglich.

Zu diesem Zweck wird 1908 der "Deutsche Ausschuß für das Technische Schulwesen" (DATSCH) gegründet, ein Zusammenschluß, in dem vor allem der VDI, der "Verein Deutscher Elektrotechniker" (VDE) und der Unternehmensverband "Verein Deutscher Maschinenbauanstalten" (VDMA) vertreten sind. Drei Jahre nach seiner Gründung veröffentlicht er erste Leitsätze für die industriell-gewerbliche Bildung; in der Folge versucht er eine Vereinheitlichung der gewerblichen Ausbildung: er definiert Berufsbilder, erstellt Ausbildungsunterlagen und trägt damit auch zu einer größeren Transparenz des Arbeitsmarktes bei, vor allem aber zur Festigung der betrieblichen und gesellschaftlichen Position der Ingenieure. Sie dominieren die Arbeit im Ausschuß und nutzen ihre technische Sachkompetenz zur Ausschaltung unliebsamer Konkurrenz von unten, wie sie es bereits beim Kippen der Werkmeisterausbildung in der "Rheinisch-Westphälischen Hüttenschule" in Bochum getan haben.

Ihr Statusanspruch in den Unternehmenshierarchien und in der Gesellschaft ist noch nicht eingelöst; als bloße Angestellte und Nicht-Besitzer von Produktionsmitteln finden sie keine Anerkennung in der neuen Besitzklasse des unternehmerischen Bürgertums, vom Bildungsbürgertum werden die meisten von ihnen ignoriert, weil sie nur die utilitaristische Ausbildung zum Techniker, aber nicht die einzig zählende humanistische Bildung zum "Menschentum" vorzuweisen haben

Neben einer entsprechenden Aufwertung ihrer Ausbildungsgänge (siehe Kapitel 12.6) ist es deshalb erforderlich, die Ausschließlichkeit der eigenen Kompetenz für Innovationen und rationalisierte Produktion immer wieder herauszustellen, die Arbeit mit hohen Anteilen konstruierender, disponierender, selbst verantworteter, sauberer und leitend-verwaltender Tätigkeit zu einem statusgerechten Berufsbild zu kombinieren. Dazu muß man die weniger statusgerechten und schmutzigen Arbeiten anderen überlassen: den Facharbeitern. Der Ausschuß ist nun der Ort, an dem das Berufsbild der Facharbeiter verbindlich festgelegt wird, an dem über Eingangsvorraussetzungen, Ausbildungsgänge und Aufstiegsmöglichkeiten entschieden wird. Ganz im Sinne der Ingenieure wird der Vorschlag Georg KERSCHENSTEINERs, die "begabtesten" Arbeiter aufsteigen zu lassen (s.o.) konsequent abgelehnt, nicht nur zur Abwehr anwachsender Konkurrenz, sondern vor allem aus Furcht vor dem bildungsbürgerlichen Degout an der dadurch möglichen teilweise proletarischen Abkunft der Ingenieure, die das Halten und den Ausbau ihrer gerade erst erreichten Stellung gefährden würde.

Deshalb wird das Berufsbild des Facharbeiters so aus verschiedenen Tätigkeiten zusammengefügt, daß prinzipiell nur genau vorstrukturierte Aufgaben bewältigt werden können; diese Begrenzung ist gleichzeitig Begründung für die Verschließung aller Aufstiegsmöglichkeiten. Die "Fortbildungsschule" stellt in diesem Sinne keine Gefahr dar und hat in praktisch allen Ausbildungsgängen ihren festen Platz, auch wenn die Unternehmerschaft sich über ihre Notwendigkeit noch keineswegs einig ist. Schließlich verschiebt sich noch 1913 die Nachfrage nach gewerblichem Nachwuchs zugunsten der ungelernten Arbeiter, wie Martin BAETHGE (1970, S. 43) berichtet, weil die Unternehmer den obligatorischen Schulbesuch der in einem Lehrverhältnis stehenden Jugendlichen umgehen wollen. Dies unterstreicht einmal mehr die aus produktionstechnischen Gründen wohl nur sehr eingeschränkte Notwendigkeit einer systematischen und in "Berufe" mündenden Ausbildung für die Industrie.

Aber wenn auch der einzelne Unternehmer dagegen sein mag, die Unternehmerverbände müssen wegen der damit verbundenen sozialen Stabilisierung ebenso ein Interesse an einer solchen Ausbildung und der gewerblichen Schule haben, wie der auf Disziplin und Gehorsam seiner Untertanen pochende autoritäre Staat. Dennoch wird die allgemeine Fortbildungsschulpflicht (bis zum vollendeten 18. Lebensjahr) erst nach dem Zusammenbruch des Kaiserreiches im Artikel 145 der Weimarer Verfassung verankert (a.a.O., S. 44) und die Rechtswirklichkeit präsentiert sich noch 1925 durchaus anders: in Preußen besuchen in diesem Jahr erst 86 Prozent der männlichen und nur 23 Prozent der weiblichen Jugendlichen eine solche Schule (Günter HOBBENSIEFKEN 1980, S. 181).

11.8 Maschine als "Beruf" und die Segnungen der Berufsideologie

Sonntagsschule, Handwerkerschule, Feierabendschule, Fortbildungsschule, Gewerbeschule, Berufsschule: die Zahl der Namen für die Schule der arbeitenden Jugend sind bis zum Anfang des zwanzigsten Jahrhunderts so zahlreich wie die mit ihnen verknüpften Konzepte; ihre widersprüchliche Entwicklung und die manchmal extremen regionalen Unterschiede lassen zeitweise kaum eine stringente Linie erkennen.

Bei aller Unübersichtlichkeit und Vielfalt: Warum setzt sich gerade die Bezeichnung Berufsschule durch? Schließlich haben wir gesehen, daß Arbeitsteilung und Industrialisierung die traditionellen Qualifikationen und die Berufe obsolet machen, ja machen sollen, denn Grundprinzip der rationalisierten Produktion ist die Befreiung aller Arbeitsprozesse von jeder denkbaren geistigen Anforderung an die Arbeiter. "Die Grundsätze wissenschaftlicher Betriebsführung" des Frederick Winslow TAYLOR von 1911, die, 1913 zum ersten Mal in Deutsch erschienen sind und praktisch überall angewendet werden, zielen auf die konsequente Ent-Beruflichung der industriellen Arbeit, auf die radikale Trennung der kompetenten, alles überblickenden Betriebsleitung von den inkompetent gehaltenen und zu Befehlsempfängern degradierten Arbeitern, deren berufliches Dasein auf die Ausführung weniger Handgriffe schrumpft.

Die überlieferten Kenntnisse der einzelnen Arbeiter sind zusammenzutragen, "zu klassifizieren und in Tabellen zu bringen und diese Kenntnisse (durch den Betriebsleiter; J.W.M.) auf Regeln, Gesetze und Formeln zu reduzieren, die ausgesprochen hilfreich für die Arbeiter bei ihrer täglichen Arbeit sind" (Frederick Winslow TAYLOR 1911; cit. nach d. Ausg. 1967, S. 36; Übersetzung von mir). Damit ist jede fachliche Ausbildung eigentlich abgeschafft, ist der "Beruf" allenfalls als historische Kategorie noch von Interesse. Auch der "Deutsche Ausschuß für das Technische Schulwesen" spricht zunächst keineswegs von Berufs- sondern von "Technischen Arbeiterschulen" (Walter GEORG, Andreas KUNZE 1981, S. 60). Erst 1921, in der Folge der Reichsschulkonferenz, wird der Begriff "Berufsschule" in Preussen über das "Gewerbe- und Handelslehrer-Diensteinkommensgesetz" zum ersten Mal offiziell eingeführt (Simon THYSSEN 1954, S. 131).

Aus unserer heutigen Sicht erscheint das als ganz selbstverständlich. "Beruf" ist die übergreifende Bezeichnung für die Einheit der abgeschlossenen, arbeitsbezogenen Ausbildung mit der ausgeübten Tätigkeit. Das Wort "Beruf" verweist dabei auf eine sehr umfassende Konzeption, "die den ganzen Menschen erfaßt, auf seine Gaben und Fähigkeiten aufbaut und zur Vervollkommnung und Bildung der Person beiträgt" (Rudolf LASSAHN 1983, S. 55 f.). Da wird bzw. fühlt man sich "berufen" zu einer bestimmen Tätigkeit. In der Zeit vor der Reformation ist es die "vocatio", die Berufung des Mönches zu dem Gott und dem Orden gewidmeten Leben; erst mit den protestantischen Bibelübersetzungen bekommt der "Beruf" seine heutige, weltliche Bedeutung. "Alle Sprachen, welche durch die protestantischen Bibelübersetzungen beherrschend beeinflußt sind, haben das Wort gebildet, alle, bei denen dies nicht der Fall ist (wie bei den romanischen) nicht oder nicht in der heutigen Bedeutung" (Max WEBER 1905, Anm. 55; cit. n. d. Ausgabe 1981, S. 101). Die englischen Begriffe "calling", "vocation", der niederländische "beroep" und das skandinavische "kald" oder "kallelse", die Max WEBER anführt, sind solche Entsprechungen des deutschen "Berufs". Der "äußere Beruf" (in Abhebung von der inneren, göttlichen Berufung) ist der weltliche Stand, "in dem das Verhältnis eines Menschen zu einem anderen durch die gesellschaftliche Organisation des Gemeinwesens geregelt und bestimmt ist" (Günter HOBBENSIEFKEN 1980, S. 61). Eingebettet in die protestantische Ethik ist der "Beruf" die Stelle, an der der jenseitige Wille Gottes in die soziale Welt des Diesseits auswählend und verwerfend eingreift (vgl. Kapitel 1). In dieser Interpretation treffen sich innerer und äußerer Beruf und der Ruf, der den einzelnen ereilt, fügt sich mit den Berufungen der anderen zur weltlichen Ordnung Gottes.

Die religiöse Transzendierung der sozialen Berufsorganisation wird jedoch bald abgelöst von einer am Diesseits der individuellen "Begabung" orientierten Berufsideologie. Danach ergreift man den Beruf, der den eigenen Neigungen und Anlagen entspricht. So wie die

"Liebesheirat" die gesellschaftlich konstruierten und vorgestanzten, mit strikten Normen und Sanktionen abgesicherten Arrangements sozialer Verkehrsformen und existenzieller Reproduktion zu romantisch-tiefen Gefühlen und a-gesellschaftlichen Erwählungsmythen verklärt, so wird die ebenso profane Notwendigkeit einer Tätigkeit zur Erhaltung der Lebensgrundlagen in der "Arbeitsgesellschaft" umgedeutet zu einem Ausdruck der Verschränkung vermeintlich angeborener Kompetenz mit dem inneren Antrieb zu humaner Aufrechterhaltung und Verbesserung von Welt und Gemeinwohl.

Neben dieser, auf die Klischees vom selbstlos helfenden Arzt, dem gerechten Juristen, dem das Leben erleichternden Ingenieur, dem tröstenden Theologen, dem "geborenen" Unternehmer gemünzten Ideologie, enthält das weltliche Berufsverständnis auch Reminiszenzen an das Ideal des im vorindustriellen Zeitalter ganzheitlich seine Produkte fertigenden Handwerkers. Beruf ist demnach allseitiges Können, Dienen zum Nutzen der Gesellschaft (der sich im aufkommenden Kapitalismus freilich über den geschäftlichen Egoismus des einzelnen von selbst einstellt), selbst verantwortetes Handeln, Quelle der Identität des einzelnen in der Gesellschaft.

Dieses Verständnis steht in merkwürdigem Gegensatz zur Realität des selbst zu einer primitiven Maschine degradierten Arbeiters, der unablässig und monoton seine wenigen Handgriffe ohne Sinn und Verstand reproduziert, der nichts zu verstehen braucht von seinem Produkt und dessen ganzer "Beruf" darin besteht, daß er aus purer Existenznot zu jeder Tätigkeit gezwungen ist. Von "Beruf" ist deshalb zunächst auch gar nicht die Rede. Bis zum ersten Weltkrieg ist entsprechend den obrigkeitlichen Ordnungsvorstellungen auf amtlichen Formularen die Rubrik "Stand" angegeben, wenn es um die Kennzeichnung der Erwerbsgrundlage geht (Günter HOBBENSIEFKEN 1980, S. 71). Mit der Auflösung der starren Strukturen des Kaiserreiches nach dem Zusammenbruch verliert diese kollektive Klassifizierung an Bedeutung und weicht der differenzierteren und individuellen Bezeichnung des "Berufs". Dieser Begriff überwindet mühelos die alten Standes- und Klassenschranken, ohne daß sich die Wirklichkeit deshalb gleich ändern müßte. Nach wie vor kann von "Berufs"wahl für die Arbeiter kaum die Rede sein. Weder kann man von einer Entsprechung individueller Wünsche und Absichten, schon gar nicht "Begabung" mit den betrieblichen Erfordernissen und Angeboten ausgehen, noch ist im ständischen Sinne das Ausbildungsziel die weniger individuell vermittelte soziale Daseins- und Lebensform wie noch im alten Handwerk (vgl. Wilfried VOIGT 1975, S. 84).

Die Umgangssprache trägt dem mit der Aufnahme des angloamerikanischen "Job" in ihr Repertoire Rechnung. Beim Job spielt nur der Verdienst eine Rolle, um was für eine Tätigkeit es sich dabei handelt, ist von untergeordnetem Interesse. Dahinter steht die in Wirklichkeit immer mehr durchgesetzte Trennung von Arbeit und Beruf.

"Beruf wurde als eine lebenslange Tätigkeit verstanden, die den ganzen Menschen erfaßt, auf seine Gaben und Fähigkeiten aufbaut und zur Vervollkommnung und Bildung der Person beiträgt. ... Arbeit umfaßt nicht eine lebenslange Tätigkeit, sondern sie ist eine, die man von Fall zu Fall wechseln kann, sie ist ganz äußerlich" (Rudolf LASSAHN 1983, S. 55 f.).

Schließlich ist damals wie heute ein großer Teil der Erwerbstätigen gezwungen, vielfach sogar schon direkt im Anschluß an die Ausbildung, auf den erlernten Beruf zu verzichten und den Lebensunterhalt in völlig berufsfremden Arbeitsfeldern zu verdienen (vgl. u.a. Laszlo ALEX et al. 1981, S. 34). Die vielen gelernten Gärtner, Friseure, Bäcker, Schneider usw., die in den Produktionshallen z.B. der Automobilindustrie am Fließband stehen, zeigen, daß hier für viele zur Regel geworden ist, was eigentlich die Ausnahme sein müßte. Die daraus resultierende Instrumentalisierung der Arbeit läßt zwar einerseits kaum Raum für Berufsethik und -identifikation, gleichzeitig ist die ausgeübte Tätigkeit durch die Dominanz des Berufsklassensystems jedoch entscheidend für die gesellschaftliche Bewertung einer Person, weit mehr als zu den Zeiten, in denen man wirklich von Beruf sprechen konnte.

Die Entwicklung beruflicher Identifikation und gesellschaftlicher Identität ist also gegenläufig: parallel mit der Ent-Beruflichung von Tätigkeiten in vielen Produktionsbereichen steigt die Tendenz in der Gesellschaft, den Statuswert einer Person nach ihrem "Beruf", ihrer Beschäftigung, fest- und darüber hinaus Person und "Beruf" gleichzusetzen (vgl. Kapitel 2). Dieser Widerspruch löst sich jedoch auf, wenn man bedenkt, daß vordem der Beruf nur das Privileg einer verschwindend kleinen und abgehobenen Minderheit ist, für die er nicht Lebensgrundlage, sondern eher Neigung zu sinnvoller Muße und Beschäftigung ist; die Masse der Bevölkerung ist kaum in die Lage versetzt, an eine Transzendierung ihrer unausgesetzten Arbeit im Sinne einer Berufung zu höheren Idealen auch nur zu denken. Tägliche Not, vorenthaltene Bildung und der begrenzte Horizont des seßhaft bzw. abhängig gehaltenen Leibeigenen oder Tagelöhners halten ihn in den engen Grenzen seiner Umgebung gefangen.

Zwar wird mit dem Aufbrechen der ständisch vermauerten Ordnung zunächst auch diesen Leuten die karge Existenzgrundlage genommen, langfristig kann die sich entwickelnde Industrie jedoch - wie wir gesehen haben - nicht auf eine Qualifikation der Arbeiter verzichten. Bevölkerungsschichten, deren Bildung vordem eher verhindert als gefördert wurde, die über Jahrhunderte hinweg nie eine systematische Ausbildung erfahren haben, bekommen nun die - wenn auch begrenzte - Chance, sich Fähigkeiten anzueignen, Kompetenzen zu erwerben, erstes Selbstbewußtsein und eine Berufsidentität zu entwickeln.

Allerdings ist mit der "Vermassung" eines Berufes oft gleichzeitig eine Verringerung von Aufgabenvielfalt und Dispositionsspielräumen verbunden, geht mit der Einführung entsprechender Ausbildungsgänge paradoxerweise nicht eine Vergrößerung von fachlicher Kompetenz, sondern eine De-Qualifikation einher. Auch bei den Angestellten.

Die kaufmännischen Berufe sind dafür ein gutes Beispiel, wie Reiner DRECHSEL (1984) aufzeigt: Bis zur Mitte des 19. Jahrhunderts gibt es praktisch keine systematische Ausbildung; die in Gymnasium (das man nicht bis zum Ende besucht haben mußte; vgl. Kapitel 3) und Mittelschule vermittelte Bildung ohne besondere kaufmännische Orientierung war ausreichende Grundlage, um in die Aufgaben eines Kontors eingewiesen zu werden. Mit der Einführung der bürokratischen Großorganisationen zur Abwicklung der Geschäfte auf den expandierenden Märkten werden die Aufgaben der einzelnen Angestellten jedoch immer spezieller. Kaufmännische Entscheidungen und Dispositionen werden zugunsten reiner Ausführungsarbeiten mehr und mehr zurückgedrängt, gleichzeitig nimmt der Anteil von Frauen kontinuierlich zu. In dieser Situation der immer stärkeren Beschneidung beruflicher Kompetenz und der hierarchischen Abgrenzung der wenigen leitenden und disponierenden von den anwachsenden ausführenden Tätigkeiten werden die kaufmännischen Ausbildungsgänge konzipiert.

Diese Begrenzungen sind zunächst "aus dem lebensweltlichen Kontext der direkt Betroffenen heraus offenkundig nicht begreif- und kritisierbar", sondern folgen einem sozialen Ordnungsmodell, "das durch seine Dauer auch seine Legitimation herausgebildet hatte" (Wolfgang MANZ 1984, S. 32). So orientiert man sich auch subjektiv an den gesetzten gesellschaftlichen Vorgaben; die Anlehnung an die handwerklichen Traditionen bei der Konstruktion industrieller Qualifikationsgruppen von Facharbeitern ist deshalb nicht einfach perfide Vernebelungsstrategie des unternehmerischen und politischen Establishments, sonders entspricht auch weitverbreiteten Statusvorstellungen in der Arbeiterschaft selbst. Man darf eben nicht übersehen, daß auch "die Inhaber 'ausführender' Funktionen im Interesse der Gewinnung eines Selbstwertgefühls auf einen Berufsbegriff angewiesen waren, der im lutherischen Sinne die Verpflichtung zur Integration zu begründen vermochte, ohne jedoch ein dynamisches, auf Veränderung gerichtetes Engagement auszuschließen" (Jürgen ZABECK 1983, S. 39).

Auch die Arbeiter wollen teilhaben an der bürgerlichen Gesellschaft, die ihren Wohlstand vorzuleben weiß, deren demonstratives Beispiel zum Wunschtraum großer Teile des Vierten Standes wird. Selbst die gewerkschaftlichen und politischen Organisationen der Arbeiterschaft sind in ihren Absichten nicht frei von solchen Bezügen. Zwar erkennen sie den herausragenden Wert von Schulung und Bildung für die Organisationsfähigkeit der Arbeiter, in den Konzepten zur Arbeiterbildung werden jedoch paradoxerweise mit neuhumanistischen Ideen die Vehikel bildungsbürgerlicher Abgrenzung von Arbeitern und Kleinbürgern zu Bildungsidealen verklärt. So

"findet sich in der Arbeiterschaft früh die - freilich illusionäre Neigung - sich durch Bildung vorweg die Menschenwürde zu erringen, deren äußere Anerkennung und Fundierung in der Realität noch auf sich warten läßt. **Bildung** schien **Garantie voller Menschlichkeit**, jener Autonomie, die ohne ihre materiellen Voraussetzungen nicht zu denken ist, sie aber vergessen macht durch den Anspruch, über diese Voraussetzungen hinauszuweisen. Der 'Mensch' meinte daher sich getrennt vom 'Arbeiter' emanzipieren zu können, orientiert am bürgerlichen Gebildeten der Zeit" (Hildegard FEIDEL-MERTZ 1972, S. 47; Hervorh. im Orig.).

Bildung und Beruf: das sind die beiden Schlüssel für die Öffnung der bürgerlichen Gesellschaft durch den Aufstieg von unten. Sie sind auch die Stichworte für die politischen Ambitionen weiter Kreise der Sozialdemokraten, die eine friedliche Lösung der revolutionären Umorganisation, dem Umsturz und dem offenen Kampf vorziehen. So sehr allerdings wird die vorgefundene Ordnung auch von bewußten Teilen der Arbeiterschaft verinnerlicht, daß sie sich schwer damit tut, eigene Maßstäbe und Alternativen zu entwickeln. Immerhin ist es ja diese Ordnung, die den Arbeitern materiellen Wohlstand, gesellschaftliche Anerkennung und politische Rechte weitgehend aberkennt, zu deren Entwurfsprinzipien ganz wesentlich Schaffung und Niederhalten des Vierten Standes gehört.

Dennoch: Selbst das vorbehaltlose Akzeptieren der gesellschaftlichen Ordnungsprinzipien durch eine aufstiegsorientierte Arbeiterschaft muß zu Veränderungen führen. Zunächst aber schafft die Einführung von "Berufen" auch da, wo eine fachliche Qualifikation eigentlich nicht gebraucht wird, nicht nur subjektive Identifikationsmöglichkeiten, sondern wirkt sozial stabilisierend; das Eröffnen beschränkter Karrieren für Arbeiter schwächt ihre Organisationsfähigkeit durch die Schaffung unterschiedlicher Interessenlagen, erleichtert die Erhaltung und Ausübung bürgerlicher Herrschaft; das ist ihr ganzer Sinn.

Aber die zugestandenen Karrieren sind nicht scheinbar, sondern wirklich, sie wehren nicht nur ab, sie verändern auch. Zwar allmählich nur, aber was in der einen Generation noch als revolutionäre Neuerung gilt, ist für die nächste bereits pure Selbstverständlichkeit, mit der sie sich nicht abspeisen läßt. Wenn die Aufstiegswege jedermann nicht nur als abstrakte Möglichkeit, sondern als konkret begehbar offenstehen, bleiben zwar die Bildungs- und Berufshierarchien als solche unangetastet, die höheren Positionen darin müssen aber notgedrungen vermehrt werden und dürfen nicht mehr ersichtlich nach Merkmalen der Herkunft, sondern nur nach universalistisch erscheinenden Prinzipien vergeben werden. Dadurch wächst bei entsprechenden Rahmenbedingungen der Druck auch auf das allgemeinbildende Schulwesen und kann auch dort nur durch Expansion aufgefangen werden. Damit führt selbst dieser Weg der scheinbar so glatten Anpassung an die vorgegebene Ordnung - wenn auch auf Umwegen - zu durchgreifenden Änderungen. Wir werden darauf zurückkommen.

11.9 Berufsschule: die ungeliebte Schule am Rande

Zunächst einmal wenden wir uns wieder der Fortbildungs- bzw. Berufsschule zu, die von diesen widersprüchlichen Entwicklungen und Anforderungen nicht unberührt bleiben kann. Man muß sich an dieser Stelle wohl zunächst wirklich fragen, was die Berufsschule nun eigentlich ist. Mit den Schulen des allgemeinbildenden Schulwesens ist sie kaum vergleichbar; allenfalls Äußerlichkeiten wie Gebäude, Klassenräume, Schüler, Unterricht und Schulpflicht lassen sie ähnlich erscheinen. Im Rahmen der Berufsausbildung spielt sie jedoch in der Regel nur eine ganz untergeordnete Rolle. Zwar spricht man vom "dualen System" der zwei Lernorte Betrieb und Schule, aber die mit dieser Bezeichnung unterstellte Balance von betrieblicher und schulischer Ausbildung entspricht kaum der Wirklichkeit: ca. vier Fünftel der Ausbildungszeit verbringen die Lehrlinge 4) in den Betrieben, sodaß man wohl eher von einem Ausbildungsmonopol von Unternehmen und Handwerkern sprechen kann. Dafür spricht auch die nahezu völlige Bedeutungslosigkeit der Berufsschule für den Ausbildungsabschluß: die Prüfung wird vor einem Ausschuß der Industrie- und Handels- bzw. der Handwerkskammer abgelegt, das separate Berufsschulzeugnis ist von marginalem Interesse. Die Übertragung dieser Aufgaben an die Interessenverbände von Industrie, Handel und Handwerk führt dazu, daß die Qualität der Ausbildung nicht allein von Betrieb zu Betrieb, sondern auch von Kammer zu Kammer erheblich schwankt (Wilfried VOIGT 1975, S. 161).

Auch auf die Ausbildungswahl hat die Berufsschule keinen Einfluß: welche Ausbildungsgänge überhaupt und in welchem Umfang angeboten werden, bestimmen Industrie, Handel und Handwerk, die auch hier ein Monopol haben; die Berufsschule hat ihr Bildungsangebot lediglich an diese Vorgaben anzupassen. Eigene Ausbildungsgänge, auch wenn sie nachgefragt würden, darf sie nicht anbieten. Die Realisation eines Ausbildungswunsches hängt damit einzig und allein

----

4) Die neue, offizielle Bezeichnung "Auszubildender" oder, noch schrecklicher, ihre Zusammenziehung zu "Azubi", verwende ich nicht, zumal die Einführung dieser umständlichen Wortschöpfung an der Situation der Lehrlinge nichts ändert.

vom Lehrstellenmarkt ab. Welcher Fachklasse die Lehrlinge zugeordnet werden, entscheiden weder Lehrlinge noch Berufsschule, sondern der auf dem Lehrstellenmarkt realisierte Ausbildungsvertrag mit einem Unternehmen.

All dies zeigt deutlich, daß die Berufsschule schon vom Entwurf her keinen nennenswerten Einfluß auf die gewerbliche Ausbildung haben soll, keine voll berechtigte Schule ist und daher ihre Bezeichnung von einem Etikettenschwindel nicht weit entfernt ist. Sie paßt eigentlich in keines der beiden Systeme, die sie in ihrem Namen miteinander verbindet: in der betrieblichen Berufsausbildung ist sie ein Fremdkörper, der quasi von außen angehängt wird, in das allgemeinbildende Schulwesen paßt sie nicht, weil sie berufliche Inhalte vermittelt und aus der Sicht der technischen Vollzeitfachschulen maßt sie sich einen Auftrag an, für den sie zumindest in den Anfangsjahren überhaupt nicht die Lehrer hat (Herwig BLANKERTZ 1969, S. 150). Herwig BLANKERTZ meint, daß sie ihre Existenz letzten Endes der systemgerechten Auflösung ihrer Systemwidrigkeit verdankt (a.a.O.): sie bleibt berechtigungslos und wird damit dem Elementarschulwesen gleichgestellt, sie hat keinen Einfluß auf Berufsbilder und Ausbildungsordnungen und kann deshalb auch keine eigenen Berufsziele entwickeln, sondern hat sich an den betrieblichen Vorgaben zu orientieren (Wilfried VOIGT 1975, S. 141). Damit hat die Berufsschule aus fachlicher Sicht weder ein Handlungsfeld noch eine eigentliche Aufgabe und ihre ganze Widersprüchlichkeit läßt sich eher mit Blick auf ihre gesellschaftliche Integrationsleistung unter der Perspektive "politischer Bildung" auflösen als durch fachlich-qualifikatorische Gesichtspunkte.

Dies war seit etwa 1870, seit dem Ausbau der Fortbildungsschule zum "Bollwerk gegen den Sozialismus" (Wolf-Dietrich GREINERT 1984, S. 16) ihre vorrangige Funktion. Zwar finden in einer zweiten Phase der Entwicklung nach dem Zusammenbruch des Kaiserreiches zunehmend fachliche und weniger ideologische Inhalte Eingang in die berufliche Ausbildung, aber nicht nur, weil ein gewisser Bedarf an Fachkräften besteht, sondern auch als Folge der Einbindung von Gewerkschaften und Sozialdemokraten in die neue Republik.

Dennoch: Für die bis zu diesem Zeitpunkt dominierende, traditionell theorielose und unsystematische Ausbildung im Handwerk, bei dem sich auch die Industrie zur Sicherung des eigenen Nachwuchses bedient, hat die Berufsschule ihre fachliche Berechtigung, indem sie die praktische Ausbildung in einer Weise theoretisch aufarbeitet und begleitet, die der Betrieb nicht leisten kann (oder will): für die ab den zwanziger Jahren zunehmend eingerichteten spezifisch industriellen Ausbildungsgänge ist sie im Prinzip überflüssig. Die großen Industriebetriebe richten dafür spezielle Lehrwerkstätten ein, in denen die Lehrlinge durch ausgewiesene und hauptberufliche Ausbildungsleiter systematisch unterwiesen werden, führen damit aber auch ihr eigenes Argument gegen die vollzeitschulische Berufsausbildung: die Praxisnähe in der Industrie, zumindest teilweise ad absurdum, weil die Lehrwerkstatt von der Produktion abgekoppelt ist, die Lehrlinge dort ebenso vom Betriebsalltag ferngehalten werden wie in der Berufsschule.

So kann es kaum verwundern, daß die Berufsschule ungeliebt bleibt: für die systematische und - zumindest in der Anfangsphase - produktionsferne Ausbildung in der Industrie wird sie im Grunde nicht gebraucht, für das Handwerk sind die Lehrlinge oft genug lediglich billige Arbeitskräfte, an deren wirklicher Qualifikation ihm wenig liegt. Schon 1929 klagt Georg KERSCHENSTEINER, ein gewiß unverdächtiger Zeuge, daß die Handwerker mehr an der Nutzung der Arbeitskraft der Lehrlinge als an ihrer systematischen Ausbildung interessiert sind (Wilfried VOIGT 1975, S. 140) und 1962 berichtet Wolfgang LEMPERT über die Einstellung von Handwerksmeistern aus der Sicht von Berufsschullehrern:

"Die Lehrherren halten die Berufsschule zwar für notwendig, es darf aber ihrer Meinung nach nicht dahin kommen, daß die Zimmergesellen ihren Lohn selbst ausrechnen können. Der Nachwuchs darf nicht zu intelligent sein. ... Viele Meister haben Angst, daß ihr Lehrling in der Berufsschule zu viel lernen und den Meister übertreffen könnte. Sie stellen darum möglichst dumme und starke Lehrlinge ein" (Wolfgang LEMPERT 1962, S. 51).

Allzuviel kann sich an dieser Motivation allen Beteuerungen zum Trotz bis heute nicht geändert haben. Wie sonst könnte 1984 der Abbau von Jugendarbeitsschutzbestimmungen als besonders effektives Mittel gelten, um die Zahl der vom Handwerk angebotenen Ausbildungsstellen zu erhöhen?

Der grundlegende Interessensunterschied zwischen Handwerk und Industrie zeigt sich auch darin, daß die Industrie die Ausbildungszeiten verkürzen, d.h. die Ausbildungsinvestitionen verringern möchte, das Handwerk sie jedoch noch weiter ausdehnen will, um seine Gewinnchancen zu vergrößern (vgl. Eva KUDA, Ulrich MIGNON 1982, S. 94). Ziel der Industrieunternehmen ist die auf die eigenen Betriebsinteressen maßgeschneiderte Ausbildung, nicht dagegen eine allgemeine Berufsqualifikation, die dem einzelnen Arbeitnehmer nach Ausbildungsabschluß eine größere Mobilität erlauben und damit seine Position auf dem Arbeitsmarkt verbessern könnte. Das bringt sie in Konflikt mit der Berufsschule, die keine speziell betriebsbezogene, sondern an allgemeinen Berufsbildern orientierte Ausbildung als Leitlinie hat. Der Industrie geht es mit der Forderung nach betrieblicher Ausbildung also vordringlich um einen möglichst großen Spielraum an Definitionsmacht, der tendenziell durch die öffentliche Berufsschule gefährdet ist. Um nicht nach sozial abgesicherten, relativ starren Berufsbildern ausbilden zu müssen, sondern die Ausbildung flexibel an kurzfristigen betrieblichen Erfordernissen ausrichten zu können, würden sie die Berufsschule am liebsten in den Betrieb integrieren und damit selbst noch diesen minimalen Teil staatlicher Kontrolle im gewerblichen Ausbildungswesen abschaffen.

Die Vorbehalte gegenüber der Berufsschule resultieren nicht allein aus diesen unterschiedlichen Interessenlagen; das Aussehen der Berufsschule selbst, die Inhalte, die sie vermittelt, die Bildung und Zusammensetzung des Lehrpersonals machen sie wenig attraktiv. Zunächst noch als allgemeine Fortbildungsschule wird sie nicht nur hierarchiemäßig den Volksschulen zugeordnet, in den meisten deutschen Ländern ist sie auch räumlich Teil der Volksschulen und ihre ganze Fortbildungsaufgabe beschränkt sich auf die Wiederholung des Volksschulstoffes.

Mit der Umbenennung zur Berufsschule ab 1921 erhält zwar der Fachunterricht auch im Namen seinen demonstrativen Platz; aber mit welchen Lehrern? Die so widersprüchliche Organisation dieser Schule wird offenbar in der Struktur ihrer Lehrerschaft.

Für Jahrzehnte sind es vor allem Volksschullehrer, die ohne besondere Ausbildung und nur nebenamtlich die Hauptlast des Unterrichts tragen (Simon THYSSEN 1954, S. 88). Ihnen zur Seite stehen Meister, Techniker, Ingenieure und andere Praktiker, die, ebenfalls in der Regel nur nebenberuflich und nach bescheidenen sechswöchigen Fortbildungskursen, die berufsbezogenen Fächer abdecken. Nur Baden entwickelt ein eigenes Ausbildungskonzept für den Gewerbelehrer, das eine zunächst vier-, später siebensemestrige Ausbildung von Volksschullehrern oder Schülern mit Unterprimareife und dem Nachweis praktischer Berufstätigkeit vorsieht (Walter GEORG, Andreas KUNZE 1981, S. 150). Überall sonst bleibt es bei den halbherzigen Lösungen. Wie die Autoren berichten, war noch 1912 in Preussen der Anteil hauptamtlicher Lehrer an den gewerblichen Schulen mit nur vier Prozent verschwindend gering und erhöhte sich bis nach dem Ende des ersten Weltkrieges 1919 auch nur auf neun Prozent. Von den über neun Zehnteln nebenamtlicher Lehrkräfte waren 1912 die weitaus meisten Lehrer an anderen Schularten (86 %), die übrigen waren Praktiker aus Handwerk und Industrie.

Die Berufsschule behält so ihren unbestimmten Charakter; sie macht den Eindruck einer im Gegensatz zum allgemeinbildenden Schulwesen dauerhaft vernachlässigten und improvisierten Schule. Das ist auch Folge des ihr auferlegten Dilemmas: Zwar soll sie zu einer fachlich fundierten Berufsausbildung beitragen, aber sie darf weder das faktisch existierende betriebliche Ausbildungsmonopol antasten, noch hat sie die Möglichkeit, den ihr über kurz oder lang zwangsweise zugeführten Lehrlingen und Jungarbeitern durch die Eröffnung auch nur minimaler Weiterbildungs- und Aufstiegschancen attraktiv zu erscheinen. Wofür auch sollten die Lehrer einer solchen Schule eine besondere Ausbildung genießen? Das wenige, was sie bieten soll und darf, läßt sich auch nebenher und ohne besondere Vorbereitung erledigen. Jedenfalls gilt dies für die "Beschulung" der Arbeiter. Die Lehrer nämlich, die an den kaufmännischen Schulen den Nachwuchs für die Angestelltenpositionen unterrichten, sind bereits frühzeitig vollamtlich tätig und verfügen mit dem Studiengang zum "Diplom-Handelslehrer" über einen eigenen Ausbildungsweg. 1898 werden Titel und Ausbildungsweg eingeführt; seit 1917 ist das "Diplom-Handelslehrer"-Examen Einstellungsvoraussetzung an allen Kaufmännischen Berufsschulen (Anton PFEIFER 1960, S. 292).

An diesem Erfolg orientieren sich die Gewerbelehrer bei ihren beharrlichen Anläufen zur Durchsetzung einer eigenen, akademischen Ausbildung. Wie die Handelslehrer, die ihre besoldungsrechtliche Gleichstellung mit den Gymnasiallehrern auch noch nicht erreicht haben, lassen sie sich dabei vom Schnittmuster der für den höheren Staatsdienst qualifizierenden zweiphasigen Juristen- und Philologenausbildung leiten. Um das gleiche für sie selbst durchsetzen zu können, muß die Öffentlichkeit aber erst einmal von der Notwendigkeit eines wirklich professionellen Berufsschulunterrichts überzeugt werden.

Zunächst führen die Bemühungen der Gewerbelehrer nur zur Einrichtung der unterhalb der Hochschulebene angesiedelten Berufspädagogischen Institute, die nicht nur Abiturienten, sondern auch Fachschulabsolventen, Volksschullehrern mit Praxisnachweis und Handwerksmeistern offenstehen (Walter GEORG, Andreas KUNZE 1981, S. 155). Den angestrebten Status können die Gewerbelehrer nur erreichen, wenn sie das Odium des Praktischen aus ihrem Stand verbannen und ihre Zuordnung zum Volksschulwesen abschaffen. Der Zugangsweg für Handwerker und Volksschullehrer muß also abgeschnitten und die notwendige Eigenständigkeit des Berufsschulwesens immer wieder herausgestellt werden. Die Betonung der eben erst zugestandenen Fachorientierung und der Eigenständigkeit der Berufsschule, der Verweis auf die wissenschaftlichen Grundlagen der unterrichteten technischen Fächer und, weiterhin auf den Spuren der Philologen, die Ablehnung der zu sehr an die Volksschule erinnernden Pädagogik, sind die Mittel, derer sich die Interessenverbände der Gewerbelehrer bedienen. Damit paradoxerweise die zweifelhafte Denkweise neuhumanistischer Tradition fortsetzend, liegt "die Trennung der Arbeiterausbildung von der bürgerlichen "Bildung" .. also durchaus im Professionalisierungsinteresse der Berufsschullehrer" (Walter GEORG, Andreas KUNZE 1981, S. 156).

Der Erfolg dieser Verbandspolitik läßt jedoch noch lange auf sich warten. Wirtschaftliche Depression, hohe Arbeitslosigkeit und die daraus resultierende Bereitschaft vieler Ingenieure und Fachschulabsolventen in diesen Krisenzeiten der zwanziger Jahre, die weniger gut bezahlte aber einigermaßen sichere Tätigkeit als Gewerbelehrer auszuüben, läßt die Forderung nach einer spezifischen Hochschulausbildung erst einmal obsolet werden. Die in Artikel 143 der Weimarer Verfassung festgeschriebene Einheitlichkeit einer an der Höheren Bildung orientierten Lehrerbildung scheitert an den widrigen Umständen. Zwar gab es vereinzelt bereits spezielle Studiengänge an Technischen Hochschulen, Preußen und Bayern jedoch verschließen sich prinzipiell solchen Ansätzen. Schon 1922 verzichtet man deshalb und aus finanziellen Gründen auf die vorgesehene reichseinheitliche Lösung (a.a.O., S. 152 ff.).

Zwar herrscht ab den dreißiger Jahren wieder ein Mangel an Gewerbelehrern, für die auf Disziplin, Gehorsam, Angst und Dummheit angewiesenen Nationalsozialisten jedoch ist jegliche Bildung eine Gefahr für ihre Herrschaft; mit akademischen Gewerbelehrern könnten sie deshalb schon gar nichts anfangen.

Erst mit dem in allen Bereichen auftretenden Lehrermangel der sechziger Jahre gelingt den Berufsschullehrern der Durchbruch. Will man zu dieser Zeit überhaupt noch jemanden für diese Tätigkeit gewinnen, dann muß sie attraktiver gestaltet werden, d.h. der Ausbildung und der Besoldung von Studienräten an Gymnasien gleichgestellt und mit den gleichen Aufstiegschancen ausgestattet sein. Legitimiert wird dies u.a. damit, daß Berufsbildung nunmehr als wesentlicher Wachstumsfaktor für die Wirtschaft angesehen wird und mit dem Ausbau des Zweiten Bildungsweges den Berfsschullehrern auch Aufgaben von Lehrern allgemeinbildender Schulen übertragen werden. Seitdem gibt es eigene Studiengänge für Berufsschullehrer an Universitäten und Technischen Hochschulen (a.a.O., S. 161).

An der marginalen Rolle der Berufsschule bei der Ausbildung des gewerblichen Nachwuchses ändert sich dadurch freilich nichts. Auch die zu Akademikern avancierten Berufsschullehrer können selbst keine Abschlußprüfungen abnehmen, dürfen keine vollzeitschulischen Ausbildungen mit auf dem Arbeitsmarkt gültigen Abschlüssen anbieten und haben sich den Ausbildungskonzepten der Kammern zu unterwerfen.

11.10 Das unbekannte Bildungsprojekt

Wie konnte es unter diesen Umständen überhaupt zu den offensichtlichen Verbesserungen der Lebensbedingungen und -chancen auch für Arbeiter (und ihre Kinder) kommen? Wie sind vor diesem Hintergrund wachsender Wohlstand, vermehrte Bildung auch der für lange Zeit bildungsfernen Gruppen zu erklären? Diese Fragen werden noch dringlicher, wenn wir uns an die im achten Kapitel festgestellte Gleichförmigkeit des Bildungsverhaltens der Arbeiter erinnern: selbst in den entscheidenden Reformjahren stagniert praktisch ihr ohnehin nur sehr geringer Anteil an den Übergängen auf weiterführende Schulen (s. Abb. 3). In gewissem Widerspruch dazu stehen allerdings die parallel verlaufenden sozialstrukurellen Veränderungen in der Bundesrepublik, von denen im Kapitel 10 die Rede war: der seit Mitte der sechziger Jahre beschleunigten Abnahme des Arbeiteranteils steht ein starker Zuwachs von Angestellten- und Beamtenpositionen gegenüber (Eike BALLERSTEDT, Wolfgang GLATZER 1979, S. 55). Das ist nicht allein zu erklären durch die generelle Strukturverschiebung von der Produktion zur Dienstleistung, in der die Angestelltenberufe typischerweise dominieren, sondern muß darüber hinaus noch andere Gründe haben. Die steigenden Zahlen weiterführender Abschlüsse im allgemeinbildenden Schulwesen können auch kaum dazu beigetragen haben, denn sie sind umgekehrt ja zunächst die Folge der sozialen Strukturveränderungen, nicht ihr Anlaß. Ohne zusätzliche Bildung bzw. Ausbildung ist dieser durchgreifende Wandel jedoch nicht erklärbar. Wenn er nicht durch Veränderungen im allgemeinbildenden Schulwesen ausgelöst wurde, bleibt nur noch die berufliche Bildung.

Immerhin müssen die Betriebe - wie wir gesehen haben - zur sozialen Stabilisierung der hierarchischen Produktionsorganisation Karrierezugeständnisse an die Arbeiter machen. Die Realisation dieser Karrierechancen hängt jedoch auch von Faktoren ab, die weder die Unternehmer noch die Arbeiter direkt beeinflussen können. Das sind vor allem demographische Verwerfungen und wirtschaftliche Entwicklungen. Dies bedeutet, daß in erster Linie die Struktur des Arbeitsmarktes die Aufstiegschancen bzw. Abstiegsgefährdungen einer Generation bestimmt. Bei hoher Nachfrage nach Ausbildungsstellen, hoher Arbeitslosigkeit und geringem Personalbedarf sind die Qualifikationschancen im "dualen System" nur sehr gering, ist davon auszugehen, daß Aufstiegsmöglichkeiten über berufliche Bildung oder Weiterbildung für die meisten kaum noch bestehen. Ganz anders bei Vollbeschäftigung, hohem Bedarf an Nachwuchskräften und nur geringer Nachfrage nach Ausbildungsstellen; eine Situation, wie wir sie in der Bundesrepublik seit Ende der fünfziger bis in die späten sechziger Jahre hatten. Allein 1964/65 blieben von 398 000 Ausbildungsstellen für "männliche" Berufe 39,5 % unbesetzt (Angaben der Bundesanstalt für Arbeit; cit. n. Bernhard TOLLKÖTTER 1966, S. 98).

Die Unternehmen haben also große Schwierigkeiten, ihren Nachwuchsbedarf zu decken. Um wenigstens einigermaßen über die Runden zu kommen, müssen sie ganz erhebliche Anstrengungen unternehmen, damit sie ihre Belegschaft überhaupt halten können. Gleichzeitig muß die Qualifikation und innerbetriebliche Flexibilität der Belegschaften vergrößert werden, ohne die bei den gestiegenen Anforderungen der zunehmend technisierten Arbeitsverläufe die Produktion nicht aufrechterhalten werden kann.

Wie Bernhard TOLLKÖTTER 1966 in seinen Interviews mit Unternehmern feststellt, werden deshalb Bildungsmaßnahmen von ihnen zunehmend weniger als bloßer Kostenfaktor, sondern als notwendige Investitionen begriffen. Die Theorie von der Schlüsselfunktion des "human capital" für die wirtschaftlichen Erfolgschancen einer Nation findet hier ihre konkrete Umsetzung. Ziel der Unternehmer dabei ist die Schaffung eines Stamms hochqualifizierter Fachkräfte mit geringer Fluktationsrate und ein förderliches Betriebsklima (a. a.O., S. 59).

Dies eröffnet in vielen Fällen selbst für die nur angelernten Arbeiter die Möglichkeit des innerbetrieblichen Aufstiegs. Vor allem in der Eisen- und Stahlindustrie, in der es lange keine Facharbeiterbeiter- sondern lediglich Anlernberufe gibt, werden von den Unternehmen Weiterbildungsmöglichkeiten geboten, die den Aufstieg in Meister- und damit häufig Angstelltenpositionen ermöglichen. Allerdings hat dieser Meistergrad lediglich in dem Betrieb Gültigkeit, in dem er erworben wurde, da er keinem von den Industrie- und Handwerkskammern kodifizierten Abschluß mit einem fest umrisssenen Berufsbild entspricht (Martin BAETHGE 1970, Anm. 143, S. 325 f). Genau damit aber wird ein wesentliches Ziel betrieblicher Weiterbildung: die Bindung an das Unternehmen, erreicht. In einer anderen Firma wäre der vollzogene Aufstieg nichts wert und kaum jemand wird ihn freiwillig durch einen Arbeitsplatzwechsel wieder rückgängig machen.

Steht das aber nicht in offenem Widerspruch zu den im 7. Kapitel festgestellten Ansätzen zum Zerbrechen von Traditionen und Bindung besonders in dieser Zeit? Ist es denn nicht gerade die Industrie, die für ihre Bedürfnisse und ihre Entwicklung den Typus des mobilen, flexiblen und bindungslosen Arbeiters braucht? Ja. Aber dieser Widerspruch ist nur scheinbar.

Natürlich ist die industrielle Entwicklung bei uns nicht denkbar ohne das parallele Entstehen eines dynamischen Arbeitsmarktes. Wie sonst sollten wachsende oder neu entstehende Industriezweige zu den benötigten Arbeitskräften kommen? Provinziell beschnittene Lebenshorizonte, traditionelles Verharren, regionale Seßhaftigkeit, also Bindungen, die eine flexible Nutzung der Arbeitskraft ausschließen, sind nicht systemkonform, gefährden die ehrgeizigen Ziele von Industrie und Technik, den gesellschaftlichen Fortschritt in einer Zeit, in der "die Welt" noch "machbar" erscheint.

An diesen Grundlagen wird auch prinzipiell nicht gerüttelt; aber was machen Unternehmer, wenn Arbeitskräfte knapp sind, Zusatzbedarf an qualifiziertem Personal praktisch nur auf Kosten anderer Betriebe gedeckt werden kann? Sie geraten in eine Zwickmühle: Als Nachfrager von Personal auf dem Arbeitsmarkt müssen sie an freier Verfügbarkeit der Arbeitskräfte interessiert sein; um ihr eigenes Personal halten zu können, muß dagegen die eigene Belegschaft dem Arbeitsmarkt entzogen und so die Konkurrenz der anderen Unternehmen ausgeschaltet werden.

Die beabsichtigte Bindung an den Betrieb bedeutet deshalb etwas ganz anderes als die Einbindung in mobilitätshemmende, private Lebenswelten. Zwar tun einige Großunternehmen viel, um die Betriebstreue mit der Aussicht auf eine lebenslange und gesicherte Erwerbsperspektive zu belohnen, können auch die Kinder dieser Betriebsangehörigen mit einer bevorzugten Einstellung rechnen. Aber abgesehen davon, daß bei schlechter Konjunkturlage oder strukturellen Einbrüchen auch solche Verbindungen und Angebote aufgekündigt werden müssen: diese Art von Bindung ist nicht privat, wird im Gegenteil von den Unternehmen dominiert, deren Zielen sie dient und ist daher nicht gleichzusetzen mit den quasi vorindustriellen Lebensstilen, Bindungen und Traditionen, die es zur Modernisierung der Gesellschaft zu zerbrechen gilt.

Verstärkte Anstrengungen zur Qualifizierung des Nachwuchses und Weiterbildung sind damit notwendige Antworten der Unternehmer auf die veränderten Rahmenbedingungen in dieser Zeit. Das eigentlich Bemerkenswerte an Weiterqualifikation und Aufstieg auf diesem Weg jedoch ist, daß er völlig unabhängig von öffentlichen Bildungsinstitutionen verläuft. Er befindet sich quasi im nicht-öffentlichen Raum und ist daher kaum berührt von politischen Einflüssen, Kontrollen und statistischer Erfassung. Dabei handelt es sich bei diesem Bildungsprojekt jedoch keineswegs um eine marginale Erscheinung: Immerhin ein Drittel aller Meister, vor allem solche in Industriebetrieben, haben nach einer Erhebung aus dem Jahre 1979 nie eine Meisterprüfung abgelegt (BUNDESMINISTERIUM FÜR BILDUNG UND WISSENSCHAFT 1983 b, S. 73).

Dieser innerbetriebliche Aufstiegsweg wird ergänzt durch die besondere Aufmerksamkeit, welche die Arbeitgeber der Erstausbildung ihrer Lehrlinge widmen. Die gestiegenen Prüfungsanforderungen für manche Berufe hatten in den fünfziger Jahren bereits viele Betriebe dazu veranlaßt, nur noch Bewerber mit mittlerer Reife oder Abitur zu akzeptieren. Bei der beschriebenen extremen Lehrlingsknappheit sind sie gezwungen, andere Wege zu gehen, zumal bei dieser Arbeitsmarktsituation die Absolventen von Mittelschulen und Gymnasien höhere Ambitionen entwickeln und kaum zu einer gewerblichen Ausbildung im "dualen System" bereit sind. Um ihren Bedarf an Nachwuchskräften zu decken, sind die Unternehmer also auf die Volksschüler angewiesen. Ein Tag Berufsschule aber in der Woche ist zu wenig, um diesen Lehrlingen den erfolgreichen Ausbildungsabschluß zu ermöglichen. Zum Ausgleich für die gestiegenen Anforderungen ergänzen sie den Unterricht daher durch eigene Bildungsmaßnahmen und sind "stolz darauf, daß auch Volksschulabgänger die Lehrabschlußprüfungen mit guten Zensuren bestehen" (Bernhard TOLLKÖTTER 1967, S. 66). Für die Anwerbung von Mittelschulabsolventen und vor allem Abiturienten war die Eröffnung von Aufstiegschancen entscheidend; ohne solche Perspektiven wären sie auch vorher kaum zu einer betrieblichen Ausbildung bereit gewesen. Man kann diese Möglichkeiten jetzt nicht einfach wieder verschließen; das verbietet schon der Wettbewerb zwischen den Betrieben um die wenigen Lehrlinge. Damit ergeben sich Chancen des zunächst innerbetrieblichen Aufstiegs für soziale Gruppen, die vordem kaum Aussicht auf eine Verbesserung ihrer Stellung hatten. Viele Arbeiter schaffen so den entscheidenden Sprung in eine Angestelltenposition, für viele gewerbliche Lehrlinge wird er zu einem erreichbaren Ziel.

Wer betriebsintern den entscheidenden Aufstieg in die bevorzugte Sozialversicherungskategorie geschafft hat, der demonstriert seinen neuen Status auch nach außen, paßt sich zumindest den Lebensgewohnheiten der neuen Gruppe an. Das größere Auto, die anspruchsvollere

Urlaubsreise, die neue Wohnung oder das neue Haus, die gepflegtere und teurere Kleidung gelten als die deutlichsten Zeichen, über die man sich selbst und der Umwelt den angehobenen Status mitteilt. Seine quasi offizielle Bestätigung erfährt er jedoch erst durch das entsprechende Bildungsverhalten der nächsten Generation, sei es mit dem Besuch einer Mittelschule und der Perspektive eines späteren Fachhochschulbesuchs oder gleich mit der Aufnahme in ein Gymnasium. Mit dieser Verfestigung werden Aufstieg und Bildungsexpansion aber auch weitgehend unabhängig von den ursprünglich auslösenden Momenten und reproduzieren sich praktisch selbst.

Niemand, der selbst einen bestimmten Berufsstatus erreicht hat, wird für seine Kinder freiwillig den Bildungsabstieg ins Auge fassen, sondern alle Hebel in Bewegung setzen, daß zumindest dieser Bildungsstatus erhalten bleibt (vgl. Kap. 10). Die berufliche Bildung hat damit trotz aller eingebauten Beschneidungen und Beschränkungen einen wesentlichen Beitrag zu den betrieblichen und gesellschaftlichen Aufstiegsprozessen der sechziger Jahre geleistet und ist dadurch mit ein Anstoß für die Bildungsexpansion gewesen. Aber auch für die siebziger Jahre läßt sich noch ein positiver Aufstiegssaldo bilanzieren: etwa jeder zehnte Arbeiter, der 1970 und später in das Erwerbsleben eingestiegen ist, hat es bis 1979 zum Angestellten gebracht. Die absolute Zahl der Abstiege dagegen macht nur ein Fünftel der Gesamtzahl der Aufstiege aus (Laszlo ALEX et al. 1981, S. 93).

11.11 Das "duale System": Fehlausbildung aus Tradition

Selbst dieses positive Beispiel zeigt jedoch, wie sehr Ausbildungs- und Berufschancen im dualen System abhängig sind von konjunkturellen Entwicklungen und demographischen Randbedingungen. Schließlich sind nicht Ausbildung und die Entwicklung persönlicher Befähigung das Unternehmensziel der ausbildenden Betriebe, sondern die Produktion von Gütern oder Dienstleistungen und die Erzielung von Profiten (Martin BAETHGE 1970, S. 176 f.). Bildungsmaßnahmen sind damit von prinzipiell untergeordnetem Interesse und in ihrer Bedeutung schwankend. Beim Zusammentreffen ungünstiger konjunktureller und/oder struktureller Entwicklungen mit geburtenstarken Jahrgängen, die sich nach den wenigen Ausbildungsplätzen drängen, wird die freie Berufswahl leicht zu Makulatur. Da im dualen System Ausbildungsgelegenheiten immer mit einer berieblichen Stelle verknüpft sind, können Ausbildungswünsche eben auch nur - wie wir gesehen haben - auf dem Arbeitsmarkt realisiert werden.

Eine vollzeitschulische Berufsausbildung dagegen könnte unabhängig von solchen Unwägbarkeiten die Ausbildungskapazitäten der Nachfrage anpassen und dauerhaft die Freiheit der Ausbildungswahl garantieren. Dagegen wird jedoch eingewendet, daß damit einerseits am Bedarf der Wirtschaft vorbei ausgebildet und andererseits die Ausbildung zu praxisfremd würde, weil durch die Entkoppelung von Ausbildung und Unternehmen die Gefahr der Produktion von betrieblich nicht verwertbaren Qualifikationen kaum abzuwenden sei.

Beide Argumente haben bei genauerer Betrachtung wenig für sich. Dort, wo es sich in der Regel um eine fundierte und systematische Ausbildung handelt wie in der Industrie, werden die Lehrlinge ohnedies nicht in der Produktion, sondern in eigens eingerichteten Lehrwerkstätten von meist allein für diesen Zweck eingestellten Ausbildern unterrichtet. Die eher unsystematische Ausbildung im Handwerk ist dagegen vor allem deshalb produktionsbezogen, weil Lehrlinge für viele Handwerkszweige primär billige Arbeitskräfte sind. An wirklicher Qualifikation der Lehrlinge ist vielen Handwerksbetrieben kaum etwas gelegen; nur ein Viertel der handwerklichen Ausbildungsbetriebe hält sich an die von den eigenen Interessenverbänden maßgeblich mitgestalteten Ausbildungsordnungen gegenüber ca. 90 % in der Industrie (Eva KUDA, Ulrich MIGNON 1982, S. 26 f.).

Das spiegelt sich auch in der durchgängig überdurchschnittlich hohen Zahl der vorzeitigen Auflösungen von Ausbildungsverhältnissen im Handwerk, die seit 1980 regelmäßig ca. ein Fünftel aller dort abgeschlossenen Verträge betrifft (BUNDESMINISTER FÜR BILDUNG UND WISSENSCHAFT 1985, S. 40). Die insgesamt steigende Zahl nicht bis zum Ausbildungsabschluß eingehaltener Lehrverträge ist natürlich auch eine Folge der erheblich eingeschränkten Wahlmöglichkeiten. Bei der extrem schlechten Lehrstellensituation der achtziger Jahre sind die Jugendlichen oft bereit, auch solche Ausbildungsangebote anzunehmen, die weder ihren Neigungen, noch ihren Wünschen nahekommen. Und das sind vor allem solche in den handwerklichen Berufen mit wenig Zukunft. So ist der Anteil der abgeschlossenen Lehrverträge im Handwerk zwischen 1972 und 1981 von 33,1 auf 40,2 % gestiegen und daß bei einer insgesamt um gut ein Fünftel gestiegenen Zahl von Ausbildungsverhältnissen. Das entspricht in absoluten Zahlen einer Ausweitung auf das Anderthalbfache. Industrie und Handel dagegen haben ihr Angebot kaum nennenswert erhöht und dadurch ihren Anteil von 1972 55,5 % auf nurmehr 46 % 1981 verringert (BUNDESMINISTER FÜR BILDUNG UND WISSENSCHAFT 1983, S. 26 und eigene Berechnungen).

Was es mit der Ausbildung in manchem Handwerkszweig auf sich hat, zeigt das Beispiel der drei Ernährungsberufe Bäcker, Konditor und Metzger. Innerhalb des Zehnjahreszeitraums von 1972 bis 1981 hat sich hier die Zahl der Lehrverhältnisse fast verdreifacht, obwohl die Zahl der Erwerbstätigen in diesen drei Berufen zwischen 1970 und 1980 von 200,000 auf 170,000 zurückgegangen ist (a.a.O., S. 42), vier Jahre später ist festzustellen, daß das Bäckerhandwerk, ähnlich wie das der Fleischer, in den vergangenen 15 Jahren die Hälfte seiner Betriebe verloren hat (SÜDDEUTSCHE ZEITUNG Nr. 225 vom 25. September 1984, S. 30).

Das bestätigt zunächst, daß hier nicht immer ausgebildet, sondern die billige Arbeitskraft der Lehrlinge genutzt wird, zeigt vor allem aber auch, wie wenig im dualen System von einer Passung zwischen Ausbildung und Beschäftigung die Rede sein kann. Mehr als die Hälfte der Bäcker und Konditoren sind nämlich gezwungen, nach Abschluß der Ausbildung ihren Beruf wieder zu wechseln (a.a.O.). Sie sind damit weder eine Ausnahme noch - wie bereits zu Beginn dieses Kapitels festzuhalten war - die Opfer einer neuen Entwicklung.

Die Ausbildung am Bedarf vorbei hat vielmehr Tradition: bereits zwischen 1955 und 1970 wechselten zwei Drittel aller im Handwerk ausgebildeten erwerbstätigen Männer in andere Wirtschaftsbereiche, ein großer Teil davon in die Industrie (Hans HOFBAUER, Paul KÖNIG 1973). Der Berufsbildungsbericht 1983 der Bundesregierung beziffert die Gesamtzahl aller betrieblich Fehlausgebildeten auf 37 % der Erwerbsbevölkerung (BUNDESMINISTER FÜR BILDUNG UND WISSENSCHAFT 1983 b, S. 42 f). Mit anderen Worten: Die mangelnde Passung von Ausbildung und Bedarf ist geradezu ein Kennzeichen des dualen Systems.

Den Jugendlichen werden vielfach Ausbildungsstellen angeboten, die weder mit ihren Berufswünschen zu vereinbaren sind, noch eine fundierte Ausbildung erwarten lassen und schon gar keine Aussicht auf eine der Ausbildung entsprechende spätere Anstellung eröffnen. Von "Ausbildungs"-Stellen zu sprechen ist deshalb in vielen Fällen ein unverantwortlicher Euphemismus; in Wahrheit handelt es sich lediglich um zeitlich begrenzte Stellen für billige Arbeitskräfte. Es kann deshalb kaum verwundern, daß viele Jugendliche bei solchen Perspektiven Probleme haben, an ihre Ausbildung mit der geforderten Motivation heranzugehen.

In einigen Industriezweigen dagegen wird weniger Nachwuchs selbst ausgebildet als benötigt wird. Vor allem für die chemische Industrie stellt der Berufsbildungsbericht 1984 der Bundesregierung eine hohe Diskrepanz zwischen Ausbildungsleistung und Beschäftigung fest: nicht einmal die Hälfte aller Erwerbstätigen mit abgeschlossener Berufsausbildung wurde auch dort ausgebildet, der größte Teil der zugewanderten Fachkräfte (52 %) ist in diesem Industriezweig auch nicht mehr im erlernten Beruf tätig. Für Hüttenwerke und Gießereien gilt ähnliches (BUNDESMINISTER FÜR BILDUNG UND WISSENSCHAFT 1984, S. 65). Mit anderen Worten: Zwar gibt es nun im Gegensatz zum vorigen Jahrhundert auch eine ausgebaute industrielle Fachausbildung, an der Tradition jedoch, nach der das Handwerk zu großen Teilen für die Industrie "ausbildet" hat sich - wenn auch die erworbenen fachlichen Qualifikationen dort in der Regel nicht verwertet werden können - kaum etwas geändert.

Anders als im allgemeinbildenden Schulwesen, in dem zwar auch z.T. kleinräumige Zugangsprobleme vor allem zu weiterführenden Schulen zu konstatieren sind, in dem jedoch von der Anlage her an allen Orten die gleichen Abschlüsse erworben werden können, sind die Ausbildungsangebote im dualen System regional entsprechend der jeweiligen Wirtschaftsstruktur sehr unterschiedlich. Zwar könnte auch eine vollzeitschulische Berufsausbildung nicht alle der ca. 430 anerkannten Ausbildungsberufe an jedem Ort anbieten, zumal vielen davon keine grössere Bedeutung zukommt, aber sie könnte z.B. über Internate ohne Zugangsbeschränkungen dazu beitragen, daß die Einschränkungen der Ausbildungswahlfreiheit durch die Struktur des dualen Systems wenn nicht ganz aufgehoben, so doch verringert werden.

Daß es eine solche nachfrageorientierte Ausbildung nicht gibt, hat verschiedene Gründe. Zum einen haben natürlich - wie wir gesehen haben - die Unternehmen nicht das geringste Interesse an einer ihrer direkten Kontrolle entzogenen schulischen Ausbildung. Aber auch den Gewerkschaften kann die außerbetriebliche Ausbildung nicht recht sein, denn sie verlören damit den "Zugriff" auf die Lehrlinge, die als Schüler der staatlichen Bildungsorganisation eingegliedert und damit für sie praktisch unerreichbar würden. Aber selbst die Lehrlinge würden vielfach einer solchen Alternative wenig Geschmack abgewinnen: Viele von ihnen sind ja zunächst froh, der ungeliebten Schule entronnen zu sein und sehen in der Ausbildungsvergütung, die ihnen durch die Lehrzeit hindurch gezahlt wird, eine erste wirkliche Anerkennung ihrer Arbeit und ihrer Person. Damit hat die betriebliche Lehre eine wesentliche integrative Funktion für die Jugendlichen.

Andererseits entgehen die "schulmüden" Lehrlinge jedoch auch in einer betrieblichen Ausbildung immer weniger schulischen Formen von Unterweisung und Wissensvermittlung: weniger durch die Berufsschule, als durch die allgemein zu beobachtende Tendenz der für die Berufsausbildung zuständigen Kammern, immer größere und vor allem zeitlich zusammenhängende Teile der Ausbildung in überbetrieblichen und oft sogar überregionalen Zentren zu veranstalten.

Zwar sind auf lange Sicht alle Betriebe angewiesen auf mehr oder weniger qualifizierten Nachwuchs, aber Unternehmensentwicklung und Arbeitsmarktsituation sind in aller Regel so wenig vorhersehbar, daß auch in Zeiten weniger krisenhafter Entwicklungen wie in den siebziger und achtziger Jahren ihre Nachwuchsrekrutierung keinen langfristigen Konzepten folgen kann. Was spräche also dagegen, wenigstens den Teil der Jugendlichen, die keine betriebliche Lehrstelle bzw. nicht in dem von ihnen gewünschten Beruf auf dem Lehrstellenmarkt ergattern konnten, eine vollzeitschulische Berufsausbildung zu ermöglichen? Wenn schon das Schicksal jedes einzelnen, dessen Anläufe zu einer Berufsausbildung jahrelang und für viele wohl immer im Leeren enden, nicht interessiert, dann sind vielleicht die gesellschaftlichen Probleme, die sich aus mangelnder

Integration großer Gruppen Jugendlicher ergeben, dazu angetan, auch über unkonventionelle Lösungen nachzudenken.

Aber die Zeiträume, in denen und für die Politik konzipiert und vollzogen wird, sind gleichzeitig zu kurz und zu lang, um adäquate und schnell greifende Alternativen zu entwickeln. Zu kurz, weil auch die Erfahrungs- und Vorstellungsräume der Wähler langfristig angelegte Konzepte nicht fassen und zugunsten kurzfristig sichtbarer "Erfolge" fallen lassen; zu lang, weil gerade in diesem Fall die simple Hochrechnung der demographischen Situation zeigt, daß die in den neunziger Jahren zu erwartenden Schüler- und Lehrlingszahlen bei gleichbleibenden Rahmenbedingungen einen erheblichen Mangel an Berufsnachwuchs erwarten lassen. Mit dieser Situation vor Augen ist die Bereitschaft zu strukturellen Eingriffen in den Ausbildungsbereich denkbar gering. Vielmehr glaubt man sich dadurch aus der Affäre ziehen zu können, daß jedes Jahr aufs neue zu Rekordangeboten an Lehrstellen aufgerufen wird und die weitgehende Unterbringung der Jugendlichen in irgendwelche Lehrstellen als politischer Erfolg gefeiert wird. Mit dem Abschluß eines Lehrvertrages allein sind die Probleme jedoch nicht aus der Welt geschafft. Zwar sind die Jugendlichen so für die Dauer der angetretenen Ausbildung versorgt, aber das traditionelle Problem der Fehlausbildung wird dafür nach dieser Zeit umso dringlicher.

Allerdings kann vollzeitschulische Ausbildung das Stellenproblem ebensowenig lösen wie das duale System. Aber es ist ein großer Unterschied, ob man sozusagen in doppelter Weise um seine Berufsperspektiven betrogen wird, indem man weder den gewünschten Beruf erlernen kann, noch später eine Anstellung im ungeliebten Beruf bekommt, oder ob man wenigstens eine den eigenen Neigungen entsprechende Ausbildung realisieren kann. Selbst wenn sie - wie ja in sehr vielen Fällen auch jetzt schon - fachlich für die spätere Berufstätigkeit nicht oder kaum gebraucht wird - nützlicher als eine demotivierende, weil ungewünschte Ausbildung ist sie allemal. Vor allem aus berufspädagogischer Sicht muß deshalb die Fehlleitung der Jugendlichen in nicht gewünschte Ausbildungsgänge als fatal erscheinen.

Aber wir dürfen in diesem Zusammenhang auch nicht die festgestellten Definitions- und Herrschaftsinteressen von Unternehmen und statushöheren Berufsgruppen wie den Ingenieuren vergessen, welche die Konstruktion der gewerblichen Berufe im industriellen Zeitalter maßgeblich bestimmt haben. Fachliche Qualifikation über ein bestimmtes, meist niedrig angesetztes Niveau ist nicht erwünscht und muß verhindert werden, damit nicht subjektiv das Verlangen nach Weiterbildung und kompetenzgerechter Position und Entlohnung provoziert wird.

So wird 1972 die Ausbildungszeit für einen Teil der industriellen Elektroberufe von dreieinhalb auf zwei Jahre verkürzt, zu einem Zeitpunkt, zu dem die mikroelektronische Entwicklung erst richtig einsetzt und der eher eine inhaltliche Neustrukturierung und Anpassung der Ausbildungsordnungen an die technologische Entwicklung gerechtfertigt hätte. Felix RAUNER und Klaus WEISENBACH (1984) stellen dazu fest, daß es "das durchgängige Leitziel für die zweijährig angelegten Elektroberufe ... (ist), die Auszubildenden zu befähigen, nach detaillierten Anweisungen zu handeln. Bei einer solchen Zielsetzung werden die Inhalte austauschbar und jeder Bildungsanspruch auf den Kopf gestellt" (S. 73).

Zwar gelten diese Ausbildungsordnungen auch 1985 noch, aber mittlerweile ist allen Beteiligten klar, daß sie von der gerade in diesem Bereich so rasanten technischen Entwicklung hoffnungslos überrollt worden sind und anders gefasst werden müssen. Die industriellen Elektroberufe werden insgesamt neu gegliedert und für alle wieder eine einheitliche Ausbildungsdauer von dreieinhalb Jahren eingeführt (BUNDESMINISTER FÜR BILDUNG UND WISSENSCHAFT 1985, S. 64-66).

Dennoch zeigt dieses Beispiel geplanter Qualifikationsverminderung, daß auch heute noch das eigentlich Fachliche in der nichtakademischen Berufsausbildung selten eine wesentliche Rolle spielt - und auch nicht spielen soll. Auch wenn in diesem speziellen Fall diese Absicht nicht in der gewünschten Weise mit der technischen Entwicklung in Einklang zu bringen war, so macht er doch deutlich, daß positive Arbeitshaltung, Ausdauer, Unterordnung, Lernfähigkeit und Flexibilität auf dieser Ebene der Betriebshierarchie gefragtere Personaleigenschaften sind, als technisches Wissen und seine Anwendung. Viele eignungsdiagnostische Auswahlverfahren für die Personalrekrutierung erfassen deshalb lediglich solche Dimensionen von Einstellung, Arbeitstugend und Anpassung und belegen die Priorität dieser Kriterien bei der Entscheidung über Anstellung oder Ablehnung von Bewerbern.

11.12 Verhinderung der Berufswahlfreiheit und die Wechsel der Zukunft

Dies ist auch Konsequenz andauernder Wandlungsprozesse, denen die Struktur der Berufe in der Folge dynamischer Veränderungen der Wirtschaftsbereiche ausgesetzt ist. Wenn allein in dem kurzen Zeitraum von zehn Jahren die Nachfrage nach Fachqualifikationen sich so grundlegend verändert, wie dies Abb. 6 eindrucksvoll zeigt, dann ist es kaum noch möglich, Berufsbildung als Vorbereitung für eine vierzig- bis fünfzigjährige Tätigkeit zu begreifen. Dadurch wird der Berufsbegriff vor allem im nicht-akademischen Bereich weiter relativiert; von der Aussicht auf eine lebenslange Tätigkeit im Einklang mit persönlichen Neigungen und fachlichen Fähigkeiten kann kaum noch die Rede sein.

Abb. 6: Veränderungen der Berufsstruktur 1973-1982

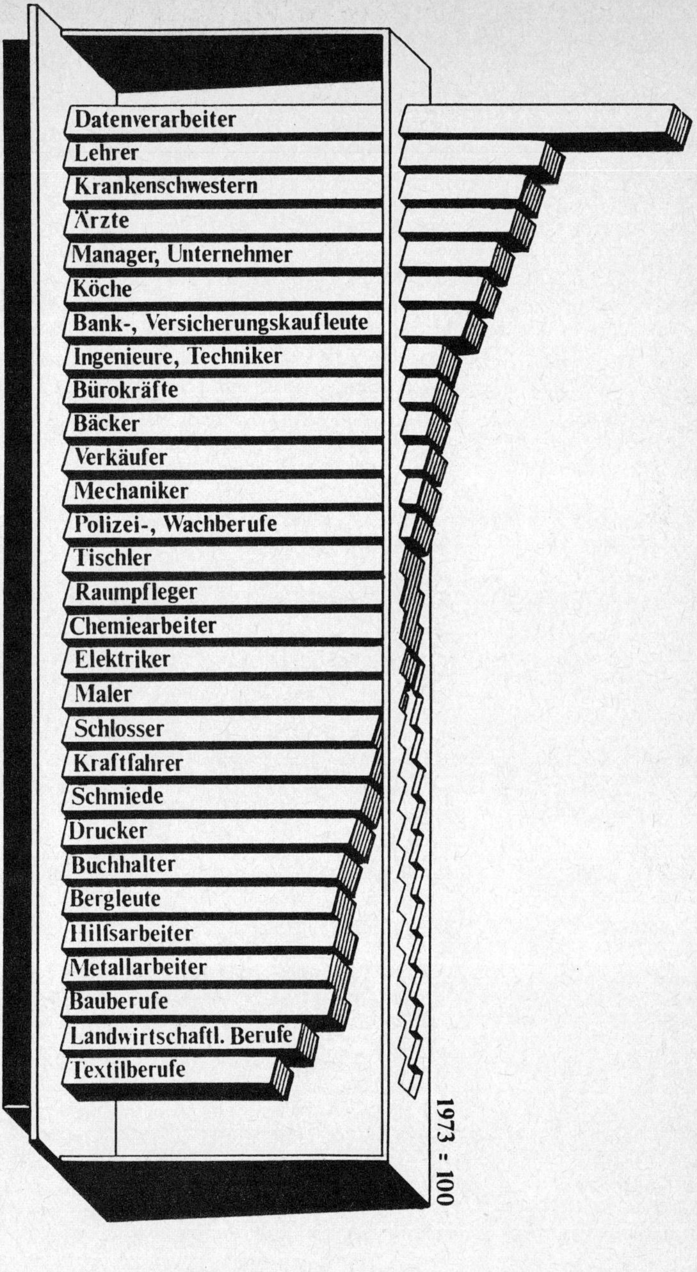

Quelle: Süddeutsche Zeitung vom 1. Oktober 1983

Allein deshalb darf so etwas wie eine Identifikation mit dem Beruf nicht entstehen, die spezielle Berufsarbeit nicht als Bezugspunkt übergreifender Sinngebung durch eine Interpretation als Arbeit an der Gesellschaft, darüber hinausweisender transzendierter Existenz und Quelle subjektiver innerer Befriedigung und Lebenserfüllung verstanden werden. Die damit verknüpfte Starrheit der Grenzen zwischen den Berufen wäre dysfunktional für das moderne, vom Entwurf her auf Dynamik angelegte Wirtschafts- und Beschäftigungssystem. Solche Abgrenzungen sind systemgerecht nur auf einer Ebene der hierarchischen Arbeitsorganisation zu akzeptieren, auf der die Konzipierung, Umsetzung und Leitung von Innovations- und Produktionsprozessen fachliches Grund- und Spezialwissen unumgänglich machen. Außerhalb solcher Leitungsfunktionen muß "Beruf" deshalb als etwas Äußerliches vermittelt werden, das man zur Sicherung materieller Grundlagen der eigenen Existenz instrumentalisiert.

Diese Distanzierung führt zum Verschwimmen der Grenzen zwischen den Berufsgruppen, die auch in der Berufsausbildung ihren Niederschlag finden muß. Sprach Wilhelm von HUMBOLDT 1809 vom allgemeinbildenden Schulunterricht als Medium zum Erwerb von Grundfertigkeiten für die sich wandelnden Anforderungen an den einzelnen im Verlaufe eines Lebens (cit. n.d. Ausg. 1956, S. 121; s.o.), so gilt diese Forderung heute in praktisch gleicher Weise auch für die berufliche Bildung. Konsequenterweise spricht man in der Arbeitsmarkt- und Berufsforschung daher nicht mehr von speziellen Fach-, sondern von allgemeinen "Schlüsselqualifikationen", die im Bildungsprozess zu erwerben sind. Die vorhergesehene Notwendigkeit mehrfachen Berufswechsels ist für die meisten Erwerbstätigen in dieser Definition von übergreifenden und nicht fachbezogenen Ausbildungszielen gleich mitgedacht, denn "je dynamischer, komplexer und unvorhersehbarer die gesellschaftliche, technische, wirtschaftliche und damit persönliche Umweltentwicklung verläuft, desto größere Bedeutung erhalten für die existenzielle Bewältigung von Herausforderungen solche Bildungselemente, welche Schlüsselcharakter haben" (Dieter MERTENS 1974, S. 40).

Nicht nur der antizipierte Wechsel, auch die inhaltlichen Veränderungen, denen gleiche Berufe im Verlaufe eines Berufslebens ausgesetzt sind, begründen Konzepte zur Herausbildung des flexiblen Habitus eines auf lebenslanges Lernen, Umlernen und Dazulernen eingestellten Arbeitnehmers in der beruflichen Erstausbildung. Auch unter diesem Aspekt wird der traditionelle Berufsbegriff obsolet, denn er spiegelt "vor allem in dynamischen Gesellschaften nicht mehr den Inhalt oder die Anforderungen einer Position im Erwerbsleben wider" (a.a.O., S. 38). Die inhaltliche Ausrichtung auf bereits bestehende Arbeitsplätze muß daher zwangsläufig über kurz oder lang ins Leere zielen, gleichzeitig sind jedoch sichere Prognosen über die Struktur zukünftiger Tätigkeiten und Arbeitsplätze unmöglich. Damit findet sich neben der statusbezogenen Abgrenzung höher bewerteter Berufe nach unten ein weiteres Argument für die nurmehr sekundäre Orientierung nicht-akademischer Berufsausbildung an fachlich-technischen Inhalten. Wo Mobilität die Regel ist, werden Bereitschaft und Flexibilität der Arbeitnehmer zur Anpassung an Innovationen und fremde Berufsfelder zur wichtigsten Fähigkeit.

Ähnlich wie die allgemeinbildende Schule dient daher auch die berufliche Erstausbildung eher der Vermittlung und Herausbildung abstrakter Verhaltensdispositionen. Von diesen Intentionen her gleichen sich damit die Inhalte von Allgemeinbildung und Berufsbildung immer mehr an, der niedere Status der Berufsbildung wird dadurch jedoch nicht aufgehoben. Nicht fest umschriebene Fähigkeiten zur Lösung strukturell gleichbleibender oder innerhalb eines fest abgesteckten Rahmens variierender Aufgaben sind die Orientierungspunkte dieser Berufsbildung, sondern die konkrete Unbestimmtheit der sich wandelnden Tätigkeitsanforderungen.

"Schlüsselqualifikationen sind demnach solche Kenntnisse, Fähigkeiten und Fertigkeiten, welche nicht unmittelbaren und begrenzten Bezug zu bestimmten, disparaten praktischen Tätigkeiten erbringen, sondern vielmehr a) die Eignung für eine große Zahl von Positionen und Funktionen als alternative Optionen zum gleichen Zeitpunkt und b) die Eignung für die Bewältigung einer Sequenz von (meist unvorhersehbaren) Änderungen und Anforderungen im Laufe des Lebens" (Dieter MERTENS 1974, S. 40).

Jedoch halten sich selbst die Unternehmer kaum an solche Konzepte. Ihr langfristiges Interesse mag zwar in diese Richtung zielen, kurzfristig wollen sie Anlern- und Weiterbildungskosten sparen und genau auf den jeweiligen vakanten Arbeitsplatz zugeschnittene Fachkräfte, die der Arbeitsmarkt in dieser Spezialität gar nicht bieten kann und entsprechend dem berufspädagogischen Ansatz der Basisqualifikationen auch gar nicht bieten soll. Die Unternehmer verhalten sich also widersprüchlich. Nimmt man das Konzept der Schlüsselqualifikationen, der flexiblen, unspezialisierten, eher abstrakten und weniger fachbezogenen Qualifikationen beim Wort, dann wird die berufsbezogene, durch die oft enge Spezialisierung der Betriebe begrenzte Ausbildung im dualen System obsolet. Die Kammern haben das auch erkannt und mit der zunehmenden Einrichtung überbetrieblicher Ausbildungsstätten eine ihren Vorstellungen entsprechende Lösung parat (s.o.). Nicht nur, daß sich das duale System in manchem Bereich dadurch in Wirklichkeit längst zu einem System von drei Lernorten gewandelt hat, in dem neben dem Betrieb und der Berufsschule noch die Kurse an solchen produktionsfernen Ausbildungszentren dazukommen - die Berufsschule wird damit noch unbedeutender. Schließlich besteht mit ihr längst eine überbetriebliche Einrichtung, in der eine systematischere und gründlichere Schulung und Ausbildung als in vielen, vor allem kleineren und mittleren Betrieben, möglich ist. Die Vergrößerung des Berufsschulanteils in den Ausbildungsplänen wäre deshalb die einfachste und sinnvollste Lösung gewesen.

Genau das widerspricht jedoch den Interessen nahezu aller Unternehmer, welche die ungeliebte Berufsschule ohnehin lieber ganz abschaffen würden, als ihr auch nur die geringste Möglichkeit zu einer Aufwertung zu geben.

Wenn aber eher abstrakte, an das Konzept von Allgemeinbildung angelehnte Schlüsselqualifikationen verlangt werden, deren Transferierbarkeit auf unterschiedliche Arbeitsfelder sowohl den zukünftigen Qualifikationsbedarf decken als auch den einzelnen befähigen soll, mit ganz unterschiedlichen Anforderungen im Verlaufe seines Arbeitslebens zurechtzukommen, dann liegt auch hier die Forderung nach der Einführung vollzeitschulischer Ausbildung mehr als nahe. Die einzelnen Betriebe sind oftmals gar nicht in der Lage, eine so umfassende Ausbildung zu arrangieren und den Berufsschulen wird kaum eine Chance gelassen, die betrieblichen Defizite auszugleichen. Analog den Einrichtungen des allgemeinbildenden Schulwesens könnte eine vollzeitschulische Ausbildung nahezu flächendeckend angeboten werden und eine flexible und nicht durch Betriebsgrenzen und -interessen behinderte Berufsbildung gewährleisten. Nur über eine solche Organisation des Berufsbildungsbereiches wäre die im Grundgesetz verbriefte Berufswahlfreiheit auch in Situationen zu gewährleisten, in denen die Zahl der Bewerber um Lehrstellen die angebotenen Ausbildungsmöglichkeiten bei weitem übersteigt.

Zwar sind die materiellen Lebensbedingungen und die soziale Absicherung der grundlegenden Daseinsrisiken seit dem Ende des 19. Jahrhunderts, als die Fortbildungsschule immer mehr durchgesetzt wurde, durchgreifend und in einem damals kaum vorstellbaren Ausmaß verbessert worden, ein ebenso grundlegender Wandel im Verständnis gewerblich-technischer Bildung ist jedoch ausgeblieben. Das Bündnis des unternehmerischen Patriarchalismus mit dem starken Staat gegen die Arbeiteremanzipation, gegen Gewerkschaften und Sozialdemokraten ist zwar längst hinfällig geworden und offeneren, demokratischen Auffassungen von Staat und Gesellschaft gewichen, die alten Konzepte von Sozialdisziplinierung, Kompetenzbeschränkung und Aufstiegsverhinderung in der nicht-akademischen Ausbildung sind im Prinzip jedoch geblieben. Der Ausbau des sogenannten Zweiten Bildungsweges nach 1945 hat zwar zur ansatzweisen Aufhebung der verhängnisvollen Trennung von allgemeiner und beruflicher Bildung ein wenig beigetragen, ist aber bis heute von allenfalls untergeordneter Bedeutung für den beruflichen Aufstieg. Ein Ausbau der vollzeitschulischen Berufsausbildung - wie sie den Akademikern ja auch geboten wird - zur Ablösung des dualen Systems könnte langfristig die Aufhebung der Trennung von der sich inhaltlich ohnehin immer mehr angleichenden allgemeinen und beruflichen Bildung auch formal bewirken, zudem kurzfristig die Freiheit der Berufswahl wenigstens für die Ausbildung garantieren und gleichzeitig die fachlichen Kenntnisse in vielen Berufszweigen verbessern.

Bislang sind vollzeitschulische Angebote wie das Berufsgrundbildungsjahr aber eher Verlegenheitslösungen zur Verschönerung der Arbeitslosenstatistiken als wirkliche Konzepte zur Verbesserung der beruflichen Bildung. Nur über die Freiheit der Berufswahl schließlich könnte sich Georg KERSCHENSTEINERs "Berufsegoismus" als grundlegende Motivation für Berufsbildung unabhängig von Schwankungen und Strukturkrisen des Arbeitsmarktes entwickeln. Trotz der immer wiederholten pauschalen Klagen über mangelnde Bildungsgrundlagen und Bildungsbereitschaft der Jugendlichen: Genau das entspräche weder den Interessen der meisten Unternehmer noch denen der Ingenieure und anderer akademischer Berufsgruppen, die Konflikte mit den durch fundierte und übergreifende fachliche Bildung vermittelten Fähigkeiten zu selbständigem Arbeiten und dem daraus erwachsenden Selbstbewußtsein der Mitarbeiter für Verteidigung und Sicherung ihrer Positionen befürchten müssten.

12. UNIVERSITÄT UND HOCHSCHULE

12.1 Von der dogmatischen Disputation zur "Erzeugung des Wissens"

'Universitas' bezeichnet im Lateinischen das Ganze, Umfassende, die Vielfalt und das Nicht-Spezielle. Die Universität ist dementsprechend der Ort allgemeiner und uneingeschränkter Bildung und Wissenschaft. In ihren Anfängen im Schoß der Kirche jedoch bleibt sie eingeschränkt und speziell. Aber nur aus heutiger Sicht. Für das noch unangetastete und in sich geschlossene Weltbild des katholischen Mittelalters ist Gott Schöpfer und Quell des Weltalls und seines Mittelpunktes: der Erde. Das Streben nach Erkenntnis kann deshalb nur den einen Zweck haben: in jedem Detail der Schöpfung die Universalität Gottes zu finden und zu bestätigen. Die Theologie ist deshalb zunächst die einzige 'Wissenschaft', die an den wenigen und kleinen, zudem vom Papst formell errichteten Universitäten gelehrt wird. Aber ihr alles umfassender Anspruch läßt nicht nur die Beschäftigung mit vielen Wissensgebieten zu, sondern fordert sie geradezu. Neben den für den praktischen Theologen so wichtigen Fächern wie Grammatik, Rhetorik und Dialektik etablieren sich die artes reales der Astronomie, Arithmetik, Geometrie und Musik als Teilgebiete, in denen die gelehrten Theologen den inneren Zusammenhängen des Reiches Gottes auf die Spur zu kommen versuchen. Nicht etwa durch selbständige Forschung, wie wir sie heute von den Universitäten erwarten, sondern durch die Erläuterung der vorgegebenen Sinndogmen in Vorlesungen und Disputationen.

Die Rekonstruktion der Welt mit den Versatzstücken der über vorurteilslose Methoden von Einzelwissenschaften hergestellten Erkenntnis ist nicht das Ziel der Professoren und Magister - schließlich sind Sinn und Ordnung längst in Gottes unerschöpflichem Willen offenbart - sondern die Erklärung und Rechtfertigung der in sich ruhenden und fertigen Welt. Bestärkt werden sie in diesem Gefühl vom unerschütterten Wissen durch die nie wieder erreichte Universalität und Einheit von Lehre und Sprache: alle Universitäten Europas sind prinzipiell dem gleichen Kanon von Lehrinhalten verpflichtet, an ihnen wird ausschließlich in der Kirchensprache Latein unterrichtet, so daß sich alle Gelehrten ohne Sprachbarrieren miteinander verständigen und die Studenten darauf bauen können, daß ihre Examina überall und unterschiedslos anerkannt werden. Das gilt selbst für das Recht, das sich neben der Philosophie früh als relativ selbständiges Fach etabliert. Aus ganz praktischen Erwägungen: Verteidigung und Stabilisierung des Machtanspruchs der Kirche im Rahmen der Feudalherrschaft und vor dem Hintergrund aufkommender weltlicher Begehrlichkeiten erfordern Kompromisse, wo man sich nicht ohne weiteres durchsetzen kann, komplizierte Regelwerke und schlüssige Argumentation. Das Recht ist also zunächst nicht an Nationen gebundenes Kirchenrecht. Aber nicht nur die Kirche bedient sich dieses Sachverstands, auch die weltlichen Mächte wissen die Vorzüge rechtsgelehrter Absicherung von Politik und Verwaltung zu schätzen. So gewinnt die Jurisprudenz mehr und mehr an Eigenständigkeit gegenüber der alles beherrschenden Theologie. Aber erst mit dem Verfall der kirchlichen Einheit und Autorität durch Reformation und Säkularisierung wird langfristig der Weg geebnet für die Entwicklung unabhängiger Wissenschaften. Zunächst jedoch führt die Verstaatlichung der Universitäten ab der 2. Hälfte des 16. Jahrhunderts nur zu neuen Abhängigkeiten. An die Stelle der kirchlichen Dogmen tritt die landesherrliche Aufsicht durch spezielle Kommissionen "mit dem Auftrag, Leben und Lehre der Professoren zu erforschen. Auf ihren Bericht, der sich auf Aussagen der Beteiligten und Beobachtungen stützt, erfolgt dann, was man am Hof zu verfügen für notwendig hält. ... Es ist der Polizeistaat, der sich hier ankündigt; bald gibt es kein Gebiet der Lebensbetätigung, in das nicht die Regierung des Mandanten eingriffe". So schildert der Berliner Philosoph und Bildungshistoriker Friedrich PAULSEN in seiner berühmten, 1882 fertiggestellten "Geschichte des gelehrten Unterrichts" (cit.n.d. 2., erw. Aufl. 1919, S. 257) die Folgen der, wie er es nennt, "Territorialisierung der Universitäten" nach der Reformation, die an der Beschränkung auf die "Überlieferung eines gegebenen Lehrbestandes" (a.a.O.) grundsätzlich nichts ändert.

Auch die protestantischen Universitäten sind so wenig frei wie vordem die katholischen; sie sollen nicht forschen und in Frage stellen, sondern lehren und unterweisen. Nur ist der Rahmen jetzt nicht mehr universell gültig wie an den internationalen Universitäten des katholischen Mittelalters, sondern gebunden an landesherrliche Glaubensbekenntnisse und Horizonte. Die Examina gelten oft nur in dem Land, in dem sie abgelegt wurden, denn manche Landesfürsten behindern das auswärtige Studium, indem sie den Staatsdienst für Absolventen fremder Universitäten verschließen. Schließlich ist es Aufgabe der Universitäten, loyale Staatsdiener für die partikularen Interessen der deutschen Kleinstaaten heranzubilden. Der freie Austausch zwischen den Fürstentümern stünde diesen Interessen entgegen.

Auch und gerade die Bildungseinrichtungen sind eine nicht geringe Gefahr für den deutschen Partikularismus, denn ihre Inhalte lassen sich langfristig kaum auf die beengten Grenzen zurechtstutzen, die historischen und kulturellen Gemeinsamkeiten der deutschen Länder nicht durch Erlaß beseitigen. Nationalerziehung aber ist, wie schon beim Kindergarten im sechsten Kapitel zu sehen war, unter diesen Umständen revolutionär und wird entschieden bekämpft. So entwickeln sich die Universitäten zu kleinkarierten Instituten mit vorgegebenen und wenig anspruchsvollen Lehrinhalten. Die Beschränktheit der Landesfürsten hat jedoch auch ihre Vorteile: wer in dem einen Kleinstaat durch falschen Glauben oder gar Kritik seine Anstellung verliert, wird nicht selten gerade deshalb im nächsten mit offenen Armen empfangen und kann dort weiterhin der Lehre nachgehen (Friedrich PAULSEN, 2. Aufl. 1919, S. 263). So entwickelt sich zwar eine gewisse Pluralität, aber kaum Freiheit, denn die Lehrmeinungen bleiben abhängig von den Vorgaben und Zustimmungen der Landesherren. Von Forschung kann an den Universitäten ohnehin noch immer nicht die Rede sein. Ihr Fehlen unterstreicht die Stagnation des Wissens und die Beliebigkeit der vermittelten Inhalte an den Universitäten.

In der Darstellung Friedrich PAULSENs manifestiert sich der Umbruch zuerst in der Person des Philosophen Christian Wolf, der in deutscher Sprache an der 1694 eingeweihten Universität Halle lehrt. Philosophie ist für ihn nicht mehr nur Hilfswissenschaft zur Abstützung der unverrückbaren theologischen Lehrgebäude, sondern die zentrale Wissenschaft, welche die Ergebnisse der Mathematik, Physik, Astronomie, Ethik, Naturrecht, Ökonomik usw. wie ein Mosaik zusammenzusetzen versucht und zur Grundlage der Erklärung der unfertigen und sich wandelnden Welt macht. Der Konflikt bleibt nicht aus: Christian WOLF muß bei Androhung der Todesstrafe Halle verlassen und übersiedelt nach Marburg. Aber nicht für immer: 1740 wird er nach Halle zurückberufen und kann dort sein Werk fortsetzen (a.a.O., S. 542). Schließlich läßt der Zerfall nach der Reformation kein einheitliches Weltbild mehr zu. Es ist nicht mehr gegeben, sondern muß, für jeden sichtbar, mühsam rekonstruiert werden. Das Auftreten konkurrierender Theologien, das Nebeneinander verschiedener Weltinterpretationen relativiert sie und ihren jeweiligen Absolutheitsanspruch, zeigt bis zu einem gewissen Grade ihre Beliebigkeit. Die Zerstörung der alten Gewissheiten verunsichert zwar, führt aber auch zur Suche nach neuen Wegen, öffnet die Augen für gesellschaftliche Zustände und historische Entwicklungen. In der Folge ändert sich selbst die theologische Betrachtungsweise. Statt sie wie vordem zur Grundlage der Dogmatik zu machen, werden nun "die heiligen Schriften zum Objekt der Untersuchung; sie (die Theologie; J.W.M) sah, daß jede Zeit ihren Inhalt angeeignet und entsprechend dem Locale (=Milieu; J.W.M.) ... zum Lehrsystem verarbeitet habe" (a.a.O., S. 543; Hervorh. i. Orig.).

Der eigentliche Durchbruch der neuen Universität gelingt jedoch erst 1810 mit der Neugründung der Berliner Universität. Vorher sehen sich die Universitäten oftmals vernichtender Kritik gegenüber. Wie schon hundert Jahre zuvor der rastlose Universalgelehrte Gottfried Wilhelm LEIBNITZ kein gutes Haar an den zurückgebliebenen Universitäten seiner Zeit läßt und deshalb 1700 die Gründung der Preußischen Akademie der Wissenschaften veranlaßt, wendet sich auch der Philosoph Johann Gottlieb FICHTE gegen die pedantische und scholastische Wiederkäuerei der Universitäten und will an ihrer Stelle "Kunstschulen des wissenschaftlichen Verstandesgebrauchs" setzen, in denen "zur Erzeugung des Wissens angeleitet werde" (cit.n. Friedrich PAULSEN, 3. Aufl., 1921, S. 256). Zwar gibt es, wie z.B. mit Halle, die eine oder andere Ausnahme, die meisten Universitäten sind aber auch im 18. und im beginnenden 19. Jahrhundert noch weitgehend Stätten verstaubter Theorien und musealer Bildung.

Daß auch der Staat seine Probleme mit ihnen hat, machen die durchaus ernsthaften Überlegungen des zuständigen preußischen Ministers von MASSOW deutlich, der Ende des 18. Jahrhunderts der Abschaffung der Universitäten zuneigt und stattdessen berufsbezogene Fachschulen einrichten will. Letztlich entschließt man sich jedoch, die seit 1799 offiziell diskutierten Pläne einer eigentlichen Universitätsreform durchzuführen. Aber erst nachdem Wilhelm von HUMBOLDT 1809 zum Direktor der Sektion Kultus und Unterricht im Innenministerium berufen ist, wird der Entschluß Realität; vorher allerdings geht mit den großen Gebietsverlusten Preußens in den napoleonischen Kriegen auch die fortschrittliche Universität Halle verloren, deren Verlust auszugleichen ist. Die Neugründung fängt jedoch nicht am Nullpunkt an: sie faßt die vielen wissenschaftlichen Einrichtungen und Institute Berlins inklusive der Akademie der Wissenschaften unter einem Dach des neuen Typus der auf Forschung und Lehre gegründeten Universität zusammen und wird damit zu Prototyp und Modell der modernen Universität in Deutschland.

12.2 Verbindung von Studium und Amt: die studentischen Privilegien

Wer sind nun die Studenten, die diese Einrichtungen besuchen? Zu Anfang ist es der Priesternachwuchs, den die Kirche auf diese Weise schult und für seine Aufgaben vorbereitet. Dabei versteht sie es, ihre Vorherrschaft auch in den armen Volksschichten zu verankern, indem sie nicht zuletzt Söhnen aus der abhängigen Bauernschaft über diese Ausbildung den Zugang zum niederen Klerus eröffnet. Zwar sind es vordringlich eigene Interessen, die sie damit verbindet, sie entlastet aber auch die Familien von den nachgeborenen Söhnen, mildert deren Existenzprobleme und trägt so zur Stabilisierung der sozialen Ordnung bei. Sie kann sich ihren Gläubigen als volksnah präsentieren, braucht deshalb aber keinen gesellschaftlichen Wandel durch den Aufstieg der Bauernsöhne zu befürchten. Dafür sorgt das Zölibat: Die Ehe- und Kinderlosigkeit der Priester verhindert Forderungen nach Statuserhalt für ihren Nachwuchs; die Kirche kann sich, ohne Rücksicht auf solche Ansprüche nehmen zu müssen, immer wieder im gleichen Ausmaß des Reservoirs der armen Leute bedienen, sich damit als Teil des Volkes darstellen und ihre Herrschaft festigen.

Die zunehmende Säkularisierung, die sich bereits in der bescheidenen Fächerdifferenzierung an den mittelalterlichen Universitäten andeutet, findet ihren Ausdruck auch in der Struktur der Studentenschaft. Die Unterweisung in Heilkunde oder Recht ist nicht mehr nur das Privileg von Theologen. Mit der Professionalisierung der Verwaltung, des Rechtsprechens und des Heilens erhalten die Universitäten tendenziell auch die Funktion von Ausbildungseinrichtungen für die entstehenden bürgerlichen Berufe. Vor allem nach der Reformation und der anschließenden Partikularisierung des Reiches. Schließlich bedarf die Durchsetzung des Herrschaftsanspruchs der Landesfürsten auch eines neuen Verwaltungsapparates, werden loyale und fähige Staatsdiener gebraucht.

An erster Stelle haben die Landesuniversitäten deshalb zur Ausbildung des Verwaltungspersonals beizutragen. Die enge Verknüpfung von landesherrlicher Konfession und staatlicher Gewalt bringt es mit sich, daß den Pfarrern vielfach zunächst auch eine wesentliche Aufgabe im Rahmen der Herrschaftsausübung auferlegt wird. Langfristig verlieren sie jedoch ihren Einfluß und die säkulare und professionalisierte Verwaltung nimmt mehr und mehr an Bedeutung zu. In Preußen wird seit Anfang des 18. Jahrhunderts ein Universitätsstudium (in der Regel Jura) zur Voraussetzung des Eintritts in den Staatsdienst gemacht, 1770 darüber hinaus eine Beamtenprüfung eingeführt, die für bestimmte höhere Laufbahnen Voraussetzung wurde (Konrad H. JARAUSCH 1984, S. 15). Damit werden Studium und Examen zu formalen Berechtigungen, die Universitäten zum Ort amtlicher Bestätigung notwendiger Voraussetzungen für den privilegierten Staatsdienst. Auch das grenzt natürlich ihre Freiheit ein: Welcher Fürst will schon, daß seine künftigen Staatsdiener kritisch und unabhängig urteilen, die vorurteilslose Suche nach Wahrheit vor die unbedingte Treue zu ihm und zum Staat setzen? Wissenschaft im Sinne unabhängiger Forschung ist deshalb auch das Geschäft dieser Universitäten nicht.

Das wirkt jedoch keineswegs abschreckend. Im Gegenteil, die Verbindung von Studium und Amt erweist sich für viele langfristig als attraktiv. Zudem entsteht mit der wachsenden Verwaltung eine neue und durch ihre Schlüsselstellung einflußreiche gesellschaftliche Gruppe. Keine Frage, daß sie den neuerworbenen Status an ihre Kinder weitervererben will. Sie ist es vor allem, die Einfluß auf die Schulen nimmt, die sich mit den Lehrern verbündet, um die unterbürgerlichen Schichten vom Gymnasium und anderen höheren Schulen zu verdrängen (vgl. Kapitel 3) und die versucht, ihnen den Zugang zum Studium zu versperren. Denn die Zahl der Studenten muß klein gehalten werden, um den direkten Weg zu den attraktiven Ämtern nicht durch Konkurrenz zu verstellen.

Nicht allein die Perspektive einer Anstellung in Verwaltung und Rechtspflege macht das Studieren attraktiv; selbst wenn diese Aussicht nicht bestünde: die den Studenten zugebilligten Exemtionen machen das Studium selbst zu einem lohnenswerten Ziel, ist es doch ein Ausweg "aus den harten Zwängen der (oft lebenslänglichen) militärischen Dienstpflicht", wie Hans-Georg HERRLITZ (1973, S. 39) in seiner Studie über das "Studium als Standesprivileg" anmerkt. Was als das Vorrecht höherer Stände gedacht war, erweist sich damit in vielerlei Hinsicht als verlockend auch für die Söhne unterbürgerlicher Eltern. Da der Zugang zu den Universitäten zunächst nicht formal durch Prüfung geregelt ist, wird das Studium an der Universität zum einzigen Ausweg, den vielfach erbärmlichen Lebensverhältnissen im niedergehenden alten Handwerk oder in den staatlichen Manufakturen zu entgehen. "Es überrascht daher nicht, wenn unter diesen Bedingungen die Aussicht auf ein Studium und auf ein noch so gering besoldetes Amt sehr viel attraktiver war als die kümmerliche und unsichere Existenz des väterlichen Berufs" (a.a.O., S. 38).

In Verbindung mit einem offensichtlich recht ausgebauten Stipendienwesen ist vor allem das Theologiestudium für viele das Instrument für den Aufstieg in die sich formende bürgerliche Gesellschaft des 18. und 19. Jahrhunderts. Trotz aller zeitgenössischen Kritik an dieser "Pauperisierung des Studiums", an der "Überfüllung" der Studiengänge: die Studentenzahlen sind minimal (im Durchschnitt sind etwa je dreihundert Studenten an den Universitäten immatrikuliert; a.a.O., S. 34), an der privilegierten Herkunft besteht kaum Zweifel: Verglichen mit der sozialen Struktur der Bevölkerung ergibt sich für die Bildungschancen im Vormärz das Bild einer auf dem Kopf stehenden Pyramide: "Aus etwa 2 % der Bevölkerung (den Gebildeten) rekrutieren sich über 50 % der Studenten; mittlere Schichten waren etwa ihrer Größe nach vertreten; aber die ungefähr 50 % der Unterschichten stellen weniger als 2 % der Studierenden" (Konrad H. JARAUSCH 1984, S. 30).

Daß es trotzdem schon vorher, Ende des 18. Jahrhunderts, zu ersten Auseinandersetzungen über die vermeintlich zu hohen Studentenzahlen kommt, macht auf drei wesentliche Konflikte aufmerksam: 1. den Kampf zwischen dem sich erst mühsam etablierenden und seine Position absichernden Bürgertum und den Teilen der unterbürgerlichen Schichten, die durch ihre Aufstiegsmotivation diese Bemühungen gefährden; 2. den Konflikt zwischen Universität und Militär, der in den Privilegien der Studenten angelegt ist, die das Studium per se erstrebenswert machen und damit das Militär um einen Teil seines Nachwuchses bringt; 3. die Konkurrenz zwischen den Universitäten und dem Staat als expandierendem Unternehmer im Zeitalter des Merkantilismus, der angesichts der Knappheit an willigen Arbeitskräften zumindest Teile der Studentenschaft lieber in seinen Manufakturen beschäftigt sehen möchte (vgl. Hans-Georg HERRLITZ 1973, S. 37 ff.).

Seit 1708 gibt es deshalb in Preußen immer wieder Einschränkungen des Immatrikulationsrechts, die schließlich 1788 mit der Einführung des Abiturientenexamens (zumindest für die Stipendien) als formales Zugangskriterium für die Universitäten gipfeln. In der Folge nimmt zwischen 1740 und 1800 die Zahl der Studenten an den Universitäten um fast ein Drittel ab. Auch, weil sie, noch immer Gefangene ihrer zweifelhaften Tradition, weder ein attraktives Gegenmodell noch einen Beitrag zur Erfüllung des nicht minder zweifelhaften neuen höfischen Bildungsideals bieten können, das mit Galanterie, Reiten, Tanzen und Fechten französische Kultur, adelige Tugenden und großherrliche Lebensstile in den Vordergrund stellt (Konrad H. JARAUSCH 1984, S. 14). In Konkurrenz zu den Universitäten etablieren sich deshalb Ende des 17., Anfang des 18. Jahrhunderts die sogenannten "Ritterakademien" und werben für längere Zeit erfolgreich um einen Teil der privilegierten männlichen Jugend. Umso verwunderlicher ist die Reaktion der Professoren. Denn obwohl eindeutig auch gegen eine Expansion der Universitäten gerichtet, findet die gegen die klein- und unterbürgerlichen Schichten gerichtete Restriktionspolitik selbst vor diesem Hintergrund ihren nahezu ungeteilten Beifall. Aber die Professoren leben auch von Gebühren und Kolleggeldern, die vor allem von den bemittelten Studenten zu entrichten sind. Die mittellosen Stipendiaten sind von solchen Abgaben befreit. Folglich liegt den Professoren an einträglichen adeligen und reichen Studenten und nichts an den armen vom Staat unterstützten Aufsteigern.

12.3 Die "unmaßgeblichen Gedanken" des Wilhelm von Humboldt oder die Universität zwischen "Menschenbildung" und Berufsakademie

Nachdem 1815 mit nur etwa 2.700 Neueinschreibungen ein extremer Tiefpunkt für die Universitäten erreicht wird, steigen die Studentenzahlen sprunghaft an. Innerhalb weniger Jahre verdreifachen sie sich. Der Nachholbedarf durch die napoleonischen Kriege, die dadurch bedingten Ausfälle, aber auch der weitere Ausbau von Verwaltung und Bildungswesen führen zu einem für die damalige Zeit bemerkenswerten Wachstum der Universitäten. Vor allem der mit der Einführung des wissenschaftlich gebildeten Lehrers vollzogene erste Schritt zu einer Professionalisierung der Lehrerschaft vergrößert die Bedeutung der Universitäten. Das Bestehen der 1810 in Preußen eingeführten Examensprüfung "pro facultate docendi" wird zur Voraussetzung des Unterrichtens in den Oberklassen der höheren Schulen und der Gymnasien für alle Lehrer, die nicht den Magister- oder Doktorgrad einer preußischen Universität vorzuweisen haben. Damit wandelt sich das Lehramt von einer Durchgangsstation zu einem Lebensberuf, wie Rainer BÖLLING (1983, S. 20) schreibt: "Vorher wurde der Unterricht an den gelehrten Schulen zumeist von Theologen erteilt, die auf eine Pfarrstelle warteten, teilweise auch von solchen, die sich vom geistlichen Amt abgewendet hatten".

Die nunmehr vereinheitlichte und staatliche Prüfung der Lehrer, die vordem Sache der einzelnen Schulträger war, macht aus ihnen eine weitgehend homogene Gruppe, vor allem durch ihre inhaltliche Normierung. Denn gemäß den nunmehr zur Maxime gemachten neuhumanistischen Bildungsidealen sind Griechisch und Latein die wesentlichen Prüfungsfächer, deren nachgewiesene Beherrschung zur Erteilung der Lehrbefähigung führt. Zwar hat das Latein als Gelehrtensprache, als universelles Verständigungsmittel mit den nachreformatorischen Grenzziehungen zwischen Sprachräumen, Territorien und Konfessionen seine Bedeutung verloren, hier jedoch entsteht es neu und jeder vordergründigen Nützlichkeit entkleidet als reines Mittel zur Hervorbringung des wirklichen "Menschentums". Es ist auch nicht mehr die abgeschliffene, lebendige Sprache des täglichen Gebrauchs, Mittel zur Verständigung in Kirche und Unterricht, sondern das klassische, tote Latein, die abgehobene literarische Hochsprache des Altertums, in der Lehrer und Schüler gleichermaßen ihre artistischen Fähigkeiten zu beweisen haben. Parallel zur Umorganisation und Neubegründung der Universität erfährt so auch das höhere Schulwesen entscheidende Veränderungen. Das wiederum hat Rückwirkungen auf die Struktur und die Funktion der Universitäten. Neben der Bildung der Theologen, der Juristen für Verwaltung und Richteramt und des eigenen Nachwuchses übernimmt die Universität jetzt auch die der Lehrer des höheren Schulwesens.

Genau darin liegt jedoch der ganze Widerspruch der neuhumanistischen Bildungswirklichkeit. Keinesfalls sollen ja der Idee nach die Schulen und noch viel weniger die Universitäten einer Berufsausbildung dienen. Vielmehr beabsichtigen sie nur Wissenschaft und Menschenbildung. "Der Universität ist vorbehalten, was nur der Mensch durch und in sich selbst finden kann, die Einsicht in die reine Wissenschaft" schreibt Wilhelm von HUMBOLDT 1809 in seinen "Unmaßgeblichen Gedanken..." (cit. n.d. Ausg. 1956, S. 79). In einer unvollendet gebliebenen Denkschrift bemerkt er ein Jahr später zur "Inneren und äußeren Organisation der hohen wissenschaftlichen Anstalten in Berlin": "Da diese Anstalten ihren Zweck nur erreichen können, wenn jede, soviel als möglich, der reinen Idee der Wissenschaft gegenübersteht, so sind Einsamkeit und Freiheit die in ihrem Kreise vorwaltenden Prinzipien... (a.a.O., S. 82).

Diese Freiheit, der nicht vorgezeichnete und allein aus der Sache selbst begründete Weg zur Erkenntnis, die vita contemplativa der Gemeinschaft der Gelehrten und der Studenten, die vom Staat losgelöste "äußere Muße oder inneres Streben zur Wissenschaft und Forschung" (a.a.O., S. 83) an den Universitäten steht in der Tat in bemerkenswertem Gegensatz zur harten sozialen Funktion des Studiums. Als Bestandteil der strengen Zugangsregeln zu den privilegierenden Positionen im Staatsdienst bedeutet es für die Studenten etwas ganz anderes: weniger Freiheit und Muße, sondern den formalisierten Weg zum Erwerb einer amtlichen Berufsberechtigung. Das in dieser Schrift niedergelegte Konzept HUMBOLDTs trägt dem in seiner Tendenz durchaus Rechnung: Träger von Wissenschaft und Forschung ist nicht die Universität allein, sondern in ihrer reinsten Form die Akademie der Wissenschaften. Denn

"die Universität ... steht immer in engerer Beziehung auf das praktische Leben und die Bedürfnisse des Staates, da sie sich immer praktischen Geschäften für ihn, der Leitung der Jugend, unterzieht; die Akademie aber hat es rein nur mit Wissenschaft an sich zu tun... Auf diese Weise muß die Idee einer Akademie als die höchste und letzte Freistätte der Wissenschaft und die vom Staat am meisten unabhängige Korporation festgehalten werden" (a.a.O., S. 88).

Dieser Aspekt des in sich bereits nicht ganz widerspruchsfreien Konzepts von HUMBOLDT setzt sich so jedoch nicht durch. Vielmehr vereinigen die Universitäten Forschung und Lehre nicht allein dadurch, daß die Akademiemitglieder ("Akademiker") auch an ihr lehren, sondern vor allem durch das Ansichziehen der Forschung. Im Idealfall entwickeln die Professoren ihre Lehre parallel und mit Bezug zur eigenen wissenschaflichen Arbeit, der sie frei und ohne staatliche Gängelung nachgehen. Auch diese Idee ist angelegt in den Schriften des großen Reformers. Ähnlich wie Heinrich von KLEIST in seinem berühmten Essay "Über die allmähliche Verfertigung von Gedanken beim Reden" raisonniert, sieht Wilhelm von HUMBOLDT die Lehre nicht als bloße Wiedergabe, als Ausfluß der Forschung, sondern als wichtigen Bestandteil des Erkenntnisprozesses selbst:

"Denn der freie mündliche Vortrag vor Zuhörern, unter denen doch immer eine bedeutende Zahl selbst mitdenkender Köpfe ist, feuert denjenigen, der einmal an diese Art des Studiums gewöhnt ist, sicherlich ebensosehr an, als die einsame Muße des Schriftstellerlebens oder die lose Verbindung einer akademischen Gemeinschaft. ...Das Universitätslehren ist ferner kein so mühevolles Geschäft, daß es eine Unterbrechung der Muße zum Studium und nicht vielmehr als Hülfsmittel zu demselben gelten müßte" (a.a.O., S. 87).

So überlebt sich die Trennung vom forschenden Akademiker und lehrenden Professor, die real auch kaum je in dieser Schärfe bestand, und schließlich sind nicht allein die Professoren, sondern auch ihre erfolgreichen Eleven an den Universitäten zu "Akademikern" geworden, obwohl die wenigsten von ihnen in ihrem Berufsleben mit Wissenschaft und Forschung zu tun haben. Vielleicht ist es auch die Verheißung der Freiheit von staatlicher Bevormundung von der zu dieser Zeit als einengend, ja unmenschlich empfundenen Berufsausbildung, von der utilitaristischen Praxis der Gewerbe, die dieses Signum so attraktiv macht. Der "Akademiker" gibt zu erkennen, daß er frei von solchen Einschränkungen "sich nur der Erhöhung und Verbreitung der Wissenschaft" gewidmet, "eine Reihe von Jahren sich und der Wissenschaft" verschrieben hat, wie Wilhelm von HUMBOLDT in seinen "Unmaßgeblichen Gedanken..." (a.a.O., S. 79) darlegt. So gelebt zu haben ist unzweifelhaft ein Privileg; ein temporäres zwar, in der sozialen Wirklichkeit jedoch wird diese biographische Episode zum Dauermerkmal, zum Statussymbol, mit dem man sich heraushebt aus der Masse des ungebildeten, weil durchgängig arbeitenden Volkes.

Obwohl wenig bleibt von der Aura einer freien Muße des Studiums, des sokratischen Dialogs der forschenden Gemeinschaft von Professoren und Studenten: Mit der Einführung der Prüfungen, der Ausdifferenzierung des universitären Kosmos der alles umfassenden und verklammernden Philosophie in wissenschaftliche Einzeldisziplinen und funktionsbezogene, an Berufsbildern orientierte Studiengänge, erhalten die von HUMBOLDT noch abgelehnten Collegien, die bloßen Lernarbeiten an vorgegebenen Inhalten, eine immer größere Bedeutung. Schließlich hat der Staat kaum ein Interesse an der reinen Wissenschaft, an der zweckfreien Lebensform des nur der Erkenntnis verpflichteten Forschers. Er braucht vielmehr kompetente, gut ausgebildete und loyale Fachleute für seine vielfältigen Unternehmungen, für komplexer werdende Verwaltung und Rechtspflege.

"Man muß sich einmal klar machen, daß der Staat mit dieser Forderung im wesentlichen die Interessen des wirtschaftlichen, technischen, sozialen Fortschritts jener Zeit vertrat und als 'Staatsdiener' jene Berufe fordert, die ein Jahrhundert später nicht mehr Staatsdiener im engeren Sinne, sondern die Berufe der 'bürgerlichen Gesellschaft' sind" (Helmut SCHELSKY 1960, S. 12).

Ohne die dazugewonnene Forschung aufzugeben oder zu vernachlässigen werden die Universitäten damit entgegen aller neuhumanistischen Bildungsideen zu den verschmähten Berufsakademien. Das Studium ist nicht mehr so frei wie in den Vorstellungen HUMBOLDTs, sondern reglementiert. Die an den Universitäten verliehenen Zertifikate erhalten immer mehr den Charakter von Eintrittskarten in die u.a. durch eigene Gerichtsbarkeit privilegierte höhere Beamtenschaft. Darüber hinaus werden sie auch zum nahezu unverzichtbaren Bestandteil der Professionalisierung von Berufen außerhalb des Staatsdienstes, der Monopolisierung von Daueraufgaben durch die Schließung von Berufsfeldern gegenüber potentiellen Konkurrenten. Formalisierung der Ausbildung, Inanspruchnahme des Nimbus der Wissenschaftlichkeit, des Anspruchs der einzig sachgerechten Bearbeitung und der in sich angelegten permanenten Modernisierung, aber auch ihrer rechtlichen Absicherung, sind die Mittel, derer man sich dazu bedient (vgl. Harold L. WILENSKY 1964). Die Akademisierung von Heilberufen neben der Medizin, der vordem unprofessionellen, handwerklichen Chirurgie im 19. Jahrhundert, der Zahnmedizin im 20. Jahrhundert, sind beredte Beispiele dafür.

Formale Bildung erhält damit fast den Charakter einer Währung, mit der man Chancen auf bevorzugte gesellschaftliche Positionen erwirbt. Aber wie jede Währung, so ist auch diese abhängig von den Marktverhältnissen. Ihr Wert steigt mit mangelndem Angebot und hoher Nachfrage und sinkt im umgekehrten Falle. Der nominal gleiche Abschluß erhält so seinen realen Wert erst in Verbindung mit der jeweiligen Arbeitsmarktsituation. Die unstetige Entwicklung der Akademikerbeschäftigung und der Studentenquoten in den letzten beiden Jahrhunderten ist Ausdruck dieser Marktverhältnisse und dahinter stehender struktureller Faktoren.

12.4 Die programmierte Dauerkrise: Universität und Beschäftigung

Die Akademikerbeschäftigung befindet sich praktisch ständig in der Krise: entweder besteht ein großer Fehlbedarf (wie noch in den sechziger Jahren u.a. bei den Lehrern) oder es drängen bei weitem mehr Universitätsabsolventen auf den Arbeitsmarkt, als dieser verkraften kann (u.a. wieder bei den Lehrern zwanzig Jahre später).

Aufgrund ganz einfacher Überlegungen wird schnell klar, daß dieses beständige Auf und Ab praktisch in das Ausbildungs- und Beschäftigungssystem einprogrammiert ist, unabhängig von allen möglichen Auswirkungen ökonomischer Krisen und demographischer Entwicklungen. Wenn wir davon ausgehen, daß die Universitätsausbildung in der Regel fünf Jahre, die darauf folgende Beschäftigungsdauer bei durchschnittlich vierzig Jahren liegt, also acht mal so lang ist, können wir ein Gedankenexperiment anstellen, für das folgende Rahmenbedingungen gelten: die gesellschaftliche Nachfrage nach den Produkten oder Dienstleistungen einer Berufsgruppe soll die Besetzung einer konstanten Zahl von Stellen erforderlich machen und alle anderen Einflüsse (Wirtschafts- und Bevölkerungsentwicklung, Berufswechsel, vorzeitiger Tod, Invalidität, Bedarfssteigerung, technologischer Wandel, Kriege usw.) ausgeklammert bleiben. Der Einfachheit halber nehmen wir an, daß es sich bei dieser Beispielsgruppe um Lehrer handelt. Grundbedingung ist weiterhin die freie Studien- und Berufswahl und das Vertrauen auf die Gesetze des Marktes, die bei schlechten Berufsaussichten in einem Fachgebiet zu weniger Einschreibungen dort führen und bei Mangelsituationen entsprechend die Zahl der Studenten und Absolventen steigen lassen müssten. Denn bei aller Berufsmotivation: wer wählt schon einen Studiengang, von dem er nahezu sicher sein kann, daß er hoffnungslos in Arbeitslosigkeit endet? Wir gehen also aus von einem Rückkoppelungseffekt zwischen der Beschäftigungssituation in einer Karriere und der entsprechenden Studienfachwahl bzw. Berufsentscheidung.

Bei den Lehrern ist beides identisch, denn das Lehramtsstudium befähigt formal zu nichts anderem als dem Unterrichten an den entsprechenden Schulformen. Verglichen mit anderen Studentengruppen haben sie deshalb zwar kaum eine Möglichkeit, sich nach Beendigung ihres Studiums für eine andere Berufskarriere zu entscheiden. Dafür ist jedoch die Arbeitsmarktlage für sie transparenter und eine direkte Rückwirkung auf die Studienentscheidung am ehesten anzunehmen. Wie Abb. 7 sehr eindrucksvoll zeigt, ist unter diesen flexiblen Bedingungen der unmittelbaren Reaktion der Studenten auf die Arbeitsmarktsituation die Dauerkrise programmiert. Entweder gibt es über mehrere Jahrzehnte einen erheblichen Mangel an Nachwuchs oder eine immense "Überproduktion" an Absolventen, die nicht mehr aufgenommen werden können. Dabei ist die Studienfachentscheidung zu den gegebenen Zeitpunkten durchaus arbeitsmarktkonform.

Der enorme Lehrermangel in der Anfangsphase führt zu einer kontinuierlichen Erhöhung der Studenten- und - etwas zeitversetzt - der entsprechenden Beschäftigungszahlen. Auch wer sich noch fünfzehn Jahre nach der Einrichtung des Studiengangs für den Lehrerberuf entscheidet, tut dies in einer Situation, in der immerhin noch Tausende von Lehrerstellen nicht besetzt sind. Nach Abschluß seines Studiums fünf Jahre später wird er jedoch überrascht feststellen müssen, daß es jetzt bereits eine große Zahl von Absolventen mit ihm gibt, für die keine Stelle mehr da ist. Obwohl dies dazu führt, daß die Studenten- und Absolventenzahlen drastisch sinken, steigt die Zahl der überzähligen Lehramtskandidaten weiter an, weil es keinen Ersatzbedarf für die jungen Lehrer gibt. Selbst die zurückgehenden Studentenzahlen tragen deshalb kumulativ zum Überhang an Lehrern bei.

Entsprechend dem relativ steilen Anstieg der Absolventenzahlen vierzig Jahre zuvor werden dann jedoch in relativ kurzer Zeit so viele Lehrer pensioniert, daß sehr schnell ein wachsender Lehrermangel entsteht. Da die Studentenzahlen pro Ausbildungszyklus über die Jahrzehnte der verschlossenen Lehramtskarrieren extrem gering waren, fällt es zunächst schwer, den aufgrund der Überalterung der Lehrerschaft notwendig werdenden Ersatzbedarf auszubilden. Wer sich im Jahre 55 für die Lehrerausbildung entscheidet, tut dies nach wie vor unter sehr schlechten Arbeitsmarktbedingungen: immer noch ist ein großer Teil der ausgebildeten Lehrer arbeitslos, scheinen die Aussichten auf eine spätere Anstellung mehr als gering. Überraschend können jedoch nach der Beendigung des Studiums alle eingestellt werden, bleiben sogar einige Stellen unbesetzt. Das sind jedoch noch keine Aussichten, die eine Änderung des Berufswahlverhaltens auslösen könnten. Zu lange galt das Lehramtsstudium als brot- und hoffnungslos. Erst nachdem fünf Jahre später mit einem Mal Tausende von Lehrern fehlen, verdoppeln sich die Studentenzahlen. Dennoch steigt die Zahl der unbesetzbaren Stellen weiter an, denn es dauert einige Zeit, bis auch im öffentlichen Bewußtsein der

Abb. 7: Modellrechnung für die akademische Dauerkrise

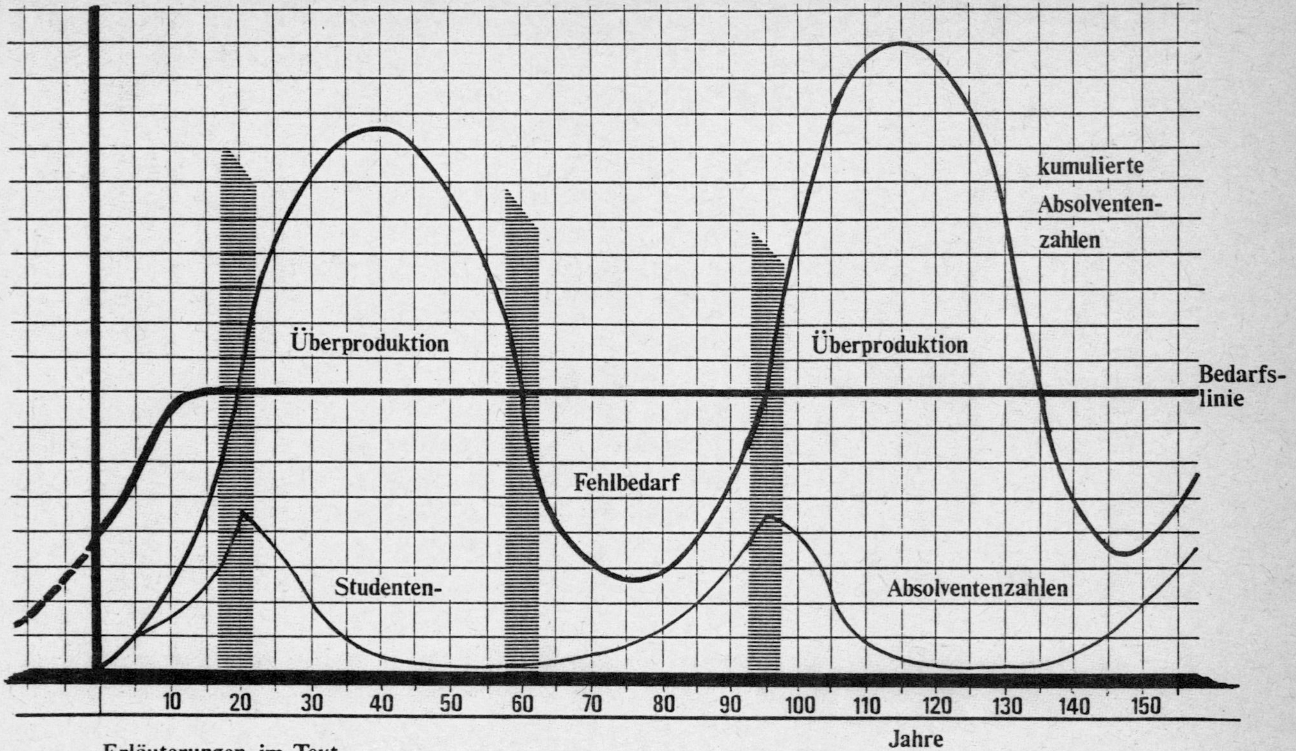

Erläuterungen im Text

Wandel der Berufsaussichten für Lehrer angekommen ist. Zudem wird die Entscheidung für den Lehrerberuf erst fünf Jahre später, nach Beendigung der Ausbildung, wirksam.

Mit den jetzt wieder steigenden Studentenzahlen wiederholt sich im Prinzip das gleiche, was bereits siebzig Jahre zuvor zu beobachten war: aufgrund des hohen Bedarfs werden verstärkt junge Nachwuchslehrer eingestellt, die Alterspyramide der Lehrer verschiebt sich extrem nach unten, sodaß trotz jetzt sinkender Studentenzahlen wieder ein "Berg" beschäftigungsloser Lehrer aufgebaut wird, nachdem alle Stellen wieder besetzt sind. Alles beginnt wieder von vorne. So entsteht das Bild der langen Wellen, die sich nach diesem sehr vereinfachten Modell etwa alle fünfzig Jahre wiederholen.

Wenn sich die akademischen Beschäftigungskrisen mit dieser Gesetzmäßigkeit periodisch wiederholen, warum stellt man sich nicht darauf ein? Würde man nur ein einziges Mal dafür sorgen, daß die Altersstruktur der Beschäftigten einer Berufslaufbahn ausgeglichen wird, dann könnten bei gleichbleibendem Bedarf Beschäftigten- und Studentenzahlen jeweils konstant gehalten und Krisen vermieden werden.

Aber wer überblickt schon solche Zeiträume? Sie übersteigen bei weitem die Perspektiven, die sich für die persönliche Lebensplanung eröffnen. Kollektive Erfahrung bedient sich aus kürzeren Zeitspannen. Was zehn, zwanzig, dreißig Jahre gut geht, gewinnt deshalb leicht den Charakter einer natürlichen Lebenskonstante. Verstärkt wird diese Kurzfristigkeit der Erfahrung auch durch den permanenten Generationenkonflikt, durch den alle Wissensbestände tendenziell für unzeitgemäß und obsolet erklärt und mißachtet werden. Die Erfahrungen der Eltern- oder gar der Großelterngeneration beziehen sich aus der Sicht der Jungen auf eine graue Vorzeit, die mit dem Heute nichts mehr gemein hat. Für die Nachkommen beginnt die Zeit zunächst nur mit dem eigenen Dasein. Selber in ihrem Bewußtsein noch weit vom Erwachsenenalter entfernt, sind sie deshalb auch kaum in der Lage, Erfahrungen zu akzeptieren, die einem späteren Entwicklungsstadium entsprechen. Aber auch die Älteren neigen dazu, ihre biographisch eingeschränkten Versatzstücke historischer Erfahrung, die zeitbedingten Arrangements ihrer Lebensumstände zu allgemeingültigen Lebenserfahrungen zu verklären. Andererseits lehrt die Erfahrung mit den vielen nicht eingetretenen Vorhersagen, sei es im Wirtschafts-, im Energie- oder im Bildungsbereich, daß es fast nur eine Prognose gibt, die stimmt: nämlich jene, die vorhersagt, daß alle falsch sind.

Zudem gibt es genügend unvorhersehbare und kaum zu steuernde Entwicklungen, die jede Vorhersage zu Makulatur machen können. Das extreme Auf und Ab der Geburtenzahlen innerhalb kurzer Zeitspannen, technologische Innovationen, Wachstumskrisen der Wirtschaft, strukturelle Arbeitslosigkeit, Verschiebungen der Qualifikationsstruktur bei den Beschäftigten: all das und ihre vielgestaltigen Interdependenzen entziehen sich weitgehend rationaler Erklärung und Vorhersage, verstellen aber auch den Blick für zeitübergreifende Zusammenhänge.

Selbst wenn dies jedoch alles Jahre vorher bekannt wäre, welche Möglichkeiten bestünden überhaupt zur Vermeidung der Krisen? Die Antwort muß sehr pessimistisch sein, wenn man bedenkt, daß die Bildungskrise der achtziger Jahre die wohl am besten vorhergesagte Krise überhaupt ist. Es hätte natürlich eine Reihe von Lösungsmöglichkeiten gegeben, die aber alle hätten längerfristg angelegt sein müssen. Das hätte jedoch vorausgesetzt, daß man zu Zeiten stabiler Beschäftigung, unproblematischer Übergänge vom Bildungs- in das Beschäftigungssystem bereits mit der Krise rechnet, sie in seinem Verhalten antizipiert und letztlich unzeitgemäß handelt. Da wird leicht die Ursache mit der Wirkung verwechselt und wer so agiert schnell zur Krisen herbeiredenden Kassandra.

Weder die hastigen Fristen politischer Entscheidungsfindung noch die trägen Veränderungen des allgemeinen Bewußtseins lassen vorausschauendes und krisenverhinderndes Handeln im Grunde zu. Autoritäre Planung der wenigen und zudem keineswegs neutralen und interesselosen "Eingeweihten" würde allerdings auch die Grundprinzipien einer sich als frei definierenden Gesellschaft verletzen - und, wie der historische Rückblick zeigt, die Probleme ebensowenig lösen. Zwar gibt es aufgrund blendend organisierter Gruppeninteressen in diesem oder jenem Fach einen numerus clausus, der vor einkommensmindernder Konkurrenz schützt, aber keine generellen Zugangsbeschränkungen für ein Studium. Wer auch sollte den Ausschluß legitimieren? Allgemeine Beschränkungen wären zudem auch gegen die Interessen der im Bildungssystem Beschäftigten, die um ihre Positionen fürchten müßten. Was nicht im allgemeinen Bewußtsein verankert oder wegen Nicht-Betroffenheit gleichgültig ist, läßt sich kaum durchsetzen. Die Krise bleibt also programmiert.

Der Rückblick auf zweihundert Jahre Bildungsgeschichte legt diesen Schluß nahe. Denn trotz aller sozialen Umwälzungen, der Kriege, Siege und Niederlagen, der immensen Modernisierung von Technik und Gesellschaft sind die tatsächlichen Beschäftigungskrisen der Akademiker dem so simplen Modell der langen Wellen verblüffend ähnlich.

Die historischen Untersuchungen von Hartmut TITZE (1981, 1984) über die "Überfüllungskrisen in akademischen Karrieren" zeigen vier Überfüllungswellen zwischen 1780 und 1940. In der ersten Krise zwischen 1780 und 1800 sind es die zur damaligen Zeit bedeutendsten akademischen Berufe, die der evangelischen Geistlichen und der Juristen, zumindest im Norden Deutschlands einschließlich Preussens, voll besetzt und es gibt mehr Studenten und Absolventen als Ersatzbedarf. Die gleichen Berufsgruppen sind in der zweiten Überfüllungskrise des Vormärz nach der den napoleonischen Kriegen folgenden Mangelphase ab Mitte der zwanziger Jahre des 19. Jahrhunderts wieder betroffen.

"Im Vergleich zur vormärzlichen Krise stellte sich die Überfüllungsproblematik der 80er und 90er Jahre **verschärft** dar: Vor dem Hintergrund der **Expansion** der meisten Karrieren ging die Zahl der Betroffenen zum ersten Mal weit in die Tausende. Zum anderen wurden von der Überfüllungskrise mehr Karrieren erfasst als in der ersten Hälfte des 19. Jahrhunderts; die damals nur schwach berührten Berufsstände der Ärzte und Lehrer an höheren Schulen und Hochschulen waren nun voll mit betroffen" (Hartmut TITZE 1981, S. 189; Hervoh. i. Orig.)

Die vierte Krise in der Folge des Zusammenbruchs des Kaiserreichs nach dem verlorenen ersten Weltkrieg, der Weltwirtschaftskrise am Vorabend der nationalsozialistischen Machtergreifung, war die schärfste, von der Zehntausende, ebenso wie die Nicht-Akademiker auch, betroffen waren. Diese Verschärfung ergab sich auch durch das immer bedeutsamer werdende Studium der Frauen, die vordem praktisch von den Universitäten ausgeschlossen waren (a.a.O.)

Daß trotz gänzlich veränderter Rahmenbedingungen ein halbes Jahrhundert danach wiederum eine Überfüllung von vielen Studiengängen (vor allem von Lehramtsstudiengängen, aber auch von Jura und Sozialwissenschaften) festzustellen ist, zeigt den nahezu schicksalhaften Verlauf der zyklisch auftretenden Mangel- und Überfüllungskrisen. Prinzipiell scheinen solche Zyklen, wenn auch wegen der vordem anders gearteten Bedeutung des Studiums, von unterschiedlicher Länge, doch so alt zu sein wie die Universitäten selbst. In seiner Arbeit über den wachsenden "Universitätsbesuch im Reich vom 14. zum 16. Jahrhundert..." kommt Rainer Christoph SCHWINGES zu dem Schluß:

"An die Stelle des linearen Modells ist ... ein **'Frequenzmodell'** zu setzen, das das Auf und Ab, die Schwingungen und ihre unterschiedlichen Intensitäten als etwas wesensmäßiges und prozeßhaftes im deutschen Universitätsbesuch erkennt. Zur unzweifelhaften Kontinuität des Wachstums gehört auch die Kontinuität der Brüche" (1984, S. 18; Hervorh. i. Orig.).

12.5 Die ungleichen Akademiker: die soziale Rekrutierung der Karrieren

Soziologisch interessant an diesen Zyklen ist die Rolle, die sie im Rahmen sozialer Ausleseprozesse bei der Füllung der verschiedenen Studiengänge spielen. Denn nur auf den ersten Blick erscheint es so, als läge die praktisch einzige und alles entscheidende Schnittstelle sozialer Selektion im Bildungswesen beim Übergang von der Grund- auf eine weiterführende Schule, ist der vorzeitige Abgang vor allem vom Gymnasium von untergeordneter Bedeutung, spielt die Studienwahl nach dem Abitur keine Rolle. Alle Universitätsstudiengänge sind schließlich formal gleichgestellt, ihre Absolventen unzweifelhaft alles "Akademiker", versehen mit den gleichen Diplomen, Staatsexamina oder Promotionsurkunden. Wenn der zweite Blick aber ein Rückblick ist, ist nicht zu übersehen, daß der Kampf um Einfluß, Prestige und finanziell aussichtsreiche Positionen nicht schon in den allgemeinbildenden Schulen endgültig entschieden wird. Zwar findet dort ganz ohne Zweifel die Vorentscheidung statt: wer den Übergang zum Gymnasium verpaßt, der ist in aller Regel aus dem Rennen geworfen. Die Feinsortierung erfolgt jedoch erst nach dem Abitur. An erster Stelle durch die Entscheidung für oder gegen ein Studium, an zweiter Stelle durch die Wahl des Studienfachs. Nach Hartmut TITZE (1981) ergibt sich so eine Hierarchie der Fakultäten, an deren Spitze Ende des 19. Jahrhunderts die juristischen mit einer Akademikerquote von 38 % (aller reichsangehörigen Studenten im Wintersemster 1886/87) steht. "Am Ende der Hierarchie liegen die philosophischen mit 22,17 % und die katholisch-theologischen Fakultäten mit 3,75 %, was die Sonderstellung der letzteren wiederum unterstreicht" (S. 192).

Speziell die philosophische Fakultät wächst stark an: zwischen 1854 und 1880 verdoppelt sich nahezu ihr Studentenanteil und sie wird zur größten Fakultät (S. 205). Der Ausbau des Schulwesens in dieser Zeit findet hier seinen Niederschlag, denn der weitaus größte Teil ihrer Studenten befindet sich in den Lehramtsstudiengängen. Für die Nachkommen aus etablierten bildungsbürgerlichen Kreisen verbindet sich damit freilich keine standesgerechte Perspektive: verglichen mit den Karrieren der Mediziner und vor allem denen der Juristen schneidet das Lehramt schlecht ab. Für lange Zeit bietet es kaum Aufstiegschancen, die es mit den attraktiven und differenzierten Laufbahnen der Rechtskundigen in Justiz und Verwaltung aufnehmen könnten. Zwar orientieren sich die Gymnasiallehrer in ihren Forderungen jahrzehntelang am leuchtenden Beispiel der wohlbestallten öffentlichen Juristenkarrieren, aber erst 1918, im letzten Jahr des Kaiserreiches, gelingt ihnen die Durchsetzung der formalen Gleichstellung, die bis hin in die Übernahme der Dienstbezeichnungen (Studienreferendar, -assesor, -rat) vollzogen wird (Rainer BÖLLING 1983, S. 31). Im Preussen des 19. Jahrhunderts sind es deshalb vor allem die Söhne des Kleinbürgertums, die den - zunächst noch begrenzten - sozialen Aufsticg über das Philologiestudium betreiben. Zwischen 1887 und 1900 stammen zwei Drittel der Lehramtsstudenten aus diesem Milieu: Arbeiterkinder bleiben aber auch hier noch für lange Zeit Exoten (a.a.O., S. 42).

Die unterschiedliche soziale Mischung der Studentenschaft in den jeweiligen Fakultäten bleibt nicht ohne Einfluß auf die Intensität der festgestellten Zyklen. Die Söhne der Akademiker, von höheren Staatsbeamten, Anwälten oder Ärzten, lassen sich auch durch Überfüllungskrisen nicht von einem Universitätsstudium abhalten. Ihnen kommt zugute, daß die Krisen nicht alle Karrieren gleichzeitig treffen, sondern in der Regel zeitlich versetzt auftreten. Zwischen den beiden exklusivsten Fakultäten, Jura und Medizin, finden deshalb Verschiebungen statt: die Krise in der einen führt zur Abwanderung in die andere.

Das Kleinbürgertum reagiert dagegen nicht so flexibel, läßt sich durch die Überfüllung eher abschrecken und neigt in solchen Situationen ganz zum Verzicht auf ein Studium. Umgekehrt ergreift es in Mangelsituationen jedoch die Chance des Universitätsstudiums und verstärkt dadurch noch das periodische Auf und Ab der Studentenströme. Das führt dazu, daß die sozial relativ "offenen" Studiengänge größere Schwankungsbreiten im Zyklus aufweisen als die geschlosseneren, exklusiveren (Hartmut TITZE 1984, S. 93 f.). Mit anderen Worten: die Zugangschancen zu den privilegierteren akademischen Positionen sind nicht nur sozial vermittelt, sondern zudem noch abhängig von den periodischen Schwankungen zwischen Mangel und Überfüllung. "Mit dem zyklischen Pulsieren der Studentenströme ...öffnen sich die Karrieren in Mangelphasen ein Stück weit nach unten in bildungsferne Schichten und schließen sich in Überfüllungsphasen nach unten wieder enger und sozial exklusiver ab" (Hartmut TITZE 1981, S. 196). "Da alle Karrieren diesem Mechanismus unterworfen sind, die relativ offenen jedoch stärker als die relativ exklusiven, bleiben die sozialen Abstände zwischen den Karrieren über Generationen gewahrt" (ders. 1984, S. 95).

Wie bereits im dritten Kapitel zu sehen war, versucht man die Privilegien der Bildungsbürger und der Oberschichten generell nicht mehr durch in dieser Phase kaum noch zu legitimierende und durchsetzbare formale Abschlußkriterien für kleinbürgerliche Aufsteiger zu wahren, sondern ihnen durch das Aufzeigen der Aussichtslosigkeit akademischer Karrieren zu suggerieren, nur durch den Verzicht auf ein Studium der drohenden "Proletarisierung" entgehen zu können. Weder läßt sich dadurch jedoch langfristig die Zahl der Studenten insgesamt begrenzen, noch die soziale Exklusivität einzelner Studiengänge auf Dauer erhalten. Denn zum einen pendeln sich die Studentenzahlen bei aller Schwankung nach den Krisen jeweils auf einem höheren Niveau wieder ein, zum anderen führt die soziale Öffnung von Studiengängen in Mangelsituationen auch zu einer langfristigen Änderung von Einstellungen und Bildungsverhalten zuvor von der weiterführenden Bildung ferngehaltener Gruppen. Die Studienmotivation erfasst langfristig immer weitere Kreise und läßt sich kaum mehr auf das niedrige Ausgangsniveau herunterdrücken.

Denn nachdem im März 1896 die ersten sechs Absolventinnen der vom "Verein Frauenbildungsreform" in Karlsruhe eingerichteten Gymnasialkurse extern das Abitur bestehen, beginnen auch die Frauen, zuerst zaghaft nur und gegen entschiedene Widerstände, in die Universitäten zu drängen. So dauert es noch vier Jahre, bis als erstes Land in Deutschland Baden 1900 beschließt, seinen Abiturientinnen die Universitäten zu öffenen (DEUTSCHER JURISTINNENBUND 1984, S. 1

ff.). 1901 nehmen die ersten weiblichen Studenten in Deutschland dann an den Universitäten Freiburg und Heidelberg das Studium auf (Peter LUNDGREEN 1981, S. 68). Zwar kommen in den Jahren vor dem ersten Weltkrieg nicht mehr als fünf Frauen auf je hundert männliche Studienanfänger, nach dem Krieg sind es jedoch bereits zehn und bis zum Ende der Weimarer Republik hat sich diese Zahl noch einmal verdoppelt (Jürgen ZINNECKER 1978, S. 51).

Aber selbst wenn das Studienverhalten aller Sozialgruppen stabil bliebe und sich lediglich die notwendigen "Begabungsreserven" im Krisenrhythmus mobilisieren und zurückhalten ließen, würden die Studenten- und damit Akademikerzahlen auf lange Sicht kontinuierlich anwachsen. Denn die in Magelsituationen zu Akademikern Aufgestiegenen werden genauso wenig auf ein Universitätsstudium für ihren Nachwuchs verzichten wie alle anderen Akademiker. Es sind also neben den systemimmanenten Krisen nicht allein demographische Wellen, die generationenübergreifend ihre Spuren im Bildungswesen hinterlassen, sondern auch Expansionswellen. Denn die Stabilisierung des in der Folge von Mangelsituationen vollzogenen sozialen Aufstiegs führt in der nächsten Generation zu einem erheblichen Druck auf das weiterführende Bildungssystem. Diejenigen, die in einer Mangelphase zum Studium animiert wurden, werden für ihre Kinder in der Regel nicht auf ein Studium verzichten wollen, sodaß mit der Eröffnung von Bildungschancen in der einen Generation praktisch die Ansprüche der folgenden vorweggenommen werden.

Wenn die Zahl der Studenten als ein Maß für den Entwicklungsstand der Gesellschaft gelten kann, dann liegt der Fortschritt gerade in der Differenz zwischen dem Niveau der Studentenzahl der einen Krise zu dem der nächsten. Bezogen auf kurze Zeiträume läßt er sich oft allerdings gar nicht wahrnehmen und zeigt sich erst auf lange Sicht, wie Abb. 8 am Beispiel der Entwicklung der Studentenzahlen bei den Medizinern zeigt. Trotz allen langfristig erkennbaren Fortschritts können deshalb die Studienchancen bestimmter Generationen als signifikant verschlechtert gegenüber den vorangegangenen Jahren und Jahrzehnten erscheinen, wenn der Studienbeginn in der Abschwungphase der Karrieren liegt.

Der Fortschritt erweist sich deshalb häufig eher indirekt. Zwar profitieren die "Boomgenerationen" in hohem Maße direkt von der gestiegenen Nachfrage nach höheren Qualifikationen, ihre Kinder jedoch zu einem nicht unbeträchtlichen Teil nur vermittelt über den elterlichen Aufstieg und die Versuche zur Sicherung des erreichten Status auch für die folgende Generation. Berücksichtigt man ferner, daß ein großer Teil des gesellschaftlichen Aufstiegs am Bildungssystem vorbei durch Nachfrage und entsprechende Deckung durch Aus- und Weiterbildungsmaßnahmen in den Betrieben selbst ausgelöst wird (vgl. Kap. 11.10), dann ist es nicht mehr ganz so verwunderlich, daß über sehr lange Zeit nur wenig Arbeiterkinder den direkten Aufstiegsweg über die Universitäten beschreiten (können).

Abb. 8: Die Studierenden der Medizin an den deutschen Universitäten von 1830 - 1940

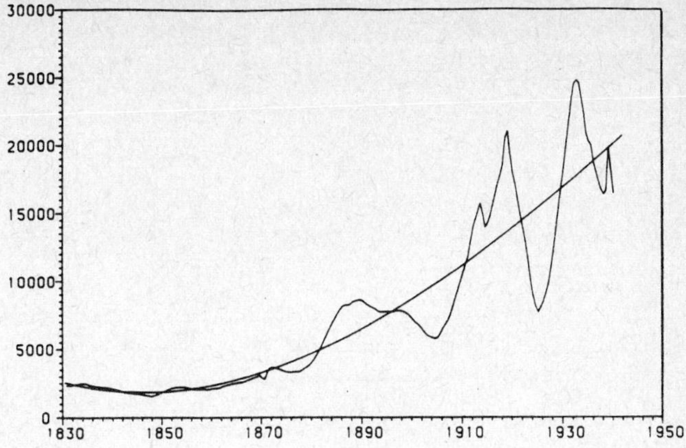

(entnommen aus Hartmut TITZE 1984, S. 105)

Aber auch hier ist die tendenzielle Auflösung der starren, sozial gesteuerten Bildungswege und ein Abbau der Barrieren festzustellen. Waren 1893 erst 0,1 Prozent aller Studenten Arbeiterkinder, so steigt ihr Anteil bis 1928/29 auf 2,2 Prozent; 1953/54 sind es 4,7 Prozent, 1959/60 5,2 Prozent und 1962/63 6 Prozent, die das Studium aufnehmen, wie Ralf DAHRENDORF in seiner Studie über "Arbeiterkinder an deutschen Universitäten" (1965a, S. 5) resumiert.
Vor dem Hintergrund des Akademikermangels Anfang der sechziger Jahre signalisieren diese Zahlen die Notwendigkeit aktiver bildungspolitischer Maßnahmen zur Öffnung der Studiengänge nach unten. Das Schneckentempo muß beschleunigt werden: ohne die Steigerung der Zahl der Arbeiterkinder an den Universitäten ist der Bedarf an qualifizierten Arbeitskräften nicht zu decken. Die Chancenungleichheit, die sich an den Universitäten in geradezu grotesker Ausprägung zeigt, muß verringert werden:

"Es gibt in der Bundesrepublik etwa 1 Million Landarbeiter; aus deren Familien rekrutieren sich im Wintersemester 1958/59 genau 80 Universitässtudenten. Es gibt in der Bundesrepublik auch etwa 1 Million Beamte; aus diesen Familien rekrutieren sich im gleichen Semester 52 199 Studenten an deutschen wissenschaftlichen Hochschulen" (a.a.O., S. 7).

Noch Mitte der siebziger Jahre stellen die Kinder von Akademikern, die insgesamt nur drei Prozent der Bevölkerung ausmachen, ein Drittel der Universitätsstudenten; die 5,7 Prozent Studenten aus Arbeiterfamilien stammen dagegen aus einer Gruppe, die nahezu die Hälfte der Bevölkerung ausmacht (Hansgert PEISERT, Gerhild FRAMHEIN 1980, S. 126). Die Schlußfolgerung Ralf DAHRENDORFs, nach der die "Universitäten nach wie vor Mittel der Bestätigung, nicht des Erwerbs von sozialem Status" sind (1965a, S. 13), hat also lange Bestand. Sie wird nicht nur belegt durch die so unterschiedlichen Zugangschancen zum Studium überhaupt, sondern zeigt sich nach wie vor auch in der Wahl des Studienfachs. Die Zahlen für das Wintersemester 1959/60 zeigen eine bemerkenswerte Konstanz der sozialen Herkunftsstruktur der Studenten im Vergleich mit dem 19. Jahrhundert: die juristischen und die medizinischen Fakultäten bleiben die exklusivsten; Arbeiterkinder sind hier noch seltener anzutreffen, als ohnehin schon an den Universitäten. An den philosophischen, theologischen und den neu dazugekommenen naturwissenschaftlichen Fakultäten sind sie dagegen überdurchschnittlich, wenngleich nicht häufig, anzutreffen.

12.6 Konstruktion eines Aufstiegs: der lange Weg der Ingenieure in die bürgerliche Gesellschaft

Es gibt aber nicht allein Studenten an den aitehrwürdigen und den vielen in den sechziger und siebziger Jahren neu gegründeten Universitäten, wenngleich sie immer noch den weitaus größten Teil der Studenten ausmachen. Seit 1970/71 gehören auch die Fachhochschulen gemäß einem Abkommen der Länder-Kultusminister von 1968 zum tertiären Bildungsbereich. Vordem waren sie als "Ingenieurschule", "Bauschule", "Technikum", "Wirtschaftsschule" oder sozialpäadagogische Fachakademie Bestandteil des Fachschulwesens. Ihre Aufwertung zu Hochschulen markiert den vorläufigen Schlußpunkt der langen Kämpfe vor allem der technischen Berufe um akademische Ausbildung und Anerkennung. Nicht allein der neuhumanistische Affekt gegen die Nützlichkeit führte zu einer Ablehnung der technischen Bildung, sondern auch dic in Deutschland so tief sitzende Angst vor der Revolution.

Man darf nämlich nicht übersehen, daß es das revolutionäre Frankreich war, in dem 1794 mit der Pariser "Ecole Polytechnique" die erste moderne technische Hochschule Europas gegründet wurde. Die gesellschaftsverändernde Potenz des Technischen wird im damals noch agrarischen Frankreich zum bewußt eingesetzten, emanzipatorischen Mittel zur Umwälzung der gesellschaftlichen Grundlagen; die technische Bildung eilte der wirtschaftlichen Entwicklung voraus, wie Herwig BLANKERTZ in seiner "Geschichte der Pädagogik" schreibt, "denn die gesellschaftliche Gleichheit war nur erreichbar, indem Dienstleistungen ihr persönlicher Charakter genommen und Maschinen übertragen wurde. Für die industrielle Revolution wurde die Maschine so zum Prinzip der Rationalisierung: Das ist ihre technisch-wirtschaftliche Bedeutung. Politisch gesehen aber gab die Maschine die Möglichkeit, die Gesellschaft zu egalisieren, und eben dieses war zugleich eine pädagogische Schubkraft des Unterrichtswesens" (1982, S. 67).

Egalisierung war aber nun das Letzte, woran dem Bündnis zwischen Bürgertum und starkem Staat in Deutschland gelegen war. Das Anwachsen der neuen Gruppe der Ingenieure und Techniker ist deshalb nur auf die Sachzwänge der industriellen Entwicklung zurückzuführen. Daß sie eigentich gar nicht gewollt wurden, zeigt sich schon darin, daß ihnen über Jahrzehnte hinweg die gesellschaftliche Anerkennung versagt blieb und ihnen ein (angemessener) Platz im Bildungswesen immer wieder verweigert wurde. Das hatte seinen Grund nicht zuletzt aber auch darin, daß sich die Ingenieure und Techniker in Deutschland - anders als in Frankreich oder England - bis gegen Ende des 19. Jahrhunderts eher als ein bunter Haufen mit der unterschiedlichsten Vorbildung und sozialen Herkunft präsentierten als eine den biederen Vorstellungen des Bürgertums enstsprechend geordnete Berufsgruppe. Vor allem die ebenso unerwartete wie stürmische Entwicklung des Eisenbahnwesens nach 1835 löste eine solche Nachfrage nach technischen Fachkräften aus, daß auch viele Unqualifizierte zum "Ingenieur" avancierten. Der despektierliche Blick des tonangebenden Bildungsbürgertums auf diese Gruppe "besserer Handwerker", die für sich auch noch anmaßend die "Wissenschaftlichkeit" ihrer Tätigkeit in Anspruch nahmen, legitimierte einmal mehr die ohnehin weitverbreitete Technikfeindlichkeit (Gerd HORTLEDER 1970; cit. n.d. 3. Aufl. 1974, S. 84).

Systemgerecht konnte deshalb der Aufstieg der Ingenieure in die bürgerliche Gesellschaft nur über eine statusgerechte Homogenisierung ihrer Rekrutierungsbasis erreicht werden. Geleitet vom Anspruch der Ingenieure auf eine der Stellung der Juristen entsprechende gesellschaftliche Position, mußte die Ausbildung und vor allem ihre formale Voraussetzung mit den akademischen Studiengängen parallelisiert werden. Jegliche Aufstiegsmöglichkeiten über berufliche Qualifizierung von unten wurde daher abgeblockt (vgl. Kap. 11.5). Erst der Umweg über das allgemeinbildende Gymnasium, das einzig die wahre Menschenbildung garantiert, macht die Absolventen der Studiengänge für Ingenieure an den in der zweiten Hälfte des 19. Jahrhunderts gegründeten Technischen Hochschulen "gesellschaftsfähig".

Das Abitur als Zulassungskriterium garantiert weitgehend die Beschränkung des Zugangs auf sozial höhergestellte Schichten, die Theoretisierung der vermittelten Inhalte verleiht dem Studium den für die soziale Anerkennung so wichtigen Charakter von Wissenschaftlichkeit. Es werden Prüfungsordnungen verabschiedet und das Markenzeichen des "Diplom-Ingenieurs" für den Arbeitsmarkt eingeführt; den Schlußpunkt dieser zunächst noch regional bestimmten Entwicklung liefert 1899 das Promotionsrecht für alle deutschen Technischen Hochschulen (Rudolf LEHMANN 1921, S. 725).

Die Diplom-Ingenieure sind (wie die Lehrer) ein gutes Beispiel zur Illustration des Prinzips der "sozialen Konstitution der Berufe" (Ulrich BECK, Michael BRATER, Eckhart TRAMSEN 1976), von der im zweiten Kapitel die Rede war. Ihr sozialer Status ergibt sich keinesfalls aus ihrer beruflichen Funktion, oder gar der Leistung, die sie an der und für die Gesellschaft erbringen, sondern er wird konstruiert durch die systematische Angleichung der formalen Voraussetzungen an entsprechend erfolgreiche Berufsgruppen. Abitur und Studium werden bewußt als Mittel sozialer Selektion eingesetzt, um sicherzustellen, daß sich die Mitglieder dieser Berufsgruppe möglichst nur aus statushohen Elternhäusern rekrutieren, entsprechend also dem Beruf ein hohes Ansehen sichern.

Diese leicht abgehobene und eher theoretische Variante einer auf Leitungs- und Entwicklungspositionen zielenden Ingenieurausbildung verlangt nach einer Ergänzung auf niedrigerer Statusebene, die den steigenden Bedarf an praktisch orientierten Ingenieuren für die betriebliche Praxis befriedigt. Mit den Ingenieurschulen wird eine Ausbildung unterhalb des akademischen Hochschulwesens etabliert, die dieser Nachfrage gerecht werden kann. Der niedere Status dieses Technikertypus verlangt keine humanistische bzw. fremdsprachenorientiere Vorbildung, kein Abitur und keine wissenschaftliche Ausbildung. Das schränkt zwar einerseits seine Karrierechancen ein, bedeutet gleichzeitig aber auch die Schaffung eines Aufstiegsberufes für das nicht-akademische Kleinbürgertum und aufstiegsorientierte Arbeiterkinder.

Das wird schon deutlich in den Eingangsvoraussetzungen für den Besuch dieser Schulen, der in der Regel von einem Mittelschulabschluß und einer abgeschlossenen Lehre abhängig gemacht wird. Traditionellerweise ist deshalb der Anteil von Arbeiterkindern an ihnen um ein Vielfaches höher als an den wissenschaftlichen Hochschulen und Universitäten. Mitte der sechziger Jahre waren es noch drei Mal so viel (18,1 gegenüber 6,7 Prozent; Dietrich GOLDSCHMIDT, Sybille HÜBNER 1974, S. 47). Zwischen 1975 und 1982 stammen dann konstant ein Viertel ihrer Studenten aus Arbeiterfamilien; an den Universitäten und wissenschaftlichen Hochschulen sind es mit gleichbleibender Tendenz in diesem Zeitraum durchschnittlich etwa 15 Prozent geworden (BUNDESMINISTER FÜR BILDUNG UND WISSENSCHAFT 1984 b, S. 150).

Der Arbeiteranteil an den Fachhochschulen könnte noch höher sein, hätten die Einrichtungen nicht auch die Funktion, "ähnlich wie der Zweite Bildungsweg und die Fachoberschulen ... den vom Abstieg bedrohten Kindern der Oberschicht die Möglichkeit zu geben, den bislang nicht gelungenen persönlichen Aufstieg partiell nachzuholen und derart das schichtenspezifische Niveau des Elternhauses in etwa zu wahren " (Dietrich GOLDSCHMIDT, Sybille HÜBNER 1974, S. 47). Dennoch wird neben dem in den Lehrerseminaren ausgebildeten Volksschullehrer dieser Ingenieur zum typischen Aufsteigerberuf. Beide haben sie zwar kaum weitergehende Karrierechancen, heben sich gleichzeitig aber signifikant von den traditionell begrenzten Erwartungshorizonten ihrer Herkunftsgruppen ab. Ihre Ausbildungswege verlängern quasi die Funktion, die die Mittelschulen von ihrem Entwurf her im allgemeinbildenden Schulwesen haben bis in den Ausbildungsbereich (vgl. Kap. 3).

Das Können der so ausgebildeten Ingenieure, ihre vielfach konstatierte Gleichwertigkeit mit den diplomierten Absolventen der Technischen Hochschulen, gibt ihnen in Zeiten großer Nachfrage nach ihren Qualifikationen jedoch auch Chancen des Aufstiegs, die ihnen eigentlich nicht zugestanden werden sollten. In der freien Wirtschaft jedenfalls; das starre Berechtigungswesen im öffentlichen Dienst mit seinen an formale Bildung geknüpften strikten Besoldungs- und Aufstiegsregeln läßt solche Bewegungen nicht zu. Im Gegensatz zu den Universitätsabsolventen, die zu etwa vier Fünfteln ihre Berufskarriere im öffentlichen Dienst beginnen, geht der größte Teil der Fachhochschulabsoventen in die für sie attraktivere Wirtschaft (Hans-Peter BLOSSFELD 1983, S. 134). Die große Nachfrage nach Lehrern und Ingenieuren der 1960er Jahre führt dann allerdings zur Aufwertung dieser Ausbildungswege zu Hochschulstudiengängen, wiederum legitimiert durch eine stärkere Orientierung an wissenschaftsbezogenen Ausbildungsinhalten.

Lehrerbildung und Ingenieurausbildung werden jedoch ganz unterschiedlich entwickelt. Die "Verwissenschaftlichung" der Anfang der siebziger Jahre zu pädagogischen Hochschulen avancierten und teilweise in die Universitäten integrierten Lehrersemniare zeigt sich auch darin, daß sie z.T. Diplome verleihen und Promotionen durchführen dürfen. Zwar hat mittlerweile der "Diplom-Ingenieur (FH)" den "Ing. (grad.)." als Abschluß der Fachhochschulen abgelöst, den Charakter von eigentlichen Berufsakademien haben sie dadurch jedoch nicht verloren. Das zeigen schon die schulähnlich hohen Lehrdeputate der Dozenten, denen damit weitgehend die Zeit für eigene wissenschaftliche Arbeit fehlt. Auch bleibt ihnen das Promotionsrecht veweigert. Für die Wirtschaft, Hauptabnehmer der Fachhochschulabsolventen, wäre die Verwissenschaftlichung gleichbedeutend mit "Überqualifikation". Sie kann daher kein Interesse an einer solchen Entwicklung haben. Im öffentlichen Dienst dagegen liegt die einzige Möglichkeit des Aufstiegs einer Berufsgruppe in der systemkonformen "Verwissenschaftlichung" der Ausbildung. Das erklärt wohl den Unterschied.

Hinter der partiellen Aufwertung der Ingenieurschulen stehen zudem auch harte (bildungs)ökonomische Überlegungen: im Vergleich zur Hochschul- oder Universitätsausbildung betragen die Ausbildungskosten nur ein Viertel bis ein Fünftel, verursacht die kürzere Einarbeitungszeit aufgrund der praxisbezogenen Ausbildung geringere Kosten und liegen die Eingangsgehälter in der Regel deutlich unter denen für Hochschulabsolventen (Dietrich GOLDSCHMIDT, Sybille HÜBNER 1974, S. 22; Gerd HORTLEDER 1973, S. 54). Die institutionelle Aufwertung ist deshalb auch notwendig, um ein solches Studium auch für Abiturienten attraktiv zu machen, die so billiger zu Ingenieuren ausgebildet werden können. Die immer noch geringeren theoretischen Anforderungen der Fachhochschulen, der vergleichsweise problemlose Übergang in den Beruf, lassen diese Rechnung teilweise aufgehen: gut ein Drittel der Studienanfänger an den Fachhochschulen hat seine Studienberechtigung mittlerweile auf dem Gymnasium erworben. Nach den Fachoberschulabsolventen sind sie damit dort die zweitstärkste Gruppe (BUNDESMINISTER FÜR BILDUNG UND WISSENSCHAFT 1984, S. 146)

12.7 Das Studium heute: Aufstieg nach unten?

Die mit der aktiven Bildungspolitik der zweiten Hälfte der sechziger Jahre gewollte Ausweitung der Studentenanteile mündete, wie alle anderen Mangelphasen zuvor, wiederum in eine Überfüllungskrise. Vor allem in den sozial vergleichsweise offenen Lehramtsstudiengängen, aber auch in anderen Ausbildungszweigen, wie z.B. den Sozialwissenschaften, bei denen hinzukommt, daß sie vielfach erst spät und ohne den Hintergrund bereits abgegrenzter und tradierter Berufsfelder professionalisiert wurden. In der Konkurrenz mit den sich nahtlos in die Strukturen der öffentlichen Verwaltung einfügenden Juristen sind die gestiegenen Zahlen diplomierter Politologen, Soziologen usw. mit ihrer oft als zweifelhaft und hinderlich angesehehen "kritischen" Ausbildung, die kaum in eines der eingeschliffenen Karrieremuster passen, oft unterlegen. Nach wie vor aber ist der öffentliche Dienst bei weitem der größte Abnehmer akademischer Bildung, ist die Verschließung einer Laufbahn fast gleichbedeutend mit dem Verlust der Berufsperspektive für ganze Studiengänge. Nicht überall so ausschließlich wie bei den Lehrern, die keine der Ausbildung entsprechende Alternative wie z.B. die Anwaltskarriere der Juristen haben, aber doch mit einschneidender Wirkung.

Galt vordem das allenthalben propagierte Studium als Schlüssel zum Erfolg, muß ihm jetzt wieder der Charakter des "Aufstiegs nach unten" zugeschrieben werden: vordergründig, um eine Passung zwischen Bildung und Beschäftigung zu erreichen, öffentliche und private Investitionen in Fehlausbildungen zu vermeiden, aber natürlich auch, um die Privilegien der Universitätsabsolventen, ihr besseres Einkommen, ihre angenehmereren Arbeitsbedingungen und ihren gesellschaftlichen Status zu erhalten. Das geht nur, indem man versucht, das Studium als Aufstiegsweg zu verschließen - diejenigen, denen die akademische Ausbildung der Kinder nur Statuserhalt bedeutet, werden ohnedies kaum von einer Universität lassen. Da das demokratische und universalistische Selbstverständnis unseres Gemeinwesens direkte und vor allem sozial selektive Studienverbote nicht zuläßt, müssen andere, indirektere Wege der Verhinderung gefunden werden.

Die Drohung mit dem vermeintlich proletarisierenden Studium (vgl. Kap. 3) allein ist jedoch kaum geeignet, die Studentenzahlen wieder zu senken. Zu viele Schüler haben sich schon auf den langen Weg zum Abitur gemacht, wissen um die entscheidende Bedeutung formaler Bildung im Beschäftigungssystem. Es darf also nicht allein die Rechnung aufgemacht werden, nach der sich ein Studium nicht "lohnt", sondern den Abiturienten müssen begehbare und attraktiv erscheinende Alternativen zum Studium angeboten werden. Dabei wird nicht mehr nur mit steigenden Arbeitslosenzahlen für Akademiker argumentiert, sondern auch eine Bilanz der Kosten und Erträge aufgemacht, die beweisen soll, daß der geringe Zusatzverdienst, der über ein Studium zu erzielen ist, bezogen auf das durchschnittliche Lebenbseinkommen, den Aufwand für den langen Ausbildungsweg kaum rechtfertigt (vgl. die Aufstellung in Renate MERKLEIN 1980, S. 78 f.). Nicht nur, daß auch eine solche, platt utilitaristische Rechnung den bemerkenswerten Wandel der Sicht von Bildung und Wissenschaft dokumentiert, sie übersieht auch jene immateriellen Güter wie bessere Arbeitsbedingungen, höheren Status usw., die nicht unwesentlich zur gehobenen Lebensqualität der Akademiker beitragen, aber nicht in Geldwert auszudrücken sind.

Die Verkaufserfolge vieler Konsumgüter sind ja im übrigen auch nicht allein auf ihren Gebrauchswert rückführbar, sondern nur mit dem Prestige zu erklären, das sie ihren Erwerbern verleihen. Die deutsche Automobilindustrie mit ihren oft grotesk überteuerten Nobelmarken zeigt, welchen Stellenwert ein solches, durch keine Kosten-Nutzen-Analyse zu erfassendes Attribut besitzt. Prestige ist nur über Exklusivität zu erhalten: herausheben aus der Masse kann man sich nur mit Accessoires, die teuer und selten sind. Das gilt auch für "Akademiker"! Je größer ihre Zahl wird, je geringer wird deshalb auch die Chance, daß das absolvierte Studium ein positives Unterscheidungsmerkmal bleibt. Ein probates und systemkonformes Mittel des Erhalts von Exklusivität ist der Preis. Das erklärt, warum z.B. Fahrzeuge für bestimmte Käuferschichten überteuert sein müssen, um bei ihnen ihre Verkaufschance zu wahren. Ein billiger Mercedes oder BMW verlöre nichts von seiner Gebrauchsqualität, wohl aber seinen Wert als demonstratives Symbol des eher behäbigen Etabliertseins oder des dynamischen Aufstiegs.

Die Privatschulen in Großbritannien, die exklusiven privaten Universitäten in den USA, handeln nach eben diesen Prinzipien (vgl. Kap. 14): in das öffentliche, durch die Steuern aller alimentierte Bildungswesen lassen sich solche Prinzipien nicht ohne weiteres implementieren. Es verlöre leicht seine Legitimation in einer in ihrem Selbstverständnis auf "Leistung", nicht Herkunft, als Verteilungskriterium basierenden Gesellschaft. Hier müssen dehalb andere Mittel der Studienbeschränkung gesucht werden.

Mit der Umstellung der Stipendien nach dem Bundesausbildungsförderungsgesetz (BaföG) auf Darlehen ist es ohne Verletzung dieser Prinzipien gelungen, die aufstiegsorientierten kleinbürgerlichen Schichten mit ihrer vorherrschenden Mentalität von Ordnung und Solidität zu verunsichern. Selbst wenn die aufgelaufenen Kosten nach dem erfolgreichen Abschluß eines Studiums nur bei entsprechendem Verdienst in kleinen Raten zurückgezahlt werden müssen, schreckt die Vorstellung eines "Schuldenbergs" zum Ausbildungsende und vor dem Berufsanfang viele von ihnen vom Studium ab - und soll es wohl auch. Gleichzeitig werden die Vorteile einer praxisorientierten Ausbildung nach dem Abitur herausgestellt, die nicht nur schneller zu einem eigenen Einkommen führt, sondern auch die Sicherheit einer konkreten Berufsperspektive an die Stelle der langen Phase unsicherer Beschäftigungsaussichten setzen soll.

Die Rechnung geht zunächst auch auf: die Anteile studierwilliger Studenten sinken kontinuierlich zwischen 1971 und 1983. Wie Abb. 9 zeigt, geht diese Entwicklung zunehmend auf Kosten einer traditionellen Problemgruppe im Bildungswesen: den Mädchen. Nachdem sie erst Mitte der siebziger Jahre im Gefolge der Bildungsreform mit den Jungen an den Gymnasien gleichgezogen haben (Luitgard TROMMER-KRUG 1980, S. 251), zeigt sich ihre Benachteiligung jetzt auf einem höheren Niveau. Die vielfach überwunden geglaubten alten Geschlechtsrollenmuster werden jetzt vor allem im tertiären Bildungsbereich wirksam. An erster Stelle hängt dies wohl mit den seit ca. 1976 immer weiter verschlossenen Lehramtsstudiengängen zusammen und macht deutlich, wie wenig normal akademische Karrieren für Frauen außerhalb des Schuldienstes immer noch sind.

Auch werden die wohl von manchem erwünschten sozialen Faktoren bei der Entscheidung für oder gegen ein Studium wirksam: Abiturienten aus Familien mit akademischer Tradition (d.h. mit mindestens zwei Generationen Vollakademikern) planen auch Ende der siebziger Jahre praktisch alle (90 Prozent) ein Studium; solche ohne diesen Hintergrund wollen dagegen fast zu einem Viertel auf eine akademische Ausbildung verzichten (Hans-Gerhard WALTER 1981, S. 93). Soziale Selektion findet also auch selbst heute noch auf diesem Niveau des Bildungswesens statt. Sie setzt sich zudem bei den zum Studium Entschlossenen in der Wahl des Studienfaches fort. Die Kinder der Bessergestellten wenden sich nach wie vor am häufigsten einer der traditionell exklusiveren Fakultäten zu, wobei zur Zeit die von der Beschäftigungssituation im öffentlichen Dienst nahezu unabhängigen Medizinerkarrieren trotz der Zulassungsschwierigkeiten durch den numerus clausus dominieren. Arbeiterkinder wollen dagegen häufiger einen der klassischen Aufstiegswege über die pädagogische Hochschule oder ingenieurwissenschaftliche Ausbildung gehen (a.a.O., S. 90). Sie lassen sich bei ihren Entscheidungen zudem

Abb. 9: Studienanfänger und Studierwilligkeit der Abiturienten

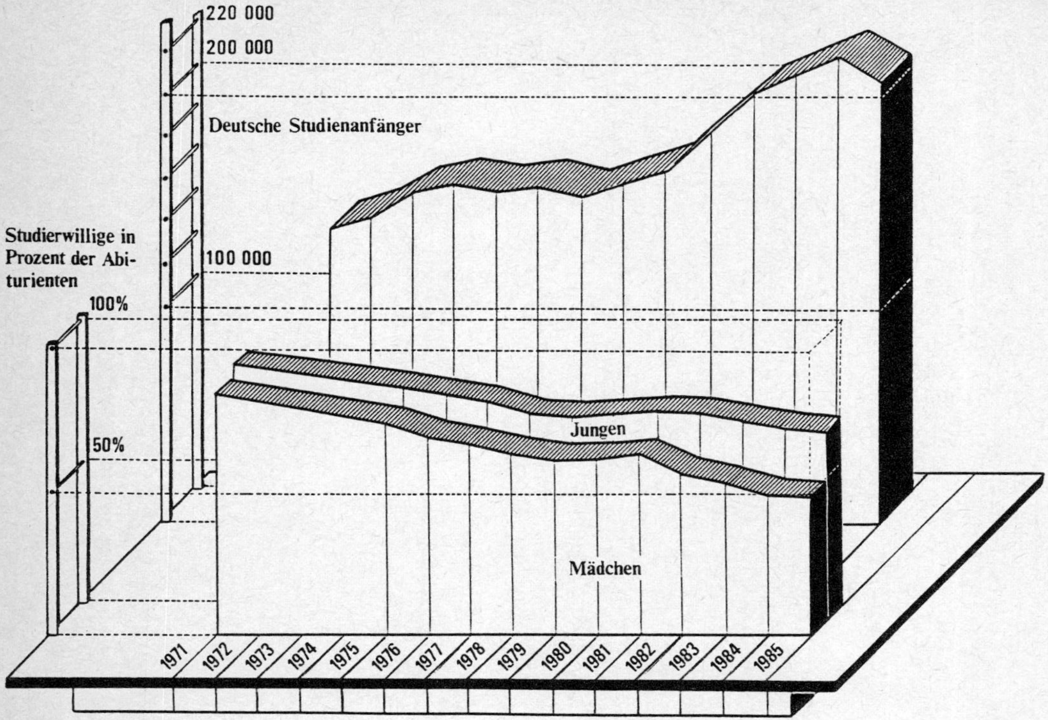

Quelle: Der Bundesminister für Bildung und Wissenschaft 1985, S. 116

weniger von persönlichen Interessen und Motiven leiten, sondern orientieren sich sich eher an externen Faktoren wie dem Arbeitsmarkt, die Kürze der Ausbildung oder die räumliche Nähe zu Ausbildungsgelegenheiten (Johann-Ulrich SANDBERGER 1981, S. 114).

Auch dreizehn Jahre Schulzeit, davon in der Regel neun Jahre Gymnasium, können sozial gebundene Handlungs- und Orientierungsmuster offensichtlich kaum unwirksam machen, auch nach dieser langen Zeit bleibt die Erinnerung an benachteiligte Herkunft, wird die Vermutung bestärkt, daß gleiche institutionelle Bedingungen in den Schulen soziale Ungleichheiten nicht beseitigen - selbst bei denen nicht, die alle sich ihnen bietenden Bildungschancen erfolgreich wahrgenommen haben. Auch der aufgestiegene Staatsbürger also, der formal den höchsten Schulabschluß erreicht, bleibt ein wenig abstrakt im Sinne Ralf DAHRENDORFs (1965 b; vgl. Kap. 7), wenn er selbst auf diesem Niveau noch den Unsicherheiten seiner zurückgelassenen Herkunft ausgeliefert bleibt und es an selbstbewußten Entscheidungen mangeln läßt. Dabei hätte gerade ein Aufsteiger allen Grund, gefestigtes Selbstbewußtsein zu zeigen und sich zuversichtlich seiner Interessen und Neigungen zu bedienen. Schließlich hat er gegen alle im Entwurf des Schulsystems angelegten Widerstände und Hindernisse das Abitur geschafft und damit eine objektiv größere Leistung vollbracht als derjenige, der mit viel besseren Voraussetzungen die Schule besucht hat und gefördert und unterstützt durch ein kompetentes Elternhaus den gleichen Abschluß erreicht.

12.8 Die Doppelnachfrage oder der Abstieg der Nicht-Abiturienten

Welche Alternativen zum Studium bieten sich nun den Abiturienten an? Abgesehen von einigen, quantitativ nicht sehr bedeutsamen Versuchen zur Einrichtung spezieller, praxisbezogener Ausbildungsgänge für Abiturienten sind sie auf den Lehrstellenmarkt verwiesen. Sie fragen also die gleichen Stellen nach, wie die Absolventen der Haupt- und Mittelschulen. Mit anderen Worten: sie verschärfen die Konkurrenz für die Nicht-Abiturienten auf dem Arbeitsmarkt, der ohnehin schon durch die bis Ende der achtziger Jahre in das Beschäftigungssystem drängenden Jugendlichen aus den geburtenstarken Jahrgängen stark belastet ist. Immerhin hatten 1983 bereits knapp 10 Prozent aller Lehrlinge die Hoch- bzw. Fachhochschulreife und diese Zahl wird weiter steigen (BUNDESMINISTER FÜR BILDUNG UND WISSENSCHAFT 1984 b, S. 89; 1985, S. 33 ff.)

Allerdings wäre es voreilig, die Befragungsdaten (vgl. Abb. 9) und die gestiegene Zahl von Abiturienten in der gewerblichen Ausbildung als Maß für eine gesunkene Attraktion des Studiums oder gar als Tendenz einer realen Verringerung der Studentenzahlen zu deuten. Untersuchungen des Wissenschaftsrates zeigen vielmehr, daß zwar die Anteile von Abiturienten mit sofortigem Studienbeginn zwischen 1976 und 1981 abnehmen, dafür aber die Zahl der Studenten wächst, die erst nach mehrjähriger Wartezeit ein Studium aufnehmen (vgl. George TURNER 1984, S. 20). Der Anteil von Studienanfängern an den einzelnen Abiturientenjahrgängen ändert sich dadurch praktisch nicht. Der Wandel gegenüber früheren Zeiten liegt nur darin, daß der Studienanfang zeitlich weiter hinausgeschoben wird, sodaß man das wirkliche Bildungsverhalten eines Abiturientenjahrganges wohl verläßlich erst nach etwa sechs Jahren beurteilen kann (a.a.O.).

Das hängt nur zu einem Teil mit den numerus clausus-Fächern zusammen, die, wie bei Medizin oder Zahnmedizin, den zukünftigen Studenten lange Wartezeiten bis zur (eventuellen) Aufnahme auferlegen. Viele der Verspätungen ergeben sich als Folge der so eifrig propagierten Alternativen zum Studium: entweder wird eine gewerbliche Ausbildung zur Absicherung des zunehmend weniger gewiß erscheinenden Aufstiegs einem ohnehin geplanten Studium vorgeschaltet oder der Ausflug in die Welt der "reinen Utilität" endet mit der vorhersehbaren Enttäuschung. Auch für die Abiturienten nämlich sind die Aufstiegswege über die im dualen System erworbenen Qualifikationen nur sehr bedingt offen, bleiben entscheidende Positionen in den Betriebshierarchien verschlossen. Die Situation dort ist kaum anders als auf den Universitäten: es gibt mehr Nachfrage nach Stellen als Bedarf.

Unter diesen Bedingungen wiederholt sich nicht, was in den sechziger und frühen siebziger Jahren vielen gelungen ist: der Aufstieg über betriebliche Ausbildung, Weiterbildung und entsprechende Höherstufung ist weitgehend unmöglich geworden (vgl. Kap. 11.10). Studienaussichten und allgemeine Arbeitsmarktlage verlaufen weitgehend parallel. Das Studium ist deshalb generell attraktiver als eine gewerbliche Ausbildung: in Mangelsituationen ist es nahezu risikolos, auch für Aufsteiger, in Überfüllungskrisen, die auch den nicht-akademischen Arbeitsmarkt betreffen, bleibt die alleinige betriebliche Ausbildung für Abiturienten langfristig vergleichsweise uninteressant, denn es gibt dort kaum mehr Aufstiegsmöglichkeiten für sie. Zudem besitzen Studenten - trotz aller Klagen über die "Verschulung" des Studiums - noch immer Freiheiten, die kein anderer Ausbildungsgang, geschweige denn eine Berufstätigkeit, bieten kann.

Der nach Abschluß der Ausbildung im dualen System praktisch vorgezeichnete enge Karriererahmen, die Perspektive des so vorhersehbar langen und wenig abwechslungsreichen Arbeitslebens langweilen in diesem Alter umso mehr, wenn man die Berechtigung zu einem (zumindest zunächst) ganz anderen Leben in der Tasche hat. Die Entscheidung für das weniger geregelte, offenere, auf den ersten Blick vielleicht auch risikoreichere Studentendasein entspricht wohl auch eher dem etwas dem "Abenteuerlichen" zuneigenden Geschmack der jungen Erwachsenen. Warum auch soll man sich bescheiden, wenn man nach dem ersten Ausbildungserfolg die Lust verspürt mehr, und gründlicher zu lernen, sich fähig fühlt, ganz andere Aufgaben anzupacken als die, die einen ziemlich kalkulierbar für den Rest des Lebens im erlernten Beruf erwarten?

Schließlich zeigt ein Blick in die Arbeitslosenstatistik, daß fundierte Bildung und Ausbildung noch immer die beste individuelle Strategie zur Sicherung einer dauerhaften beruflichen Existenzchance ist. Zwar haben sich auch die relativen Zahlen arbeitsloser Akademiker zwischen 1973 und 1981 nahezu verfünffacht, sie liegen damit aber immer noch unter der Steigerungsrate der übrigen Ausbildungsgruppen und zudem auf einem sehr niedrigen Niveau (Manfred TESSARING 1982, S. 95). Nimmt man hinzu, daß die Absolventen der überfüllten Lehramtsstudiengänge den größten Teil der akademischen Arbeitslosenzahlen ausmachen (a.a.O., S. 97), dann ergeben sich für eine ganze Reihe von Studiengängen vergleichsweise, d.h. im Rahmen der allgemeinen Arbeitsmarktbedingungen, sogar gute bis sehr gute Berufsaussichten.

Die Motivation von Abiturienten, über kurz oder lang doch ein Studium aufzunehmen, liegt auf der Hand. Die Rechnung der Verunsicherer geht also letztlich nicht auf. Jedoch auf Kosten vor allem von Haupt-, aber auch von Mittelschulabsolventen, deren ohnehin vielfach schon schlechten Ausbildungs- und Berufsaussichten durch die unerwartete Konkurrenz von oben weiter verschlechtert werden. Hinzu kommt, daß dadurch, daß der erwünschte Entlastungseffekt für die Hochschulen und Universitäten ausbleibt, viele Abiturienten zu Doppelnachfragern werden, zunächst auf dem gewerblichen Ausbildungsmarkt und danach von Hochschulausbildung.

Zwar mag eine gewerbliche Ausbildung auch späteren Akademikern gut anstehen, lernen sie doch so aus eigener Erfahrung die ihnen sonst so unbekannten Ausbildungs- und Arbeitsbedingungen der nichtprivilegierten Bevölkerungsmehrheit kennen. Aus bildungsökonomischer Sicht ist der Nutzen dieses Verhaltens jedoch zweifelhaft: es fallen vielfach doppelte Ausbildungskosten an, die Gesamtausbildungsdauer verlängert sich erheblich, das Durchschnittsalter der Universitätsabsolventen steigt, verringert ihre prospektive Lebensarbeitszeit und die zu erwartenden Beschäftigungsrenditen und Lebenseinkommen. Prinzipiell damit verbunden sind Ausfälle an Steuern, Sozialversicherungsbeiträgen und an Nachfrage von Konsumgütern, also z.T. nicht unerhebliche Kosten, die die Gesellschaft zu tragen hat.

Ein Teil der höheren Durchschnittsalter allerdings ist auf die faktische Verlängerung der Studienzeiten zurückzuführen, die bis zu einem ersten Abschluß gebraucht werden. Sie sind in vielen Fällen die Antwort auf z.T. schlechte oder unsichere Arbeitsmarktchancen wie z.B. die von Lehrern und Sozialwissenschaftlern: durch einen schnellen Abschluß verliert man eher die studentischen Privilegien billigen Krankenversicherungsschutzes, subventionierter Mensaverpflegung, den Studentenausweis und mit ihm verbilligte Fahrkarten im öffentlichen Nahverkehr, reduzierte Eintrittspreise in Kinos, Theatern und Konzerten, als daß man dafür zunächst etwas anderes als Arbeitslosigkeit oder die unsichere Perspektive von Gelegenheitsjobs eintauschen könnte.

Für Fächer mit besseren Berufsaussichten jedoch kann diese Ausfallsrechnung aufgemacht werden. An erster Stelle zählt jedoch das Argument der Verdrängung derjenigen vom Lehrstellenmarkt, die existenziell und ohne Alternativen auf ihn angewiesen, sind gegen eine gewerbliche Ausbildung für Abiturienten. An zweiter Stelle jedoch bringt das Studieren nach wie vor Vorteile mit sich, die nicht nur für das Studium als solches sprechen, sondern durchaus auch für eine Ausweitung auf weitere Bevölkerungskreise. Denn die trotz aller Verschulungstendenz, Klausurenschreiberei und Prüfungen immer noch unerreichte Freiheit des Studenten, das über den begrenzten Fachhorizont hinausgehende Veranstaltungsangebot an den Hochschulen, die Möglichkeit von Muße und Reflexion, kann keine andere Ausbildung bieten.

12.9 "Überproduktion" von Akademikern: die systemgerechte Aufhebung von Privilegien

Der von vielen so gefürchtete "Bildungsüberschuß" hat, wie Ralf DAHRENDORF 1976 in seinem Rückblick auf die Bildungsreform schreibt, auch seine positiven Seiten, denn wer damit rechnen muß, in seinem Arbeitsleben drei verschiedene Berufe auszuüben, sollte nicht nur beschränkt für einen ausgebildet werden. Die Notwendigkeit des Erwerbs von "Schlüsselqualifikationen" (Dieter MERTENS 1974) wird durch den andauernden Wandel der technologischen Rahmenbedingungen praktisch auf allen Ebenen beruflicher Tätigkeit sichtbar. Gerade das Studium mit seiner inhaltlichen Breite, seiner Anleitung zur vertieften methodischen Auseinandersetzung mit neuen Fragestellungen und seinem Anspruch auf selbständige Arbeit ist zur Entwicklung flexiblen und fachübergreifenden Denkens und Handelns geeignet. Es entwickelt Analysefähigkeiten und Innovationspotentiale bei den Studenten, die nicht allein den Anforderungen des Wandels gerecht werden, sondern die auch gebraucht werden, um den systemnotwendigen Wandel selbst zu bewerkstelligen. Wer ein Studium erfolgreich abgeschlossen hat, signalisiert damit über die fachlichen Kenntnisse seines Studienfaches hinaus die Fähigkeit zu rationaler Problemanalyse, zur Kooperation und zur kritischen Reflexion auch der eigenen Tätigkeit. Selbst wenn dies nicht in jedem Einzelfall zutreffen mag, so ist es als Gruppenmerkmal doch unübersehbar (vgl. auch Kap. 14.5).

Natürlich bringt die Öffnung des Studiums für immer weitere Bevölkerungskreise eine Verringerung seines Statuswertes, auch eine Beschneidung der Einkommenschancen für Akademiker. Das entspricht den Marktgesetzen: wo das Angebot größer ist als die Nachfrage, sinkt der Preis jeder Ware; was zunehmend mehr Leute ihr eigen nennen, ist kaum noch tauglich als Unterscheidungsmerkmal, als Signum des höheren Status. Aber war es nicht gerade eines der Ziele der Bildungsreform, die akademischen Privilegien zu schleifen, dem traditionellen Standesdünkel den Boden zu entziehen und damit Bildung zu einem allen zugänglichen Bestandteil von Lebensqualität zu machen? Nur die "Überproduktion" von Hochchulabsolventen könnte systemgerecht die Funktion von Bildung als Legitimationsmittel für besondere Ansprüche und Privilegien aushöhlen, zu einer Angleichung der Lebenschancen zwischen Akademikern und Nicht-Akademikern führen.

Die Konflikte bleiben nicht aus: die traditionelle Akademikerschaft sieht ihren Nachwuchs um seine Privilegien gebracht, wenn er durch die tendenzielle Vermassung des Studiums nicht mehr automatisch in statusgerechte Karrieren eintreten kann; die Aufsteiger, die primär jene Privilegien als Ziel vor Augen hatten, müssen feststellen, daß eben ihr eigenes Studium diese Privilegien gefährdet und dadurch ihr Aufstieg relativiert wird.

Die Antwort der konservativen Privilegienwahrer auf diese Situation macht einmal mehr deutlich, wie wenig Bildungspolitik dazu geeignet ist, eine Gesellschaft zu reformieren. "Elite"bildung, "Hoch"begabtenförderung sind jetzt ihre Stichworte, mit denen sie unter dem Vorwand, der Allgemeinheit dienen zu wollen (z.B. weil der internationale technologische Wettbewerb eine "Funktionselite" auch bei uns erfordert) die alten Bevorzugungen und Benachteiligungen zu reinstallieren versuchen (vgl. auch Kap. 14). So lange die Gesellschaft sich nicht grundlegend ändert, werden Reformen im Bildungswesen immer zu Gegenbewegungen führen, die das Erreichte in Frage stellen und oft genug in entscheidenden Teilen wieder rückgängig machen. Schließlich ist es nicht die Bildung an sich, die privilegiert, sondern ihre Funktionalisierung im Rahmen der Umsetzung von Ungleichheitsvorstellungen wie sie z.B. in der statusgerechten Konstruktion von Berufen deutlich wird. Das Bildungswesen "produziert" also nicht die Ungleichheit, aber es re-produziert und verfestigt sie.

13. POLITISCHE BILDUNG

> "Jede Debatte über Erziehungsideale ist nichtig und gleichgültig diesem einen gegenüber, daß Auschwitz nicht noch einmal sei. Es war die Barbarei, gegen die alle Erziehung geht. Aber er droht nicht, sondern Auschwitz w a r er. Barbarei besteht fort, solange die Bedingungen, die jenen Rückfall zeitigten, wesentlich fortdauern"
> (Theodor W. ADORNO)

13.1 Politik als Charakterfrage oder die "Verderblichkeit der Sozialdemokratie": das Kaiserreich

Die Notwendigkeit politischer Disziplinierung und Ruhigstellung der Bevölkerung war die stärkste Triebkraft bei der Etablierung des Schulwesens in Deutschland. Politische Bildung, was immer man zur jeweiligen Zeit darunter verstanden hat, durchzieht wie ein roter Faden die Schulgeschichte. Wie bereits im dritten Kapitel zu sehen war, beginnt sie mit der offensiv betriebenen Auflösung der feudalen Produktions- und Lebensformen im 18. Jahrhundert, die ohne die Installierung des neuen zentralstaatlichen Instruments "Schule" kaum erfolgreich gewesen wäre. In früher Jugend sollen Loyalitäten zum neuen, abstrakten Staat aufgebaut werden, der an die Stelle der alten, konkreten und persönlich vermittelten Abhängigkeiten in der überschaubaren und abgeschlossenen Lebenwelt der Gutshöfe und Dörfer tritt.

Was sich hier sinnfällig und quasi naturwüchsig durch Anschauung und Tradierung im Rahmen der in sich ruhenden und "von Gott gewollten Ordnung" ergab, muß der neue, anonym und von ferne regierende Zentralstaat erst mühsam erschaffen. Die Erziehung zum Untertanen in diesem Sinne ist deshalb die erste Aufgabe der Landschulen und des sich entwickelnden Armenschulwesens. Kaum anders ist mehr als ein Jahrhundert später die Einführung der Fortbildungs- (Berufs-) Schulen zu erklären: nicht etwa die Notwendigkeit verbesserter fachlicher Ausbildung führt letztlich zur Etablierung dieses seltsamen Anhängsels an die betriebliche Ausbildung, sondern das unbedingte Interesse von Staat und Bürgertum, die, um die Grundlage ihrer Herrschaft fürchtend, die proletarische Jugend dem "verderblichen" Einfluß der Sozialdemokratie und der Gewerkschaften zu entziehen und im "vaterländischen" Sinne zu beeinflussen versuchen (vgl. Kap. 11). In den gewerblichen Schulen avanciert daher die politische Bildung als "Bürgerkunde" zu einem regulären Schulfach (Dietrich HOFFMANN 1970, S. 78). Aber auch das allgemeinbildende Schulwesen bleibt nicht frei von dieser Art politischer Bildung.

In Anlehnung an den Erlaß Kaiser Wilhelm II "Zur Bekämpfung sozialistischer und kommunistischer Ideen durch die Schule" vom 1. Mai 1889 (vgl. Kap. 11) werden am 30. August des gleichen Jahres Ausführungsbestimmungen auch für den Unterricht an allgemeinbildenden Schulen erlassen, die an Deutlichkeit wenig zu wünschen übrig lassen. Zwar wird hier die parteiisch-politische Beeinflussung nicht gleich zum Schulfach erhoben, der bereits etablierte Geschichtsunterricht bietet jedoch genügend Möglichkeiten, um in diesem Sinne tätig zu werden. So ist dem Erlaß für das Höhere Schulwesen zufolge

"die Entwickelung unserer sozialen und wirthschaftlichen Verhältnisse, insbesondere vom Beginne dieses Jahrhunderts bis zur gegenwärtigen sozialen Gesetzgebung (Alters- und Inavalidenversorgung 1889), darzustellen ... Die Belehrung über die Verderblichkeit der Sozialdemokratie hat hierbei, ohne in eine nähere Erörterung sozialistischer Theorien einzutreten, an der Hand des gesunden Menschenverstandes zu erfolgen. Die Unmöglichkeit der sozialdemokratischen Bestrebungen ist an den positiven Zielen der Sozialdemokratie nachzuweisen und für jugendliche Gemüther faßlich zu gestalten" (AUSFÜHRUNGSBESTIMMUNGEN 1889; cit. a.d. Wiederabdruck 1973, S. 413).

Im Niederen Schulwesen gilt das Argument zunächst weniger den Schülern als den angehenden Lehrern, die befähigt werden sollen,

"in ihrer späteren Amtsthätigkeit ihre Schüler, soweit dies durch die Schule möglich ist, vor dem Einflusse sozialdemokratischer Irrlehren und Einstellungen zu bewahren und über das zu belehren, was wahr, was wirklich und was in der Welt möglich ist" (a.a.O., S. 411).

Schließlich ist der Volksschullehrer ein typischer Aufsteigerberuf, rekrutiert sich der Nachwuchs dieses Standes aus Bevölkerungsschichten, die den "Irrlehren" der Sozialdemokratie nicht durchgängig wiederstanden haben. Das Wahre, Wirkliche und Mögliche, das sind die

"Lebensbilder..., aus welchen hervorgeht, wie Preußens Herrscher bemüht gewesen sind, in fortschreitender Entwickelung die Lebensbedingungen der Arbeiter zu heben, und wie die monarchische Staatsform die Familie, die Freiheit, das Recht und den Wohlstand des Einzelnen am besten zu schützen vermag" (a.a.O.).

Was in diesen Sätzen noch als relativ zivile Anleitung für zwar parteiische politische Überzeugungsarbeit erscheint, ist in Wirklichkeit eingeschnürt in das beengende Korsett militärischer Verhaltenserwartungen, an deren erster Stelle Gehorsam, Disziplin, Pflichterfüllung stehen. Gleichzeitig wird versucht, praktisch im Rückgriff auf bewährte Prinzipien der über personale Beziehungen und Bindungen ablaufenden feudalen Herrschaftsvermittlung eine affektive Hinwendung zum Kaiser und seiner Familie aufzubauen.

Die Akzeptanz des Staates wird damit nicht nur auf eine Gefühlsfrage reduziert, sondern auch interpretierbar in den Termini persönlicher Beziehungen wie Hingabe, Liebe, Treue (vgl. Klaus HARNEY 1980, S. 134 f). Der universelle Staat wird nostalgisch zum partikularen Interessenverband nach dem Muster der Familie verklärt, in dem unter den wohlwollenden, aber harten Fittichen des zum pater familias hochstilisierten Kaisers jeder seinen Platz und sein Auskommen erhält, der in Treu und Glauben fest zum Vaterland steht und seine Pflicht erfüllt. Wer sich gegen diese Ordnung stellt, wer politische Rechte, bessere Lebensbedingungen erkämpfen will, der ist treulos, ein schlechter, und undankbarer Mensch. Der miese Charakter disqualifiziert sich selbst und verliert Schutz und Geborgenheit des vaterländischen Familienverbandes. Emotionale Diffamierung tritt damit an die Stelle sachlich-politischer Auseinandersetzung, Politik wird zu einer Frage des persönlichen Charakters.

Die Anfänge systematischer politischer "Bildungsarbeit" in Deutschland sind also parteilich, doktrinär und zielen keineswegs auf einen mündigen Bürger, sondern den pflichtversessenen, kritiklosen und letztlich unpolitischen Untertan. Er soll sich einfügen in eine weitgehend militarisierte Gesellschaft, in der es wichtiger ist (einjährig-freiwillig gedienter) Reserveoffizier zu sein als beruflich erfolgreich, in der Wichs und Uniformen mehr gelten als bürgerliche Freiheiten und in der viele bereit gewesen wären, auf Teile ihres Einkommens zu verzichten, wenn sie dafür mit baumelndem Säbel und bunten Bändchen stolz als "Portepee-Träger" durch die Straßen hätten flanieren können. Schließlich war die Reichsgründung 1871 kein Verdienst bürgerlichen Aufbegehrens gegen die entwicklungshemmende deutsche Kleinstaaterei, sondern Folge des militärischen Sieges über Frankreich. Das war die Grundlage für die zentrale Position des Militärs im Deutschen Reich. Ein bürgerliches Gegengewicht zu den alten feudalistischen Eliten gab es auch deshalb nicht. Obwohl Handel und Industrie immer mehr die ökonomische Situation des Landes dominierten, blieben die politischen Herrschaftsstrukturen weiterhin von vorindustriellen Gruppen bestimmt. Noch immer reagierte das Land die Stadt, hielten die agrarisch-feudalen Eliten alle Fäden in der Hand. Anstatt die beengenden Strukturen der alten Ordnung zu beseitigen, ging das Bürgertum ein Bündnis mit ihren Trägern ein (Peter REICHEL 1981, S. 79), orientierte es sich an den Statusentwürfen des Adels. Vor allem der Einstieg in das zunächst vom Adel dominierte Offizierskorps war für die aufstrebenden jungen Bügersöhne Mittel zur Demonstration ihres Aufstiegs, ihrer Gleichberechtigung mit der alten Führungsschicht.

Der langfristige Erfolg dieser Schulpropaganda bleibt jedoch aus: politische Bildung beschränkt sich schließlich nicht nur auf das, was in den Schulen vermittelt werden soll. Die Abrichtung zum gehorsamen und treuen Untertanen gelingt deshalb nicht durchgängig. Zu offensichtlich ist die Benachteiligung von Arbeitern, zu sehr widerspricht auch die Verteidigung ständischer Grenzen der Eigendynamik einer sich rasch entwickelnden Industriegesellschaft. Die Freiheit von Produktion und Handel stimuliert auch Vorstellungen von freier politischer Betätigung, die sich mit den Zielen der Manipulationsversuche im politischen Unterricht nicht vereinbaren lassen.

Das alles bleibt nicht ohne Einfluß auf die Entwicklung des politischen Bewußtseins im Kaiserreich. Seit den Wahlen zum 8. Reichstag 1890 ist die bis dahin noch verbotene Sozialdemokratische Partei die Gruppierung, auf welche die meisten Stimmen entfallen (19,7 Prozent). Trotz aller Beeinflussungsversuche steigt ihr Stimmenanteil nahezu kontinuierlich von Wahl zu Wahl an. Daß das Wahlrecht und die Schneidung der Wahlkreise regelmäßig aus der an Stimmen stärksten Partei eine der kleinsten an Mandaten macht, stärkt sicherlich nicht das Vertrauen der Arbeiter in die Weisheit des kaiserlichen Regiments. So erreichen die Sozialdemokraten 1907 zwar 29,0 Prozent der Stimmen, erhalten dafür aber nur 43 Mandate im Reichstag zugesprochen. Zum Vergleich: das katholische Zentrum kommt in der gleichen Wahl mit nur 19,4 Prozent der Stimmen auf 105 Abgeordnete (Gerhard A. RITTER, Merith NIEHUSS 1980, S. 38 ff.).

Diese Entwicklung markiert sehr deutlich die offensichtlich nur sehr eingeschränkte Wirksamkeit von schulisch vermittelter staatsbürgerlicher Erziehung. Vor allem dann, wenn sie, langfristig für jeden erkennbar, die Privilegierten durch parteiliche Indoktrination schützen und dem Vierten Stand weiterhin seine Rechte verweigern will. Gleichwohl darf man nicht übesehen, daß auch die Sozialdemokraten nicht unbeeinflusst bleiben von dieser Art staatsbürgerlicher Erziehung. Denn nicht nur in den Schulen, auch in den nach militärischem Muster organisierten Industriebetrieben und natürlich im Militär selbst werden den Arbeitern die erwünschten Verhaltensweisen und das vaterländische Denken eingeschliffen. So gewinnen die Sozialdemokraten zwar immer mehr Rückhalt in der Bevölkerung, nähern sich gleichzeitig jedoch der nationalistisch-imperialistischen Großmachtpolitik des Kaiserreichs an. Aber wohl eher aus opportunistischen Erwägungen als aus Überzeugung. Höhepunkt dieser Entwicklung ist die Zustimmung der seit den Wahlen von 1912 nun auch endlich größten Reichtagsfraktion zu den Kriegskrediten, die Unterstützung einer am Ende katastrophalen Politik.

13.2 Die falsche Wirklichkeit: politische Bildung in der Weimarer Republik

Der August 1914 führt zwar alle Stände und Parteien noch einmal zusammen, aber nur für kurze Zeit. Die langwierigen Folgen der Niederlage von 1918 machen deutlich, wie brüchig der gloriose Zusammenschluß in Wirklichkeit war. Der revolutionäre Aufbruch von 1919 und die Schaffung der "Dolchstoßlegende" markieren die innerenWeglinien der Weimarer Republik, der Versailler Vertrag begrenzt Handlungsfähigkeit und Existenzchancen der ersten deutschen Republik von außen. Aber der äußere Druck ist nicht der Grund für den inneren Zerfall von Staat und Gesellschaft. Er beschleunigt ihn allenfalls. Die Existenz verschiedener politischer Kulturen, deren Prinzipien nicht mit dem politischen System übereinstimmen, führt vielmehr zu der am Ende aussichtslosen Lage der Republik. Den wenigen wirklichen Befürwortern von Parlamentarismus und Republik stehen Vertreter der alten Ordnung gegenüber, die den Zusammenbruch nicht wahrhaben wollen und sich deshalb legitimiert fühlen, das Kaiserreich über seine Niederlage hinaus mit allen Mitteln fortzusetzen. Angeführt von Offizieren der vermeintlich "im Felde unbesiegten" Armee ziehen mordend und marodierend "Freikorps" durch das Land und versuchen, die äußere Niederlage wenigstens in einen Sieg gegen den "inneren Feind" zu verwandeln. Aber auch Arbeiter organisieren sich im Kampfbrigaden und es kommt zu bürgerkriegsähnlichen Auseinandersetzungen. Zudem gewinnen die Gegner des "Systems" zunehmend an Einfluß in Parlament und Regierung. Man läßt sich wählen, um die verhaßte Republik auch von innen bekämpfen zu können. Die Verfechter der demokratisch-republikanischen Staatsform geraten immer mehr in die Defensive und können sich auf die Dauer nicht gegenüber ihren gewalttätigen Gegnern behaupten. Die Weltwirtschaftskrise und ihre Folgen verschärfen die ohnehin fast hoffnungslose Lage der jungen deutschen Demokratie. So mußte dieser erste Versuch einer parlamentarischen Demokratie auf deutschem Boden tragisch scheitern.

Fehlendes Selbstbewußtsein und die daraus resultierende mangelnde Selbständigkeit des deutschen Bürgertums verhindern die Etablierung einer der sich durchgreifend wandelnden Gesellschaft entsprechenden politischen Kultur. Damit bleibt auch die politische Bildung vorbürgerlichen, entschieden undemokratischen Konzepten verhaftet (vgl. Kurt-Gerhard FISCHER 1970). Der kurze Versuch einer Demokratie in Deutschland zwischen den beiden Weltkriegen bleibt Episode. Zwar schreibt Artikel 148 der Weimarer Verfassung auch die "Staatsbürgerkunde" als Lehrfach für die Schulen vor, die Zusammenfassung der Erlasse und Richtlinien der Länder dazu durch das Reichsinnenministerium vom April 1922 zeigt jedoch, daß dieses Verfassungsgebot Makulatur bleibt (cit. n. Karl BORCHERDING 1965, S. 40). Zudem lassen sich die Schulen mit ihrer meist dem Kaiserreich nicht nur als Reserveoffizier verpflichteten Lehrerschaft nicht ohne weiteres für die Einrichtung und Entwicklung der Republik dienstbar machen. Im Gegenteil. Ende 1921 sieht sich das Ministerium veranlasst, darauf hinzuweisen, "daß die Überwindung des heute bestehenden Widerspruchs zwischen der Überlieferung der Schule und den gegenwärtigen Erfordernissen der staatsbürgerlichen Erziehung zu den dringenden pädagogischen Aufgaben gehört" (cit. n. a.a.O., S. 39).

Im besten Falle bleiben die Schulen neutral, gehen nicht ein auf die oft gewaltsamen Auseinandersetzungen, die den politischen Alltag bestimmen. Allenfalls zieht man sich zurück auf eine zunehmend abstrakter erscheinende Verfassungslehre und Institutionenkunde, der die politische Wirklichkeit immer weiter davon läuft (a.a.O., S. 35; vgl. auch Wolfgang W. WITTWER 1980, S. 299-319). Das erhöht nicht gerade die Glaubwürdigkeit des fragilen Staatsgebildes in den Augen der Schüler, die sich fragen müssen, warum die politische Praxis der Theorie nicht folgt. Politische Bildungsarbeit, die vorbereitet auf eine aktive Rolle im republikanischen Staatswesen, zu eigenem Urteil befähigt und eine demokratische politische Kultur zu entwickeln hilft, kann unter diesen Umständen kaum stattfinden. Die heranwachsende Jugend bleibt desorientiert und allein gelassen, findet kaum Anhaltspunkte für eine Auseinandersetzung mit der Wirklichkeit der zerissenen Nation.

13.3 Vom "himmlischen Staat" und von der Ökonomie der Unfreiheit

Konflikt als Staatsprinzip: darauf sind weite Teile der Bevölkerung nicht vorbereitet. Konflikt: das ist in ihrer Vorstellung das Irreguläre, die seltene Ausnahme, die möglichst schnell beizulegen ist und wieder geordneten, eindeutigen Verhältnissen Platz zu machen hat. Darin sind sich die Verächter der Republik, gleich welcher Coleur, einig. Der starke Staat oder die allmächtige Partei als Verkörperung des Allgemeinen bzw. des vermeintlich historisch Notwendigen haben die gesellschaftlichen Verhältnisse bis in das Private hinein so zu regeln, daß Konflikte gar nicht erst entstehen. Sich fügen und unterordnen: diesem Prinzip soll auch weiterhin Geltung verschafft werden.

Dieses verhängnisvolle Denken ist bereits angelegt in der Theorie des preussischen "Staatsphilosophen" Georg Wilhelm Friedrich HEGEL, der in seinen 1821 erstmals erschienen "Grundlinien der Philosophie des Rechts" den Staat zur praktisch widerspruchsfreien Synthese seiner dialektischen Methode verklärt:

"Der Staat als die Wirklichkeit des substantiellen **Willens**, die er in dem zu seiner Allgemeinheit erhobenen besonderen **Selbstbewußtsein** hat, das an und für sich **Vernünftige**. Diese substantielle Einheit ist absoluter unbewegter Selbstzweck, in welchem die Freiheit zu ihrem Recht kommt, sowie dieser Endzweck das höchste Recht gegen die Einzelnen hat, deren **höchste Pflicht** es ist, Mitglieder des Staats zu sein" (§ 258; cit. n.d. Ausg. 1955, S. 208; Hervorh. i. Orig.).

Das ist das Finale seines Staatsdenkens: die Auflösung von Konflikt und Widerspruch, welche die aufkeimende bürgerliche Gesellschaft kennzeichnet. Sie treibt ja den Partikularismus zunächst noch weiter, als die feudale Ordnung ihn je kannte. Das Handeln des Bügers ist nicht mehr eingebettet in das komplexe Geflecht von Lehensbeziehungen, von Abhängigkeiten und Fürsorgepflichten, sondern prinzipiell frei, nicht mehr an Gruppen gebunden und direkt beziehungsstiftend, sondern individuell und ordnungslos, nur noch den im Grunde anarchischen Marktgesetzen unterworfen. Das nunmehr frei verfügbare Eigentum dient allein den eigenen Zielen und Interessen, wird zur beziehungslosen Ware. Allerdings bleiben Rudimente der alten Gemeinschaft auf der Ebene verwandtschaftlicher Bande bestehen.

Die partikularen Interessen der Individuen entfalten sich also auf der Ebene der Familie (These), die in ihrer Summe die Gesellschaft ausmachen, jedoch aufgrund ihrer unterschiedlichen Interessenlagen und der Konkurrenz in einen dauernden Konfliktzustand versetzt sind (Antithese), der nur durch die "ordnende Macht des Allgemeinen", des Staates, aufgehoben werden kann, den HEGEL zur "Wirklichkeit der sittlichen Idee" verabsolutiert (Peter REICHEL 1981, S. 73 f.). Diese Wirklichkeit ist bei HEGEL jedoch nicht etwa das Produkt von Konflikt, Kampf, Verhandlung, Sieg, Niederlage, Kompromiß, von Verständnis und Zustimmung, also von Politik und Geschichte, sondern ganz ahistorisch und voraussetzungslos eine Art Materialisation der göttlichen Perfektion hienieden.

"Der Staat (bei HEGEL; J.W.M.) ist also in keiner Weise Produkt der bürgerlichen Gesellschaft; als solches bliebe er 'künstlich', bloß 'verständig', 'beliebig', bloß auf der Einwilligung der Betroffenen beruhend. Der Staat überschreitet vielmehr die Strukturen der bürgerlichen Gesellschaft schlechterdings. Es bedeutet ein neues, nicht abgeleitetes Prinzip, die Gerechtigkeit selbst auf Erden, die ja, wie es Platon mit vernichtendem Recht geschrieben hat, nicht induziert wird von Menschen, sondern mit geflügelten Rossen aus dem Himmel der Ideen auf die armselig verstandesmäßige Wirklichkeit der Erde herabsteigt" (Ralf DAHRENDORF 1965 c, S. 229).

So wird die Staatsidee zu einer eigentlichen Staatsreligion und der Staat selbst zum allumfassenden Spender irdischen Heils. Darin liegt der Keim für die verhängnisvolle Überschätzung staatlicher

Staat selbst zum allumfassenden Spender irdischen Heils. Darin liegt der Keim für die verhängnisvolle Überschätzung staatlicher Ordnungsmacht, noch mehr aber für die Virulenz konfliktverleugnender, autoritärer und explizit anti-demokratischer politischer Konzepte.

Der Dienst an der "sittlichen Idee" und der widerspruchslosen Ordnung bedeutet schließlich auch Verzicht auf politische Rechte. Genau das steht in den Programmen einiger der Parteien, die sich um Sitz und Stimme im Parlament der Weimarer Demokratie bewerben. Wie die Wahlergebnisse von damals zeigen, stoßen Konzepte politischer (Selbst-)Entmündigung auf nicht geringe Zustimmung. Die Wähler selbst unterstützen elementare Beschneidungen ihrer Rechte.

Wie ist das zu erklären? An erster Stelle steht wohl die Internalisierung der autoritären Staats- und der militarisierten Gesellschaftsstruktur des Kaiserreichs, die Selbstanerkennung in einer Umwelt, in der Befehl und Gehorsam, Hingabe und Fürsorge die auf Feudalprinzipien aufbauende Gemeinschaftsidee bestimmt (vgl. Kap. 1). Freiheit dagegen bedeutet nicht allein das Abschütteln von Unterordnung und den Gewinn von eigener Handlungsfähigkeit, sondern auch den Verlust von Zugehörigkeit, Bindung und Fürsorge. Sie ist abstrakter, auch nicht mehr als Schein zu vermitteln über die Abgeschlossenheit persönlicher Beziehungen, sondern wirft den Menschen auf sich selbst zurück, verlangt Öffnung, Toleranz, Selbstbewußtsein, Kritik- und Konfliktfähigkeit, Kompromißbereitschaft, kurz: die Arbeit an sich selbst und an der Gesellschaft.

Das aber ist nicht nur schwierig, sondern oft schmerzhaft und immer mühsam. Das Selbstverständliche, Nicht-Befragte, Nicht-Bedachte und So-Hingenommene dagegen gibt Sicherheit, erlaubt die Bequemlichkeit eines in sich ruhenden Lebens, vereinfacht die Beziehungen zu anderen, zur Gesellschaft und zu sich selbst. Man weiß, was man zu erwarten hat und vermag sich mehr oder weniger behaglich einzurichten in die so wohlverstandene Welt des stützenden Ordnungssinns, der geregelten Lebensabläufe und der alltäglichen Gewißheiten. Unfreiheit ist daher auch ökonomisch für den einzelnen: Entscheidungen müssen nicht selbst getroffen, sondern brauchen nur hingenommen zu werden. Damit entfällt die Mühe des Informationssammelns, der Entwicklung von Alternativen, des Abwägens verschiedener Lösungsmöglichkeiten. Selbständige, bewußte Entscheidungen treffen zu müssen verunsichert nicht nur, es kostet auch Zeit, die viele aufgrund ihrer persönlichen Lebensumstände in dem Ausmaß nicht haben oder für anderes verwenden wollen.

13.4 "Sie werden nicht mehr frei sein ihr ganzes Leben" - der Zugriff der Nationalsozialisten auf die Jugend

Auch vor diesem Hintergrund wird die Faszination verstehbar, die von der nationalsozialistischen Ideologie ausging. Zunehmende Arbeitsteilung, die Komplizierung der gesellschaftlichen Beziehungsverhältnisse und die daraus resultierende Segmentierung von Einsicht und Erfahrung, kurz: die Entfremdung der Gesellschaft von sich selbst, verlangt nach Übergeordnetem, nach Zusammenführung, ganzheitlichem Sinn, der dem Alltag ein Ziel gibt.

Die Installierung von Konflikt als Staatsprinzip, von Kompromiß und Interesenausgleich, hat wenig Chancen in einer Nation, in der politische Auseinandersetzungen gewaltsam ausgetragen werden, Mord alltägliches Mittel der Politik ist. Wer in dieser Situation den inneren Frieden und die Einheit der zerrissenen Nation verspricht, wer ansetzt, die "Schande" der Niederlage von 1918 und ihre Folgen zu revidieren, wer im Falle seiner Wahl das Ende der Arbeitslosigkeit prophezeit, der kann zunehmend mit Beifall und Zustimmung rechnen. Der Begriff "Nationalsozialismus" vereint diese Elemente in sich und kennzeichnet zutreffend die Programmatik der "Bewegung". Politische Konflikte, Klassenkämpfe: das alles wird gleichgesetzt mit der verhaßten "Systemzeit" der Weimarer Republik, mit der alten, unfähigen, undurchsichtigen und korrupten Politik, der jetzt die Klarheit des "Tausendjährigen Reiches" entgegengesetzt wird, in dem es keine Klassen, keine Streitereien (schon gar kein "Parteiengezänk") und keinen Neid mehr gibt, sondern nur noch "Volksgenossen", die an einem Strang ziehend mit dem Einsatz ihrer ganzen Person der "deutschen Sache" dienen. Der "Arbeiter der Faust" wird vereint mit dem "Arbeiter der Stirn", der sich dem gleichen Anliegen widmet: Die nationalsozialistische Ideologie gewinnt ihre ganze Überzeugungskraft aus diesem Verlangen nach Einheit und Autorität.

Die Wirklichkeit des Dritten Reichs wird diesen Versprechungen jedoch so wenig gerecht wie alle anderen Versuche totalitärer Herrschaft vorher und nachher. Zudem war wirkliche Gleichheit auch gar nicht das Ziel: Das Führer- und Gefolgschaftsprinzip, die Etablierung einer nationalsozialistischen Elite über die "National-politischen Erziehungsanstalten" (Napola) und "Adolf-Hitler Schulen" für den Führernachwuchs der Partei zeigen ganz deutlich, daß der "Grundpfeiler der nationalsozialistischen Weltanschauung ... die Erkenntnis von der Ungleichheit der Menschen (ist)" (Friedrich BRENNECKE 1938, S. 10).

Das ist nur scheinbar ein Widerspruch, denn der Mythos klassenloser "Volksgemeinschaft" wird abgesichert mit einem weiteren Mythos: dem der Zugehörigkeit zu einer "Herrenrasse", die allen anderen überlegen ist. Die "völkische Ordnung" weist jedem nach seinem Nutzen für das "Volksganze" seinen gerechten Platz zu. Der einzelne ist nichts, das Ganze ist alles: Konzepte individueller Chancengleichheit werden zu Relikten einer falschen Vergangenheit, die abgelöst wird von einer glorreichen Zukunft des Volkes, das im gegenwärtigen historischen Kampf gegen den inferioren Rest der Welt seine Überlegenheit beweisen wird. Was gelten da schon weichliche Verweise auf Menschenrechte, Chancen der individuellen Entfaltung, einer eigenen Lebensplanung? Die ganze Erziehung muß deshalb darauf ausgerichtet sein, diesen Kampf zu bestehen.

Abgesehen von einer verquasten Geschichtstheorie, die Aufstieg und Untergang von Nationen mit pseudo-wissenschaftlicher Rassenbiologie zu erklären vorgibt, wird den Zöglingen vor allem das Führer-Gefolgschaftsprinzip als politische Bildung vermittelt. Das militärische Prinzip von Befehl und Gehorsam wird hier, anknüpfend an eine leidige deutsch-preußische Tradition, wiederum übertragen auf Staat und Gesellschaft. Diesmal aber bleibt kein Platz mehr für Widerspruch, alternatives Denken, Protest. Dafür sorgt ein mörderisches und gnadenloses System von Unterdrückung, Gesinnungsschnüffelei und Bespitzelung. Alles Alte, Private soll weggeschwemmt werden im Sog der neuen großen Bewegung des Volkes, die in der Person des "geliebten (!) Führers" symbolisiert erscheint.

Politische Erziehung ist deshalb nicht mehr eigentlich Sache der Schule, schon gar nicht der Eltern, sondern Aufgabe der "Hitlerjugend" (HJ), die sich in strikter Geschlechtertrennung der jungen Deutschen annimmt. Die Mitgliedschaft in diesen Organisationen wird mit allen möglichen Zwangsmitteln (Verweigerung von Lehrstellen, Verlust des Arbeits- oder Ausbildungsplatzes, Beförderungsstopp für Väter) durchgesetzt (Elke NYSSEN 1979, S. 42). Militärischer Drill, absolute Unterordnung, unbedingte Opferbereitschaft, Mißachtung des eigenen Lebens, gepaart mit dem Bewußtsein, der zur Herrschaft geborenen "Herrenrasse" anzugehören: das sind die Ziele dieser Art politischer Erziehung für die Jungen. Die Mädchen dagegen haben sich gehorsam einzufügen in die Rolle von Müttern, die dem Führer freudig "arische" Kinder schenken und damit den Fortbestand dieser wunderbaren "Rasse" sichern (vgl. auch Kap. 6).

Obwohl man Schulen und Lehrern diesbezüglich wenig zutraut, werden auch die Bildungseinrichtungen von Personal "gesäubert", dessen "Rassenzugehörigkeit" oder Vorleben und Ansichten kein unbedingtes Eintreten für den Nationalsozialismus erkennen lassen. Ziel ist der totale und absolute Zugriff auf Denken, Fühlen und Handeln der Jugend, wie Adolf Hitler im Dezember 1938 vor NS-Kreisleitern mehr als deutlich macht:

"Diese Jugend, die lernt ja nichts anderes als deutsch denken, deutsch handeln, und wenn nun diese Knaben, diese Mädchen mit ihren 10 Jahren in unsere Organisationen hineinkommen und dort nun so zum erstenmal überhaupt eine frische Luft bekommen und fühlen, dann kommen sie vier Jahre später vom Jungvolk in die Hitlerjugend, und dort behalten wir sie wieder vier Jahre, und dann geben wir sie erst recht nicht zurück in die Hände unserer alten Klassen- und Standeserzeuger, sondern dann nehmen wir sie sofort in die Partei oder in die Arbeitsfront, in die SA oder in die SS, in das NSKK und so weiter. Und wenn sie dort zwei Jahre und anderthalb Jahre sind und noch nicht ganze Nationalsozialisten geworden sein sollten, dann kommen sie in den Arbeitsdienst und werden dort wieder sechs und sieben Monate geschliffen, alle mit einem Symbol: dem deutschen Spaten (Beifall). Und was dann nach sechs oder sieben Monaten noch an Klassenbewußtsein und Standesdünkel da oder da noch vorhanden sein sollte, das übernimmt dann die Wehrmacht zur weiteren Behandlung auf zwei Jahre (Beifall), und wenn sie dann nach zwei oder drei oder vier Jahren zurückkehren, dann nehmen wir sie, damit sie auf keinen Fall rückfällig werden, sofort wieder in SA, SS und so weiter, und sie werden nicht mehr frei ihr ganzes Leben (Beifall) und sie sind glücklich dabei" (cit. n.d. Materialsammlung von Karl BORCHERDING 1965, S. 57).

Jedoch läßt sich die Wirklichkeit selbst im nahezu perfekt gleichgeschalteten NS-Staat nicht ohne weiteres nach den Vorstellungen des "Führers" modellieren. So nimmt weder die - im übrigen dem Nationalsozialismus in weiten Teilen durchaus nicht ablehnende - Lehrerschaft ihre Ausbootung durch die Hitlerjugend widerspruchslos hin, noch läßt sich das Prinzip "Jugend führt Jugend" tatsächlich durchhalten. Da, wo Lehrer sich als "Führer" in der "Hitlerjugend" engagieren, herrscht Disziplin und Ordnung, da, wo die Jugend sich gemäß ihrem Motto eher selbst überlassen bleibt, entwickelt sie sich nicht selten ganz entgegen den eigentlichen Zielen zu einem undisziplinierten und strukturlosen Haufen.

"Auch der Anspruch der HJ, in der "Einheitsorganisation" der Jugend schicht- und klassenspezifische Chancengleichheit beiseite zu räumen, löst sich in der sozialen Realität nicht ein. Schon in der Jugendorganisation selbst konnten sich soziale Absonderungen erhalten, so vor allem als Reservate Jugendlicher aus gehobenen Schichten in den HJ-Sondereinheiten. Wichtiger noch war aber, daß die formale Einheit der Jugend in der HJ nichts an der sozialen Differenzierung der anderen Entwicklungsinstanz, also des Schulwesens zu ändern vermochte. Sieht man von Karrieren und sozialen Aufstiegen über Parteifunktionen ab, so erfolgte die Zuteilung späterer beruflich-sozialer Chancen über das Qualifikationssystem Schule, und hier reproduzierte sich durchweg das herkömmliche Muster sozialer Ungleichheit" (Arno KLÖNNE 1982, S. 287).

Auch der totalitärste Staat, auch die konsequentesten Anstrengungen zur "Gleichschaltung" aller Lebensbereiche, kann gesellschaftliche Konflikte nicht aus der Welt schaffen. Zum einen sind Zwang und Gewalt selbst ja bereits Ausdruck von Konflikt, zum anderen ergeben sich mit der notwendigen Arbeitsteilung in und zwischen den Repressionsapparaten unterschiedliche Interessenlagen, Privilegierungen, Konkurrenzen, kurz: Konflikte. Sie werden allenfalls ideologisch aus der Welt geschafft. Real bestehen sie weiter. Und sollen es wohl auch: hätten die Nationalsozialisten die tradierten bürgerlichen Privilegien nicht bloß angegriffen um damit geschickt antibürgerliche Affekte für die eigene Sache zu nutzen, sondern real und durchgängig zu beseitigen versucht, dann hätten sie wichtige Bündnispartner verloren. Durch die Umlenkung des gegen Kapital und Bürgertum gerichteten Sentiments auf die Träger jüdischer Religion und Kultur, konnte einerseits die öffentliche Aufmerksamkeit gebunden und der Eindruck erweckt werden, hier würden Bevorzugungen und Sonderstellungen in der Gesellschaft beseitigt, andererseits das so nötig gebrauchte "arische" Bürgertum unbehelligt bleiben.

Trotz aller zwar verleugneten, aber dennoch real existierenden Widersprüche erweist sich die politische Beeinflussung großer Teile der Jugendlichen über die Mitgliedschaft in der HJ als sehr effektiv. Es ist ja nicht nur Zwang, der sie in die Fänge des totalitären Regimes treibt. Ausgenutzt wird schließlich auch die Attraktivität zunächst ganz unpolitischer aber abenteuerlicher Freizeitangebote für Jungen wie Modellbau, Segelfliegen, Reiten, Schießen usw., von Pfadfinderkameradschaft und Lagerfeuerromantik. Dazu gehört aber militärischer Drill, Uniform, die Einübung unbedingten Gehorsams, der nahtlose Übergang in die Wehrmacht. Daß weite Teile dieser Jugend manipulierbar sind, nahezu blind auch den abstrusesten "Führer"befehlen gehorchen, kann kaum überraschen.

Die Vollendung der europäischen Katastrophe durch den Nationalsozialismus 1945 ist natürlich nicht allein auf diese Art politischer Erziehung zurückzuführen, sie war jedoch ein nicht unwesentliches Vehikel zur weiteren Militarisierung, zur Vermittlung von kaltblütig für verbrecherische Ziele genutztem Haß, von kritikloser Hinnanhme bis hin zum Kadavergehorsam. Schließlich gab es trotz aller massivsten Beeinflussungs- und Einschüchterungsversuche auch Widerstand und das gerade von Jugendlichen im Dritten Reich, von der "Weißen Rose" in München über die Kölner "Edelweißpiraten" bis zu dem siebzehnjährigen Lehrling Helmut HÜBENER in Hamburg, die alle von den Nationalsozialisten duch eine skandalös willfährige "Justiz" ermordet wurden (vgl. Arno KLÖNNE 1982, S. 278 ff). Dies sind jedoch Ausnahmen. Tatsache bleibt, daß die meisten, wenn schon nicht als überzeugte Nationalsozialisten, dann zumindest als Mitläufer dem mörderischen Regime dienen, allerdings nicht selten ohne Zwang. Auch damit geht die Rechnung der Nationalsozialisten auf, denn Tatsache bleibt die für jeden sichtbar gewesene, praktisch widerspruchslos hingenommene Deportation jüdischer Mitbürger, ihre verdeckt vorgenommene, unvorstellbar gnadenlose industrielle Vernichtung. Wo jegliche Persönlichkeitsentwicklung von vorneherein gewaltsam unterdrückt, jeder eigene Wille gebrochen wird, wo Urteilsfähigkeit, Überlegungen und Meinungen, selbst die Benennung von unbestreitbaren Fakten zum Verbrechen werden, da ist von jemandem, der kaum andere als solche Verhältnisse kennt, kaum Einsicht, kein Nachdenken, schon gar kein Widerstand zu erwarten.

13.5 Einladung zum Widerspruch: Versuche zur "re-education" der Deutschen

Trotz aller falschen Traditionen einer Absolutsetzung des Staates, trotz der menschenverachtenden Konsequenzen, welche die Sehnsüchte nach widerspruchsfreier gesellschaftlicher Einigkeit, Ordnung und Harmonie hervorgebracht haben: das politische System in der Demokratie hat auch die Funktion einer Klammer, mit der an sich disparate gesellschaftliche und politische Interessen und Bewegungen zusammengehalten werden. Nicht durch die absolute Autorität des unterwerfenden Staates, schon gar nicht durch die Auflösung von Interessenantagonismen, sondern immer wieder hergestellt über Auseinandersetzungen, über die Möglichkeiten offener und geregelter Konfliktaustragung. Im demokratischen Staat ist das politische System also wesentlicher Ort für das Ausfechten und die Lösung politischer Konflikte und Kontroversen, es ist Mittel zum Ausdruck des politischen Willens von Mehrheiten und von Minderheiten, gleichzeitig bietet es jedermann prinzipiell die gleichen Teilnahme-, Mitbestimmungs- bzw. -entscheidungs- und Karrierechancen. Mit Untertanen ist hier kein Staat mehr zu machen.

Die Demokratie setzt vielmehr den Typus des emanzipierten Bürgers voraus. Nicht stiller Gehorsam und widerspruchsloses Akzeptieren muß daher hier das Ziel politischer Bildung sein, sondern ganz im Gegenteil politische Urteilskraft, Konfliktfähigkeit, Offenheit und Toleranz. Das erfordert Interesse, Informationen, Übung, Einsicht und wesentlich Selbstbewußtsein. Politische Bildung kann daher nicht allein reduziert werden zu einem Unterrichtsfach, sondern muß integraler und damit auch fachübergreifender Bestandteil des Bildungsprozesses aller Kinder und Jugendlichen sein. Entsprechend dem grundlegenden Gleichheitsprinzip des politischen Klassensystems in der Demokratie, das als universellster und übergreifendster Teilbereich von seinem Entwurf her allen Bürgern die gleichen Beteiligungs- und Entscheidungsrechte, aber vor allem auch Chancen des Zugangs zu funktional bedeutsamen Positionen darin zugesteht (vgl. Kap. 2), dürfen die Möglichkeiten dazu in der Gesellschaft nicht ungleich verteilt sein. Prinzipiell muß daher gerade im demokratischen Staat das Ziel aller Bildungsbemühungen ein durchgängig und unabhängig von der Schichtlage hoch entwickeltes politisches Bewußtsein der Bevölkerung sein. Denn die konstitutiven Rechte bleiben allenfalls abstrakte Möglichkeiten, wenn sie nicht konkret genutzt werden, wenn diese objektiven Gelegenheiten keine subjektive Entsprechung im Handeln der Bürger finden (Ralf DAHRENDORF 1965 b): kein politisches Interesse, kein Verständnis für die oft komplizierten und langwierigen Prozese der Entscheidungsfindung und keine Bereitschaft zu eigenem Engagement.

Politische Bildung bedeutet deshalb nun nicht mehr Einübung von Verzicht, von Gehorsam gegenüber fremden Autoritäten, von Zustimmung oder Schweigen, sondern die Vermittlung von Wissen, die Entfaltung politischer Ansichten, die Einladung zum Widerspruch und die Einigung auf demokratische Verfahren der Konfliktaustragung. Demokratie braucht die Handlungskompetenz jedes einzelnen. Sie kann nicht ohne weiteres vorausgesetzt werden, sondern beruht auf Lernen, Anschauung und Erfahrung. Politische Bildung wird damit zu einer Schlüsselkategorie für das Funktionieren demokratischer Systeme.

Das war auch die Erkenntnis vor allem der amerikanischen Siegermacht, die sich 1945 vor der Aufgabe stehen sieht, die politischen und gesellschaftlichen Verhältnisse eines Volkes zu ordnen, das nicht nur mit einem verheerenden Krieg seine expansionistischen Ziele erreichen wollte, sondern zugleich eine unbeschreibliche Vernichtungsmaschinerie gigantischer Dimensionen ersonnen und in Betrieb gesetzt hat, um Menschen jüdischen Glaubens, anderer politischer Überzeugung oder sonstiger "störender" Eigenschaften millionenfach zu ermorden. Das zur Realität gewordene Unglaubliche, hervorgebracht auch durch die unselige Tradition der militarisierten Gesellschaft, dieser Mischung von zackigen Offiziersherren und bis zum blinden Gehorsam eingeschüchterten Untertanen, die mit der Hitlerschen Diktatur ihren schrecklichen Höhepunkt erreicht, ist langfristig wohl nur über politische Bildung, durch die Vermittlung demokratischer Tugenden und Verhaltensweisen zu vermeiden. So heißt es in den Vorschlägen der von George F. ZOOK, dem Präsidenten des "American Council on Education", geleiteten amerikanischen Erziehungskommisson vom September 1946:

"Schon die Erhaltung einer Demokratie fordert von jedem einzelnen Bürger Wissen und klares soziales Zielbewußtsein. Wieviel mehr gilt dies für ihren Aufbau von Grund aus! Diese Vorbedingung im Geist und Herz des deutschen Volkes, der Alten wie der Jungen, zu schaffen wird Geduld und viel Klugheit erfordern.
Das einzige und beste Werkzeug, um noch im gegenwärtigen Geschlecht in Deutschland die Demokratie zu erreichen, ist die Erziehung" (cit. n.d. Materialsammlung von Karl BORCHERDING 1965, S. 66; vgl. auch Hermann AMMON 1981).

Dieser Ansatz zielt nicht allein auf die Inhalte politischer Bildung, sondern darüber hinaus wesentlich auch auf die formale Organisation des allgemeinbildenden Schulwesens, das mit seiner strikten Dreigliedrigkeit die sozialen Verhältnisse einer Klassengesellschaft widerspiegelt und damit für den größten Teil der Bevölkerung einschneidende Beschränkungen nicht nur von Lebenschancen generell bedeutet, sondern speziell auch von subjektiven Möglichkeiten der politischen Teilnahme. Die Erziehung zum Untertanen wird durch diese, nicht zuletzt auch egalitären Traditionen des us-amerikanischen Bildungswesens zuwiderlaufenden Strukturmerkmale wenn nicht bedingt, so doch gefördert. Dies kommt zum Ausdruck in den weiteren Überlegungen der Kommission, die sich mit Konzepten der "re-education" der Deutschen beschäftigt:

"Dieses System hat bei einer kleinen Gruppe eine überlegene Haltung und bei der Mehrzahl der Deutschen ein Minderwertigkeitsgefühl entwickelt, das jene Unterwürfigkeit und jenen Mangel an Selbstbestimmung möglich machte, auf denen das autoritäre Führungsprinzip gedieh" (Aussage der ZOOK-Kommission; cit n. Hans-Georg HERRLITZ, Wulf HOPF, Hartmut TITZE 1981, S. 142).

Dabei könnten die Besatzungsmächte anknüpfen an die Reformbestrebungen aus der Weimarer Zeit, die, von ähnlichen Überlegungen ausgehend, die Dreigliedrigkeit des allgemeinbildenden Schulwesens zugunsten einer von jedermann besuchten Einheits- oder Gesamtschule abgelöst sehen möchten und die im übrigen auch den amerikanischen Schulmodellen nahekommen.

Aber mit wem hätten diese Reformen durchgesetzt werden können? Die zwölf furchtbaren Jahre nationalsozialistischer Herrschaft hatten viele der Reformer entweder in die Emigration getrieben oder ihnen den Tod gebracht. Zudem war der größte Teil der Lehrerschaft, vor allem die tonangebenden Philologen, schon vor 1933 entschieden gegen jede Reform des Bildungswesens eingetreten. Wenn aber das Schulwesen nach dem Zusammenbruch überhaupt wieder funktionieren sollte, dann mußte auf diese Lehrer zurückgegriffen werden, von denen die meisten auch nach 1933 keine Anpassungsprobleme hatten. Hinzu kam, daß mit zunehmender Normalisierung der Verhältnisse die politische, vor allem die kulturpolitische Verantwortung wieder deutschen Stellen übertragen wurde, vor allem, weil mit dem sich abzeichnenden Beginn des Kalten Krieges die Stabilisierung der Westzonen in Form der (späteren) Bundesrepublik als weitaus wichtiger angesehen wurde als inhaltliche Reformen. Einer Restauration des alten Schulsystems stand also nichts mehr im Wege. Damit bleiben nicht allein die noch aus dem Kaiserreich stammenden und in der Weimarer Zeit nur modifizierten Prinzipien sozialer Selektion bestehen, auch die Hinweise und Befürchtungen hinsichtlich der Effekte der segregierten Schulformen auf die politische Bildung der so erzogenen Schüler bleiben ohne Antwort. Wir werden darauf zurückkommen.

13.6 "Gemeinschaft", "Harmonie" und demokratische Etikette: die Schule als Spielwiese der falsch verstandenen Demokratie

Zunächst interessiert jedoch die Frage nach der inhaltlichen Entwicklung der politischen Bildung. Welchen Niederschlag findet die neue Demokratie in den Konzepten politischer Bildung? Läßt sich trotz der schwierigen Rahmenbedingungen und mit dieser Lehrerschaft sinnvolle Bildungsarbeit in den Schulen leisten? Die Anwort darauf muß zwiespältig sein. Zwar sind die Intentionen politischer Erziehung von Kaiserreich und Nationalsozialismus passe, sind die Schulen nicht mehr die Werkhallen der Untertanenfabrik vergangener Jahrzehnte, aber die Antworten auf die demokratische Herausforderung der Schulen bleiben unter vielen Aspekten unbefriedigend, sind nicht in allen Punkten in Einklang zu bringen mit demokratischen Grundprinzipien und Haltungen. An vielen Stellen bleibt immer noch das Verlangen nach Einigkeit und Harmonie spürbar, ist nach wie vor die Vorstellung vom Staat als Aufhebung aller Widersprüche auszumachen.

Das wird bereits deutlich in den Fachbezeichnungen, unter denen politischer Unterricht an den Schulen eingeführt wird: Staatsbürgerkunde, Gemeinschaftskunde, Sozialkunde. Nicht Politik und Gesellschaft sind die Themen dieser Veranstaltungen, sondern die normative Rolle des Staatsbürgers, die Verhaltensregeln der aufnehmenden Gesellschaft und das amorph "Soziale". Dahinter steht ein auf das Zwischenmenschliche reduziertes Verständnis von Gesellschaft, die Ideologie von der Partnerschaft aller ihrer Mitglieder. Lernziel ist weniger die Politikfähigkeit als die Integration des einzelnen in eine überschaubare Gemeinschaft der Partner, die rücksichtsvoll aufeinander eingehen, sich gegenseitig helfen und in herzlicher Eintracht gemeinsame Ziele verfolgen, kurz: die wohlbekannte Fiktion des harmonischen Miteinanders in einer heilen Welt.

Allein die Titel der gängigen Sozial- und Gemeinschaftskundebücher dieser Zeit sind beredte Belege dafür: "Miteinander - Füreinander" (1954), "Einer für alle - alle für einen" (1963), "Zusammen leben" (1970). Auch gibt es getrennte Gemeinschaftskundebücher für Jungen und Mädchen an den Berufsschulen, so "Der junge Staatsbürger" und "Die junge Staatsbürgerin" von 1960. Mit subtiler Prägnanz ist das erste laut Untertitel "für die berufstätige männliche Jugend" und das zweite "für Mädchen an Berufs- und Berufsfachschulen" - denen eine Zukunft im Beruf wohl nicht zugedacht ist. Das zeigt mehr als deutlich auch der Inhalt des Mädchenbuches, wo es unter der apodiktischen Überschrift "Wesen und Aufgabe der Frau" heißt:

"In dem Unterschied zwischen Mann und Frau tritt die Ausprägung des Menschengeschlechtes am stärksten in Erscheinung. Die körperlichen Anlagen und die Entwicklung des Mädchens zur Frau und deren eigentliche Lebensaufgabe sind von Natur aus bestimmt. Der höchste und tiefste Lebenssinn einer Frau besteht darin, einmal Mutter zu sein und so das menschliche Leben von einer Generation zur anderen weiterzugeben" (S. 48).

Hier ist die Welt noch ein geordnetes Gemeinwesen, in dem jeder an seinem "natürlichen" Platz steht und zu einer Ordnung beiträgt, die nicht von kritischen Rückfragereien sondern von williger Hingabe und freudiger Arbeit belebt wird. Soziales Lernen in diesem Sinne ist denn auch in den allgemeinbildenden Schulen das Mittel, mit dem diese behagliche Idylle für die nachwachsende Generation aufrechterhalten und fortgesetzt werden soll:

"Die praktische Arbeit im Schulgarten und in der Schulküche, Laien- und Puppenspiel, Schulausstellungen, Elternbesprechungen, Schulfeste und Mithilfe der Schule bei allgemeinen karitativen Maßnahmen fördern in besonderem Maße die mitmenschlichen Beziehungen. Auch die recht gestaltete Gemeinschaft bei Spiel und Sport, die Einordnung in die Mannschaft, das Streben nach Erfolg unter Beachtung der Regeln, die Rücksichtnahme auf den Partner und die gemeinsame Kraftanstrengung sind eine wertvolle Hilfe bei der politischen Erziehung."

So steht es in den "Richtlinien für die Gemeinschaftskunde in den Volksschulen Nordrhein-Westphalens" vom 8. März 1955 (cit. n. Rolf SCHMIEDERER 1972, S. 34).

Wie wenig das mit politischer Bildung in einer Demokratie zu tun hat, wird schon allein dadurch deutlich, daß sich diese Sätze nahezu unverändert und ohne Anstoß zu erregen in einen Erlaß aus dem Kaiserreich oder in eine Richtlinie zur Ausgestaltung des Schulwesens in der DDR einfügen ließen. Zwar könnten sie darauf hinweisen, daß politisches Lernen nicht allein auf einen speziell dafür veranstalteten Unterricht reduziert werden soll, das Entscheidende aber ist, daß Politik in ihnen überhaupt nicht stattfindet. Es wird vielmehr so getan, als würde sie den gleichen Prinzipien folgen, wie das Leben in der kleinen, behüteten Welt von Schülergemeinschaften. Nimmt man hinzu, daß sich der explizite politische Unterricht vielfach auf eine reine Institutionenlehre beschränkt, in der Politik legalistisch verkürzt zu inhaltsleeren Form- und Verfahrensfragen gerinnt, wird das Unpolitische dieses Ansatzes noch deutlicher. Nicht, daß die Kenntnis dieser selbstgesetzten Rahmenbedingungen politischen Handelns unwesentlich wäre, aber sie darf sich nicht in einer solchen abstrakten Darstellung erschöpfen, sondern muß sich ergeben aus der Befassung mit dem Wechselverhältnis realer gesellschaftlicher Konflikte und ihrer Abbildung im politischen System, mit den Möglichkeiten und Grenzen von Problemlösungen und nicht zuletzt mit den hierbei immer wieder aufgeworfenen Fragen nach der Legitimität von Entscheidungen. Schließlich ist die institutionelle Kompetenz, sind die Verfahrensfragen selbst oft genug Thema politischer Auseinandersetzung und müssen es auch sein, sollen die politischen Entscheidungsstrukturen nicht zu bloßen Verwaltungswegen verkrusten.

Auch die Einrichtung von "Schülerparlamenten", von Organen der "Schülermitverantwortung" (SMV), von Einrichtungen, die erklärtermaßen durch praktisches Tätigwerden die Einübung demokratischer Handlungsweisen und Einstellungen der Jugendlichen fördern sollen, bieten wenig Veranlassung, die in dieser Zeit entstandenen Konzepte politischer Bildung für die Schulen anders zu beurteilen. Das politische System bzw. einzelne seiner Organe lassen sich nicht einfach und isoliert in die Schulen hinein verkleinern, nicht reduzieren zu Simulatoren mit Spielzeugcharakter, an denen die Wirkungsweise ihrer Vorbilder studiert und innerhalb derer eigenes Handeln geübt werden kann. Die Schule ist zudem der denkbar ungeeignetste Ort für die Verwirklichung solcher Einfälle. Nicht nur, weil sie selbst kaum selbständig handeln kann, da sie im Schnittpunkt handfester und widersprüchlicher gesellschaftlicher Interessen liegt (vgl. Kap. 10), sondern erst recht durch das besondere Beziehungsverhältnis innerhalb ihrer Mauern, zwischen denen, von wenigen Ausnahmen abgesehen, unmündige Schüler von formal hochgebildeten und fachkompetenten Lehrern unterwiesen, laufend geprüft und in ihrem Wert beurteilt werden. Wie kommt man dazu, diesen abhängigen Eleven auch nur die Idee zu vermitteln, sie könnten in ihrer Situation eigene Entscheidungen treffen und Mitverantwortung für die Schule übernehmen?

Auch wenn Sie bereits erwachsen sind und an allen Wahlen teilnehmen können, gilt selbst für die Studenten an den Hochschulen und Universitäten doch das gleiche. Die "Gelehrtenrepublik" ist ja in Wahrheit ein Ständestaat, in dem im Rahmen der gesetzlichen Regelungen die Professoren alles, die akademischen Mitglieder des "Mittelbaus" sehr wenig und die Studenten gar nichts bestimmen können. Die in der Regel niedrigen Wahlbeteiligungen der Studenten bei den Gremienwahlen sind die Antwort auf diese Situation. Im Gegensatz zu den wirklichen Parlamenten sind die Schüler- und Studentenparlamente denn auch keineswegs souverän in ihren Entscheidungen, im Gegenteil: sie besitzen praktisch keinerlei Kompetenz. Ihre Tätigkeit bleibt reine Spielwiese: gelernt werden sollen bloß die "richtigen" Formen des politischen Umgangs, eine Art demokratischer Etikette, denn die vorgegebenen Strukturen von Schulen und Hochschulen bleiben unangetastet so wie sie sind. Für die "Schülermitverantwortung" gilt das gleiche. Daß diese großsprecherischen Bezeichnungen für völlig wirkungslose Einrichtungen eine wahrscheinlich demotivierende Wirkung auf die in ihrem Engagement nicht ernst genommenen Schüler haben und wohl eher das Gegenteil von dem erreichen, was sie als ihre Ziele vorgeben, liegt auf der Hand. Das ganze Unternehmen ähnelt so auf fatale Weise jenen autoritären Staatsmodellen, nach denen das Parlament zwar diskutieren, aber nicht entscheiden darf. Wie wenig im übrigen die unabdingbare Voraussetzung jeder Demokratie: die Meinungsfreiheit an den meisten Schulen auch heute noch gilt, zeigt die oft massive Zensur, denen die Schülerzeitungen unterliegen.

So bleibt der Beitrag der Schulen zur politischen Bildung in der jungen Demokratie der fünfziger und sechziger Jahre völlig unzureichend. Inhaltlich alten Konzepten und der Ideologie von Gemeinschaft und Partnerschaft weiterhin verhaftet, stiften sie selbst da, wo sie auf den ersten Blick den Anschein erwecken, demokratisches Handeln praktisch zu fördern, eine zumindest mißverständliche Situation, die politisches Lernen eher behindert als fördert. Nicht etwa aus Unvermögen oder falscher Tradition. Das zwar auch, aber es gibt schließlich eine Reihe einflußreicher Gruppen in unserer Gesellschaft, denen an politischer Bildung als Beitrag zu weitergehender Demokratisierung, zu persönlichem Selbstbewußtsein und zur Konfliktfähigkeit nicht gelegen sein kann. Wäre schließlich das politische Klassensystem als Folge davon "zu egalitär" angelegt, würde es zur potentiellen Gefahr für die Privilegierungen der anderen Klassensysteme (vgl. Kap. 2). So darf z.B. die Diskrepanz zwischen Prinzipien der Entscheidungsfindung im politischen System und in den Betrieben nicht als so groß erlebt werden, daß daraus dauerhafte Konflikte entstehen oder gar Entscheidungsrechte von Eigentümern beschnitten werden.

Vor dem Hintergrund einer allzu oberflächlichen Verarbeitung von Weimar, die das Scheitern einfach auf ein zu hohes Ausmaß der Politisierung zurückführt, der weitgehend verdrängten Zeit des nationalsozialistischen Terrorregimes, möchte man mit Konflikten nicht mehr belästigt werden. Nach Überleben und Wiederaufbau zählt jetzt die (wirtschaftliche) Zukunft, nicht die katastrophale Vergangenheit, will man in Frieden, Ruhe und Ordnung leben und von Auseinandersetzungen verschont bleiben. Diese Haltung eines großen Teils der Bevölkerung, die sich zunächst resigniert von der schrecklichen Politik abwendet (vgl. die Untersuchungen des Allensbacher Instituts für Demoskopie zum politischen Interesse seit 1952; Peter REICHEL 1981, S. 130) unterstützt diese Bestrebungen der konservativen Privilegienwahrer. Nicht aktives politisches Engagement soll Ziel der politischen Bildung sein, sondern Integration, die Orientierung am Vorgefundenen, an Vorbildern, die Reduktion der Demokratie auf verfestigte Spielregeln (vgl. Rolf SCHMIEDERER 1972, S. 35 f.).

13.7 Der Staat in jedem einzelnen oder moralische Entwicklung statt Politik?

Zwar unterlagen die Konzepte politischer Bildungsarbeit an den Schulen Ende der sechziger Jahre einer harschen, durch empirische Studien des Frankfurter Instituts für Sozialforschung belegten Kritik (vgl. u.a. Egon BECKER, Sebastian HERKOMMER, Joachim BERGMANN 1965; Manfred TESCHNER 1968), die daraus und vor allem aus den Protesten der Studentenbewegung resultierende Revision der politischen Bildungsinhalte im Sinne konflikttheoretischer und stärker historisch und sozialwissenschaftlich orientierter "Rahmenrichtlinien" in Hessen führte jedoch zu erheblichen politischen Differenzen und Auseinandersetzungen, die zudem eng verknüpft waren mit dem Kampf konservativer Privilegienwahrer gegen die Gesamtschule (vgl. Kap. 9). In vielen Bundesländern hat sich deshalb bis heute nicht allzuviel am politischen Unterricht verändert, finden wir fast überall die alten Ideologien von Gemeinschaft und Partnerschaft, die Überbetonung von Einfügen und Anpassen, von Regeln und Ordnung.

Seit Mitte der siebziger Jahre jedoch gibt es darüber hinaus Diskussionen über eine Ausrichtung politischer Bildung an Konzpeten moralischer Urteilsbildung, die teilweise bereits Aufnahme in die Didaktik des politischen Unterrichts gefunden haben (so bei Wolfgang HILLIGEN 1985, bes. S. 233 f). Angeregt durch Arbeiten des amerikanischen Entwicklungspsychologen Lawrence KOHLBERG, der, anknüpfend an Theorien Jean PIAGETs, ein Stufenmodell moralischer Urteilsentwicklung vorgelegt hat, wäre das Erreichen der höchsten dieser Stufen das Ziel der pädagogischen Bemühungen.

Insgesamt enthält sein Modell sechs aufeinanderfolgende, "hierarchisch integrierte" (d.h. aufeinander aufbauende) Stufen, die sich drei verschiedenen Ebenen zuordnen lassen (Lawrence KOHLBERG 1977; ders. und Elliot TURIEL 1971). Die ersten beiden Stufen moralischen Urteilens sind "vor-konventionell", oder an "instrumentell-relativistischen" Formen des gegenseitigen Austauschs ("wie Du mir, so ich Dir") ausgerichtet. Die nächsten beiden Stufen sind Ausdruck einer Orientierung an Konventionen. Sie leiten sich ab aus starr verinnerlichten Verhaltenserwartungen, die entweder auf konkreten zwischenmenschlichen Erfahrungen beruhen (Stufe 3) oder, abstrakter, verbindliche Regeln von "Gesetz und Ordnung" zur absoluten Richtschnur des moralischen Urteils machen (Stufe 4). Komplexer werden die Maximen auf der dritten, "nach-konventionellen" Ebene. Hier geht es um die Definition eines allgemeingültigen, über an Personen, Autoritäten oder Gruppen gebundene Konventionen hinausweisenden Wertmaßstabs. Stufe 5 bleibt zwar noch einem legalen Beurteilungsmuster verhaftet, charakterisiert jedoch ein flexibleres Urteilsverhalten, das Reflexionen über den Nutzen bestimmter Regelungen erlaubt und persönlichen Werten und Meinungen gegenüber toleranter ist. Stufe 6 schließlich bedeutet die Ausrichtung des moralischen Urteils an "universalen ethischen Prinzipien" wie an Immanuel KANTs kategorischem Imperativ ("handle so, daß die Maxime deines Willens jederzeit zugleich als Prinzip einer allgemeinen Gesetzgebung gelten könne"). "Es sind universale Prinzipien der Gerechtigkeit, der Gegenseitigkeit und Gleichheit der Menschenrechte, und auch Prinzipien der Achtung vor der Würde des Menschen als **je einzelne** Personen" (Lawrence KOHLBERG 1977, S. 8; Hervorh. i. Orig.).

Dieser Satz entspricht praktisch unseren Überlegungen zum Legitimitätsproblem im ersten Kapitel und weist darauf hin, daß, wie der Verlauf auch der jüngsten Geschichte mehr als deutlich zeigt, die Legitimität von Herrschaftssystemen und Regierungen nicht auf bloße Zustimmung reduziert werden darf. Das Grundgesetz macht dies auch unmißverständlich klar, vor allem durch die Artikel 1 und 20 (4), in denen die Menschenrechte als "unverletzlich und unveräußerlich" garantiert werden und "gegen jeden, der es unternimmt, diese Ordnung zu beseitigen" allen Deutschen "das Recht zum Widerstand" eingeräumt wird, "wenn andere Abhilfe nicht möglich ist". Beide Artikel können gemäß Artikel 79 (3) nicht, d.h. auch nicht von der größten denkbaren Mehrheit im Bundestag, geändert werden. Damit werden moralische Normen nicht nur zentraler Bestandteil der Verfassung, sondern auch subjektive Voraussetzung auf seiten der Bürger, auf deren moralische Urteilskraft das Gesetz baut.

Eine Ausrichtung politischer Bildung an solchen Konzepten erscheint dadurch auf den ersten Blick gerechtfertigt, ja notwendig. Der zweite Blick allerdings macht deutlich, daß zum einen das Recht auf Widerstand Extremsituationen vorbehalten bleibt, zum anderen das Vertrauen in die moralische Standfestigkeit der deutschen Gesellschaft bei Abfassung und Annahme des Grundgesetzes nur sehr gering war. Weshalb sonst hätte man die Garantie der Menschenrechte zum unveränderbaren Bestandteil der Verfassung erklären sollen? Es bleibt überdies die Frage, welchen Bezug zur Moral die politischen Alltagsprobleme haben. Vor allem aber, welcher Zusammenhang eigentlich zwischen diesen Stufen moralischer Entwicklung und politischem Lernen bestehen soll. Die Dilemmasituationen und ihre Lösungen, die KOHLBERG in seinen Tests zur Beurteilung vorlegt, sind vergleichsweise abstrakt und lassen Bezüge zur Politik allenfalls erahnen. Situative Faktoren bleiben zudem weitgehend ausgeblendet und an kaum einer Stelle kommt das eigene Handeln ins Spiel: Grundlage der Auswertung ist die Beurteilung des Lösungsverhaltens fiktiver Personen in konstruierten Dilemmasituationen (z.B. Tötung auf Verlangen eines unheilbar Kranken; vgl. auch Georg LIND, Roland WAKENHUT 1980, 1983). Die Beurteilung anderer ist sicherlich eine wichtige Komponente moralischen Verhaltens, aber es läßt sich kaum darauf reduzieren. Die mangelnde Übertragbarkeit auf tatsächliche Handlungsmuster ist zwar ein Problem jeglicher Messung von Einstellungen, Kompetenzen oder Meinungen, kann aber gerade hier nicht außer acht gelassen werden, wenn der Anspruch erhoben wird, daß Konzepte politischer Bildungsarbeit sich daran anschließen könnten. Zudem reduziert die Verwendung dieses Ansatzes in der Schule den politischen Unterricht leicht wieder zu einer Art "Gemeinschaftskunde", wenn Situationen wie Ladendiebstahl zum Thema gemacht werden (so Sibylle REINHARDT 1980).

Aus kognitionspsychologischer Sicht sind die Arbeiten KOHLBERGs sicherlich von analytischem Wert, ihre Handlungsdimension, auf die es im Zusammenhang mit politischer Bildung vordringlich ankommt, bleibt jedoch weitgehend unaufgeklärt. Zwar können Lawrence KOHLBERG und Elliot TURIEL (1971) darauf verweisen, daß der moralische Entwicklungsstand gemäß ihres Stufenmodells Einfluß auf das Betrugsverhalten von Kindern in speziellen Testsituationen hat (je höher die moralische Stufe, je geringer der Prozentsatz von "Betrügern") und ziviler Ungehorsam (Beispiel "sit in") zur Durchsetzung von Bürgerrechten vor allem von Studenten auf der höchsten Stufe moralischer Entwicklung geübt wird, die Beschränkung auf Schüler und Studenten läßt jedoch Zweifel an der Situationsunabhängigkeit der moralischen Handlungsmaximen unbeantwortet. Schließlich zeichnet sich das Jugendalter durch eine nicht selten realitätsabgehobene Tendenz zu Idealismus und Rigorismus aus. Denn der Einschluß in die behütende kleine Schulwelt bzw. die Verbannung auf den ausgelagerten Campus der Universitäten in den Vereinigten Staaten führt zu einer gesellschaftlichen Isolation dieser Gruppen, die frei von alltäglichen Existenzsorgen mehr in der Zukunft als in der Gegenwart leben (vgl. auch Kap. 4 und 10). Außerhalb der pädagogischen Inseln dürfte das Handeln auch weniger von psychischen Voraussetzungen moralischer Urteilskraft abhängen als von individuellen bzw. Gruppeninteressen und situativen Handlungschancen.

Das Konzept moralischen Urteils unterstellt jedoch ein normatives Verständnis von Politik, die Ausfluß der höchsten Stufe moralischer Kompetenz zu sein hätte. Der kategorische Imperativ als internalisierte Richtschnur aller Akteure im politischen Geschäft wird damit Ziel und Voraussetzung allen Handelns. Wären alle Menschen erfüllt von der moralischen Vernunft, wäre also alle moralische Ordnung ganz innerlich, dann bedürfte es der äußeren Ordnung nicht mehr, dann wäre jede Staatsform, auch die Demokratie, überflüssig und mit ihr alle Instanzen sozialer Kontrolle. Keine Polizei, keine Justiz, keine Gefängnisse mehr. Eine sympathische Utopie zwar, aber ebenso idealistisch wie gefährlich. Sie lädt dazu ein, alles politische Handeln unter der Perspektive moralischer Qualität zu betrachten und zu beurteilen.

Fraglich bleibt im übrigen auch, inwieweit sich nicht nur vergleichsweise "einfache" individuelle, sondern komplexe politische Probleme in solchen Dilemmata abbilden lassen (vgl. Horst HEIDBRINK 1983). Viele gesellschaftliche und politische Probleme entziehen sich nämlich moralischer Beurteilung. Ob z.B. die Energieversorgung über Kohle- oder Kernkraftwerke, über Wärme-Kraft-Koppelung oder andere, noch zu entwickelnde Verfahren gesichert werden soll, ob sie zentral oder dezentral zu organisieren ist, all das sind keine Fragen, die sich mit moralischen Kategorien beantworten lassen. Die in diesem Zusammenhang entstandenen Konflikte sind vielmehr einerseits technisch-wirtschaftlicher Natur, andererseits aber auch Ausdruck verschiedener Interessenlagen: Von Unternehmen, die mit ihren Beschäftigten solche Anlagen herstellen, von den Anwohnern der Kraftwerke, den Verbrauchern, von Natur- und Umweltschützern etc. und darüber jeweils vermittelten, konkurrierenden politischen Konzepten. Keine wie immer geartete Lösung wird diese Widersprüche aufheben können.

Insofern entspricht die Verwendung von Dilemmata als Ausgangspunkt der Arbeiten KOHLBERGs dem Charakter vieler politischer Konflikte. Aber weder lassen sich diese Konflikte mit all ihren Verzweigungen in einzelne, einfache Teildilemmata auflösen, noch die Einstellungsmaximen einzelner auf das politische Handeln von Gruppen, Organisationen oder Institutionen übertragen. Es ist auch kaum zu vermuten, daß sich ein im Kraftwerksbau tätiges Unternehmen selbst liquidiert, weil es vielleicht die Fragwürdigkeit seiner Produkte erkennt. Schon gar nicht lassen sich aber solche Konflikte individualisieren, es sei denn, man wollte verlangen, daß jemand aus dem gleichen Grund freiwillig auf seine Arbeitsstelle verzichtet. Das ist das Idealistische an KOHLBERGs Ansatz. Gefährlich aber wird er da, wo - zumindest implizit - suggeriert wird, es gäbe durchgängig moralisch höher- oder niedriger stehende Lösungen. Nicht nur, daß er damit Kategorien von "richtig" oder "falsch" bedenklich nahe kommt, es bleibt von hier aus aus nurmehr ein kleiner Schritt bis zu dem Punkt, an dem man beginnt, absolute politische "Wahrheiten" aus den moralischen Maximen abzuleiten. Wer sich der absoluten "Wahrheit" gewiß ist, wer die unerbittlichen Prinzipien einer abstrakt hochstehenden Moral herunterholen will in die Praxis politischen Handelns, der kann Konflikte allenfalls als zunächst noch notwendige Übel, als Meilensteine auf dem Weg zum idealen Menschen sehen. Die völlige Auflösung, nicht die geregelte Austragung von Konflikten wird zum Ziel von Politik. Oft haben die hierfür eingesetzten Mittel die idealen Vorstellungen solcher Bewegungen blutig diskredidiert, sind die hohen Zukunftsziele zum Gegenwartsterror verkommen.

Dies alles ist ganz sicher nicht die Absicht von KOHLBERG und seinen Anhängern. Im Gegenteil. Der diskursive Charakter ihres Ansatzes, die Ablehung absolut gesetzter kollektiver Werte durch die "alte Moralerziehung" (Lawrence KOHLBERG, Elliot TURIEL 1971), die Zentrierung auf Dilemmata ohne einfache oder "richtige" Lösung soll von den Intentionen her gerade solchen politischen Praktiken entgegenwirken. Die Einführung moralischer Kategorien jedoch und vordringlich ihre hierarchische Stufung machen diesen Ansatz für eine generelle Anwendung in der politischen Bildungsarbeit obsolet. Denn hiermit werden Erwartungshorizonte und eine Rigorosität von Bewertungsmaßstäben aufgebaut, welche die reale Politik an kaum einer Stelle einlösen kann. Vor einer moralisierenden politischen Bildung hat deshalb der "Deutsche Auschuß für das Erziehungs- und Bildungswesen" bereits 1955 in seinem "Gutachten zur politischen Bildung und Erziehung" gewarnt: "Bloßer Moralismus in der politischen Erziehung führt dazu, daß die Jugend durch die Enttäuschung an der Wirklichkeit zu politischem Nihilismus getrieben wird" (cit. n.d. Materialsammlung von Karl BORCHERDING 1965, S. 74).

Die in KOHLBERGs Modell angelegte Gleichsetzung von politischer mit moralischer Erziehung bewirkt so möglicherweise eher das Gegenteil von dem, was eigentlich damit bezweckt werden sollte. Die Vernachlässigung wesentlicher Kategorien des politischen Alltags, von Interessenhandeln, von Macht und Herrschaft, von politischen Kämpfen und Niederlagen, von Mehrheiten und Minderheiten, von Rechten und Pflichten, baut eine Scheinwelt in den Köpfen der Schüler auf, der die Wirklichkeit nicht standhalten kann (vgl. hierzu auch die kritischen Anmerkungen von Bernhard SUTOR 1984, Bd. 2, S. 28 ff.). Zudem entwirft KOHLBERG implizit ein Bild vom moralisch kompetenten, diskursfähigen und standhaft zu seinem elaborierten Gewissen stehenden Menschen, von einer Art ontologischen König menschlicher Entwicklung, der weit über den Zwängen und Flüchtigkeiten des Alltags auf dem Thron der reinen Idee sittlicher Vernunft residiert. Was bei HEGEL der Staat als dialektische Synthese erst zu leisten hat, das bürdet KOHLBERG dem einzelnen bereits als moralisches a priori auf.

Wesen des demokratischen Prinzips aber ist es gerade, die Vertretung partikularer Interessen nicht nur zu ermöglichen, sondern zu fordern, bestehende Widersprüche nicht nur zu tolerieren, sondern zu artikulieren, Konflikte nicht herunterzuspielen, sondern auszutragen. Demokratie setzt eine über allen Zweifel erhabene moralische Integrität nicht voraus, sondern sie ist ganz im Gegenteil die pragmatische Antwort auf die menschlichen Unzulänglichkeiten. Der Staat ist deshalb hier nicht mehr die Verkörperung des in sich widerspruchslos Allgemeinen, noch wird verlangt, daß jeder einzelne, daß Gruppen und Verbände ihr Handeln am kategorischen Imperativ ausrichten. Es gilt vielmehr, die widerstreitenden Einzelinteressen so in ein formales System von Institutionen zur Entscheidungsfindung zu überführen, daß über den Zwang zu Kompromissen und über das Mehrheitsprinzip möglichst eine Balance erreicht wird. Darüber hinaus schafft die Umkehrung der Anwendung des Prinzips von "divide et impera" (vgl. Kap. 1), also nicht auf die Beherrschten zur Verbesserung von Durchsetzungschancen, sondern auf den Herrschaftsapparat selbst (Gewaltenteilung) ein System gegenseitiger Kontrollen, von "checks and balances", das die Durchsetzung von Einzelinteressen und von mißbräuchlicher Machtausübung weitgehend verhindert.

Das führt aber auch nur selten, wenn überhaupt jemals, zu wirklich befriedigenden Lösungen. Es ist nie perfekt und immer ärgerlich. Lange Verfahrenswege, ermüdende Diskussionen, mühsame Überzeugungsarbeit und die immer wieder abverlangte Begründung auch schon getroffener Entscheidungen, verlangen Langmut und Einsicht. Politischer Unterricht muß deshalb versuchen, die Komplexität politischer Probleme darzustellen, die veschiedenen Interessenlagen nachzuzeichnen und die zentrale Bedeutung auch der Formen institutioneller Behandlung solcher Probleme im politischen System ("Legitimität durch Verfahren", Niklas LUHMANN) zu vermitteln. Die Förderung von Toleranz, Freimütigkeit und Einsicht verlangt geduldige Analyse, offene Diskussionen und die Anerkennung jedes einzelnen Schülers.

13.8 Die Herstellung der Ungleichheit: politisches Interesse und formale Bildung

Kommen wir nunmehr zurück auf unsere Frage nach den Folgen der dreigliedrigen Organisation des allgemeinbildenden Schulwesens für die politische Bildung. Vorher müssen wir jedoch noch einmal den Zusammenhang verdeutlichen, in dem die über das Bildungswesen zu vermittelnde politische Bildung steht. Die Schule ist ja beileibe nicht die einzige Organisation in der politisches Lernen stattfindet. Werfen wir deshalb zunächst einen Blick auf die verschiedenen, nebeneinander existierenden und personell weitgehend miteinander verflochtenen Klassensysteme (siehe Kap. 2), die alle ihren spezifischen Einfluß auch auf politische Sozialisation und Bildung haben. Denn mit der Etablierung eines demokratisch verfassten politischen Klassensystems hält zwar das universalistische Prinzip in seiner bislang reinsten Form Einzug in die Gesellschaft, aber die anderen Klassensysteme mit ihren verschiedenartigen Zuteilungsverfahren und spezifischen Chancenstrukturen sind dadurch allenfalls bedroht, aber keineswegs abgeschafft. Sie existieren weiter und und implizieren nicht selten eine den Gleichheitsgrundsätzen des politischen Systems inadäquate Vorstellung von Staat und Gesellschaft.

In der Familie, im Zusammensein mit Gleichaltrigen, im Verein, über die Medien, in den Betrieben: überall werden spezifische Erfahrungen im Zusammenleben mit anderen gemacht und zu Interpretationen von Gesellschaft und Politik verallgemeinert. Wo beispielsweise körperliche Gewalt Konflikte entscheidet, rigide Autoritätsstrukturen jede Auseinandersetzung zum persönlichen Risiko machen, wo kein Raum bleibt für Argumente und Aushandeln, jede Problemsituation durch den Gebrauch oder die Androhung von Machtmitteln bereits von vorneherein entschieden ist oder Konflikte im anderen Extrem einfach negiert und verdrängt werden, ist die Entwicklung demokratischen Denkens und Handelns kaum zu erwarten. In der Familie führt das besondere Gewaltverhältnis zwischen Eltern und unmündigen Kindern oft zum Verkrusten zunächst legitimierbarer Autoritätsstrukturen, die mit dem Älterwerden der Kinder den notwendigen Wandel zu offeneren, sich an mehr Mit- und Selbstbestimmung anlehnenden Konzepten von Entscheidungsfindung verhindern. Wo Jugendliche, die den offenen Konflikt wagen, um ihre Interessen zu vertreten, mit einschneidenden Sanktionen bedroht sind, die bis zum Bruch der Familienbindung reichen können, kann auch in anderen Lebensbereichen weder Konfliktfähigkeit noch Konfliktbereitschaft vorausgesetzt werden. Ebensowenig tragen Familienverhältnisse zur Entwicklung demokratischen Denkens und Handelns bei, die durch extreme Interesselosigkeit der Eltern an den Kindern, durch Permissivität und laissez-faire geprägt sind und in denen praktisch weder Notwendigkeiten noch Möglichkeiten argumentativer Auseinandersetzung bestehen.

Die Variation der realen Verhältnisse zwischen diesen Polen wiederum ist teilweise abhängig von der Stellung der Eltern im Berufsklassensystem, von ihren Erfahrungen in Schule, Ausbildung und Betrieb. Vor allem die Organisation der Betriebe ist nicht an demokratisch-universalistischen Prinzipien orientiert, sondern an hierarchischen, durch Besitz und Verfügungsgewalt determinierten Modellen der Kompetenzzuweisung, denen sich Arbeiter und Angestellte an ihren Arbeitsplätzen zu unterwerfen haben. Auch hier existiert ein weites Feld von Variationen der Rigidität solcher Strukturen, abhängig von Betriebsgrößen und Produktionsorganisationen, von Qualifikationen und den angewendeten Managementphilosophien. Zudem vermitteln sich die Ordnungsmodelle in ganz verschiedener Weise, je nach dem, auf welcher Ebene des hierarchischen Gefüges man sich bewegt. Auch übergreifend bleiben - wenn auch abnehmend - Einflüsse partikularer Milieux bestehen: kirchliche Bindung und gewerkschaftliche Aktivität beeinflussen Gesellschaftsbilder und politische Einstellungs- und Handlungsmuster.

Welchen Einfluß hat in diesem komplexen Umfeld die politische Bildung an den Schulen? Kann sie die beschränkten Horizonte der unterschiedlichen Erfahrungsräume öffnen? Führt ihr universalistischer Anspruch auch zu durchgängig und unabhängig vom Herkunftsmilieu ausgebildeten politischen Einstellungen, Aktivitätsbereitschaften und Karrierechancen im politischen Klassensystem?

Zunächst dürfen wir nicht vergessen, daß die Schulen selbst in zweierlei Hinsicht nicht den Anspruch erheben können, in sich demokratisch verfasst zu sein: einmal durch das beschriebene Verhältnis unmündiger Schüler zu den akademischen Lehrern, zum anderen durch die Einbindung der Schulen in die hierarchische Schulbürokratie, durch vorgegebene Lehrpläne und das starre Zeitregiment der Stundeneinteilung. Schon das begrenzt ihre Wirkungschancen.

Wie aber ist der Einfluß der Schulen auf die politische Bildung überhaupt zu erfassen? Anders als in den übrigen Schulfächern - in denen die Notengebung ohnehin schon problematisch genug ist - lassen sich die Effekte des politischen Unterrichts nicht ohne weiteres dingfest machen. Nicht nur, daß sich seine komplexen Ziele den normalen Kriterien schulischer Beurteilung entziehen, auch seine Wirkungen sind vielfach erst in späteren Jahren, nach Absolvierung der Schul- und Ausbildungszeit erkennbar (Fritz SANDMANN 1982, S. 40 ff). Den langen und verschlungenen Wegen tatsächlichen politischen Verhaltens können wir für die Beantwortung unserer Fragen hier nicht nachgehen; dazu fehlen schon die empirischen Grundlagen. Nicht nur, weil die Ergebnisse politischer Sozialisationsforschung wenig Anhaltspunkte dafür geben, sondern vor allem, weil sich politisches Verhalten in diesem Zusammenhang kaum sinnvoll erfassen läßt. Ob politische Bildung z.B. tatsächlich eine Resistenz gegen totalitäre Herrschaftssysteme aufbaut, läßt sich nicht über Einstellungen abfragen, sondern nur erfahren über das konkrete politische Handeln in entsprechenden Situationen.

Einen so anspruchsvollen Maßstab wollen wir auch nicht anlegen. Wir beschränken uns vielmehr bescheidener vor allem auf die Entwicklung des politischen Interesses. Ohne politisches Interesse der Bürger schließlich bleibt Demokratie eine leere Hülse. Nicht nur die Bereitschaft zum politischen Engagement, zur aktiven Teilnahme und zur politischen Aktion setzt dieses Interesse voraus, sondern auch die Rezeption politischer Ereignisse, das Sammeln von Fakten, Meinungen und Konzepten für die Fundierung eigener Entscheidungen (z.B. bei Wahlen). In seiner idealtypischen Konstruktion ist der Bürger in der Demokratie deshalb informiert, involviert, rational und tolerant. Wer politisches Interesse nicht entwickelt, entfernt sich von den Geschäftsgrundlagen der Demokratie, für den bleibt das Politische eine verschlossene und unverstandene Welt, der wird das Nicht-Wissen dem Wissen, die Apathie dem Handeln vorziehen.

Würde die politische Bildungsarbeit in den Schulen ihren erklärten Absichten gemäß wirken, müßte das politische Interesse über alle Gruppen der Bevölkerung gleich verteilt sein, müßten alle Bürger politisch interessiert sein. Männer, Frauen, Volksschulabsolventen, Akademiker, Gewerkschaftler, nicht gewerkschaftlich Organisierte, Katholiken und Protestanten: sie alle haben zumindest das allgemeinbildende Schulwesen durchlaufen und dürften sich deshalb in dieser Hinsicht nicht unterscheiden. Denn es wäre davon auszugehen, daß der politische Unterricht in den Schulen dort, wo herkunftsbedingte Unterschiede bestehen, diese ausgleicht und alle Schüler und Absolventen gleichermaßen für Politik interessiert.

Ein erster Blick auf die Ergebnistabellen repräsentativer Umfragen zeigt schnell, daß diese Absichten nicht realisiert werden. Zum einen ist das politische Interesse der Bürger sogar erheblich geringer, als es die Beteiligung an den Wahlen nahelegen würde: nur etwa die Hälfte der Wahlberechtigten beantwortet die Frage nach dem politischen Interesse mit einem klaren "ja". Demgegenüber beteiligen sich regelmäßig fast neun Zehntel von ihnen an Bundestagswahlen, d.h., viele gehen zur Wahl, obwohl sie allenfalls ein mäßiges oder sogar gar kein Interesse an Politik haben. Der Gang zur Wahlurne wird hier wohl mehr als staatsbürgerliche Pflicht mißverstanden denn als Recht eines jeden einzelnen angesehen, selbst Einfluß zu nehmen und mitzuentscheiden. Zum anderen bleiben erhebliche Unterschiede zwischen den verschiedenen Gruppen unserer Gesellschaft: Männer interesssieren sich nach wie vor häufiger für Politik als Frauen, vor allem aber zeigen sich erhebliche Differen-

Tab. 8: Das politische Interesse der Wahlbevölkerung 1980 nach Bildungs- bzw. Ausbildungsgängen (in Prozent)

höchster Bildungsabschluß:	politisches Interesse "ja"	"nein, gar nicht"
Volksschule ohne Lehre (n = 1019)	29,4	27,9
Volksschule mit Lehre (n = 1780)	44,8	15,2
Mittlere Reife (n = 1015)	60,5	6,3
Abitur (n = 203)	72,9	3,9
Universität/Hochschule (n = 187)	84,5	1,1
Insgesamt (n = 4 204)	48,0	15,0

Differenzen zu 100 Prozent: "nicht besonders"

Quelle: Eigene Berechnungen aufgrund der drei agglomerierten Repräsentativerhebungen der Forschungsgruppe Wahlen e.V., Mannheim, vom Februar, Juni und September 1980, die vom Zentralarchiv für empirische Sozialforschung zugänglich gemacht wurden (ZA-Nr. 1053). Die Daten von 1980 wurden gewählt wegen der relativ großen Befragtenzahl, die auch eine Differenzierung der beiden formal höchsten Bildungsgruppen erlaubt. Neuere Daten zeigen praktisch keine Veränderungen.

zen zwischen den Absolventen verschiedener Bildungsgänge: je höher der formale Bildungsabschluß, desto größer wird auch der Anteil politisch Interessierter.

Die Restauration des Bildungswesens in seinen überkommenen Strukturen hat also genau jene Effekte, die nach dem Ende des zweiten Weltkriegs befürchtet wurden. Selbst wenn man zugunsten der Schulen annimmt, daß ein großer Teil der extremen Differenzen in Tabelle 7 zurückzuführen ist auf unterschiedliche soziale Herkunft der ehemaligen Schüler, vielfach also in den Sozialisationsleistungen der Elternhäuser und ihres sozialen und politischen Umfeldes begründet liegt, muß man feststellen, daß der politische Unterricht an den Schulen ganz offensichtlich nicht in der Lage war, diese Unterschiede auszugleichen. Auch eine zweite Vermutung, nach der es nicht die Schulen oder Familien, sondern die Sozialisationsbedingungen der mit formaler Schulbildung korrespondierenden Berufswege sind, die diese Unterschiede bewirken, läßt sich nicht halten. Das zeigen Untersuchungen nicht alleine des politischen Interesses, sondern auch der nachgewiesenermaßen damit eng verknüpften politischen Kenntnisse und Aktivitätsbereitschaften von Schülern unterschiedlicher Schularten, so etwa die von Egon BECKER, Sebastian HERKOMMER und Joachim BERGMANN über politische Bildung an den Schulen von 1967, von Manfred TESCHNER 1968 und die 1976 erschienene Studie von Gerhard SCHULZE über "Jugend und politischer Wandel". Allemal sind die Schüler weiterführender Schulen politisch interessierter, informierter und aktivitätsbereiter als die übrigen.

Das bedeutet allerdings nicht, daß betriebliche Einflüsse keinerlei Wirkung auf das politische Selbstverständnis hätten. Immerhin spielt bei Lehrlingen bereits die Größe des Ausbildungsbetriebes eine erhebliche Rolle für ihre politische Aktivitätsbereitschaft: in Kleinbetrieben (mit weniger als 20 Beschäftigten) ist nur jeder vierte bereit zu einem solchen persönlichen Engagagement, in mittleren Betrieben (zwischen 20 und 100 Beschäftigten) dagegen schon mehr als ein Drittel und in noch größeren bereits jeder zweite (Gerhard SCHULZE 1977, S. 108). Die größere soziale Kontrolle durch Meister oder Inhaber, die dadurch bedingte, weit geringere Präsenz von Gewerkschaften, erklärt die Aktivitätshemmung und verweist auch unter diesem Aspekt noch einmal auf die in Kapitel 11 festgestellte Benachteiligung von Lehrlingen in Klein- und Handwerksbetrieben. Der Einfluß der formalen Schulbildung wird durch solche Einflüsse jedoch lediglich überlagert, nicht aufgehoben.

Andererseits vermag der politische Unterricht an den Schulen auch die geschlechtsspezifischen Unterschiede im politischen Interesse nicht auszugleichen: zwar steigt bei den Frauen ebenfalls der Anteil politisch Interessierter mit steigender formaler Bildung, stets bleiben diese Anteile jedoch deutlich unter denen der Männer mit gleichen Abschlüssen. Daß das selektive Schulwesen durch seine nach wie vor weitgehend voneinander abgeschotteten Bildungs- und Ausbildungswege selbst unterschiedliches politisches Interesse produziert, zeigt sich zudem darin, daß die generell größeren Anteile politisch Interessierter unter den Gewerkschaftsmitgliedern umso größer ausfallen, je höher der formale Bildungsabschluß ist.

13.9 Politik als akademische Karriere oder der Abschied von der repräsentativen Demokratie

Mindestens ebenso kraß sind die Unterschiede der Karrierechancen im politischen System. Formale Bildung wird hier offensichtlich zu einer immer wichtiger werdenden Voraussetzung für politische Teilhabe und die Bekleidung öffentlicher Funktionen. Das zeigt Abbildung 10 am Beispiel der Bildungswege der Abgeordneten des Deutschen Bundestages seit 1949 mehr als deutlich. Immerhin soll der Bundestag als konstitutiv wichtigstes Organ die Bevölkerung repräsentieren, durch die er gewählt wird und in deren Auftrag er Entscheidungen zu fällen hat. Zwar waren bereits im ersten Bundestag die Akademiker überrepräsentiert, mittlerweile jedoch ist das Mißverhältnis zu einer grotesken Umkehrung geworden: Aus einer kleinen Bevölkerungsminderheit von sieben Prozent wird eine Parlamentsmehrheit von gut siebzig Prozent, während die mit siebzig Prozent weit überwiegende Mehrheit der Bevölkerung zu einer Randgruppe von sieben Prozent im Parlament geschrumpft ist.

Wie die Verteilung des politischen Interesses und die Aktivitätsbereitschaft der verschiedenen Bildungsgruppen zeigt, ist das zu einem nicht geringen Teil auf Selbstselektion zurückzuführen: Wer sich nicht für Politik interessiert, der verzichtet natürlich von vorneherein auf Karrierechancen im politischen Klassensystem. Zum anderen führt die zunehmende Professionalisierung in diesem Bereich dazu, daß sich die "Politik als Beruf" (Max WEBER 1919) immer mehr zu einer Spielart akademischer Karrieren entwickelt. Es sind ja nicht mehr allein die Ämter, die berufsmäßig ausgefüllt werden, sondern auch die Abgeordnetentätigkeit hat sich, nicht nur im Bundestag, sondern auch - wenngleich weniger stark ausgeprägt - in den Landesparlamenten, zu einem "full-time-job" entwickelt, neben dem eine normale Berufstätigkeit entweder gar nicht oder nurmehr in einem sehr eingeschränkten Maße möglich ist.

Der politische Alltag der Abgeordneten verlangt prinzipiell die Beschäftigung mit allen Themen und Politikfeldern, mit Innen-, Außen-, Rechts-, Forschungs-, Bildungs-, Sozial-, Verteidigungspolitik, mit oftmals komplizierten Zusammenhängen und kniffligen Detailfragen, über die sie letztlich zu entscheiden haben. Diesen Anforderungen wird am ehesten der gerecht, der durch seine Bildung das methodische Werkzeug zur eigenständigen Erarbeitung auch ursprünglich fachfremder Problembereiche erworben hat, wer also

Abb. 10a: Die Abgeordneten des Bundestages nach ihrer Schulbildung

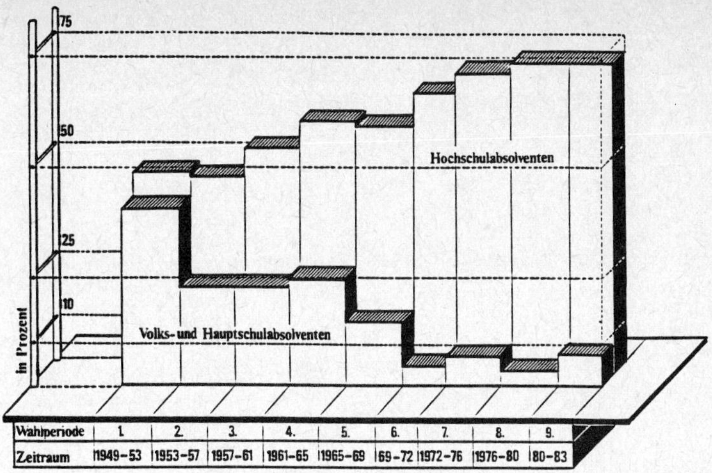

Abb. 10b: Die Wohnbevölkerung nach ihrer Schulbildung

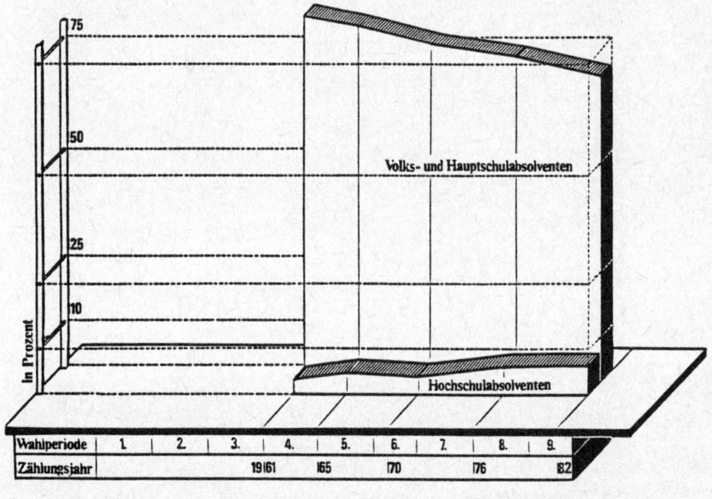

Quellen: Abb. 10a: Peter Schindler 1983 (3. Aufl.), S. 195 f.; Differenz zu 100 Prozent = andere Bildungswege/-abschlüsse. Abb. 10b: 1961 und 1965: Repräsantativuntersuchungen zur Bundestagswahl. 1961: DIVO-Institut Frankfurt; 1965: Universität Mannheim. Beide dokumentiert beim Zentralarchiv für empirische Sozialforschung, Köln (ZA Nr. 0057, 0566). 1970: Volkszählung 1970; 1976 Mikrozensus vom April, Statistisches Jahrbuch 1978, S. 337. 1982: Mikrozensus vom Mai, Statistisches Jahrbuch 1984, S. 356. Differenzen zu 100 Prozent = andere Bildungswege/-abschlüsse

flexibel, gründlich und reflektiert analysieren und handeln kann. Die Anleitung zu selbständiger Arbeit, zu Reflexion und Diskussion lassen das Hochschulstudium als geradezu ideale Voraussetzung für die aktive Beschäftigung mit Politik erscheinen. Vor allem auch die Tradition des akademischen Diskurses, der dialogischen Argumentation, kommt dem parlamentarischen Ritual von Rede und Gegenrede sehr entgegen. Er impliziert ja immer auch, daß es letzte "Wahrheiten" nicht gibt, sondern nur verschiedene Erkenntnisinteressen, Sichtweisen und Argumentationen, die nicht allein durch die gleichzeitige Konkurrenz verschiedener theoretischer Deutungs- und Erklärungsansätze sichtbar, sondern auch durch die Geschichte der Wissenschaften offenbar werden, die an vielen Beispielen zeigt, wie sehr sich die Vorstellungen über die Gegenstände der Einzelwissenschaften in teilweise sehr kurzen Zeitabständen gewandelt haben.

Das Wissen von der Relativität aller Erkenntnis, von der Komplexität und Widersprüchlichkeit aller Versuche wissenschaftlicher Rekonstruktionen von Wirklichkeit, die Erfahrung aber auch, daß gerade die Widersprüche Phantasie und Originalität beflügeln, neue Lösungsmöglichkeiten provozieren und damit wissenschaftlichen Fortschritt erst möglich machen, ist die Bilanz jedes wie immer ernsthaft oder spielerisch betriebenen Studiums. Die Welt als Problem, nicht als Lösung, als dauerhaft und unausgesetzt zu bearbeitende Herausforderung, als eine Aufgabe, die ihrer Natur gemäß allenfalls Ansätze zu Teillösungen ermöglicht (mit denen man dennoch gut leben kann): das ist die grundlegende Erkenntnis jeder Beschäftigung mit Wissenschaft. Sie vermittelt ein hohes Maß an Problem- und Komplexitätstoleranz (vgl. Gerhard SCHULZE 1977), fordert Geduld, Beharrungsvermögen, Ausdauer und die Skepsis vor "einfachen" und unüberdachten Lösungen. Die Tugenden des Wissenschaftlers korrespondieren mit den Eigenschaften, die auch Politikern, und daß gerade in einer Demokratie, abverlangt werden müssen, denn "die Politik bedeutet ein starkes, langsames Bohren von harten Brettern mit Leidenschaft und Augenmaß zugleich", wie Max WEBER in seinem erwähnten Vortrag über "Politik als Beruf" 1919 formulierte.

Das erklärt vielleicht auch zum Teil die etwas paradoxe Situation, daß nämlich einerseits die politische Bildungsarbeit in den Schulen oft zweifelhaften Konzepten folgt und zudem innerhalb einer von außen bestimmten und hoch formalisierten hierarchischen Struktur stattfindet, andererseits aber politisches Interesse und Aktivitätsbereitschaft mit der Dauer des Schulbesuchs zunehmen. Denn je länger man in der Schule bleibt, desto geringer wird der relative Anteil an Zeit, der mit dem bloß mechanischen Erlernen von grundlegenden Standardfähigkeiten des Lesens, Schreibens und einfachen Rechnens ausgefüllt ist und umso größer derjenige, in dem man sich gründlicher, intensiver, kontroverser, also eher wissenschaftlich, mit den Problemen einzelner Fächer auseinandersetzt. Das läßt sich nicht mehr einfach "Lernen" wie Rechtschreibung oder Kleines Einmaleins, sondern fordert schon selbständiges Arbeiten, die Berücksichtigung unterschiedlicher Standpunkte und das Einlassen auf Diskussionen, durch die Argumente erst wägbar werden.

In den Hochschulen und Universitäten schließlich wird der wissenschaftliche Diskurs zum Hauptmerkmal einer Lernkultur, in der die Beweiskraft eines Argumentes und nicht der Status der Person, die es vorbringt, zählt. Auch wenn dies idealtypisch allzusehr überzeichnet erscheint, es macht den Kontrast zur anderen Alternative: zum Alltag im Betrieb, hinlänglich deutlich. Das Ziel privater wirtschaftlicher Unternehmen ist ja nicht Erkenntnis, sondern Erfolg im Sinne von Profit, dem alle Handlungsstrategien und Analyseinteressen untergeordnet sein müssen. Dabei bleibt in aller Regel das Primat des Eigentums grundlegend: Besitz legitimiert die letzte Entscheidungsinstanz und installiert eine hierarchische Kompetenzvereilung, in deren Gefüge einige viel, die meisten jedoch nichts zu bestimmen haben. Die Vorstellung eines (herrschaftsfreien) Diskurses aller Betriebsangehörigen über die Definition von Unternehmenszielen, die Wege zu ihrer Verwirklichung, über Personaleinsatz und Profitverwendung vor diesem Hintergrund wäre schlicht absurd.

Die Erfahrungen, die Lehrlinge und junge Arbeiter und Angestellte zur gleichen Zeit machen, in der ihre übrigen Altersgenossen noch die Privilegien des Schüler- oder Studentendaseins genießen, sind deshalb ganz andere. Sie müssen sich in erster Linie anpassen, unterordnen, haben zugewiesene Aufgaben zu erledigen und werden nicht nach ihrer Meinung gefragt (vgl. auch Kap. 11). Nicht Diskussion und Selbständigkeit kennzeichnen ihren Arbeitsstil, sondern Hinnahme und Ausführung. Die Situation am Arbeitsplatz verlangt also eine generelle Haltung von Passivität, gleichzeitig aber auch das spezielle Engagement in den Grenzen der zugeteilten Aufgabenfelder. Diese im Arbeitsleben eingeübte Selbstbeschneidung, die auch deshalb gelingt, weil die vergleichsweise kurze Zeit in der Schule mehr der monologischen Unterweisung als der Entwicklung dialogischer Fähigkeiten dient, setzt sich im Politischen fort. Vor allem die Absolventen der Volks- und Hauptschule, die keine Lehre gemacht haben, sind unter den Mitgliedern der Parteien in erheblichem Maße unterrepräsentiert (vgl. Nils DIEDERICH 1973). Die andere Seite, daß nämlich Abiturienten und Akademiker wiederum häufiger, als es ihrem Anteil in der Bevölkerung entspräche, unter den Parteimitgliedern zu finden sind, kann kaum verwundern, unterstreicht aber einmal mehr die Handlungsdimension, die der Selbsteinschätzung politischen Interesses unterliegt (vgl. Tab. 7).

13.10 Die Aufgaben der Schulen

Die formale Bildung wirkt also in drei Schritten selektiv: sie hat erstens durchschlagenden Einfluß auf die Entwicklung politischen Interesses, steuert damit zweitens die politische Aktivitäts- und Engagementbereitschaft, wie sie sich beispielsweise durch den Eintritt in eine Partei äußert und führt drittens zu spezifischen Durchsetzungschancen auf den Karrierewegen des politischen Klassensystems (Abb. 10). Mit anderen Worten: die Wirkung des segregierten Schul- und Ausbildungssystems auf die politische Bildung, den politischen Willensbildungsprozeß und die Zusammensetzung der Entscheidungsgremien widerspricht den Grundprinzipien der repräsentativen Demokratie. Es wäre vielmehr umgekehrt die Aufgabe der Schulen, milieubedingte Unterschiede politischer Sozialisation, von politischem Interesse und politischer Aktivitätsbereitschaft auszugleichen: schließlich müssen alle Bürger, unabhängig von Herkunft, Stellung und formaler Bildung die gleichen konkreten und nicht nur abstrakten Mitwirkungs-, Mitbestimmungs- und Karrierechancen haben, soll dieses System seinen selbstgesetzten Ansprüchen gerecht werden.

Daß die Schule dazu prinzipiell in der Lage wäre, zeigt Max KAASE in seiner Untersuchung über "Demokratische Einstellungen in der Bundesrepublik" (1971), in der er feststellt, daß bessere Schulbildung auch die Einflüsse nicht-demokratischer Milieus zu neutralisieren vermag. Auch unter diesem Aspekt wird die alte Forderung nach der Abschaffung des dreigliedrigen Schulwesens, nach Aufhebung der rigiden Trennung von Allgemein- und Berufsbildung, nach Installierung einer vollzeitschulischen Berufsausbildung, unterstützt. Durch die Bildungsexpansion, durch die gestiegenen Anteile von Abiturienten und Studenten ist zwar insgesamt der Anteil politisch Interessierter gestiegen, insofern hat die Schule einen wichtigen Beitrag zur politischen Bildung der Bevölkerung geleistet, die Unterschiede zwischen den Bildungsgruppen bleiben davon jedoch unberührt. Gegen eine weitere Erhöhung des Abiturientenanteils, sofern sie sich nicht quasi automatisch über die Anläufe zum Statuserhalt bei den Kindern der Aufstiegsgeneration der sechziger und siebziger Jahre ergibt, sind jedoch erhebliche Widerstände mobilisiert von Gruppen, die entweder um ihre Privilegien fürchten, oder deren ökonomische Verwertungsinteressen einer höheren Bildung bei Arbeitnehmern entgegenstehen. Auf diesem Wege ließe sich realistisch eine Verbesserung politischer Bildung und demokratischen Bewußtseins also kaum erreichen.

Aber auch andere Ansätze dazu würden nicht widerstandslos hingenommen, denn es ist kaum zu übersehen, daß auch große Teile der Politikerklasse eine weitergehende politische Mobilisierung der Bevölkerung kaum wollen. Schließlich würde das politische Geschäft noch mühsamer, noch weniger überschau- und kalkulierbar, wenn sich die Partizipationsbereitschaft erhöht, wenn mehr Bürger sich engagieren und organisieren, um ihre Interessen, oft grundlegend kontrovers zu denen des politischen Establishments, zu vertreten. Das Suspekte größerer politischer Aktivität der Bevölkerung liegt für viele in der (nur oberflächlich verarbeiteten) Erfahrung von Weimar (s.o.), in der Befürchtung, dadurch könnten sich unregierbare Zustände mit der Gefahr eines folgenden, autoritär und diktatorisch "Ordnung" schaffenden Regimes ergeben. Interessanterweise sind es auch gerade amerikanische Politikwissenschaftler, die dazu neigen, die Stabilität demokratischer Systeme und ihr Vermögen, selbst tiefgreifenden sozialen Wandel zu bewältigen, der (in den USA traditionell hohen) politischen Apathie weiter Teile der Bevölkerung zuzuschreiben (vgl. Helmut NORPOTH 1980, S. 11 f.). Sie stellen umgekehrt die Frage, nicht wie wenig, sondern wie viel Engagement der Bürger eine Demokratie unbeschadet überstehen kann.

Speziell für die Bundesrepublik sehen Gabriel ALMOND und Sidney VERBA in ihrer internationalen Vergleichsstudie über "Civic Culture" (1963) die Gefahren einer Erhöhung der politischen Aktivität, da sie vor dem Hintergrund geringer Kooperationsbereitschaft, geringen gruppenübergreifenden Konsensus und mangelhafter Verankerung demokratischer Werte in der Bevölkerung erfolgen würde.

"So lange dies zutrifft, gerät die Demokratie durch Politisierungsprozesse in der Tat in Gefahr. Gerade durch Demokratisierung im Sinne einer Erhöhung der politischen Teilnahme wird diese Gefahr jedoch vermindert und nicht verschärft. Die Annahme, daß Demokratie durch das Praktizieren demokratischer Teilnahme überhaupt erst gelernt wird ... ist plausibler als die These, daß die Gefahr einer Zerstörung der Demokratie umso höher ist, je mehr sich die Bürger an ihr beteiligen" (Gerhard SCHULZE 1976, S. 165).

Zwar hat, wie wir gesehen haben, die Schule kaum Möglichkeiten, ihren Eleven wirkliche politische Teilnahme zu bieten. Sie kann ihnen aber Selbstbewußtsein vermitteln, die Erfahrung, selbst etwas zu bewirken, eigene Vorstellungen und Ideen in Zusammenarbeit mit anderen verwirklichen zu können. Dies geht auch ohne das prätentiöse Als-ob von Schülerparlament und institutionalisierter Schülermitverwaltung durch die Nutzung von Handlungsspielräumen inner- und außerhalb des Unterrichts z.B. für Projekte wie Klassenraum- und Pausenhofgestaltung, die Mitbestimmung über Unterrichtsinhalte und -formen (Siegfried PREISER 1982; Dieter BAACKE, Bodo BRÜCHER 1982, S. 46 ff.). Viel wichtiger allerdings ist ein Unterricht, der politische Prozesse verstehbar macht, indem er nicht bei den Oberflächenphänomenen stehen bleibt, sondern tiefer geht und die zugrunde liegenden Probleme und Kontroversen ans Tageslicht befördert und diskutierbar macht. In diesem Sinne müßte der politische Unterricht selbst soziologisch sein. Er hätte aufzuzeigen, daß alles Politische zugleich gesellschaftlich ist, wie sich Vorstellungen und Ideologien von und über Gesellschaft in die Politik hinein verlängern, wie eng die aus den ökonomischen und sozialen Lagen gespeisten Interessen mit politischem Handeln verknüpft sind, wie stark sie aber auch gebrochen werden können durch eine systemnotwendige politische Rationalität, die Bestehen und Inganghalten der jeweils eigenen Organisation (Partei, Gewerkschaft, Kirche usw.) nicht aus den Augen verlieren darf.

Schon um dem Charakter des zu Vermittelnden zu entsprechen, kann wirksamer politischer Unterricht nur dialogisch sein. Er hat die Argumentationslinien kontroverser Positionen nachzuzeichnen und gegenüberzustellen, ihre Hintergründe zu analysieren und damit für die Schüler beurteilbar zu machen. Dialogisch meint dabei nicht nur das Entwickeln und Gegenüberstellen konkurrierender Konzepte, sondern auch das Einlassen auf Diskussionen, in denen die Stichhaltigkeit der Argumente überprüft werden kann. In Anlehnung an die angelsächsische Tradition akademischer Debattierklubs könnten die Schüler selbst die verschiedenen Positionen zu strittigen politischen Themen erarbeiten und in Diskussionen untereinander vertreten. Sie müßten sich dafür nicht nur gründlich mit den jeweiligen Sachverhalten beschäftigen, sondern würden auch zu einem diskursiven Stil von Auseinandersetzung angeleitet, der wesentliches Merkmal demokratisch-politischer Kultur ist.

Daß dabei vielfach Widerstände überwunden werden müssen, weil man keine nicht der eigenen Meinungs- oder Gefühlslage entsprechende Position vertreten will, wäre kein Argument gegen, sondern vielmehr für das Verfahren, denn das Sich-Einlassen auch auf andere Positionen ist grundlegende Bedingung jeden Dialogs und kann nicht vorausgesetzt, sondern muß gelernt werden. Nur dadurch auch gewinnt man jene Distanz zu den eigenen Vorstellungen und Meinungen, die Toleranz erst möglich macht. Das bedeutet jedoch keinesfalls, daß an die Stelle eigener Ansichten und Überzeugungen austauschbare Beliebigkeiten treten oder Meinungen nicht respektiert werden sollten. Im Gegenteil. Solche Auseinandersetzungen tragen zur Fundierung politischer Urteilsbildung bei, motivieren zu selbständiger Arbeit, befördern Artikulationsfähigkeit und unterstützen damit die aktive Wahrnehmung politischer Handlungschancen. Gerade weil diese Voraussetzungen politischer Teilhabe in den unteren Bildungsgruppen aus den genannten Gründen kaum vorhanden sind, müssen solche Konzepte politischer Bildungsarbeit besonders in den Haupt-, Mittel- und Berufsschulen verwendet werden.

Vor dem Hintergrund einer rigiden Schulzeiteinteilung, in der die Lehrinhalte standardmäßig in mehr oder weniger fein verpackten 45-Minuten-Häppchen verabreicht werden, erscheinen solche Vorhaben, für die man einen längeren Atem und langmütige Geduld benötigt, kaum realisierbar. Wenn aber das große Versprechen der Demokratie von der Teilhabe aller Bürger am Staat eingelöst werden soll, wenn es nicht nur abstrakte Möglichkeit bleiben, sondern konkrete Wirklichkeit werden soll, dann darf man nicht zögern mit der Herstellung von Bedingungen, die allen gründliches politisches Lernen ermöglichen und damit dazu beitragen, die festgestellten Ungleichheiten im politischen Klassensystem aufzulösen.

14. RÜCKBLICK AUF DIE ZUKUNFT

14.1 Die Faszination einer historischen Utopie

Caritat, Marie-Jean-Antoine-Nicola, Marquis de CONDORCET, lebte von 1743 bis 1794. Er war Mathematiker, Physiker, Astronom, Geschichtsphilosoph, Politiker und gehörte zu den universal gebildeten Enzyklopädisten um Jean de Rond d'ALEMBERT und Denis DIDEROT, die durch die umfassende Darstellung allen Wissens ihrer Zeit praktische Aufklärung betreiben wollten. 1789 schließt er sich der Revolution an, wird zunächst Mitglied des Gemeinderats von Paris und berichtet am 20./21. April 1792 als Abgeordneter in der gesetzgebenden Versammlung und Sprecher der Unterrichtskommission über die Reorganisation des Bildungswesens:

"Meine Herren,
allen Angehörigen des Menschengeschlechtes die Mittel zugänglich zu machen, daß sie für ihre Bedürfnisse sorgen, ihr Wohlergehen sichern, ihre Rechte erkennen und ausüben, ihre Pflichten begreifen und erfüllen können;
jedem die Möglichkeit zu sichern, seine berufliche Geschicklichkeit zu vervollkommnen, sich für gesellschaftliche Funktionen vorzubereiten, zu denen berufen zu werden er berechtigt ist, den ganzen Umfang seiner Talente, die er von seiner Natur empfangen hat, zu entfalten und dadurch unter den Bürgern eine tatsächliche Gleichheit herzustellen und die politische Gleichheit, die das Gesetz als berechtigt anerkannt hat, zu einer wirklichen zu machen:
das muß das erste Ziel eines nationalen Unterrichtswesens sein" (cit. n.d. Materialsammlung von Berthold MICHAEL und Heinz-Hermann SCHEPP 1973, S. 130 f.).

Im Jahr darauf, selbst schon zum Opfer der längst verselbständigten Denunziations- und Terrormaschine des revolutionären Frankreich geworden, schreibt er an verborgenem Ort in seinem "Entwurf einer historischen Darstellung der Fortschritte des menschlichen Geistes":

"Unterscheiden sich dann die Bewohner eines Landes nicht mehr durch gröberen oder feineren Sprachgebrauch; lassen sie alle sich von der eigenen Einsicht leiten; sind sie nicht länger auf eine mechanische

Beherrschung technischer Vorgänge und auf bloße Berufsroutine beschränkt; sind sie in den kleinsten Angelegenheiten, bei der geringsten Belehrung nicht mehr von geschickten Leuten abhängig, welche sie durch ihre Überlegenheit notwendig in der Hand haben, dann muß daraus eine wirkliche Gleichheit sich ergeben; denn der Unterschied im Wissen oder in den Talenten kann dann keine Schranke mehr setzen zwischen Menschen, deren Empfindungen, deren Begriffe, deren Sprache sie einander verstehen lassen - was nicht ausschließt, daß die einen den Wunsch haben, von den anderen unterrichtet zu werden, ohne zugleich notwendig von ihnen gegängelt zu sein; daß sie die Aufgeklärtesten mit der Aufgabe betrauen wollen, sie zu regieren, ohne daß dies notwendig mit blindem Vertrauen geschehen würde ... Ist die Gleichheit des Unterrichts größer, dann wird es auch die des Fleißes und in Folge davon die des Vermögens; und die Gleichheit des Vermögens trägt notwendig wieder zu der des Unterrichts bei; ... Ein gut geleiteter Unterricht endlich gleicht die natürliche Ungleichheit in den Anlagen aus, statt sie zu verstärken" (CONDORCET 1793; cit. n.d. dtsch. Ausg. 1976, S. 202 f.)

Was hier als historische Utopie Bilanz und Ausblick eröffnet, könnte nahezu wörtlich den wesentlichen Teil eines zeitgenössischen bildungs- und gesellschaftspolitischen Reformprogramms ausmachen. Nicht Unterordnung, sondern freie Entfaltung und Aufklärung, nicht erzwungene Einsicht in die Notwendigkeit vorgegebener Hierarchien ist das Ziel dieser revolutionären Unternehmung, sondern die Schaffung einer Gesellschaft von gebildeten Gleichen, die, im Besitz der Erkenntnis über die inneren Zusammenhänge ihrer Lebensbedingungen, die notwendige Arbeitsteilung nicht zum Vorwand für die Einführung dauerhafter Privilegien und Benachteiligungen nimmt. Das ist zunächst ein völlig anderer Ausgangspunkt für die Etablierung eines Bildungswesens als in Deutschland, wo das Bürgertum noch für Jahrhunderte eine marginale politische Kraft bleibt und die Einführung von Schulen vor allem in der Durchsetzung und Sicherung zentralstaatlicher Herrschaftsansprüche begründet liegt.

Aber die der Zeit vorgreifende französische Revolution schafft sich zuletzt selbst ab und läßt die Republik für eine Zeit zur überwundenen Geschichte werden. Damit entspricht auch das beibehaltene Bildungswesen in seinen Zielsetzungen und Funktionen nicht mehr den ursprünglichen, aufklärerischen Konzepten, sondern wird, wie anderswo auch, zu einem Kalkül im Prozeß der Absicherung und Legitimation von Privilegien. Dennoch: das Konzept hat überlebt, fasziniert offensichtlich auch heute noch und läßt immer wieder seine Spuren in alten und neuen bildungspolitischen Diskussionen erkennen.

CONDORCETs Idee von der zentralen Position der Bildung in der fortgeschrittenen Gesellschaft, die Status allenfalls als Folge von Bildung und nicht Bildung zur Legitimation von Vermögens- und Geburtsprivilegien anerkennt, erscheint manchen auch heute noch als d e r strategische Schlüssel zur Gesellschaftsveränderung. Schließlich ist die formale Bildung zur herausragenden Begründung für Privilegien geworden: gesellschaftliche Ungleichheit ist nicht mehr das Unwiderruflich gegebene des geschlossenen Standes, in den man hineingeboren wird, sondern das zäh und mühsam in den Schulen einer offenen Gesellschaft Erworbene. Ob in den Besoldungsstufen des öffentlichen Dienstes oder den Tarifverträgen der Wirtschaft: überall wird formal höhere Bildung prinzipiell als Grund für bessere Bezahlung, dazu aber auch für angenehmere Arbeitsbedingungen und größere Dispositionsspielräume angeführt. In diesem Punkt hat sich CONDORCETs Vision von der bürgerlichen Gesellschaft bewahrheitet.

Nicht gesehen dagegen hat er die Möglichkeit, Bildung auch als Mittel zur Fortsetzung sozialer Ungleichheit über die Grenzen einer Generation hinweg einzusetzen. Denn wie alle Utopien ist auch CONDORCETs Zukunftsentwurf beseelt von der Kritik an den alten, noch bestehenden Ungleichheitsstrukturen, die durch die neuen Prinzipien der aufgeklärten, arbeitsteilig organisierten und einsichtigen Bildungsgesellschaft aufgehoben werden sollen. Die aus der Zeit verständliche Faszination der am Horizont sichtbar werdenden Gesellschaft der Gleichen, weil Wissenden, läßt Skepsis kaum aufkommen, läßt Möglichkeiten der Fortsetzung alter und der Schaffung neuer Ungleichheiten durch diese Revolution als unvorstellbar erscheinen. Das ist auch notwendig, denn ohne das Missionarische, Verklärende und Unbedingte, ohne die völlige Überzeugung von einer Idee des Fortschritts wären gesellschaftliche Veränderungen nicht möglich. Nur läßt sich die Wirklichkeit in der Regel nicht rein nach solchen Vorstellungen modellieren: die Bildungsgesellschaft hat ja die sozial bedingten Ungleichheiten keineswegs beseitigt. Nicht allein dadurch, daß sie ihren Bürgern Bildung nicht in gleicher, sondern nur in gestufter Weise zugänglich macht - eine Konzeption, die im übrigen schon CONDORCET selbst in seinem Entwurf vertritt -, und gerade da, wo, wie in der Grundschule, alle mit den gleichen institutionellen Bedingungen von Unterricht konfrontiert werden, setzt sich, wie wir gesehen haben, die soziale Ungleichheit durch (vgl. vor allem Kap. 4 und 10). Ganz einfach deshalb, weil die Verteilung der Bildungszertifikate nicht bloßes Ergebnis vorausetzungsloser Leistung und fairen Wettbewerbs ist, sondern umgekehrt das Bildungswesen auch genutzt wird, um bestehende gesellschaftliche Ungleichheit wieder herzustellen und fortzusetzen. Auch wenn Bildung nicht selten als einzige Voraussetzung von Einsicht und Reflexion zelebriert, ja sogar damit gleichgesetzt wird, darf man diesen Aspekt des unbedingten Interessenhandelns, dem auch die Bildungsprozesse unterliegen, nicht aus den Augen verlieren.

Das Verschwimmen der einst starren Grenzen zwischen den Lebenswelten von Geburtsständen, die durch Wissen und Aufklärung erlangte Kenntnis von den Zusammenhängen der Gesellschaft, das Erlernen einer allen gemeinsamen Sprache über kollektive Bildungserfahrungen:

all das führt nicht, wie CONDORCET sich vorstellte, zur wirklichen Gleichheit durch Einsicht, sondern zu neuen Formen der Ungleichheit. Wäre das Bildungswesen schon von seinem Charakter her ausschließlich Mittel der Gesellschaftsreform, der Königsweg (!) zur Erlangung des Zustands gesellschaftlicher Gleichheit, und könnte man es nicht ebenso zur Herstellung und Fortsetzung von Ungleichheit verwenden: es würde in der Form gar nicht existieren. Nur dem Umstand, daß es gleichzeitig entgegengesetzten Interessen dienen kann, in dem einen Fall Aufstieg ermöglicht, in anderen jedoch verwehrt, flexibles, allenfalls teilautonomes Abbild der jeweiligen gesellschaftlichen Machtverhältnisse ist und damit für jede Seite im Kampf um Privilegien potentiell dienstbar wird, verdankt es sein Bestehen. Gerade seine in den Kapiteln 4 und 10 konstatierte Widersprüchlichkeit wirkt somit stabilisierend und macht es nicht trotzdem, sondern gerade weil es zwischen allen Fronten steht, praktisch und überlebensfähig. Mit anderen Worten: das Bildungswesen muß eine Balance herstellen zwischen widerstreitenden partikularen Interessen und gesellschaftlicher Integration.

14.2 Der ungeplante Wandel

Die weit zurückreichende Vorstellung, nicht nur bestehende Ungleichheiten durch Bildung und Wissen zu beseitigen, sondern dadurch generell einen Zustand der Gleichheit zu erreichen, bleibt vor diesem Hintergrund ein an Oberflächenphänomenen orientiertes Wunschdenken. Schließlich erweist sich auch das immer wieder angeführte Gegenbeispiel: die Bildungsreform und -expansion der sechziger und siebziger Jahre bei näherem Hinsehen keinesfalls als der immer wieder behauptete Ausfluß "linker" oder radikal liberaler gesellschaftspolitischer Vorstellungen, als die Umsetzung der Idee von mehr Chancengleichheit, sondern als Folge durchgreifender sozialstruktureller und demographischer Veränderungen, die längst vor der Reform tiefe Spuren im Bildungswesen hinterlassen haben (vgl. Kapitel 10).

Wir standen ja vor dem Paradox, daß sich zwar einerseits die absoluten und relativen Abiturientenzahlen besonders seit Mitte der sechziger Jahre erheblich erhöht haben, obwohl sich andererseits das (sozialgruppenspezifische) Übergangsverhalten von den Grund- in die weiterführenden Schulen offensichtlich überhaupt nicht geändert hat (vgl. Abb. 2 und 3). Zwar haben sich die Erfolgsquoten an den weiterführenden Schulen bereits seit 1950 kontinuierlich verbessert (vgl. Tab. 6), aber auch das kann nur einen Teil der Expansion erklären. Vor allem mehr Chancengleichheit an der entscheidenden Schnittstelle zwischen weiterführender Bildung und schulischer Pflichtverwahrung in den Hauptschulen hätte Kennzeichen einer wirklichen Reformpolitik sein müssen. Da eine solche Veränderung aber nicht festzustellen ist, können nur außerhalb des Bildungswesens angesiedelte und damit durch Bildungspolitik nicht beeinflußbare Faktoren einen erheblichen Teil der gestiegenen Bildungsnachfrage erklären: die Veränderungen der Gruppengrößen durch sozialen Wandel und durch die Kinderzahl. Steigende Geburtenzahlen und durchgreifender Wandel der Beschäftigtenstruktur zugunsten des Dienstleistungsbereichs und von Beamten und Angestellten zu dieser Zeit belegen diese Annahme (vgl. den Anfang von Kapitel 10).

Bildungspolitik reduziert sich damit auf die Ausnutzung von relativ kleinen Handlungsspielräumen, die sich durch solche, kaum steuerbaren Prozesse wirtschaftlicher, sozialer und demographischer Entwicklung eröffnen. Oder, anders formuliert: mit Bildungspolitik lassen sich kaum Gesellschaftsmodelle durchsetzen, sondern allenfalls eine Anpassung an die weitgehend unabhängig vom Bildungswesen stattfindenden Entwicklungen, und da auch nur ansatzweise, erreichen. Wirklich strukturelle Optionen hat die Bildungspolitik für sich genommen nicht: dazu hat das Bildungswesen zu widersprüchliche Funktionen und ist viel zu sehr verflochten mit den ebenso widersprüchlichen Interessen praktisch aller Bevölkerungsgruppen. Kurz: "Die institutionellen Effekte des Bildungssystems ... sind Ausdruck eines sozialstrukturellen Entwicklungsmusters, das durch die Gesellschaft insgesamt konstituiert wird und planmäßiger Kontrolle entzogen ist" (Gero LENHARDT 1984, S. 13 f.).

Was dennoch an Fortschritt möglich ist, wird weniger bestimmt durch egalitäre gesellschaftspolitische Konzepte als durch systembedingte Sachzwänge, durch faktische oder antizipierte Mangelsituationen auf den Märkten für qualifizierte Arbeitskräfte. Sie führen dazu, daß die sozialen Rekrutierungsfelder für eigentlich privilegierte berufliche Karrieren nach unten geöffnet und erweitert werden. Auch wenn dies nur zeitweise, bis zur Behebung des Mangels, geschieht: die Folgen sind dauerhaft, weil der einmal vollzogene Aufstieg seine Fortsetzung in der nächsten Generation findet, die über formale Bildung den einmal erreichten Status auch weiterhin sichern soll. Das gilt für den gewerblichen Bereich ebenso wie für die Hochschulbildung. Deshalb haben restaurative ebenso wie egalitär angelegte Versuche zur strukturellen Beeinflußung gesellschaftlicher Rekrutierungsmuster jeweils nur dann eine Chance umgesetzt zu werden, wenn die Rahmenbedingngen eine solche Politik zulassen oder sogar notwendig machen. Mit diesem Wechselspiel konnte bisher allerdings der Fortschritt in Richtung auf mehr Gleichheit nicht verhindert werden, auch wenn er nur im Schneckentempo, in Zeiträumen von Generationen erreicht wurde und in den periodisch auftretenden Bildungs- und Qualifikationskrisen der Restauration alter Privilegienstrukturen Platz zu machen schien.

14.3 Der "Ernst des Lebens" und die Bürokratisierung des Lernens

Bildung wirkt jedoch nicht allein formal, indem sie zur Legitimation gesellschaftlich konstruierter Ungleichheit dient, sondern sie hat auch wesentliche inhaltliche Funktionen, die übergreifend praktisch in allen Ländern, unabhängig von der geschichtlichen Entwicklung ihrer Bildungssysteme, in sehr ähnlicher Weise wirksam werden. In Deutschland war dies zunächst die durch Sozialdisziplinierung der Landbevölkerung und der städtischen Armen erreichte Integration in den zentral organisierten Untertanenstaat und die Heranziehung einer (bürgerlichen) Verwaltungselite, die für die Durchsetzung des Geltungsanspruches des Staates gebraucht wurde.

Der Bürger als neuer Typus wird hier geboren als Kind des von den modernisierten alten Geburtseliten bestimmten Staates, ist deshalb dem Welt- und Gesellschaftsentwurf seiner Erzeuger noch völlig verhaftet und gänzlich ohne Vorstellung von den Horizonten, die die Transformation seiner Existenz in ein generelles Prinzip eröffnet. In Nord-Amerika dagegen kommt der entlaufene Untertan gleich als Bürger in die Neue Welt, der frei und unabhängig vom Wohlwollen eines noch kaum existierenden Staates seinen Geschäften als Handwerker, Händler oder Farmer nachgeht, dann aber Opfer seiner eigenen Gattung wird, die mit der Gründung der strikt arbeitsteilig produzierenden großen Industrieunternehmen ihrer kleinbürgerlichen Variante die Existenzgrundlage nimmt und als Arbeiter in ihre Fabrikhallen zwingt.

In Deutschland ist es zunächst der Zentralstaat selbst, der als Unternehmer auftritt und seine politische und militärische Macht nach innen und außen über die Gründung von Manufakturen, welche die Produktivität und damit die Wirtschaftskraft erhöhen, zu sichern und zu stärken sucht. Er kann damit die Schulen durchgängig für seine eigenen Zwecke nutzen: die Bildungsziele konkretisieren sich vorrangig durch die Anforderungen des Militärs nach unbedingtem Gehorsam und der Manufakturen nach unausgesetzter "Industriosität" und devoter Unterordnung. In Amerika ist es weniger der erst am Anfang seiner Existenz stehende Staat als vielmehr das Interesse der Industrieunternehmen, das zur langfristigen Etablierung eines öffentlichen Bildungswesens führt. Aber auch hier ist es nicht das Bedürfnis nach fachbezogener Qualifikation, das zur Einrichtung von Schulen führt, schon gar nicht Aufklärung oder Emanzipation, sondern die von den Unternehmern gesehene Notwendigkeit einer der Vorbereitung auf die Fabrikexistenz dienenden Gewöhnung an Autorität, angepaßtes Verhalten und unbedingte Arbeitsdisziplin. Vordergründig wird zwar argumentiert, daß Bildung die Arbeitsleistung verbessere, Untersuchungen zur Produktivität von Arbeitern in Massachusetts, dem damals industriell entwickeltsten Bundesstaat zeigen jedoch, daß Mitte des 19. Jahrhunderts keinerlei Zusammenhang besteht zwischen Alphabetisierung und Arbeitsleistung (nach Samuel BOWLES,

Herbert GINTIS 1976; dtsch. 1978, S. 207). Eine ganz andere Einsicht, als die von CONDORCET vorhergesehene, soll hier durch die Bildung an den Schulen befördert werden: die Einsicht nämlich, daß die Arbeit bei einem 'gerechten' Fabrikbesitzer weder zu aufrührerischen Gedanken noch gar zu gegen den Unternehmer gerichteten Aktionen wie Streiks berechtige.

Durch die eher auf Privatinitiative - und sei es die der Unternehmen - gegründete Schulentwickung in den Vereinigten Staaten bleiben dennoch stärkere Rudimente einer wirklich bürgerlichen und nachbarschaftsorientierten Schultradition bestehen, die sich z.B. in Wohnblock-Ausschüssen artikuliert. Um die Jahrhundertwende jedoch werden sie drastisch beschnitten: die Aufsicht über die Schulen wird zentraler, bürokratischer und vor allem, wie die Zusammensetzung der Erziehungsausschüsse zeigt, stärker der Kontrolle durch die neue Elite der Professionals und der großen Geschäftsleute unterworfen (a.a.O., S. 228-234).

Das Bildungswesen entwickelt sich also auch unter diesen historisch ganz anders gelagerten Umständen zum Bestandteil einer zentralisierten, bürokratisierten und verrechtlichten Struktur, die in Deutschland das Bildungswesen praktisch von Anfang an nachhaltig bestimmt hat. Der hauptsächlichste Unterschied zu Nordamerika besteht lediglich darin, daß hier die Etablierung des Schulwesens Teil einer Strategie zur Durchsetzung zentralistischen Herrschaftsanspruchs war, einer Entwicklung, die das Bürgertum erst hervorgebracht hat und der es lange nachgelaufen ist, während dort ein längst bestehendes und selbstbewußtes (Groß-)Bürgertum ein öffentliches Bildungssystem nach seinen Vorstellungen modelliert. Hier wie dort müssen sich die in die Schulen abgeschobenen Kinder und Jugendlichen an eine Struktur anpassen und in ihr bewähren, die der des betrieblichen Alltags und des die Gesellschaftsbeziehungen bestimmenden bürokratischen Handelns in ihren wesentlichen Prinzipien nachgebildet ist (vgl. Robert DREEBEN 1968).

Als Schüler werden sie Bestandteil einer Institution, in der alles normiert ist: die Schultage sind eingeteilt nach einem starren Zeitrhythmus, in dem sich die unterschiedlichen Fächer nach einem genau festgelegten Plan abwechseln, das Arbeitsverhalten der Schüler hat sich diesen von außen verfügten Vorgaben anzupassen und kann sich nicht aus der Beschäftigung mit der Sache selbst ergeben. Nicht die subjektive Aneignung der so neugierig machenden geheimnisvollen Welt ist Ziel der schulischen Bildungsprozesse, sondern die Anpassung an die lernfremden aber betriebsnahen Arbeitsbedingungen. Denn auch die Lehrer sind nicht frei in ihrem Unterricht: der formalen Einteilung des Schultages entspricht die inhaltliche Vorschrift der Lehrpläne, deren Vollzug Thema ihres Unterrichts zu sein hat. Weniger pädagogische Hilfestellung steht im Mittelpunkt ihrer Arbeit als die laufende Beurteilung der Anpassung ihrer jungen Eleven an diese Lernbedingungen durch die Vergabe von Noten, die den Einkommen der lohnabhängig Beschäftigten parallel sind. Der einzige Unterschied liegt darin, daß der Tauschwert des Geldes sofort und direkt auf dem Markt realisiert werden kann, die Noten und die damit begründete Zuteilung oder Verweigerung von Berechtigungen jedoch nicht nur eine Gegenwart haben, sondern vor allem eine Vergangenheit konstituieren, deren Tauschwert auf dem Ausbildungs- und Arbeitsmarkt auch für die zu Erwachsenen gewordenen Schüler in Zukunft bestimmend bleibt. So wird der Schüler Objekt bürokratischen Verwaltungshandelns, das die Vergabe von Berechtigungen schematisch an das aktenmäßige Vorliegen abstrakter Ziffernfolgen knüpft. Daß in einem solchen System die mit dieser hoheitlichen Aufgabe des Bestätigens von Lebenschancen betrauten Lehrer auch formell zu Beamten werden, erscheint vor dem Hintergrund der historischen Entwicklung des deutschen Bildungswesens nur allzu folgerichtig.

Aber auch wenn alle Kinder und Jugendlichen prinzipiell mit der gleichen Wirklichkeit in den Schulen konfrontiert werden, sind die Effekte doch - wie wir gesehen haben (u.a. in Kap. 10) - ganz unterschiedlich. Denn das in den strukturellen Beziehungsmustern und -erwartungen verborgene Curriculum wirkt zwar durchgängig in allen Schulformen von der Grundschule bis zum Gymnasium, die Rigidität, mit der es den Schulalltag bestimmt, ist jedoch entscheidenden Variationen unterworfen. Ist es durch den höheren Anteil rein rezeptiver, auf bloßes Nach-Lernen beschränkter Tätigkeit im Pflichtschulbereich besonders ausgeprägt wirksam, so verliert es in den Oberstufen weiterführender Schulen zugunsten einer diskursiver angelegten Lernkultur an Prägnanz. Jedoch erst nachdem die Schüler sich über Jahre hinweg diesen Strukturen gebeugt und in ihnen bewährt haben. Der formale Rahmen fällt dadurch ja auch nicht weg, sondern er kann mit Schülern, die ihn während ihrer langen Schulkarrieren längst bis zur Selbstverständlichkeit internalisiert haben, souveräner und mit größerer Selbständigkeit genutzt werden. Damit bereitet die Schule und nachfolgend besonders die Hochschule systemgerecht auch auf eine Ebene von Tätigkeiten vor, auf der neben Fachwissen vor allem dialogische Fähigkeiten, selbständiges, selbstverantwortetes Arbeiten und Leitungsqualifikationen gefragt sind. Zudem wirken die Strukturen auch subjektiv in je unterschiedlicher Weise: wer auf Grund seines Familienhintergrundes die starren Lernvorgaben eher spielerisch beherrscht als gezwungen ist, ihnen mit mühsamen Versuchen strebsamen Fleißes zu entsprechen, weil seine Herkunft nicht jenes kulturelle Kapital zur Verfügung zu stellen vermag, dessen Existenz die Schule so gerne bestätigt, der kann mit Leichtigkeit eine durchschauende Distanz zum bürokratischen Apparat "Schule" wahren und seinen Anforderungen mit Souveränität begegnen.

Daß praktisch überall diese durch Verwaltungsvorschriften, schematische Lehrpläne und nach außen abgeschlossene Gebäude bestimmte bürokratische Form von Schule zum Inbegriff der Bildungsvermittlung geworden ist, macht deutlich, welch hoher Stellenwert den damit verbundenen Inhalten faktisch beigemessen wird. Nähme man schließlich das, was vorgeblich das Ziel von Schule ist, nämlich Wissen weiterzugeben, Neugier zu wecken und zu befriedigen, also flexibles und erkenntnisgeleitetes Lernen zu ermöglichen, wirklich ernst, dann müßten die Schulen nicht nur ganz anders aussehen - es gäbe sie vielleicht gar nicht.

Die aufgeführten Gründe für die Schule sind in Vielem bloße Fassade, das zeigen schon die Reaktionen auf einen völlig einleuchtenden und gut begründeten Vorschlag, den Hans-Magnus ENZENSBERGER 1982 zu einer wirklichen Reform des Bildungswesens gemacht hat: es gab keine. In seinem "Plädoyer für den Hauslehrer" entwirft er eine Form des Unterrichts, die das Lernen als persönliche Befähigung und als Auseinandersetzung mit der Umwelt der Schüler in den Mittelpunkt stellt. Eine solche Form bedürfte nicht mehr der Abgeschlossenheit der streng verwalteten "Lehranstalten", sondern könnte überall in kleinen Gruppen stattfinden: zunächst abwechselnd in den Wohnungen der Eltern, dann in Museen, Bibliotheken, Labors, Fabriken, Theatern, Flughäfen, ja selbst auf Straßen und in Parks. Nicht allein, daß die Vielfalt eines solchen interessanten Unterrichts kaum mehr in den Bahnen der sorgfältig auszisilierten Verwaltungswege der real existierenden Schulbürokratien kontrollierbar wäre, Lehrer wie Kinder würden schließlich viel zu selbständig, auch fehlten eben jene Elemente von Schule, welche die Heranwachsenden einer restringierten Zukunft verfügbar machen, die die Ungleichheitsvorstellungen von heute bereithalten. Eine Unterwerfung unter die abstrakten Regulatorien der bürokratisierten Anrechtsgesellschaft unterbliebe weitgehend und den Schülern würde möglicherweise am Beispiel ihrer eigenen Erfahrung eine Welt suggeriert, in der reale Kenntnisse und Fähigkeiten mehr gelten könnten als die papiernen Nachweise schulverwaltungsgerechten Verhaltens.

Ein völlig naiver Vorschlag also, den Hans-Magnus ENZENSBERGER hier mit leichter Hand skizziert, denn eine solche freie und offene Schule entspräche in keiner Weise den verfestigten Strukturen der Gesellschaft, auf die sie vorbereiten und deren Bestandteil sie schließlich sein soll. In ihr könnten ja die Kinder auch als Schüler noch mit Begeisterung lernen, sich ihre Motivation erhalten, mit der sie ungeduldig den ersten Schultag erwartet haben. Aber sie müssen wohl früh genug an die Art "Ernst des Lebens" gewöhnt werden, die Fabrikhallen, Kontore und Büros beherrscht und aus den meisten von ihnen jene traurigen kleinen Gestalten macht, denen dieses Lernen nach kurzer Zeit wirklich zu dem geworden ist, dem sie mit ihrem morgendlichen Gang Genüge tun: zur Schul p f l i c h t.

Nur dort, wo die "normale" Schule mit ihrem Latein am Ende ist, in Ausländervierteln, in Siedlungen mit traditionell randständiger Bevölkerung oder hoher Arbeitslosigkeit und entsprechend großen sozialen Problemen, werden den Lehrern, wenn auch widerstrebend, pädagogische Freiräume zugestanden. Die in den letzten Jahren an einigen solchen Stellen entstandenen Nachbarschaftsschulen mit ihren unkonventionellen Angeboten und offenen Strukturen sind so wenig "normal", um attraktiv genug zu sein, auch die von jeder gängigen Schulwirklichkeit längst verabschiedeten Kinder und Jugendlichen zu interessieren und selbst ihnen noch Lernmöglichkeiten bieten zu können. Daß es solche Schulen überhaupt gibt, verdanken sie nicht allein dem pädagogischen Engagement ihrer Lehrer, sondern vor allem dem Umstand, daß sie die Schul- und Sozialbürokratien von den Ärgernissen befreien, die schulschwänzende und vagabundierende Jugendliche ihnen sonst bereiten würden. Andere Schulen bleiben von solchen "Experimenten" ausgenommen. Pädagogik, umweltoffene Strukturen und motivierende Lernformen dürfen also nur da sein, wo der Schulfrieden anders nicht mehr hergestellt werden kann.

14.4 "Harmonische Zukunft" oder die Normierung des Lebens? Computer und Schule

Überraschend finden dagegen die Vorschläge für eine Einführung von Elementen der Informatik in den Unterricht ein großes und vor allem positives Echo. Überraschend deshalb, weil die Schule sich ja allen anderen technischen Neuerungen gegenüber, mit denen wir in den letzten hundert Jahren unsere Lebensbedingungen grundlegend verändert haben, durchaus verschlossen hat. Welchen Einfluß hat z.B. die einschneidenste technische Innovation der letzten sieben Jahrzehnte: das Auto, dessen Existenz den Alltag ausnahmslos aller Bürger auf die eine oder andere Weise betrifft oder beeinflußt, auf die Unterrichtsinhalte gehabt? Keinen. Welchen Stellenwert nimmt die Radio- oder Fernsehtechnik im Lehrplan ein? Sie taucht nicht auf. Wo erfahren wir etwas umfassendes über die Eisenbahn als wichtiges Massentransportmittel, wo über die Technik des längst selbstverständlich gewordenen Fliegens? In der Tat: in den Schulstunden hören wir so gut wie nichts darüber. Allenfalls ein paar trockene Formeln davon erreichen einen Unterricht, der lieber theoretisch als interessant ist.

Was also veranlaßt die traditionell technikfeindliche Schule, die seit mehr als einem Jahrhundert alle durchgreifenden Innovationen so souverän übergeht, bei der elektronischen Datenverarbeitung auf einmal ganz entgegengesetzt zu reagieren? Ist die Angst des modernen Menschen vor sich selbst, die im Eskapismus des Neu-Humanismus und in der "Erfindung der Antike" (Egon FRIEDELL 1928) ihren bis heute im Bildungswesen nachwirkenden Ausdruck fand, plötzlich verflogen? Scheuen wir uns nicht mehr vor der reinen "Utilität" der Beziehungen, wie wir sie in unserem Verhältnis zur Technik vorherrschen sehen? Oder sind wir verblüfft vor der unerwarteten Entdeckung, daß die scheinbar so sachliche, ideologiefreie und utilitaristische Technik zu einem Teil der Kultur geworden ist, ja selbst ideologische Züge trägt und in sich längst auch das verkörpert, was eine an Zweckfreiheit orientierte Bildungskonzeption ihr versucht hat entgegenzusetzen? Ist es also die Einsicht in die unbedingte Zusammengehörigkeit von Kultur und Technik, die diese bemerkenswerte Kehrtwendung verursacht? Haben wir etwa begriffen, daß die Maschinenwelt nicht wie eine Naturgewalt über uns hereingebrochen ist, sondern unseren eigenen Köpfen entstammt, und daß sie auch so in den Schulen behandelt werden muß?

Nichts von alledem. Kein neues Technikverständnis hält Einzug in die Schule, sondern lediglich die Informatik. Zunächst nach einer Vereinbarung der Kultusminister 1972 als Wahlpflichtfach mit angemessenem theoretischen Anspruch in die Oberstufen der Gymnasien, dann zunehmend in die Mittelstufen und mittlerweile in simpler Form bereits in die Grundschulen (Frank D. INGENKAMP 1984, S. 159). Dahinter steht nicht allein die Computerindustrie, die nach der Einführung des Mikrochips entsprechend billige und leistungsfähige Rechner anbieten kann und den 'armen' Schulen mit großzügiger Geste die Anlagen gleich dutzendweise schenkt, weil sie langfristig mit einem gigantischen Geschäft auch im Bildungsbereich rechnet, sondern die frühe Gewöhnung an den Umgang mit Tastatur und Bildschirm vermittelt offensichtlich so weithin gewünschte Fähigkeiten und Fertigkeiten, daß die von allen Kindern besuchten allgemeinbildenen Schulen damit dienen müssen. Dabei wird auf der einen Seite die Funktion der Informatik als neue Schlüsseltechnologie für die ökonomische Entwicklung herausgestellt, zum anderen werden mit ihren prospektiven Möglichkeiten utopische Gesellschaftsbilder konstruiert, welche die Datentechnik als Grundlage einer demokratischeren, weniger ungleichen und 'menschlicheren' Zukunft sehen. Weil das Schulwesen bislang beide Aspekte zu wenig berücksichtigt und damit die Zukunftschancen verschlechtert, spricht Klaus HAEFNER in seinem gleichnamigen Buch 1982 von einer "neuen Bildungskrise", die es zu überwinden gilt.

Er sieht vor allem die positiven Möglichkeiten der neuen Informationstechnologien: mehr Selbstbestimmung durch besseren Zugang zu und souveräneren Gebrauch von Informationsquellen, drastische Reduktion langweiliger und repetitiver Tätigkeiten durch Automation, kürzere und flexiblere Arbeitszeiten. Die Sekundärtugenden Pünktlichkeit, Gehorsam, Fleiß und Disziplin, die die Schule in ihrem "versteckten Curriculum" vermittelt, sieht er deshalb als zunehmend überflüssig an, denn die Tätigkeiten, für die sie in der Vergangenheit notwendig waren, werden nurmehr maschinell erledigt. Damit eröffnet sich für HAEFNER die pädagogische Zukunft einer "informierten Gesellschaft", in der harmonisches Miteinanderleben, "Liebe, Zärtlichkeit, Mitleid, Zuneigung, Verständigung, Hoffnung und Sinnlichkeit" (S. 205) die Unterrichtsinhalte bestimmen und zur Geburt des neuen Typus des homo otiosus (S. 199) beitragen, der, abgehoben von den Widrigkeiten der längst roboterisierten Produktion und Verwaltung in Kontemplation und Muße sein Leben genießt. Aber auch dieser kühne Entwurf der nach seinem Szenario 1997 etablierten

"Homuter-Gesellschaft", der Amalgamation von Mensch (homo) und Computer, wird schnell eingeholt von der Vergangenheit in Form seiner z.T. recht biedermeierlichen Zukunftsprojektion:

"Wichtige Quelle der praktizierten Harmonie in der Homuter-Gesellschaft ist das Zurückfinden des Menschen in die Familie, die nicht mehr als unabdingbare Erwerbsgemeinschaft gesehen werden muß, da der Mensch durch den hohen Stand der Automatisierung in seinen Grundfunktionen autonomer wird. Alternative Bewegungen haben es (vor) dem Hintergrund dieser technisch gelösten materiellen Sicherheit in der Tat geschafft, daß Kinder wieder von Müttern und nicht in Kindergärten und Pflegeheimen erzogen werden; Väter und Partner haben es gelernt, ihren primär menschlichen Interessen nachzugehen, da der Überlebenskampf an Intensität nachgelassen hat; die allgemeine Anerkennung der Bedeutung des Nicht-kognitiv-intellektuellen als wichtigem und notwendigen Baustein unseres Lebens hat wirklich stattgefunden" (Klaus HAEFNER 1982, S. 245).

Nicht allein die hier skizzierte Familienidylle, auch der altbekannt fatale Hang zur harmonischen Gesellschaft (vgl. Kap. 13) macht seine Vision zu einem Stück idealistischer, weil unreflektiert geschichtsloser Utopie. Die darin immer wieder suggerierte Aufhebung der bis dato durch Informationsdefizite der Bevölkerung unmöglich gemachten, sachlich fundierten und "richtigen" politischen Entscheidungen in der deshalb nun nicht mehr repräsentativen, sondern direkten Demokratie ist nichts als eine, wenn auch sympathische, Illusion.

Die massenhafte Verbreitung von Computertechnologie und neuen Medien, die erst in ihrer Kombination wirklich effektiv wird, kann die Ungleichheiten von Informiertheit in Zukunft so wenig beseitigen wie Buchdruck und Alphabetisierung in der Vergangenheit. Informationsdefizite sind ja längst kein technisches Problem mehr. Auch in der "uninformierten Gesellschaft", in der wir ja wohl in Umkehrung des HAEFNERschen Schlagwortes heute noch leben, ist der Zugang zu Informationen keinesfalls formal beschnitten: jedermann kann sich die Informationen - Bücher, Zeitungen, Zeitschriften - die er braucht, oder aus welchen Gründen auch immer gerne haben möchte, ohne Behinderung kaufen oder aus öffentlichen Bibliotheken beschaffen. Daß diese Möglichkeiten nur von wenigen intensiv genutzt werden, ist weniger eine Frage der Verfügbarkeit oder von Kosten als von Interesse und Lernmotivation - Faktoren, die weder durch Computer noch durch die neuen Medien direkt beeinflußbar sind. Ohne Lesen, ob von Büchern oder Bildschirmseiten, ohne die Mühen des Kompilierens, Vergleichens und des eigenen Nachdenkens, sind Informationen, ist Wissen auch in Zukunft nicht zu haben. Objektiver Zugang und subjektive Nutzung werden auch weiterhin auseinanderfallen und auch im Zeitalter von Elektronik und Informatik wird der Nürnberger Trichter Wunschtraum nicht nur von geplagten Schülern bleiben.

Zudem sind erhebliche Zweifel an einem durchgängig unterstellten Willen zur Schaffung der "informierten Gesellschaft" anzumelden: so wenig ausschließlich Informatives und Diskussionswürdiges gedruckt wird, so wenig werden auch die neuen Kommunikationsmöglichkeiten allein zur Beförderung politischen Sachverstands und allgemeinen Wissens beitragen. Das würde nur die Stabilität und Ordnung von Gesellschaft und Politik gefährden und ist ja auch keineswegs das Ziel der Verfechter der neuen Technologien. Ihnen geht es vielmehr um Rationalisierung und Kontrolle, um Geschäft und 'Unterhaltung'. Die mit der größeren Programmauswahl beim Fernsehen erreichte Vielfalt der Einfalt soll und wird ähnliche Funktionen haben wie gestern und heute die Massenauflagen der "Yellow Press" und der kaum beachteten Romanhefte, die eine ganze Bewußtseinsindustrie ernähren: gestern durch das Vorgaukeln des auf den Zeitungsseiten und in den "Romanen" immer wieder wirklich werdenden Traums vom großen Glück, von der scheinbar jedem möglichen atemberaubenden Karriere und der alles überstrahlenden, erfüllten Liebe, heute vor allem durch die Suggestion der Gleichheit mit Privilegierten und Prominenten über die Schilderung ihrer Schicksale und Alltagsorgen, an deren Entwicklung man in Fortsetzungen teilhat, und vor allem über die Konsumtion, wie Leo LÖWENTHAL bereits vor Jahrzehnten am Beispiel Amerikas bemerkt:

"... der Abgrund zwischen dem, was ein durchschnittlicher Mensch tun kann, und den Kräften und Mächten, die tatsächlich über sein Leben entscheiden, ist so unüberbrückbar geworden, daß er bereitwillig in die Identifikation mit der Mittelmäßigkeit, ja selbst der philiströsen Langeweile ausweicht. Für den kleinen Mann von der Straße..., der daran verzweifelt, das Dikkicht der hohen Strategie in Politik und Geschäftsleben zu durchdringen, bedeutet es einen Trost, wenn seine Helden ein Haufen netter Kerle sind, die Highballs, Zigaretten, Tomatensaft, Golf und Parties mögen oder nicht mögen - wie er selber. Er weiß, wie er sich im Bereich des Konsums zu verhalten hat, und hier kann er auch keine Fehler machen. Sein Gesichtskreis hat sich verengt. Aber gerade dadurch erfährt er die Befriedigung, daß er an den Sorgen und Freuden der Großen teilnimmt und in seinen eigenen Sorgen und Freuden bestätigt wird. Die großen und verwirrenden Probleme der Politik und Wirtschaft und die sozialen Gegensätze und Auseinandersetzungen treten für ihn hinter dem Erlebnis zurück, daß er sich mit den Großen und Erhabenen in der Welt des Konsums eins weiß" (1944; cit. n.d. Ausg. 1980, S. 296).

Zwar hat das Fernsehen ganz unbestritten den Informationsstand der Bevölkerung verbessert, hat vor allem Politik ganz anschaulich und personennah in die Wohnzimmer gebracht und damit bei vielen das politische Interesse erst geweckt. Es verkörpert aber diesen von Leo LÖWENTHAL herausgestellten Zusammenhang durch seine Entwicklung noch weit stärker, als dies die "alten" Medien tun: eine an Werbeeinschaltungen ausgerichtete Dramaturgie von Krimiserien und Seifenopern, die immer mehr an Einschaltquoten orientierte Programmplanung, die beim kommerziellen Fernsehen allein die Inhalte bestimmt, wird in Zukunft noch mehr als bereits heute eine Welt vorführen, in der Information und Unterhaltung mit Werbung gleichgesetzt und das, was vorgibt, Programm zu sein, von dieser Werbung kaum zu unterscheiden sein wird. Vor allem aber wird die geplante Einführung der sogenannten "Minderheitenprogramme" die Segmentierung der Gesellschaft noch weiter vorantreiben und verfestigen. Nicht nur wird damit die gesellschaftliche Erfahrung noch begrenzter und beengter, die Vision von der "informierten Gesellschaft" wird vor dem Hintergund ihrer Auflösung in marketinggerechte Zielguppen immer haltloser. Auch wird die dialogfähige Telekommunikation weniger der allen Ansprüchen gerecht werdenden universellen Überschaubarkeit unserer Lebensumstände dienen, sondern uns vielmehr eine "Homeuter"-Zukunft bescheren, in der wir zu Hause vor den Bildschirmen sitzen, um alles das selbst zu erledigen, wofür wir heute noch die sachkundige Hilfe anderer Personen benötigen: Banküberweisungen tätigen, Reisen buchen, Behördenangelegenheiten erledigen usw.

Informatik-Kenntnisse werden dazu kaum notwendig sein. Diese teilweise längst existierenden Alltagsprogramme wie z.B. beim Bildschirmtext oder in Bankautomaten sind so primitiv und idiotensicher, daß praktisch jedermann ohne die geringsten Kenntnisse damit ebenso umgehen kann, wie er sein unverstandenes Auto zu lenken vermag. Wer diese Automaten bedient, braucht nichts zu wissen über die Funktionsprinzipien eines Computers, braucht den Unterschied zwischen Analog- und Digitaltechnik nicht zu kennen, ja nicht einmal zu ahnen, was ein Programm ist und in welchen speziellen Sprachen man es verfaßt. Es wäre deshalb ein grandioses Mißverständnis, wollte man diese Art "Informatisierung" zur Begründung für die Installation von Computern im Unterricht heranziehen.

Ebensowenig geht es um die Sicherung unserer ökonomischen Zukunft, die ohne diese alles revolutionierende Schlüsseltechnologie kaum noch denkbar erscheint. Die Komplexität der Informatik und ihre abstrakten mathematischen Grundlagen machen sie nicht gerade zu einem idealen Schulfach; allenfalls in den Oberstufen der Gymnasien ist ein solcher Fachunterricht für die zukünftigen Studenten vorstellbar. Warum auch sollte die Ausbildung der Informatiker bereits in der Schule beginnen? Auch Medizinern, Ingenieuren, Juristen, Psychologen und Architekten vermittelt die Schule wenig oder gar nichts an später direkt Brauchbarem. Sie alle beginnen ihre fachliche Ausbildung erst mit dem Übertritt auf eine Hochschule. Bei der Informatik muß das nicht anders sein: schließlich ist die informationstechnologische Revolution von Leuten erdacht, entwickelt und vorangetrieben worden, die in ihrer Schulzeit so gut wie nichts über elektronische Datenverarbeitung erfahren konnten.

In Wahrheit geht es deshalb auch gar nicht um die speziell fachlichen Inhalte der Informatik, sondern um die Durchsetzung der mit der massenhaften Nutzung der elektronischen Daten- und Steuerungstechnik notwendigen Einstellungen und Arbeitshaltungen. Denn die Computer- und Kommunikationstechnologien werden wie kaum eine Innovation zuvor alle Daseinsbereiche durchdringen und ebenso alltäglich werden wie heute noch Papier, Bleistift und Druckerpresse. Es gibt praktisch keinen Bereich, beruflich oder privat, in dem diese Technologien nicht auf die eine oder andere Art verwendbar wären. Der durchgängig geplante Einsatz von Computern setzt jedoch eine systemgerechte Standardisierung der bisher unterschiedlich organisierten Lebensbereiche voraus (Herbert KUBICEK 1985). Genaue und eindeutige Definitionen, der Verzicht auf Redundanz und Mehrdeutigkeit müssen eingeübt und ebenso zur Selbstverständlichkeit werden, wie die ständig mögliche, nahezu lückenlose Kontrolle, die in den Betrieben kaum noch Rückzugmöglichkeiten und autonome Gestaltungsräume läßt (Ulrich BRIEFS 1985).

Wenn in den Schulen also Computer eingesetzt werden, wenn schon Grundschüler wieder und wieder den einsamen "Dialog" mit dem Rechner repetieren, wenn sie das ebenso simple wie starre kleine Einmaleins der Benutzergrammatik erlernen, dann nicht, weil sie sich damit die Grundzüge der Rechnersyntax aneignen könnten, sondern um an eine Umwelt gewöhnt zu werden, in der heute und in Zukunft nahezu überall und auf allen Ebenen Bildschirmarbeitsplätze entstehen. Ingenieure, Dreher, Werkzeugmacher, Juristen, Redakteure, Zahnärzte, Verwaltungsangestellte, ja selbst Schriftsteller: sie alle sitzen teilweise heute schon vor Tastatur und Bildschirm, betreiben "computer-aided design", bedienen computernumerisch kontrollierte Werkzeugmaschinen, rufen Falldateien und Urteilsbegründungen ab, geben Artikel ein, speichern Behandlungskennziffern, setzen vorformulierte Briefversatzstücke zusammen und tippen Bücher wie dieses auf Disketten, die den Verlagen die Satz- und Korrekturkosten sparen. Gewöhnungsbedürftig ist auch eine private Umwelt, in der elektronische Kommunikation zum Alltag gehört, in der Fernsehen und Computer zur Einheit einer "Informations- und Unterhaltungsbar" verschmelzen, in der man seine digitalen Cocktails gemixt bekommt.

Die Reduktion des Denkens auf die starren Zerlegungsprinzipien der Rechner- und Programmlogik, das Verfolgen einfachster Entscheidungsbäume, das Durchstehen der permanenten standardisierten Frage und Antwortprozeduren verlangen Geduld, ja Hingabe an die Maschine, deren Vorgaben man sich unterwerfen muß, wenn man die gesetzten Ziele erreichen will.

Gleichwohl vermag der Umgang mit dem Rechner aber auch manchen Schüler eher zu motivieren als der "normale" Unterricht. Immerhin kann er hier für eine Zeit befreit von rigiden Strukturen einer lästigen und oft penetranten Unterweisung spielerisch eigene Pfade in den Programmdschungel schlagen, findet einen direkten Interaktionspartner, der ihm, im Rahmen seiner Möglichkeiten, keine Antwort schuldig bleibt und der ihm bis zu einem gewissen Grade das Gefühl gibt, ihn zu beherrschen. Das spricht aber zum einen weniger für den Computer als vielmehr gegen die traditionellen Formen des Unterrichts - jedenfalls aus pädagogischer Sicht -, zum anderen werden auch diese Eleven schnell wieder eingeholt von den Zwängen ihres Schülerdaseins, die ja durch die Einführung der Computer nicht etwa aufgehoben, sondern lediglich ergänzt und modifiziert werden. Die grundlegende Funktion der Schule, prinzipielles Abbild der und strukturbezogenes Übungsfeld für die Gesellschaft zu sein, wird durch diese Entwicklung nicht außer Kraft gesetzt oder verändert, sondern ein weiteres Mal bestätigt.

14.5 Die "Neue Klasse" oder die formative Kraft der Bildung

Dennoch bleibt das Verhältnis von Bildung und Gesellschaft nicht einseitig determiniert durch die gesellschaftlichen Entwicklungen - schließlich sind die Effekte des Bildungssystems selbst Bestandteil der gesellschaftlichen Wirklichkeit. Zwar kann man nicht davon sprechen, daß das Bildungwesen die alles entscheidende Stelle zur Verteilung von Lebenschancen ist, denn es ist ja von vorneherein so geformt, daß es eher umgekehrt legitimatorisch im Rahmen der Realisierung von Ungleichheitsvorstellungen wirkt. Aber diese Funktionszuweisung wiederum drückt der Gesellschaft auch ihr Siegel auf.

"Im Mittelalter zerfiel die Menschheit in Kleros und Laos; nun wird ein zweiter, viel tieferer und schärferer Schnitt durch sie geführt: es gibt fortan die Ungebildeten, Ununterrichteten, das 'Volk', die neuen Laien und die Wissenden, die Schlüsselbewahrer aller Lebensrätsel, die akademisch Geweihten und Eingeweihten. Eine neue Aristokratie kommt herauf, noch viel unduldsamer, brückenloser, kastenstolzer und exklusiver als die frühere" schreibt Egon FRIEDELL in seinem 1927 zuerst erschienenen ersten Band seiner brillanten "Kulturgeschichte der Neuzeit" (cit. n.d. Ausg. 1976, S. 214; Hervorh. i. Orig.). Die Bildung wird, trotz aller Einschränkungen, mit den sich immer mehr durchsetzenden Regeln des Berufsklassensystems immer wichtiger für die Zuweisung von Positionen, in immer stärkerem Maße Bestandteil der Karrierewege. Damit erhält sie jedoch jene aus sich heraus wirkende formative Kraft, von der Egon FRIEDELL spricht und die weit über den ihr ursprünglich zugewiesenen Rahmen hinausweist.

Das zeigt sich an erster Stelle im Politischen: ist bereits das Interesse an Politik sehr deutlich durch den Bildungshintergrund bestimmt, so trifft dies in noch viel stärkerem Maße für die aktive

Übernahme politischer Funktionen zu, wie wir im vorangegangenen Kapitel am Beispiel der Bundestagsabgeordneten gesehen haben. Das als zunehmend komplexer wahrgenommene politische Geschäft nimmt nicht nur voll in Anspruch, es verlangt auch immer mehr fachliche Qualifikationen, die sich nicht nur in den formalen Bildungserfahrungen der Abgeordneten niederschlagen, sondern wohl wiederum auch zur Komplizierung der Politik beitragen. Diese Verberuflichung des politischen Mandats läßt eine direkte Interessenvertretung aller gesellschaftlichen Gruppen immer weniger zu: welcher Handwerker, Arbeiter, kleine Kaufmann oder sonstige Selbständige kann schon eine Legislaturperiode oder noch länger seinem Arbeitsplatz fernbleiben, ohne damit seine Existenz oder beruflichen Karrierechancen aufs Spiel zu setzen? Die Annahme eines solchen Mandats ist in der Regel gleichbedeutend mit der Entscheidung für das Vabanquespiel einer Laufbahn als Berufspolitiker und entfernt so seinen Träger ohnehin von den Interessen seiner ursprünglichen Lebensgrundlagen. Interessenvertretung erfolgt deshalb in immer größerem Maße nur noch mediatisiert über Verbände mit entsprechenden Stäben professioneller, hauptamtlicher Mitarbeiter und führt damit zur gleichen Entwicklung, denn bei ihnen handelt es sich in der Regel um Akademiker, um Juristen, Volkswirte, Sozial- und Naturwissenschaftler. Sie dienen zwar primär unterschiedlichen und sich oft gegenseitig ausschließenden Verbandsinteressen, aber die Gleichheit ihrer Bildungserfahrungen, ihre Prägung durch den diskursiven Kommunikations- und Entscheidungsstil von Universität und Hochschule läßt sie zu Trägern und zu Agenten einer gemeinsamen Kultur werden.

Selbst wenn sie sich persönlich mit den Anliegen ihrer Arbeitgeber identifizieren und entsprechend handeln: sie sind nicht mehr die "geborenen" Mitglieder einer Interessengruppe, die ihre eigenen Vorstellungen durchzusetzen versucht, sondern von außen dazu gekaufter, zunächst ganz distanzierter Sachverstand. Die Ausbildung zum Politologen beispielsweise befähigt zur Tätigkeit bei einem Industrieverband ebenso wie bei den Gewerkschaften, den Handelskammern oder dem Bauernverband. Er kann die Organisationen wechseln, ohne dabei seine Identität zu verlieren, allenfalls seine Überzeugung, aber oft nicht einmal das. Er mag ja davon ausgehen, daß eine Demokratie nur dann funktionsfähig ist, wenn alle Interessen auch artikuliert und vertreten werden oder ganz einfach seinen materiellen Vorteil im Auge haben, wenn er z.B. vom Verband der öffentlichen Krankenkassen zur Bundesärztekammer wechselt. Die eigentlichen Mitglieder der Verbände dagegen sind mit ihrer ganzen Existenz in ihnen verwurzelt und können sie nicht wechseln, ohne ihre Lebensgrundlagen zu verlassen.

Aber nicht nur im Bereich der Interessenvertretung spielen die Akademiker eine große Rolle, auch aus den Entwicklungsbüros und Leitungsetagen größerer Unternehmen sind sie nicht mehr wegzudenken. Sie übernehmen zentrale, oft auch unternehmerische Funktionen, ohne selbst Unternehmer zu sein, sie entwickeln neue Produkte,

Konzepte, Marktstrategien, d.h., sie sind laufend damit beschäftigt zu innovieren und damit unverzichtbar für eine an Profit und Konkurrenz ausgerichtete Wirtschaft, in der die Unternehmen ohne diese Entfaltung von Dynamik kaum überleben können. Vor allem aber finden sie ihr Auskommen im öffentlichen Dienst, für den sie ursprünglich ja auch erfunden wurden und wo sie in den letzten Dekaden ihren Anteil immer stärker ausbauen konnten. Zu großen Teilen zwar durch die Zunahme der Lehrerstellen, aber auch in Ministerien, Verwaltungen, und im Justizdienst sind sie nicht nur relativ, sondern auch absolut immer stärker vertreten (Hans-Peter BLOSSFELD 1983). Ihre spezifische Absicherung erlaubt ihnen auch ein risikoloses Engagement auf den politischen Bühnen und so kann es kaum überraschen, daß die Parlamente immer mehr von öffentlichen Dienern aus den höheren Hierarchieebenen bevölkert werden (Peter SCHINDLER 1984, S. 198).
Egal, welche Konflikte verhandelt werden, welche Interessengruppen darin verwickelt sind, auf allen Seiten sind die Angehörigen dieser "Neuen Klasse" dabei, nicht selten sogar unter sich, und zwingen den Auseinandersetzungen ihren ganz spezifischen Stil auf, ein Regelsystem, das Alvin GOULDNER die "Grammatik des kritischen Diskurses" nennt. Sie macht einen Diskurs zur Pflicht, in dem

"jede Behauptung zu rechtertigen ist, dessen Rechtfertigungsweise jedoch ... nicht in der Inanspruchnahme von Autoritäten besteht, der vielmehr ... der freiwilligen Zustimmung der Adressaten allein auf der Basis der beigebrachten Argumente den Vorzug gibt. Die Kultur des kritischen Diskurses ist um einen spezifischen Sprechakt zentriert: die Rechtfertigung. Es handelt sich um eine Kultur des Diskurses, in der es nichts gibt, was von den Sprechern prinzipiell dauerhaft der Diskussion entzogen oder nicht problematisiert wird. Die Träger dieser Kultur sind sogar bereit, über den Wert des Sprechens selbst und über seine mögliche Unterlegenheit gegenüber Schweigen oder gegenüber Praxis zu sprechen. Diese Grammatik ist die Tiefenstruktur der gemeinsamen, von den Angehörigen der Neuen Klasse geteilten Ideologie" (Alvin GOULDNER 1979; cit. n.d. dtsch. Ausg. 1980, S. 55; Hervorh. i. Orig.).

Diese Kultur des Diskurses ist zwar formal völlig offen und geradezu radikal universalistisch angelegt, sie schließt jedoch jeden aus, der diese Grammatik nicht beherrscht, der seine Anliegen, so berechtigt sie auch sein mögen, nicht in dieser Form zur Geltung verhelfen kann. Wirklich universell ist diese "Neue Klasse" jedoch in anderer Hinsicht, denn auch Gruppen, die diesen Stil der Interessenvertretung und Auseinandersetzung selbst nicht beherrschen, können sich ihrer bedienen, indem sie ihre Kompetenz über Arbeitsverträge anmieten und für ihre eigenen Zwecke verfügbar machen. Ja, sie sind sogar dazu gezwungen, wenn sie ihre Durchsetzungs- und Gestaltungschancen wahrnehmen wollen. Das bedeutet aber auch: die eigentlichen Auftraggeber werden zunehmend abhängig von den Diensten der "Neuen Klasse". Die aus Konkurrenzgründen notwendig fortschreitende Verwissenschaftlichung von Produktion und Verwaltung, die dadurch erforderliche Vermehrung von technischer Intelligenz, die allein Rationalisierung und die Reduktion von Arbeitskosten zu verwirklichen vermag, vermindert die "funktionale Autonomie der alten Klasse" (a.a.O., S. 91) von Besitzenden. Die Herstellungs- und Verwaltungsorganisationen werden für den Nicht-Experten immer komplexer und undurchschaubarer und stärken die Position der Intelligenz, die hier immer unverzichtbarer wird. Damit erreicht sie zwar keine volle Autonomie und Unabhängigkeit, aber wachsende Handlungsspielräume und reale Chancen der Durchsetzung ihrer Vorstellungen von Politik und Gesellschaft.

Diese Umstände führten nicht nur zu dem durchgreifenden Wandel, dem die Sozialstruktur der Bundesrepublik seit ihrem Bestehen unterworfen ist, sondern finden ihren Ausdruck vor allem auch in den veränderten ideologischen Fronten. Die politisch traditionell entgegengesetzten Milieus katholisch-ländlichen Kleinbürgertums und einer eher protestantisch gefärbten, großstädtischen und gewerkschaftlich organsierten Arbeiterschaft mit ihren jeweiligen Anbindungen an CDU bzw. SPD sind zahlenmäßig ebenso geschrumpft wie sie in sich selbst an Prägekraft verloren haben (vgl. auch Ursula FEIST, Manfred GÜLLNER, Klaus LIEPELT 1977). Die Auflösung dieser mit der Herkunft unbefragt übernommenen Bindungen an Traditionales ist einerseits Effekt der Bildungsexpansion, vor allem aber Ausdruck einer übergreifenden Säkularisierungs- und Modernisierungstendenz, die sich - wie wir in dem Kapitel über die Bildungsreform gesehen haben - der Bildung als Instrument bedient. Ihrem Charakter gemäß als praktisch überall notwendige und allseitig einsetzbare Intelligenz, sind die Angehörigen der "Neuen Klasse" nicht ideologisch an eine Partei gebunden, sondern finden sich in allen politischen Organisationen. Der Konflikt zwischen "alter" und "Neuer Klasse" findet also weniger in der Auseinandersetzung zwischen den Parteien als vielmehr in ihnen selbst statt (Ursula FEIST, Klaus LIEPELT 1983). Es gibt jedoch Schwerpunkte einerseits bei der SPD, vor allem jedoch bei der neuen Partei der Grünen, deren Wählerschaft vielleicht prototypisch ein Schlaglicht auf die zukünftige Entwicklung wirft: sie ist jung, frei von allen Bindungen an traditionelle Milieus und vor allem gekennzeichnet durch ihren sehr hohen, in der Regel akademischen, Bildungsstand.

In diesen Beispielen und Entwicklungen zeigt sich die formative Kraft der gemeinsamen (akademischen) Bildungserfahrungen am ausgeprägtesten und in ihrer bislang reinsten Form. Bildung führt also nicht zu der von CONDORCET geforderten gemeinsamen Sprache aller, befördert aufgrund ihrer Hierarchisierung nicht durchgängig Einsicht und Vernunft. Sie ist aber auch nicht mehr allein formales Spiegelbild von Herrschaftsverhältnissen, die sich gleichsam in ihr fortsetzen, sondern wirkt aus sich selbst heraus formend, eine wachsende "Neue Klasse" und mit ihr neue gesellschaftliche, politische und ideologische Konfliktlinien begründend. Die alten Besitzeliten sehen sich einer stärker werdenden Bedrohung durch die von ihnen selbst gewünschten und geförderten Bildungseliten ausgesetzt, deren Herrschaftsmittel einzig aus ihrer fachlichen Kompetenz, der Fähigkeit zum kritischen Diskurs, ihrer Flexibilität und Vielseitigkeit, kurz: ihrer Unentbehrlichkeit erwachsen. Die Bildung selbst wird also immer mehr zu einem eigenständigen Herrschaftsmittel.

14.6 "Hochbegabung": das Charisma einer "Gen-Aristokratie" oder von den Reproduktionsinteressen der "Neuen Klasse"

Zwar können die Mitglieder der "Neuen Klasse" ihre im Berufsklassensystem erworbenen Positionen und Privilegien durch den Erwerb von Anteilen des Produktivvermögens in entsprechende Stellungen im Besitzklassensystem transponieren, nur wenigen von ihnen kann es jedoch gelingen, hierauf eine unabhängige Existenz im Stile der alten Klasse zu gründen. Der akkumulierte Besitz vermag vielleicht einen anspruchsvollen Lebensstil auch über die inhärenten Unwägbarkeiten beruflicher Karrieren hinaus zu sichern, die Fortsetzung einer solchen Daseinsweise in der nächsten Generation ist mit diesen Mitteln dagegen nur den wenigsten möglich. Sie wäre auch kaum erwünscht, denn sie würde die so notwendig gebrauchte "Neue Klasse" nur zu einer Durchgangsstation auf dem Weg in eine sichere Position im Besitzklassensystem reduzieren, Innovation und Dynamik langfristig verhindern und damit am Ende die "Neue Klasse" selbst liquidieren. Den Anspruch auf eine entsprechende Stellung ihres Nachwuchses kann die "Neue Klasse" deshalb nur über die Wiederholung der eigenen Bildungswege durch die Kinder einlösen. Sie muß sich also in besonderem Maße des Bildungswesens annehmen und versuchen, hier Bedingungen durchzusetzen, die ihre Position festigen und ausbauen.

Der Bildungsexpansion der letzten Jahrzehnte steht sie deshalb zwiespältig gegenüber: in der Situation mangelnden Nachwuchses für die akademischen Karrieren in den sechziger jahren mußte sie den Ausbau des Bildungswesens schon deshalb begrüßen und forcieren, weil sie sich dadurch selbst vergrößern und ihr gesellchaftliches und politisches Gewicht erhöhen konnte; mit der Überfüllung der Karrieren seit den späten siebziger Jahren, die tendenziell ihre eigene Position und vor allem die Zukunftschancen ihres Nachwuchses gefährdet, müßte sie dagegen einer Kontraktion des Bildungs- und Ausbildungssektors das Wort reden. Das kann sie jedoch aus zwei Gründen nicht: erstens, weil sie damit gezwungen wäre, jene ihrer nicht wenigen Mitglieder zu opfern, die im Erziehungs- und Ausbildungswesen überflüssig würden und sie sich so selbst verkleinern müßte; zum zweiten läßt sich die beschriebene Automatik von Aufstieg, Bildungsaspiration und -nachfrage kaum systemgerecht außer Kraft setzen. Zwangsmittel würden ja den Grundkonsens über das Bildungswesen gefährden, indem sie offiziell offenbarten, was den Mythos seines Universalismus zerstören würde: die gewollte Verknüpfung der sozialen Herkunft mit schulischem und beruflichem Erfolg.

Das Schulsystem mit seinen eingeschliffenen Bildungswegen darf deshalb in seiner Struktur nicht offen angegriffen werden. Von einer Verringerung der Abiturientenzahlen ist auch kaum die Rede, denn selbst wenn der Tauschwert des Abiturs durch sein Überangebot drastisch gesunken ist, bleibt es doch die für alle wesentliche und unabdingbare Voraussetzung zur Wahrung von Karrierechancen und damit ein Ziel, das man nicht ohne weiteres verstellen kann. Die Versuche zur Steuerung der Bildungsnachfrage und des Karrierenachwuchses lassen daher das Abitur unangetastet und setzen erst danach an: mit den seit mehr als hundert Jahren bekannten Beschwörungen einer Zukunft im "akademischen Proletariat" sollen die Studentenzahlen verringert werden. Statt sich in die unsichere Höhenluft der Universitäten und Hochschulen zu begeben, sollen viele Abiturienten die scheinbar solide Ausbildung in einem gewerblichen oder kaufmännischen Beruf vorziehen. Daß dies - wie wir in Kapitel 11 gesehen haben - vor allem auf Kosten von Haupt-, aber auch von Mittelschulabsolventen geschieht, wird dabei in Kauf genommen.

Allerdings bahnt sich auch hier ein Konflikt innerhalb der "Neuen Klasse" an: der drastische Rückgang der Jahrgangsstärken und die dadurch möglich werdende Verringerung der Studentenzahlen bedroht den Ausbaustand der Universitäten und Hochschulen und damit die Existenzchancen der an ihnen forschenden und lehrenden Wissenschaftler. Sie müssen schon aus Selbsterhaltungsgründen ein Interesse daran haben, daß sich zum einen die bis dato anhaltende Entwicklung der Verringerung der Studienmotivation (vgl. Abb. 9) umkehrt und die traditionelle Sequenz Abitur - Studium wieder zu einer Selbstverständlichkeit wird, zum anderen, daß der Abiturientenanteil pro Jahrgang noch weiter gesteigert wird, um die Geburtenausfälle auszugleichen. Mit anderen Worten: diese Art der Privilegiensicherung im Sinne der "Neuen Klasse" ist nicht nur in sich widersprüchlich, sondern auch zu krisenanfällig, um dauerhaft wirksam zu sein.

Eine Immunisierung der Privilegienstruktur gegenüber solchen, praktisch nicht beeinflußbaren Faktoren und ihre Verfestigung im Sinne der "Neuen Klasse" muß deshalb von anderen strategischen Überlegungen ausgehen. So haben sich individualisierende Konzepte vor dem Hintergrund sozialer Empfindlichkeiten und entsprechender Organisationsfähigkeit in diesem Zusammenhang ohnedies als erfolgreicher herausgestellt als die auf ganze Gruppen zielenden und deshalb durchschaubareren Abschreckungsversuche. In Anlehnung an die bewährte Erfindung der "Begabung" (vgl. Abschnitt 3.3), die für lange Zeit die Oberstufen der Gymnasien praktisch zu sozialen Eliteschulen gemacht hat, ist es deshalb jetzt die "Hochbegabtenförderung", mit der ganz offen wieder eine Elitebildung propagiert wird. Dabei ist von Privilegien natürlich keine Rede, vielmehr von der Notwendigkeit sogenannter "Funktions-" oder "Leistungseliten", d.h. von Eliten, die nicht in ihren herausgehobenen Status hineingeboren werden, sondern ihn durch ihre für Erhalt und Entwicklung der Gesellschaft notwendig erachteten Tätigkeiten zugeschrieben bekommen bzw. durch herausragende Leistungen erwerben (vgl. Abschn. 12.9).

Begründet wird diese Notwendigkeit nach außen mit einer als zunehmend verschärft wahrgenommenen internationalen Konkurrenz, vor allem im Bereich der sogenannten Zukunftstechnologien, welche die freiere Entfaltung von Kreativität und vor allem höhere Effektivität in vielen Bereichen der Gesellschaft erfordert. Dies alles ist in der Argumentation der Propagandisten der "Neuen Klasse" nur dann möglich, wenn im Bildungswesen bereits sehr früh eine Auslese der "Besten" stattfindet, die dem "vermassten" und deshalb zu undifferenzierten Schulbetrieb entzogen und in besonderen Schulen oder Gruppen speziell gefördert werden. Dabei wird immer auf die "Hochbegabten"förderung in anderen Ländern hingewiesen, auch um nahezulegen, daß sich die Bundesrepublik schon aus Konkurrenzgründen keinen Verzicht auf eine solche Elitebildung leisten kann (so z.B. von Klaus URBAN 1984 für das Bundesministerium für Bildung und Wissenschaft). Dahinter steht nichts weiter als eine neue, den veränderten Rahmenbedingungen angepasste Variante der altbekannten Humankapitaltheorie, die mit ihrem Postulat der Priorität von Ausbildungsinvestitionen bereits genuiner Ausdruck der Ideologie der "Neuen Klasse" ist: nicht mehr Quantität, wie noch in den sechziger Jahren, sondern Qualität soll jetzt der Schlüssel zu den wirtschaftlichen Erfolgen der Zukunft sein.

Die mit dem Konzept der "Hochbegabung" mögliche zusätzliche soziale Selektion begünstigt natürlich vor allem die Kinder aus der "Neuen Klasse". Da sie in einem gebildeten Elternhaus aufwachsen und in der Regel bereits früh wichtige Anregungen erhalten, sind sie in ihrer intellektuellen Entwicklung und der Selbstverständlichkeit, mit der sie z.B. Bücher benutzen und selbständig Fragen und Probleme bearbeiten, jenen Kindern voraus, die weder die entsprechenden Vorbilder noch die notwendigen Ressourcen in ihrer Umgebung vorfinden (vgl. auch Kap. 10). Um diese Absicht nicht zu offensichtlich werden zu lassen, bedient man sich raffinierter Argumente. An erster Stelle wird ein Schulbetrieb kritisiert, der zu starr organisiert und deshalb zu unsensibel für das Erkennen besonderer "Begabungen" ist. Was oftmals erst ein Schulwechsel oder ein Intelligenztest an den Tag bringt, scheint in hohem Maße Alltag an den Schulen zu sein: daß nämlich schlechte Schüler oft nur deshalb schlecht sind, weil sie den rigiden Anforderungen und Verhaltenserwartungen der bürokratisierten Schule generell oder denen einer bestimmten Einrichtung nicht zu entsprechen vermögen. Die daraus abgeleitete Forderung nach pädagogischer Differenzierung hat bereits vor Jahrzehnten die Befürworter der Gesamtschulen geleitet. Aber während sie eine Binnendifferenzierung durchsetzen wollten, die selbst innerhalb einer Klasse mit Schülern unterschiedlicher Lernniveaux möglich ist, sollen jetzt die durch die normalen Schulen "benachteiligten Hochbegabungen" aus dem Klassenverband gelöst und in speziellen Gruppen zusammengefasst und unterrichtet werden, damit sie ihre "Anlagen" ohne Behinderungen durch langsamere und weniger "begabte" Schüler entfalten und ausbauen können. Um dies durchzusetzen, wird nicht selten ein Bild von den sensiblen, verkannten und geschmähten "Hochbegabten" gezeichnet, das sie fast zu Behinderten macht und ihre Trennung von den übrigen Schülern wie eine soziale und menschliche Großtat erscheinen läßt. In Wahrheit sollen hier aber wohl besondere Qualifikationskriterien eingeführt werden, die quasi als Zusatz zum Abitur Studien- und Berufschancen durch eine Art Elite-Etikett verbessern.

Der Legitimationsversuch für diese Vorzugsbehandlung über die angebliche "Hochbegabung" bleibt jedoch zumindest unter zwei Aspekten höchst widersprüchlich. Erstens ist dieser Begriff genetisch angelegt, d.h., wer Träger dieses Merkmals wird, ist bereits bestimmt durch die Geburt. Diese Annahme muß schon allein deshalb gemacht werden, weil alle Umwelteinflüsse, welche die "Begabung" bestimmen könnten, ja sozial vermittelt wären und die "Begabung" so den Anspruch eines universalistischen Kriteriums verlieren müßte. Es bleibt dennoch verwunderlich, daß gerade eine explizit bürgerliche Konzeption sich solcher feudalistischen Argumentationsfiguren bedient und die gewünschte Elite über das Charisma einer Gen-Aristokratie zu etablieren versucht. Zweitens verrät die Forderung nach speziellem Unterricht oder Schulen für die "Hochbegabungen" aber auch eine beträchtliche Skepsis der eigenen Argumentation gegenüber: wären die Talente wirklich genetisch determiniert, dann müßten sie sich auch unter ungünstigen Bedingungen früher oder später durchsetzen und Erfolg haben.

Was also bleibt, ist der Verdacht, daß für eine ausgewählt kleine Gruppe von Schülern Lernbedingungen geschaffen werden sollen, die nicht so sehr an den Strukturprinzipien der bürokratisierten Schule ausgerichtet sind, wic an einer aus der Sache selbst motivierten Beschäftigung mit Bildungsinhalten. Bedingungen, die bei genereller Einführung auch der intellektuellen Entwicklung nicht so "begabter" Schüler zugute kommen würden. Genau das sollen sie jedoch nicht, denn der weitaus größte Teil der Schüler ist ja nicht auf spätere Leitungs- oder Forschungs- und Entwicklungsaufgaben vorzubereiten, die solche Lernbedingungen weitgehend vorwegnehmen, sondern soll sich einfügen in weitgehend fremdbestimmte und vorgezeichnete Strukturen von Arbeitswelt und Konsumsphäre. Der Anstrich des Genius für eine Schülerelite ist also nichts weiter als der Vorwand für die Schaffung besonders privilegierter Schulen oder Klassen, in denen ausgesuchte Lehrer nicht zuletzt auch in dem Bewußtsein, es mit besonderen Schülern zu tun zu haben, ein Lernklima schaffen, das in weiten Teilen schon aus sich selbst heraus die Performanz der ihrer Bevorzugung bewußten Schüler beflügelt und so das ganze Unternehmen scheinbar rechtfertigt. Nicht, daß es den ausgelesenen Kindern und Jugendlichen besonders leicht gemacht werden soll: allein schon um dem eigenen Anspruch verschärfter Leistungsauslese getecht werden zu können, müssen auch hier Konkurrenzsituationen eingebaut bleiben, ist die Möglichkeit des Scheiterns aufgund solcher Kriterien von Zeit zu Zeit zu demonstrieren.

14.7 Die Universitätsolympiade

Naturgemäß bleiben gerade auch die Universitäten von diesen Vorstellungen einer besonderen Leistungsauslese nicht ausgespart. Schließlich waren sie diejenigen, die traditionell am ehesten so etwas wie Elitebildung in Deutschland betrieben haben, bis mit der Welle der Hochschulneugündungen ab Mitte der sechziger Jahre die Bildungsexpansion auch sie erreichte und zur vielfach beklagten "Vermassung" des Studiums führte. Diese Entwicklung vor Augen, gab es damals bereits Vorschläge für eine Zweiteilung des Studiums nach angelsächsischem Modell: die Regelstudienzeit bis zum ersten Abschluß sollte auf drei Jahre verkürzt, nur eine Auswahl der erfolgreichsten Studenten über ein Aufbaustudium zu wirklich eigenständiger wissenschaftlicher Arbeit befähigt werden. Sie waren aber aus verschiedenen Gründen nicht durchzusetzen.

In der Kombination Fachhochschule - Universität bestand für einige Fächer längst ein solches Modell, ohne daß es sich zu dieser Zeit als sonderlich attraktiv für Abiturienten erwiesen hätte. Diese sahen in solchen Vorschlägen eher allzu offensichtliche Versuche, ihre wachsende Zahl um die traditionelle Perspektive eines vollen akademischen Studiums zu betrügen. Denn damit wäre der zunächst versprochene Aufstieg ganzer Abiturientenjahrgänge in Frage gestellt worden, eine Situation, die vor dem Hintergrund ungedeckten Akademikerbedarfs und forcierter Bildungswerbung nicht durchsetzbar war. Auch die mit der Verkürzung der Studienzeit notwendig werdende Verschulung und die damit einhergehende Verringerung akademischer (Wahl) Freiheit stieß auf entschiedenen Widerstand nicht nur von Studenten, sondern auch von weiten Teilen des Lehrpersonals, die erstens eine erhebliche Mehrbelastung in der Lehre auf Kosten von Forschung und Weiterbildung auf sich zukommen sahen und zweitens damit zu rechnen hatten, daß ihnen die arbeitsintensiven und von den Inhalten her kaum attraktiven Grundkurse übertragen würden, während die Professoren sich die interessanteren Forschungsseminare des Aufbaustudiums vorbehalten würden. Damit aber wären jene Strukturen der alten Ordinarienuniversität verfestigt worden, die mit der gerade zu diese Zeit vielerorts betriebenen Universitätsreform zugunsten demokratischerer Verfassungen abgeschafft werden sollten.

Ebenso wie bei den Schulen hütet man sich deshalb heute davor, Vorschläge zu machen, die direkt auf eine Veränderung der Hochschulen und Universitäten zielen. Diskutiert wird dagegen einerseits über die Einführung von Konkurrenzmodellen, nach denen die bestehenden Universitäten sich in einen olympischen Wettstreit um wissenschaftliche Höchstleistungen und motivierte Studenten begeben müßten, und in Ergänzung dazu über die Einrichtung von privaten Hochschulen, denen mehr Flexibilität zugetraut, vor allem aber schärfere Selektionskriterien zugestanden werden. Es sollen also vielmehr die Rahmenbedingungen so geändert werden, daß sie einerseits Reformen in der gewünschten Richtung provozieren, zum anderen dabei den gesellschaftlichen Grundkonsens über Leistung und Wettbewerb nicht nur nicht verletzen, sondern überhaupt erst zum Bestandteil des Hochschulsystems machen.

Vorbild auch für diese Bestrebungen sind die angelsächsischen und französischen Systeme, an erster Stelle aber das der Vereinigten Staaten mit seiner Mischung von privaten und staatlichen, von "normalen" und von Elite-Universitäten. Allerdings wird hierzulande "privat" oft gleichgesetzt mit "Elite" und daraus gleich der falsche Schluß gezogen, nur private Universitäten, die in Mini-Ausgaben bei uns ja bereits existieren, könnten diesen angestrebten Status erreichen. Es gibt jedoch viele private, die im Gegensatz zu einer ganzen Reihe staatlicher Universitäten in den USA keineswegs ein solches Renomee genießen. Kurzum: die Gegenwart weitgehend standardisierter Universitäten und Studiengänge soll aufgelöst werden zugunsten einer Zukunft, in der die Hochschulen zwar auf den ersten Blick mehr eigene Gestaltungsmöglichkeiten erhalten, in ihren Entwicklungsmöglichkeiten jedoch über eine an "Leistungs"-Kriterien orientierte Zuweisungspolitik gesteuert werden sollen.

Die Schwierigkeiten einer solchen Politik allerdings sind nicht gering. Wie mißt man z.B. die "Leistung" einer Universität? Wie die Qualität ihrer Forschung, wie die ihrer Lehre? An der Zahl der Veröffentlichungen, an den Notendurchschnitten bei den Examen, an der Zufriedenheit der Studenten, der Arbeitgeber? Es gibt zwar eine Reihe von Versuchen und Vorschlägen zur Objektivierung solcher "Leistungsprofile", die meisten sind jedoch eher skurril als aussagekräftig, so wenn die Anzahl der Publikationen multipliziert mit dem (wie immer festgestellten) Renomee der Zeitschriften, in denen sie erscheinen (wie in den USA), zum Maßstab für die Gehaltsfindung des Lehrpersonals herhalten muß. Oder wenn die zweifelhafte Erbsenzählerei eines Zitations-Index, in dem akribisch aufgeführt wird, wer wo und wie oft zitiert wird, darüber entscheidet, ob jemand eine Daueranstellung erhält oder nicht. Wo wissenschaftliche

Leistung zu Formeln und Punktwerten gerinnt, ist es karriereförderlicher, gleich ganz auf Originalität zu verzichten. Stattdessen ist man gut beraten, sich mit Kollegen zu Zitierkartellen zusammenzuschließen und so ziemlich jeden Gedanken, der einem einfällt, gleich unter gebührender Berücksichtigung passender oder auch nicht so passender Arbeiten seiner Kartellgenossen zu veröffentlichen.

Aber das sind eher technische Schwierigkeiten einer für die Legitimation notwendigen Objektivierung, in der sich im übrigen eher eine tayloristisch ausgerichtete Industrieideologie widerspiegelt, die an die Quantifizierung der Welt glaubt und ihr Credo allen Lebensbereichen überstülpen will, als die kritische Kultur einer alles in Frage stellenden "Neuen Klasse". Aber diese bedient sich solcher Versatzstücke, weil sie nicht nur den Leistungs- und Rationalisierungsvorstellungen der mächtigen Bündnispartner des industriellen Sektors entsprechen, sondern scheinbar auch die wenig geliebte Intelligenz den gleichen rigiden Produktionsbedingungen und Kontrollmechanismen unterwerfen würde, denen sich die Masse der Arbeiter und Angestellten Tag für Tag beugen muß.

In der Tat können unter diesem Aspekt solche Universitätsmodelle als Beitrag zu einer weiteren Demokratisierung der Gesellschaft erscheinen. In Wirklichkeit führt dieser Pfad jedoch ganz im Gegenteil zur Abgrenzung einer nahezu ausschließlich über spezifische Bildungswege legitimierten Elite, die sich ihrer selbst und ihrer Zukunft sicher sein kann.

Eliteschulen und -universitäten funktionieren ja nicht einfach deshalb, weil sich in ihnen die Creme der Wissenschaft mit der Creme von Schülern und Studenten treffen würde, um an der Spitze von Forschung und Technologie marschierend ausschließlich Hervorragendes zu leisten, sondern vornehmlich dadurch, daß sie ihre Absolventen neben dem Gefühl, besser zu sein als die anderen, mit einem wesentlichen Stück gemeinsamer Biographie ausstatten, das selbst Mitgliedern ganz unterschiedlicher Generationen auf Anhieb die Verständigung erlaubt. Eine Verständigung, die von Seiten der Schulen und Universitäten aus guten Gründen gefördert und gepflegt wird.

Vor allem die privaten Eliteuniversitäten in den USA versuchen ihre ehemaligen Studenten über Fördervereine, sportliche und gesellschaftliche Ereignisse ein Leben lang an "ihre" alma mater zu binden. Sie sollen auf dem laufenden über das bleiben, was nach ihrer Zeit dort geschieht, Kontakte zum Nachwuchs bekommen und ihren Beitrag zur Unterstützung der Universität leisten. Wer einmal in Havard, Princeton, Yale etc. war, wird sich sein Leben lang dieser Hochschule zugehörig fühlen und auch dafür Sorge tragen, daß ihr Eliteanspruch nicht zu Unrecht besteht, denn der Erhalt ihres Rufes als Eliteeinrichtung bleibt wesentlicher Bestandteil auch des eigenen Status. Das erlaubt es, ein Reproduktionskarussell in Gang zu setzen, auf dem die Eliten fast ungestört und ungefährdet von äußeren Einflüssen ihren Nachwuchs aus den eigenen Reihen rekrutieren können. Dieses "old boys network" reifiziert den einmal erworbenen Ruf immer wieder aufs neue und führt zu der gewünschten Verfestigung und Verstetigung in der Besetzung der gesellschaftlichen Schlüsselpositionen.

14.8 Die deutsche Zukunft als die Vergangenheit ihrer ausländischen Vorbilder: die Versuche zur Konstituierung elitärer Lebensläufe

Nicht, daß es in Deutschland keine Versuche gegeben hätte, durch die elitäre Schließung und Erhöhung bestimmter Bildungswege die soziale Rekrutierung für die Karrieren der "Neuen Klasse" zu steuern. Vielmehr haben historische Umstände und tiefgreifende politische Entwicklungen diesen Anläufen immer wieder den Boden entzogen. Es fängt bereits an mit der erst 1871 überwundenen Kleinstaaterei, die mit ihren vielen Grenzen nicht nur Industrie, Handel und wissenschaftlichen Austausch behindert, sondern in ihrer überall nur in kleinem und kleinstem Maßstab entwickelten Verwaltung und Industrie einem selbstbewußten Bildungsbürgertum kaum Raum für seine Entfaltung bietet. Wo die Notwendigkeit regionaler Loyalitäten die gemeinsamen Interessen dieser latenten "Neuen Klasse" immer wieder überdeckt und ihre Organisationsfähigkeit zerstört, da wird - ganz anders als im zentralstaatlich gelenkten Frankreich oder im imperialen England - auch die Entstehung einer nationalen bürgerlichen Elite verhindert.

Dementsprechend gibt es auch weder eine übergreifende formative Tradition wissenschaftlicher Kultur, wie sie in der "Bibliotheque Nationale" und in der "National Library" ihre imposanten Denkmäler hat, noch Universitäten und Hochschulen mit dem Anspruch des Elitären in Deutschland. Eine Bindung an die Universität auch über das Examen hinaus wäre deshalb kaum sinnvoll gewesen. Viel wichtiger waren entsprechend der nationalen Zersplitterung die landsmannschaftlich organisierten und außerhalb der Universitäten angesiedelten Studentenkorporationen, denen man auch als "alter Herr" verbunden blieb. In ihnen ließ sich nicht nur in Gemeinschaft mit den Schicksalsgenossen wein- und bierselig des Heimweh des in die Fremde Gezogenen vergessen, sondern auch die für die spätere Karriere so wichtige Verbindung mit der Heimat aufrechterhalten. In viel kleinerem Maßstab konnten sie über die "alten Herren" wie über das allen gemeinsame Ethos, Korpsbrüder nicht im Stich zu lassen, Einfluß auf die Rekrutierung von Karrierenachwuchs nehmen und der spätere Spruch, nach dem man "Zufall mit CV" (=Coburger Convent) schreibt, ist eine Spiegelung dieser Funktion.

Aber auch nach der Reichsgründung blieb das städtische Bürgertum zu schwach und zu sehr den aristokratischen Gesellschaftsvorstellungen verhaftet, als daß es die feudalistischen Fesseln hätte gänzlich abschütteln und dem herrschenden Landadel eine eigene

Elite entgegensetzen können. Die so abrupt einsetzende Götterdämmerung des Adels von 1918 und die Etablierung der Weimarer Republik traf das Bürgertum daher im großen und ganzen unvorbereitet und machte es eher zum Spielball als zum Agenten der politischen und gesellschaftlichen Entwicklung. Mit dem Führerkult der Nationalsozialisten und ihrer unsagbaren Kriegs- und Vernichtungspolitik, mit "Herrenrasse", "Napolas" und "Adolf-Hitler-Schulen" schließlich war nach dem Zusammenbruch der Elitebegriff gründlich desavouiert.

Auch nach 1945 ist es nicht das Bürgertum, das die Demokratie im Westen des nunmehr geteilten Deutschland durchsetzt, sondern die Politik der siegreichen Allianz von Amerikanern, Engländern und Franzosen. Es ist ja eine Ironie der Geschichte, daß der von innen her unternommene erste Versuch einer Demokratie in Deutschland nach nicht einmal dreizehn Jahren in einer Katastrophe endet, die oktroyierte Demokratie der Siegermächte dagegen nahezu vorbehaltlos angenommen wird und eine erstaunliche Stabilität entwickelt.

In dieser Republik ohne bürgerlich-demokratische Tradition, aber mit nunmehr geradezu musterhaft lernenden Bürgern, geht es zunächst um das Wiedererlangen einer gemeinsamen Zukunft, um den Wiederaufbau zerstörter oder demontierter Produktionsanlagen, um die Integration von Millionen von Ostflüchtlingen, bescheidenen Wohlstand und das Sich-Zurechtfinden in einer geteilten Nation, um innere Ruhe und äußere Anerkennung. Diese kollektiven Vorhaben überdecken zwar keineswegs die klassischen sozialen und politischen Konflikte einer Industriegesellschaft, aber sie tragen dazu bei, daß eine bürgerliche Elite kaum sichtbar wird.

Erst mit dem sicheren Hintergrund einer politisch wie wirtschaftlich wohl etablierten Republik, erst nachdem sie durch die Bildungsexpansion stark angewachsen ist und sich deshalb einer krisenhaften Beschäftigungs- und Reproduktionssituation gegenübersieht, beginnt sich die "Neue Klasse" ihres Charakters bewußt zu werden und zu versuchen, ihre eigenen Interessen offensiv zu vertreten.

Dies ist nicht ganz einfach, denn die mit der Universalität dieser käuflichen Klasse gegebene Vielfalt von Tätigkeiten, Arbeitsorten und rein äußerlichen Interessen vermindern ihre Organisationsfähigkeit ganz wesentlich. Um sich real als Klasse konstituieren zu können, bedarf es deshalb der Konstruktion einer gemeinsamen Basis, eines selbstverständlichen Zugehörigkeitsgefühls, einer sozialen Homogenisierung ihrer Mitglieder, die über alle berufsnotwendigen Gegensätze hinaus den Gewerkschaftsökonomen mit dem Industrieverbandsreferenten ebenso zusammenführen wie den Vertreter des Ärzteverbandes mit dem Verbandsfunktionär der Krankenkassen oder den Entwicklungsingenieur mit dem Politikwissenschaftler an einer Hochschule. Es geht vor allem darum, die in vielen Bereichen ohnehin existierenden Bildungseliten nach innen und außen als herausragend und zusammengehörig erkennbar zu machen.

Nachdem mit der Installierung des "Leitenden Angestellten" ein erster wesentlicher Schritt zur Formung und Verfestigung im Bereich der mitbestimmten Wirtschaft erreicht wurde, geht es übergreifend jetzt um den Entwurf elitärer Lebensläufe. Die große Variabilität der Zugangswege zu den Positionen der "Neuen Klasse" und ihre noch fließenden Grenzen verhindern bislang die Herausbildung einer entsprechenden Identität ihrer Mitglieder und ihre eindeutige Identifizierbarkeit in der Gesellschaft. Die Durchsetzung eines Monopolanspruchs für die Rekrutierung elitärer Karrieren von wenigen Bildungs- und Ausbildungseinrichtungen, die vorgeben, eine Auswahl der Besten zu exzeptionellem Können und intellektueller Brillanz zu führen, ist deshalb wesentliches Ziel und Mittel zur Aufwertung und Positionssicherung der "Neuen Klasse". Unabhängig von fachspezifischen Ausbildungsinhalten sollen sie ihren Ablolventen ein gemeinsames Gefühl selbstbewußter Auserwähltheit und herausragender Kompetenz und Leistung vermitteln, das sie zu einer politisch und gesellschaftlich handlungsfähigen Klasse zusammenschweißt.

Mit diesem vermeintlichen Zukunftsentwurf reproduziert die "Neue Klasse" in Deutschland jedoch nur die Vergangenheit ihrer Vorbilder. Auch macht der Rückblick deutlich, daß Elitebildung und wirtschaftlicher Erfolg keineswegs in dem Maße miteinander verbunden sind, wie ihre Propagandisten nicht müde werden zu behaupten. Weder Frankreich noch England noch auch die USA können trotz ihrer traditionellen Eliteeinrichtungen die Wirtschaftsleistung vorweisen, zu der die Bundesrepublik seit nunmehr einigen Jahrzehnten fähig ist. Gerade Frankreich und ganz besonders England müßten skeptisch machen gegenüber solchen Behauptungen; sie legen im Gegenteil eher den Schluß nahe, daß es nicht zuletzt der dort betriebene Elitekult der Grandes Ecoles, von Cambridge und Oxford ist, der notwendigen Wandel und Anpassung an veränderte Marktentwicklungen behindert. Denn in sich weitgehend geschlossene Eliten entwickeln ein auf Beharrung angelegtes Kastendenken, kapseln sich ab von den anderen Grupppen der Gesellschaft, schaffen damit starre und keineswegs auf tatsächlicher Leistung beruhende soziale Grenzen und werden somit eher zum Hemmschuh als zur Triebkraft des gesellschaftlichen und wirtschaftlichen Fortschritts, den die Eliteförderer vorgeben, im Auge zu haben.

LITERATUR

ADORNO, Theodor W. 1966: Erziehung nach Auschwitz. Vortrag im Hessischen Rundfunk am 18. April 1966. Textfassung in Heinz-Joachim Heydorn et al. (Hrsg.) 1967, S. 111-123

ALEX, Laszlo; BAU, Henning; CLAUSS, Thomas; FRITZ, Wolfgang; HENNIGES, Hasso von; HOFBAUER, Hans; JANSEN, Rolf; KÖNIG, Paul; OHL, Lieselotte; STOOS, Friedemann; TROLL, Lothar 1981: Qualifikation und Berufsverlauf. Erste Ergebnisse einer repräsentativen Erhebung bei Erwerbspersonen in der Bundesrepublik Deutschland. Berlin: Bundesinstitut für Berufsbildungsforschung

ALMOND, Gabriel; VERBA, Sidney 1963: The Civic Culture. Boston

AMMON, Hermann 1981: Zur Theoriegeschichte der politischen Bildung seit 1945. In: Ders. und Friedrich Roth (Hrsg.), S. 9-42

AMMON, Hermann; ROTH, Friedrich (Hrsg.) 1981: Handbuch der Fachdidaktik: Sozialkunde. München: R. Oldenbourg

ANDRÄ, Fr. W. 1852: Die Kleinkinderbewahranstalt nach ihrer Nothwendigkeit und Einrichtung, ihrem Aufwand und Segen, insbesondere auf dem Lande. Erfurt

ARBEITSGRUPPE AM MAX PLANCK-INSTITUT FÜR BILDUNGSFORSCHUNG 1979: Das Bildungswesen in der Bundesrepublik Deutschland. Ein Überblick für Eltern, Lehrer, Schüler. Reinbek bei Hamburg: Rowohlt

ARIES, Philippe 1960: L'enfant et la vie familiale sous l'ancien regime. Paris: Plon (deutsch: Geschichte der Kindheit, München: dtv 1979 2. Aufl.)

AUSFÜHRUNGSBESTIMMUNGEN zum Erlaß Kaiser Wilhelms II. zur Bekämpfung sozialistischer und kommunistischer Ideen durch die Schule vom 30. August 1889. Wiederabgedruckt in Berthold Michael, Heinz-Hermann Schepp (Hrsg). 1973, S. 411-414

BAACKE, Dieter; BRÜCHER, Bodo 1982: Mitbestimmen in der Schule. Grundlagen und Perspektiven der Partizipation. Weinheim und Basel: Beltz

BADINTER, Elisabeth 1980: L'amour en plus. Paris: Flammarion (deutsch: Die Mutterliebe. Geschichte eines Gefühls vom 17. Jahrhundert bis heute. München: Piper 1981)

BALLERSTEDT, Eike; GLATZER, Wolfgang 1979: Soziologischer Almanach. Handbuch gesellschaftlicher Daten und Indikatoren. Frankfurt/New York: Campus (3., neubearbeitete Aufl.)

BARGEL, Tino; KUTHE, Manfred; SCHOBER, Hubertus 1979: Gesamtschule und Gemeinde. Entwicklung und Situation von Gesamtschulen in verschiedenen Umfeldern. Paderborn u.a.: Schöningh

BAUR, Rita 1972: Elternhaus und Bildungschancen. Eine Untersuchung über die Bedeutung des Elternhauses für die Schulwahl nach der vierten Klasse Grundschule. Weinheim und Basel: Beltz

BEBEL, August 1909: Die Frau und der Sozialismus. Stuttgart: J.W.H. Dietz Nachf. (Nachdruck der 50., vermehrten Aufl. 1918)

BECK, Ulrich; BRATER, Michael; DAHEIM, Hansjürgen 1980: Soziologie der Arbeit und der Berufe. Grundlagen, Problemfelder, Forschungsergebnisse. Reinbek bei Hamburg: Rowohlt

BECK, Ulrich; BRATER, Michael; TRAMSEN, Eckhart 1976: Beruf, Herrschaft und Identität. Teil 1: Soziale Konstitution der Berufe. In: Soziale Welt (25), H.1, S. 8-44

BECK, Ulrich; BRATER, Michael; TRAMSEN, Eckhart: 1976: Beruf, Herrschaft und Identität. Teil 2: Kritik des Berufs. In. Soziale Welt (25), H. 2, S. 180-205

BECKER, Egon; HERKOMMER, Sebastian; BERGMANN, Joachim 1967: Erziehung zur Anpassung? Eine soziologische Untersuchung der politischen Bildung in den Schulen. Schwalbach bei Frankfurt/Main: Wochenschau Verlag

BECKER, Helmut et al. 1976: Die Bildungsreform. Eine Bilanz. Stuttgart: Klett

BEINKE, Lothar (Hrsg.) 1983: Zwischen Schule und Berufsbildung (=Schriftenreihe der Bundeszentrale für politische Bildung Bonn, Bd. 198) Weil der Stadt: Lexika-Verlag im Max Hueber Verlag

BERICHT DER BUNDESREGIERUNG ÜBER DIE STRUKTURELLEN PROBLEME DES FÖDERATIVEN BILDUNGSSYSTEMS 1978. Herausgegeben vom Bundesminister für Bildung und Wissenschaft. Bundestagsdrucksache 8/1551

BERNSTORFF, Edith 1960: Probleme der Vorschulerziehung auf der Reichsschulkonferenz 1920. In: Beiträge zur Geschichte der Vorschulerziehung. Berlin: Verlag Volk und Wissen, S. 206-211

BLÄTTNER, Fritz; KIEHN, Ludwig; MONSHEIMER, Otto; THYSSEN, Simon (Hrsg.) 1960: Handbuch für das Berufsschulwesen. Heidelberg: Quelle und Meyer

BLANKERTZ, Herwig 1963: Berufsbildung und Utilitarismus. Problemgeschichtliche Untersuchungen. Düsseldorf: Schwann

BLANKERTZ, Herwig 1969: Bildung im Zeitalter der großen Industrie. Pädagogik, Schule und Berufsbildung im 19. Jahrhundert. Hannover u.a.: Hermann Schroedel

BLANKERTZ, Herwig 1982: Geschichte der Pädagogik von der Aufklärung bis zur Gegenwart. Wetzlar: Verlag Büchse der Pandora

BLOSSFELD, Hans-Peter 1983: Bildungsexpansion und die Veränderung der Berufschancen der jungen Generation. Empirische Untersuchungen über die Entwicklung zwischen 1970 und 1982 in der Bundesrepublik Deutschland. Mannheim (Diss.)

BODE, Herbert F. 1980: Bildungswesen, Chancengleichheit und Beschäftigungssystem. Vergleichende Daten und Analysen zur Bildungspolitik in den U.S.A. (= Marburger Beiträge zur vergleichenden Erziehungswissenschaft und Bildungsforschung, Bd. 11). München: Minerva

BÖLLING, Rainer 1983: Sozialgeschichte der deutschen Lehrer. Ein Überblick von 1800 bis zur Gegenwart. Göttingen: Vandenhoeck & Ruprecht

BORCHERDING, Karl 1965: Wege und Ziele politischer Bildung in Deutschland. Eine Materialsammlung zur Entwicklung der politischen Bildung in den Schulen 1871-1965. München: Günter Olzog Verlag

BOURDIEU, Pierre; PASSERON, Jean-Claude 1964: Les Heritiers. Les Etudiants et la Culture. Paris: Editions des Minuit (deutsch in dies.: Die Illusion der Chancengleichheit. Untersuchungen zur Soziologie des Bildungswesens am Beispiel Frankreichs. Stuttgart: Klett 1971)

BOWLES, Samuel; GINTIS, Herbert 1976: Schooling in Capitalist America. Educational Reform and the Contradictions of Economic Life. New York: Basic Books (deutsch: Pädagogik und die Widersprüche der Ökonomie. Das Beispiel USA. Frankfurt/Main: Suhrkamp 1978)

BRENNECKE, Fritz (Hrsg.) 1937: Handbuch für die Schulungsarbeit in der HJ - Vom deutschen Volk und seinem Lebensraum (Bearb.: Paul Gierlichs). München: Zentralverlag der NSDAP Franz Eher Nachf.

BRIEFS, Ulrich 1985: Neue Medien und die Zukunft der Arbeit. In: Hans-Günter Rolff, Peter Zimmermann (Hrsg.), S. 27-50

BUNDESMINISTER FÜR BILDUNG UND WISSENSCHAFT 1983a: Grund- und Strukturdaten 1983/84. Bonn: Verlag Karl Heinrich Bock

BUNDESMINISTER FÜR BILDUNG UND WISSENSCHAFT 1983b: Berufsbildungsbericht 1983 (= Schriftenreihe Berufliche Bildung, Bd. 15), Bonn-Bad Godesberg

BUNDESMINISTER FÜR BILDUNG UND WISSENSCHAFT 1984a: Berufsbildungsbericht 1984 (=Grundlagen und Perspektiven Bildung und Wissenschaft, Bd. 2), Bonn-Bad Godesberg

BUNDESMINISTER FÜR BILDUNG UND WISSENSCHAFT 1984b: Grund- und Strukturdaten 1984/85. Bonn: Verlag Karl Heinrich Bock

BUNDESMINISTER FÜR BILDUNG UND WISSENSCHAFT 1985: Berufsbildungsbericht 1985 (= Grundlagen und Perspektiven Bildung und Wissenschaft, Bd. 7) Bonn-Bad Godesberg

BUNDESMINISTER FÜR BILDUNG UND WISSENSCHAFT 1985b: Grund- und Strukturdaten 1985/86. Bonn: Verlag Karl Heinrich Bock

CARNAP, Roderich von; EDDING, Friedrich 1962: Der relative Schulbesuch in den Ländern der Bundesrepublik 1952-1960. Frankfurt/Main: Hochschule für Internationale Pädagogische Forschung

COLEMAN, J.S. 1975: Methods and Results in the IEA-Studies of the Effects of Schools on Learning. In: Review of Educational Research (45), pp. 335-386

CONDORCET, Marquis de 1793: Esquisse d'un tableau historique des progres de l'esprit humaine. Paris. (deutsch: Entwurf einer historischen Darstellung der Fortschritte des menschlichen Geistes. Hrsg. von Wilhelm Alff. Frankfurt/Main: Suhrkamp 1976)

DAHRENDORF, Ralf 1965a: Arbeiterkinder an deutschen Universitäten. Tübingen: J.C.B. Mohr (Paul Siebeck)

DAHRENDORF, Ralf 1965b: Bildung ist Bürgerrecht. Plädoyer für eine aktive Bildungspolitik. Hamburg: Nannen-Verlag (Die Zeit-Bücher)

DAHRENDORF, Ralf 1965 c: Gesellschaft und Demokratie in Deutschland. München: R. Piper & Co.

DAHRENDORF, Ralf 1976: Bildung bleibt Bürgerrecht. In: Helmut Becker et al., S. 63-71

DAHRENDORF, Ralf; PEISERT, Hansgert (Hrsg.) 1967: Der vorzeitige Abgang vom Gymnasium. Studien und Materialien zum Schulerfolg an den Gymnasien in Baden-Württemberg 1953-1963 (= Bildung in neuer Sicht. Schriftenreihe des Kultusministeriums Baden-Württemberg, Reihe A Nr. 6), Villingen: Neckar Verlag

DAVIE, Ronald; BUTLER, Neville; GOLDSTEIN, Harvey 1972: From Birth to Seven. A report of the national Child Development Study. London: Longman

DEMMEL, Walter G. 1978: Feiertagsschule und Fortbildungsschule. Ein Beitrag zur Schulgeschichte Münchens im 19. Jahrhundert (= Miscellanea Bavarica Monacensia, Bd. 70), München: R. Wölfle

DER JUNGE STAATSBÜRGER. Gemeinschaftskunde für die berufstätige männliche Jugend. Von Heinz Seng und Wilhelm Steuernagel. Hannover: Gebr. Jänecke 1960

DEUTSCHER BILDUNGSRAT 1974: Gutachten und Materialien zur Fachhochschule (= Gutachten und Studien der Bildungskommission, Bd. 10). Stuttgart: Klett

DEUTSCHER JURISTINNENBUND (Hrsg.) 1984: Juristinnen in Deutschland. Eine Dokumentation (1900-1984). München: J. Schweitzer Verlag

DIE JUNGE STAATSBÜRGERIN. Gemeinschaftskunde für Mädchen an Berufs- und Berufsfachschulen. Von Heinz Seng, Wilhelm Steuernagel und Irene Fischer. Hannover: Gebr. Jänecke 1968 (2. Aufl.)

DIEDERICH, Nils 1973: Zur Mitgliederstruktur der CDU und SPD. In: Jürgen Dittberner, Rolf Ebbighausen (Hrsg.), S. 35-55

DITTBERNER, Jürgen; EBBIGHAUSEN, Rolf (Hrsg.) 1973: Parteiensystem in der Legitimationskrise. Studien und Materialien zur Soziologie der Parteien in der Bundesrepublik Deutschland. Opladen: Westdeutscher Verlag

DÖRNER, Klaus 1969: Bürger und Irre. Zur Sozialgeschichte und Wissenschaftssoziologie der Psychiatrie. Frankfurt/Main: Europäische Verlagsanstalt

DREEBEN, Robert 1968: On What is Learned in School. Reading/Mass.: Addison-Wesley (deutsch: Was wir in der Schule lernen. Frankfurt/Main: Suhrkamp 1980)

DREWEK, Peter; HARNEY, Klaus 1982: "Relative Autonomie", Selektivität und Expansion im modernen Schulsystem. In: Zeitschrift für Pädagogik, 28. Jahrg., S. 591-608

DREWEK, Peter 1984: Aspekte der Schulentwicklung zwischen 1945 und 1960. In: Zeitschrift für Sozialisationsforschung und Erziehungssoziologie (4), H.1, S. 65-77

DURKHEIM, Emile 1912: L'Evolution pedagogique en France. Paris (dtsch.: Die Entwicklung der Pädagogik. Zur Geschichte und Soziologie des gelehrten Unterrichts in Frankreich. Weinheim und Basel: Beltz 1977)

EIGLER, Herbert; HANSEN, Rolf; KLEMM, Klaus 1980: Quantitative Entwicklungen: Wem hat die Bildungsexpansion genutzt? In H.-G. ROLFF et al. (Hrsg.), S. 45-71

EINER FÜR ALLE - ALLE FÜR EINEN. Gemeinschafts- und Wirtschaftskunde von Otto Seitzer u.a.; Stuttgart: Ernst Klett 1963

ENZENSBERGER, Hans-Magnus 1982: Plädoyer für den Hauslehrer. Ein Bißchen Bildungspolitik. In: TransAtlantik, Juni 1982. Cit. n. d. Wiederabdruck in ders. 1983, S. 161-176

ENZENSBERGER, Hans-Magnus 1983: Politische Brosamen. Frankfurt/Main: Suhrkamp

ERLASS WILHELM II zur Bekämpfung sozialistischer und kommunistischer Ideen durch die Schule vom 1. Mai 1889. Wiederabdruck in Berthold Michael u. Heinz-Hermann Schepp 1973, S. 409-410

ERLINGHAGEN, Karl 1965: Das katholische Bildungsdefizit in Deutschland. Freiburg: Herder

EVERS, Ernst August 1807: Über die Schulbildung zur Bestialität, ein Programm zur Eröffnung des neuen Lehrkurses in der Kantonsschule zu Aarau. Aarau/Schweiz

FAUSER, Richard 1983: Vom Elternwunsch zur Schulentscheidung. Abschlußbericht der Vorbefragung bei Familien mit Kindern in der 4. Grundschulklasse. Arbeitsbericht 9 des Projekts "Bildungsverläufe in Arbeiterfamilien". Konstanz: Universität

FAUSER, Richard 1984: Der Übergang auf weiterführende Schulen. Soziale und schulische Bedingungen der Realisierung elterlicher Bildungserwartungen. Projekt "Bildungsverläufe in Arbeiterfamilien", Abschlußbericht 1, Konstanz: Universität

FEIDEL-MERTZ, Hildegard 1972: Zur Ideologie der Arbeiterbildung. Frankfurt/Main: Europäische Verlagsanstalt (2., erweiterte Aufl.)

FEIST, Ursula; GÜLLNER, Manfred; LIEPELT, Klaus 1977: Strukturelle Angleichung und ideologische Polarisierung. Die Mitgliedschaft von SPD und CDU/CSU zwischen den sechziger und siebziger Jahren. In: Max Kaase (Hrsg.), S. 257-278

FEIST, Ursula; LIEPELT, Klaus 1983: New Elites in Old Parties. Observations on a Side Effect of German Educational Reform. In: Dwaine Marvick, Samuel J. Eldersveld (eds.), S. 71-83

FEND, Helmut 1982: Gesamtschule im Vergleich. Bilanz der Ergebnisse des Gesamtschulversuchs. Weinheim und Basel: Beltz

FEND, Helmut; KNÖRZER, Herbert; NAGL, Willi; SPECHT, Werner; VÄTH-SZUSDZIARA, Roswith 1976: Gesamtschule und dreigliedriges Schulsystem - eine Vergleichsstudie über Chancengleichheit und Durchlässigkeit (= Deutscher Bildungsrat: Gutachten und Studien der Bildungskommission, Bd. 55), Stuttgart: Klett

FESTINGER, Leon 1957: A Theory of Cognitive Dissonance. Stanford Calif.: Stanford University Press

FISCHER, Kurt-Gerhard (Hrsg.) 1970: Politische Bildung in der Weimarer Republik. Grundsatzreferate der "Staatsbügerlichen Woche 1923. Frankfurt/Main: Europäische Verlagsanstalt

FISCHER, Kurt-Gerhard 1970: Zum Problem der politischen Bildung in der Weimarer Republik. In: Ders. (Hrsg.), S. 8-41

FOURIER, Charles 1808: Theorie des quatre mouvements. Paris (deutsch: Theorie der vier Bewegungen und der allgemeinen Bestimmungen. Frankfurt/Main und Wien: Europäische Verlagsanstalt und Europa Verlag 1966)

FRIEDELL, Egon 1927-1931: Kulturgeschichte der Neuzeit. München: C.H. Beck (Cit. n. d. zweibändigen Ausg. München: dtv 1976)

GAFERT, Bärbel 1979: Höhere Bildung als Antiaufklärung. Entstehung und Bedeutung des preußischen Gymnasiums. Frankfurt/New York: Campus

GEIPEL, Robert 1965: Sozialräumliche Strukturen des Bildungswesens. Frankfurt/Main: Diesterweg

GEISSLER, Rainer 1978: Bildung und Sozialchancen. Hypothesen zur Statuszuordnung durch das Bildungssystem. In: Kölner Zeitschrift für Soziologie und Sozialpsychologie (30), S. 469-487

GEORG, Walter; KUNZE, Andreas 1981: Sozialgeschichte der Berufserziehung. Eine Einführung. München: Juventa

GERSTEIN, Hannelore 1967: Erfolg und Mißerfolg im Hinblick auf strukturelle, leistungsmäßige und soziale Faktoren. In: R. Dahrendorf, H. Peisert (Hrsg.), S. 126-144

GLOY, Klaus 1975: Bernstein und die Folgen - Zur Rezeption der soziolinguistischen Defizithypothese in der BRD. In: Heinz Walter (Hrsg.), S. 139-171

GOLDSCHMIDT, Dietrich; HÜBNER-FUNK, Sybille 1974: Von den Ingenieurschulen zu den Fachhochschulen - Schritte zur Reform der Ingenieurausbildung. In: Deutscher Bildungsrat, S. 11-219

GOULD, Stephen Jay 1981: The Mismeasure of Man. New York: W.W. Norton & Comp. (dtsch.: Der falsch vermessene Mensch. Basel u.a.: Birkhäuser 1982)

GOULDNER, Alvin W. 1979: The Future of Intellectuals and the Rise of the New Class. New York: The Seabury Press (deutsch: Die Intelligenz als neue Klasse. 16 Thesen zur Zukunft der Intellektuellen und der technischen Intelligenz. Frankfurt/New York: Campus)

GRIMM, Susanne 1966: Die Bildungsabstinenz der Arbeiter. Eine soziologische Untersuchung. München: J.A. Barth

GROSSMANN, Wilma 1974: Vorschulerziehung. Historische Entwicklung und alternative Modelle. Köln: Kiepenheuer & Witsch

HAEFNER, Klaus 1982: Die neue Bildungskrise. Herausforderung der Informationstechnik an Bildung und Ausbildung. Basel etc.: Birkhäuser

HAENISCH, Hans 1979: Schulleistungsvergleich zwischen Gesamtschulen und Schularten des gegliederten Schulsystems in Nordrhein-Westfalen am Ende des sechsten Schuljahres. In: Ders. et al., S. 6-226

HAENISCH, Hans; LUKESCH, Helmut; KLAGHOFER, Richard; KRÜGER-HAENISCH, Elsa-Maria 1979: Gesamtschule und dreigliedriges Schulsystem in Nordrhein-Westfalen - Schulleistungsvergleiche in Deutsch, Mathematik, Englisch und Physik. Paderborn u.a.: Schöningh

HAENSCH, Dietrich 1969: Repressive Familienpolitik. Reinbek bei Hamburg: Rowohlt (7. Aufl. 1975)

HAGEL, Hans-Jürgen 1964: Der prognostische Wert unserer heutigen Eignungsprüfungen und die Förderstufe des Rahmenplans. Diss. Münster

HAHN, Wilhelm 1967: Fördern und Auslesen im Bildungswesen. In: R. DAHRENDORF, H. PEISERT (Hrsg.), S. 7-17

HARNEY, Klaus 1980: Die preußische Fortbildungsschule. Eine Studie zum Problem der Hierarchisierung beruflicher Schultypen im 19. Jahrhundert. Weinheim und Basel: Beltz

HAUBER, A. 1875: Artikel "Volksschule". In: K.A. SCHMID (Hrsg.): Encyklopädie des gesamten Erziehungs- und Unterrichtswesens, Bd. 10, Gotha, S. 16-49

HEEDE, Manfred 1982: Die Entstehung des Volksschulwesens in Hamburg. Der langwierige Weg von den Schulanforderungen der Revolution 1848/49 bis zum Unterrichtsgesetz von 1870. Hamburg: Ergebnisse-Verlag (=Ergebnisse, Bd. 18)

HEGEL, Georg Wilhelm Friedrich 1821: Grundlinien der Philosophie des Rechts. Berlin: Nicolaische Buchhandlung (cit.n.d. Neuausg. Hamburg: Felix Meiner Verlag 1955)

HEIDBRINK, Horst 1983: Moralische Urteilskompetenz und politisches Lernen. In: Georg Lind, Hans A. Hartmann, Roland Wakenhut (Hrsg.), S. 237-248

HEIMANN, Eduard 1929: Soziale Theorie des Kapitalismus. Theorie der Sozialpolitik. Tübingen: J.C.B. Mohr (Paul Siebeck); Neuausgabe Frankfurt/Main: Suhrkamp 1980

HERRLITZ, Hans-Georg 1973: Studium als Standesprivileg. Die Entstehung des Maturitätsproblems im 18. Jahrhundert. Lehrplan- und gesellschaftsgeschichtliche Untersuchungen. Frankfurt/Main: Athenäum Fischer

HERRLITZ, Hans-Georg; HOPF, Wulf; TITZE, Hartmut 1981: Deutsche Schulgeschichte von 1800 bis zur Gegenwart. Eine Einführung. Königstein/Ts.: Athenäum

HESSE, Hans A. 1972: Berufe im Wandel. Ein Beitrag zur Soziologie des Berufs, der Berufspolitik und des Berufsrechts. 2., überarbeitete Aufl., Stuttgart: Enke

HEYDORN, Heinz-Joachim; SIMONSOHN, Bertold; HAHN, Friedrich; HERTZ, Anselmus (Hrsg.) 1967: Zum Bildungsbegriff der Gegenwart (=Kritische Beiträge zur Bildungstheorie, Bd. 1). Frankfurt a. Main u.a.: Moritz Diesterweg Verlag

HILLIGEN, Wolfgang 1985: Zur Didaktik des politischen Unterrichts. Wissenschaftliche Voruassetzungen, didaktische Konzeptionen, unterrichtspraktische Vorschläge. Opladen: Leske + Budrich (4., völlig neu berabeitete Auflage)

HITPASS, Josef 1961: Vergleichende Untersuchungen über den Aussagewert von Aufnahme- und Testprüfung. In: Schule und Psychologie, S. 65-71

HITPASS, Josef 1963: Bericht über eine sechsjährige Bewährungskontrolle von Aufnahme- und Testprüfung. In: Schule und Psychologie, S. 211-218

HOBBENSIEFKEN, Günter 1980: Berufsforschung. Einführung in traditionelle und moderne Theorien. Opladen: Leske + Budrich

HOFFMANN, Dietrich 1970: Politische Bildung 1890-1933. Ein Beitrag zur Geschichte der pädagogischen Theorie. Hannover u.a. Hermann Schroedel Verlag

HOHORST, Gerd; KOCKA, Jürgen; RITTER, Gerhard A. 1978: Sozialgeschichtliches Arbeitsbuch II. Materialien zur Statistik des Kaiserreichs 1870-1914. München: C.H. Beck (2., durchgesehene Aufl.)

HÖRNING, Karl H.; KNICKER, Theo 1981: Soziologie des Berufs. Eine Einführung. Hamburg: Hoffmann und Campe

HOFBAUER, Hans; KÖNIG, Paul 1973: Berufswechsel bei männlichen Erwerbspersonen in der Bundesrepublik Deutschland. In: Mitteilungen aus der Arbeitsmarkt- und Berufsforschung (6), S. 37-66

HORTLEDER, Gerd 1970: Das Gesellschaftsbild des Ingenieurs. Zum politischen Verhalten der technischen Intelligenz in Deutschland. Frankfurt/Main: Suhrkamp (3. Aufl. 1974)

HORTLEDER, Gerd 1973: Ingenieure in der Industriegesellschaft. Zur Soziologie der Technik und der naturwissenschaftlich-technischen Intelligenz im öffentlichen Dienst und in der Industrie. Frankfurt/Main: Suhrkamp

HUMBOLDT, Wilhelm von 1809a: Über die mit dem königsbergischen Schulwesen vorzunehmenden Reformen. In: Ders. 1956, S. 69-76

HUMBOLDT, Wilhelm von 1809b: Unmaßgebliche Gedanken über den Plan zur Einrichtung des litauischen Stadtschulwesens. In: Ders. 1956:, S. 76-82

HUMBOLDT, Wilhelm von 1809c: Bericht der Sektion des Kultus und Unterrichts. Amtlicher Bericht für den König vom 1. Dezember. In: Ders. 1956, S. 120-127

HUMBOLDT, Wilhelm von 1810: Über die innere und äußere Organisation der höheren wissenschaftlichen Anstalten in Berlin. In: Ders. 1956, S. 82-90

HUMBOLDT, Wilhelm von 1956: Anthropologie und Bildungslehre (Hrsg. von Andreas FLITNER), Düsseldorf und München: Verlag Helmut Küpper vorm. Georg Bondi

HURRELMANN, Klaus; ULICH, Dieter (Hrsg.) 1980: Handbuch der Sozialisationsforschung. Weinheim und Basel: Beltz

INGENKAMP, Frank-D. 1984: Neue Medien vor der Schultür. Weinheim und Basel: Beltz

INGENKAMP, Karlheinz (Hrsg.) 1963: Pädagogisch-Psychologische Untersuchungen zum Übergang auf weiterführende Schulen. Weinheim: Julius Beltz

JARAUSCH, Konrad H. 1984: Deutsche Studenten 1800-1970. Frankfurt/Main: Suhrkamp

JENCKS, Christopher 1972: Inequality - A Reassessment of the Effect of Familiy and Schooling in America. New York and London: Basic Books (gek. deutsche Ausgabe: Chancengleichheit. Reinbek bei Hamburg: Rowohlt 1973)

JOHN, Carl 1830: Die Kleinkinderschule für Kinder von 2-6 Jahren. Nordhausen

JOST, Wolfdietrich 1982: Gewerbliche Schulen und politische Macht. Zur Entwicklung des gewerblichen Schulwesens in Preußen in der Zeit von 1850 - 1880. Weinheim und Basel: Beltz

JÜRGENS, Hans W.; LENGSFELD, Wolfgang 1977: Der Einfluß des Elternhauses auf den Bildungsweg der Kinder. Ergebnisse einer Längsschnittuntersuchung (= Schriftenreihe des Bundesministers für Jugend, Familie und Gesundheit, Bd. 53), Stuttgart u.a.: W. Kohlhammer

JUNGK, Dieter (Hrsg.) 1984: Berufsausbildung für nicht-akademische Berufe (= Schwerpunktreihe Theorie und Praxis beruflicher Bildung, Bd. 9), Frankfurt/New York: Campus

KAASE, Max 1971: Demokratische Einstellungen in der Bundesrepublik. In: Rudolf Wldenmann et al. (Hrsg.), S. 119-326

KAASE, Max (Hrsg.) 1977: Wahlsoziologie heute. Analysen aus Anlaß der Bundestagswahl 1976. (Politische Vierteljahresschrift, 18. Jg., H. 213, Nov. 1977). Opladen: Westdeutscher Verlag

KAUFMANN, Franz-Xaver; HERLTH, Alois; STROHMEIER, Klaus-Peter; SCHULZE, Hans-Joachim 1980: Sozialpolitik und familiale Sozialisation. Zur Wirkungsweise öffentlicher Sozialleistungen (= Schriftenreihe des Bundesministers für Jugend, Familie und Gesundheit, Bd. 76), Stuttgart u.a.: W. Kohlhammer

KILZ, Hans-Werner (Hrsg.) 1980: Gesamtschule. Modell oder Reformruine? (= Spiegel-Buch 4), Reinbek bei Hamburg: Rowohlt

KIRCHHOFF, Julius 1879: Die allgemeine Fortbildungsschule und ihr Verhältnis zur gewerblichen Fortbildungsschule. In: Schriften des Vereins für Socialpolitik, Bd. 15, Leipzig

KLEIST, Heinrich von (o.J.): Über die allmähliche Verfertigung von Gedanken beim Reden. In: Ders.: Sämtliche Werke und Briefe, Bd. 2. München: Hanser 1965, S. 319-324

KLÖNNE, Arno 1982: Jugend im Dritten Reich. Die Hitler-Jugend und ihre Gegner. Köln: Eugen Diederichs Verlag

KOB, Janpeter 1963: Erziehung in Elternhaus und Schule. Stuttgart: Enke

KOB, Janpeter 1976: Soziologische Theorie der Erziehung. Stuttgart u.a.: W. Kohlhammer

KOHLBERG, Lawrence 1977: Kognitive Entwicklung und Moralische Erziehung. In: Politische Didaktik. Vierteljehresschrift für Theorie und Praxis des Unterrichts, H.3, September 1977, S. 5-21

KOHLBERG, Lawrence; TURIEL, Elliot 1971: Moral Development and Moral Education. In: G. Lesser (ed): Psychology and Educational Practice. Chicago: Scott Foresman & Co., p 410-465 (dtsch. in Gerhard Portele (Hrsg.) 1978, S. 13-80)

KOSSOLAPOW, Line 1980: Sozialisation im Kindergarten. In: Klaus Hurrelmann, Dieter Ulich (Hrsg.), S. 423-442

KRAUL, Margret 1984: Das deutsche Gymnasium 1780-1980. Frankfurt/Main: Suhrkamp

KRAUS, Antje 1965: Die Unterschichten Hamburgs in der ersten Hälfte des 19. Jahrhunderts. Entstehung, Struktur und Lebensverhältnisse. Stuttgart: G. Fischer

KRECKER, Margot 1966: Die Anfänge der gesellschaftlichen Vorschulerziehung für die Kinder der arbeitenden Klasse in Deutschland. In: Jahrbuch für Erziehungs- und Schulgeschichte, Jahrgang 5/6, 1965/66, Berlin: Akademie-Verlag, S. 3-134

KUBICEK, Herbert 1985: Neue Informations- und Kommunikationstechniken und die Zukunft des Alltags. In: Hans-Günter Rolff, Peter Zimmermann (Hrsg.), S. 11-36

KUDA, Eva; MIGNON, Ulrich 1982: Berufliche Bildung. Situation, Konflikte, Lösungen. Köln: Bund-Verlag (2., erg. Aufl.)

KUDERA, Sabine 1977: Organisationsstrukturen und Gesellschaftsstrukturen. Thesen zu einer gesellschaftsbezogenen Reorientierung der Organisationssoziologie. In: Soziale Welt (28), S. 16-38

KURZ, Karl 1930: Schüler, die vorzeitig die höheren Schulen verlassen. Bremen: G. Winters Buchh., Fr. Quelle Nachf.

KUTHE, Manfred; BARGEL, Tino; NAGL, Willi; REINHARDT, Klaus 1979: Siedlungsstruktur und Schulstandort. Sozialräumliche Gliederung der Städte mit Gesamtschulen in Nordrhein-Westfalen. Paderborn u.a.: Schöningh

LASSAHN, Rudolf 1983: Arbeit und Bildung. Zur Analyse einer zentralen anthropologischen Kategorie. In: Lothar Beinke (Hrsg.), S. 47-68

LAUE, Heinrich; MEYER, Heinrich (Hrsg.) 1925: Zwischen Elbe, Seeve und Este. Ein Heimatbuch des Landkreises Harburg, Bd. 1. Harburg: Verlag Gustav Elkan (Paul Franck)

LEHMANN, Rudolf 1921: Der gelehrte Unterricht bis zum Weltkrieg. 1892-1914. Anhang zu Friedrich Paulsen, Bd. II, 3. Aufl., S. 693-797

LEMPERT, Wolfgang 1962: Der Gewerbelehrer. Eine soziologische Leitstudie. Stuttgart: Enke

LENHARDT, Gero 1984: Schule und bürokratische Rationalität. Frankfurt/Main: Suhrkamp

LENSKI, Gerhard E. 1966: Power and Privilege. A Theory of Social Stratification. New York (deutsch: Macht und Privileg. Eine Theorie der sozialen Schichtung. Frankfurt/Main: Suhrkamp Taschenbuch Verlag 1977)

LESCHINSKY, Achim; ROEDER, Peter Martin 1976: Schule im historischen Prozeß. Zum Wechselverhältnis von institutioneller Erziehung und gesellschaftlicher Entwicklung. Stuttgart: Klett

LETTERA A UNA PROFESSORA 1967. Firenze: Librearia Editrice Fiorentina (deutsch: Scuola di Barbiana: Die Schülerschule. Brief an eine Lehrerin. Berlin: Klaus Wagenbach 1970)

LIND, Georg; WAKENHUT, Roland 1980: Erfassung von moralischem Urteil mit standardisierten Fragebogen. In: Gisela Schmitt (Bearb.), S. 191-220

LIND, Georg; WAKENHUT, Roland 1983: Tests zur Erfassung der moralischen Urteilskompetenz. In: Georg Lind, Hans A. Hartmann, Roland Wakenhut, S. 59-80

LIND, Georg; HARTMANN, Hans A.; WAKENHUT, Roland (Hrsg.) 1983: Moralisches Urteilen und soziale Umwelt. Theoretische, methodologische und empirische Untersuchungen. Weinheim und Basel: Beltz

LOEHRKE, Theodor; GEBAUER, Edeltraud 1967: Gründe für oder gegen die Wahl weiterführender Schulen in verschiedenen Bevölkerungskreisen. Weinheim: Beltz

LÖWENTHAL, Leo 1944: Biographies in Popular Magazines (dtsch. Fassung: "Triumph der Massenidole" in Leo Löwenthal 1980, S. 258-300)

LÖWENTHAL, Leo 1980: Literatur und Massenkultur (=Schriften, Bd. 1). Frankfurt/Main: Suhrkamp

LÖWENTHAL, Richard 1979: Politische Legitimität und kultureller Wandel in Ost und West. In: Ders.: Gesellschaftswandel und Kulturkrise. Zukunftsprobleme der westlichen Demokratien. Frankfurt: Fischer Taschenbuch Verlag

LUHMANN, Niklas 1969: Legitimation durch Verfahren. Neuwied: Luchterhand

LUCKMANN, Thomas; SPRONDEL, Walter (Hrsg) 1972: Berufssoziologie. Köln: Kiepenheuer & Witsch

LÜBBERS, Friedrich 1925: Aus der Geschichte Harburgs und unserer engeren Heimat. In: H. LAUE, H. MEYER (Hrsg.), S. 191 ff

LUKESCH, Helmut; SCHUPPE, Hubertus; DREHER, Eick; HAENISCH, Hans; KLAGHOFER, Richard 1979: Gesamtschule und dreigliedriges Schulsystem in Nordrhein-Westfalen - Chancengleichheit und Offenheit der Bildungswege. Paderborn u.a.: Schöningh

LUKESCH, Helmut; HAENISCH, Hans 1980: Ist die Gesamtschule besser? Gesamtschulen und Schulen des gegliederten Schulsystems im Leistungsvergleich. München u.a.: Urban & Schwarzenberg

LUNDGREEN, Peter 1980: Sozialgeschichte der deutschen Schule im Überblick. Teil I: 1770-1918. Göttingen: Vandenhoeck und Ruprecht

LUNDGREN, Peter 1981: Sozialgeschichte der deutschen Schule im Überblick. Teil II: 1918-1980. Göttingen: Vandenhoeck und Ruprecht

MANZ, Wolfgang 1984: Wissenschaftsbezug als Grundlage moderner Beruflichkeit. In: Dieter Jungk (Hrsg.), S. 30-50

MARSHALL, Thomas H. 1950: Citizenship and Social Class. London: Cambridge University Press

MARVICK, Dwaine; ELDERSVELD, Samuel J. (eds.) 1983: Party Activists in Comparative Perspective. (= International Political Science Review, vol. 4, no. 1). Beverly Hills: Sage

MAX-PLANCK-INSITUT FÜR BILDUNGSFORSCHUNG/PROJEKTGRUPPE BILDUNGSBERICHT (Hrsg.) 1980: Bildung in der Bundesrepublik Deutschland. Daten und Analysen, 2 Bde.; Reinbek bei Hamburg: Rowohlt

MERKLEIN, Renate 1980: Griff in die eigene Tasche. Hintergeht der Bonner Sozialstaat seine Bürger? Reinbek bei Hamburg: Rowohlt (= Spiegel-Buch 5)

MERTENS, Dieter 1974: Schlüsselqualifikationen. Thesen zur Schulung für eine moderne Gesellschaft. In: Mitteilungen aus der Arbeitsmarkt- und Berufsforschung (7), S. 36-43

MERTON, Robert K. 1957: The Self - Fulfilling Prophecy. In: Ders.: Social Theory and Social Structure. Glencoe/Ill.: Free Press, pp. 421-436 (deutsch in: Ernst TOPITSCH (Hrsg.): Logik der Sozialwissenschaften. Köln: Kiepenheuer und Witsch 1968, 5. Aufl., S. 144-161)

MICHAEL, Berthold; SCHEPP, Heinz-Hermann (Hrsg.) 1973: Politik und Schule von der französischen Revolution bis zur Gegenwart. Eine Quellensammlung zum Verhältnis von Gesellschaft, Schule und Staat. Bd. 1. Frankfurt/Main: Athenäum Fischer

MICHELS, Robert 1908: Die oligarchischen Tendenzen der Gesellschaft. Ein Beitrag zum Problem der Demokratie. In: Archiv für Sozialwissenschaft und Sozialpolitik (27), S. 73-135 (wiederabgedruckt in W. RÖHRICH (Hrsg.) 1975, S. 47-116)

MITEINANDER - FÜREINANDER. Ein Lese- und Arbeitsbuch für Sozialkunde für bayerische Schulen. Von Ferdinand Kopp und Otto Seitzer. München: Kösel 1954

MORHART, Dieter 1980: Elternmitwirkung - Mitverwaltung oder Miterziehung? Anmerkungen zu einer notwendigen Diskussion. In: Beilage zu "Das Parlament", B 47/80, S. 3-22

MÜLLER, Detlef K. 1977: Sozialstruktur und Schulsystem. Aspekte zum Strukturwandel des Schulwesens im 19. Jahrhundert. Göttingen: Vandenhoeck und Ruprecht

MÜLLER, Karl Valentin 1956: Begabung und soziale Schichtung in der hochindustrialisierten Gesellschaft. Köln und Opladen: Westdeutscher Verlag

MÜLLGES, Udo (Hrsg.) 1970: Beiträge zur Geschichte der Berufsschule. Frankfurt/Main: Akademische Verlagsgesellschaft

MUNDT, Jörn W. 1980: Vorschulkinder und ihre Umwelt. Eine Studie über Lebensbedingungen und Entwicklungschancen. Weinheim und Basel: Beltz

MUSIL, Robert 1930-1943: Der Mann ohne Eigenschaften (cit.n.d. fünfbändigen Ausgabe im Rahmen der "Gesammelten Werke", Reinbek bei Hamburg: Rowohlt 1978)

NEILL, Alexander Sutherland 1960: Summerhill. A Radical Approach to Child Rearing. New York: Hart Publishing Co. (dtsch.: Theorie und Praxis der anti-autoritären Erziehung. Das Beispiel Summerhill. Reinbek bei Hamburg: Rowohlt 1969)

NIESER, Bruno 1980: Bildungswesen, Chancengleichheit und Beschäftigungssystem. Vergleichende Daten und Analysen zur Bildungspolitik in Frankreich (= Marburger Beiträge zur vergleichenden Erziehungswissenschaft und Bildungsforschung, Bd. 8), München: Minerva

NITZSCHKE, Volker; SANDMANN, Fritz (Hrsg.) 1982: Neue Ansätze zur Methodik des politischen Unterrichts. Stuttgart: J.B. Metzeler

NORPOTH, Helmut 1980: Wählerverhalten in der Bundesrepublik. Arbeitsbuch zur sozial- und politikwissenschaftlichen Lehre. Frankfurt/New York: Campus

NYSSEN, Elke 1979: Schule im Nationalsozialismus. Heidelberg: Quelle & Meyer

PAULSEN, Friedrich 1919: Geschichte des gelehrten Unterrichts auf den deutschen Schulen und Universitäten vom Ausgang des Mittelalters bis zur Gegenwart. Bd, I. Leipzig: Verlag von Veit & Comp. (2., erw. Auflage)

PAULSEN, Friedrich 1921: Geschichte des gelehrten Unterrichts auf den deutschen Schulen und Universitäten vom Ausgang des Mittelalters bis zur Gegenwart, Bd. II. Berlin und Leipzig: Vereinigung wissenschaftlicher Verleger Walter de Gruyter & Co. (3., erw. Auflage)

PEISERT, Hansgert 1967: Soziale Lage und Bildungschancen in Deutschland. München: Piper

PEISERT, Hansgert (Hrsg.) 1981: Abiturienten und Ausbildungswahl. Weinheim und Basel: Beltz

PEISERT, Hansgert; FRAMHEIN, Gerhild 1980: Das Hochschulsystem in der Bundesrepublik Deutschland. Funktionsweise und Leistungsfähigkeit. Stuttgart: Klett (2., erw. Auflage)

PFEIFER, Anton 1960: Der Verband deutscher Diplom-Handelslehrer. In: F. BLÄTTNER et al. (Hrsg.), S. 291-295

PICHT, Georg 1964: Die deutsche Bildungskatastrophe. Analysen und Dokumentation. Olten und Freiburg: Walter Verlag

POPITZ, Heinrich 1968: Prozesse der Machtbildung. Tübingen: J.C.B. Mohr (Paul Siebeck); 3., unveränd. Aufl. 1976

PORTELE, Gerhard (Hrsg.) 1978: Sozialisation und Moral. Neuere Ansätze zur moralischen Entwicklung und Erziehung. Weinheim und Basel: Beltz

POSCH, Peter 1967: Der Lehrermangel. Weinheim und Berlin: Julius Beltz

PREISER, Siegfried 1982: Sozialpsychologische, entwicklungspsychologische und lernpsychologische Voraussetzungen politischen Unterrichts. In: Volker Nitzschke, Fritz Sandmann (Hrsg.), S. 89-128

PROJEKT KLASSENANALYSE 1974: Materialien zur Klassenstruktur der BRD. Zweiter Teil: Grundriss der Klassenverhältnisse (1950-1970), Westberlin: vsa

PROUST, Marcel 1913-1927: A la Recherche du Temps Perdu. Paris (deutsch: Auf der Suche nach der verlorenen Zeit; u.a. Ausgabe in 10 Bänden, Frankfurt/Main: Suhrkamp 1981-1984)

RANG, Martin 1963: Einleitung zur deutschen Ausgabe des "Emile" von Jean-Jacques ROUSSEAU. Stuttgart: Reclam, S. 5-97

RAUNER, Felix; WEISENBACH, Klaus 1984: Die Bedeutung der Mikroelektronik für die Gestaltung industrieller Arbeit und die gewerblich-technische Berufsbildung. In: D. JUNGK (Hrsg.), S. 69-82

REICHEL, Peter 1981: Politische Kultur der Bundesrepublik. Opladen: Leske + Budrich

REINHARD, Sibylle 1980: Moralisches Urteil im Unterricht. In: Gegenwartskunde, 29. Jahrg., H. 4, S. 449-460

RITTER, Gerhard A.; NIEHUSS, Merith 1980: Wahlgeschichtliches Arbeitsbuch. Materialien zur Statistik des Kaiserreiches 1871-1918. München: C.H. Beck

RÖHRICH, Wilfried (Hrsg.) 1975: "Demokratische" Elitenherrschaft. Traditionsbestände eines sozialwissenschaftlichen Problems. Darmstadt: Wissenschaftliche Buchgesellschaft

ROLFF, Hans-G. et al. 1980: Soziologie der Schulreform. Theorien, Forschungsberichte, Praxisberichte. Weinheim und Basel: Beltz

ROLFF, Hans-G.; HANSEN, Georg; KLEMM, Klaus; TILLMANN, Klaus-Jürgen (Hrsg.) 1980: Jahrbuch der Schulentwicklung. Daten, Beispiele und Perspektiven. Bd. 1. Weinheim und Basel: Beltz

ROLFF, Hans-G.; ZIMMERMANN, Peter (Hrsg.) 1985: Neue Medien und Lernen. Herausforderung, Chancen und Gefahren. Weinheim und Basel: Beltz

ROSENBAUM, Heidi 1982: Formen der Familie. Zum Zusammenhang von Familienverhältnissen, Sozialstruktur und sozialem Wandel in der deutschen Gesellschaft des 19. Jahrhunderts. Frankfurt/Main: Suhrkamp

ROTH, Heinrich (Hrsg.) 1968: Begabung und Lernen. Ergebnisse und Folgerungen neuer Forschungen (= Deutscher Bildungsrat, Gutachten und Studien der Bildungskommission, Bd. 4), Stuttgart: Klett (12. Aufl. 1980)

ROUSSEAU, Jean-Jacques 1762: Emile (ou sous l'education). Paris (deutsch: Stuttgart: Reclam 1963 (Nachdruck 1980)

RÜCKLIN, Friedrich 1888: Die Volksgewerbeschule, ihre sozialwirtschaftliche Aufgabe, ihre Methode und naturgemäße Gestaltung. Leipzig: Verlag Georg Böhme

RUTTER, Michael; MAUGHAN, Barbara; MORTIMORE, Peter; OUSTON, Janet 1979: Fifteen Thousand Hours. Secondary Schools and their Effects on Children. London: Open Books (deutsch: Fünfzehntausend Stunden. Schulen und ihre Wirkung auf Kinder. Weinheim und Basel: Beltz 1980)

SANDBERGER, Johann-Ulrich 1981: Motive der Ausbildungsentscheidung. In: Hansgert Peisert (Hrsg.), S. 103-120

SANDMANN, Fritz 1982: Zum Verhältnis von Methodik und Didaktik. In: Volker Nitzschke, Fritz Sandmann (Hrsg.), S. 27-64

SARTRE, Jean-Paul 1971: L'idiot de la Famille. Gustave Flaubert de 1821 a 1857. Livre II "La Personalisation". Paris: Gallimard (deutsch: Der Idiot der Familie. Gustave Flaubert 1821-1857. 3. Band. Reinbek bei Hamburg 1978)

SASS, Jürgen 1978: Bildungserwartungen von Arbeitereltern bei der Wahl des Bildungsweges für ihre Kinder. München: Deutsches Jugendinstitut (vervielf. Manuskript)

SCHELSKY, Helmut 1957: Schule und Erziehung in der industriellen Gesellschaft. Würzburg: Werkbund-Verlag

SCHELSKY, Helmut 1960: Einsamkeit und Freiheit. Zur sozialen Idee der deutschen Universität. Münster: Verlag Aschendorf

SCHENK-DANZIGER, Lotte 1963: Der prognostische Wert des Münchner Übertrittstestes 1952. In: Karlheinz Ingenkamp 1963

SCHEVEN, Paul 1894: Die Lehrwerkstätte, 1. Band. Technik und qualifizierte Handarbeit in ihren Wechselwirkungen und die Reform der Lehre. Tübingen

SCHINDLER, Peter 1984: Datenhandbuch zur Geschichte des Deutschen Bundestages 1949-1982. Baden-Baden: Nomos (3., durchgesehene Auflage)

SCHMIEDERER, Rolf 1972: Zwischen Affirmation und Reformismus. Politische Bildung in Westdeutschland seit 1945. Frankfurt/Main: Europäische Verlagsanstalt

SCHMITT, Gisela (Bearb.) 1980: Individuum und Gesellschaft in der politischen Sozialisation (= Akademie für Politische Bildung Tutzing, Materialien und Berichte, Nr. 56). Tutzing: Akademie für Politische Bildung

SCHREIBER, Norbert 1983: Schulwünsche im Gespräch. Ergebnisse aus den Interviews mit Arbeitereltern zu Bildungserwartungen für ihre Kinder. Arbeitsbericht 8 des Projektes "Bildungsverläufe in Arbeiterfamilien". Konstanz: Universität

SCHULZE, Gerhard 1976: Jugend und politischer Wandel. Zur gesellschaftlichen Bedeutung politischen Lernens. München: Juventa

SCHULZE, Gerhard 1977: Politisches Lernen in der Alltagserfahrung. Eine empirische Analyse. München: Juventa

SCHWINGES, Rainer Christoph 1984: Universitätsbesuch im Reich vom 14. zum 16. Jahrhundert. In: Geschichte und Gesellschaft, 10. Jahrg., S. 5-30

STROHMEIER, Klaus-Peter; HERLTH, Alois 1981: Sozialräumliche Bedingungen familialer Sozialisation. Eine vergleichende Untersuchung von Wohnquartieren in Bielefeld, Gelsenkirchen und Münster. In: Heinz Walter (Hrsg.), Bd. 2, S. 95-136

STRUNZ, K. 1953: Über den Aussagewert verschiedener Aufnahmeverfahren. In: Pädagogische Arbeitsblätter für Lehrer und Erzieher, S. 220-225

STÜBIG, Heinz 1980: Bildungswesen, Chancengleichheit und Beschäftigungssystem. Vergleichende Daten und Analysen zur Bildungspolitik in England (= Marburger Beiträge zur vergleichenden Erziehungswissenschaft und Bildungsforschung, Bd. 7), München: Minerva

SUTOR, Bernhard 1984: Neue Grundlegung politischer Bildung. Bd. 1: Politikbegriff und politsche Anthropologie; Bd. 2:Ziele und Aufgabenfelder des Politikunterrichts. Paderborn: Ferdinand Schöningh

TAYLOR, Frederick Winslow 1911: The Principles of Scientific Management; cit.n.d. Ausgabe New York: W.W. Norton & Company Inc. 1967

TEBBE, Wilhelm 1951: Schülerauslese - eine soziale Aufgabe (= Dortmunder Schriften zur Sozialforschung, Bd. 14), Dortmund: Verlag Soziale Welt

TENNSTEDT, Florian 1981: Sozialgeschichte der Sozialpolitik in Deutschland. Göttingen: Vandenhoeck und Ruprecht

TESCHNER, Manfred 1968: Politik und Gesellschaft im Unterricht. Eine soziologische Untersuchung der politischen Bildung an hessischen Gymnasien. Frankfurt/Main: Europäische Verlagsanstalt

TESSARING, Manfred 1982: Beschäftigungsmöglichkeiten und Arbeitsmarktrisiken hochqualifizierter Arbeitskräfte. In: Aus Politik und Zeitgeschichte (= Beilage zur Wochenzeitung "Das Parlament"), B 38/82, S. 17-31

THYSSEN, Simon 1954: Die Berufsschule in Idee und Gestaltung. Essen: W. Girardet

TILLMANN, Klaus-Jürgen; BUSSIGEL, Margaret; PHILLIPP, Elmar; RÖSNER, Ernst 1979: Kooperative Gesamtschule - Modell und Realität. Eine Analyse schulischer Innovationsprozesse. Weinheim und Basel: Beltz

TITZE, Hartmut 1981: Überfüllungskrisen in akademischen Karrieren: eine Zyklustheorie. In: Zeitschrift für Pädagogik, 27. Jahrg., S. 187-224

TITZE, Hartmut 1984: Die zyklische Überproduktion von Akademikern im 19. und 20. Jahrhundert. In: Geschichte und Gesellschaft, 10. Jahrg., S. 92-121

TOLLKÖTTER, Bernhard 1966: Bildungsmaßnahmen in der Wirtschaft. Eine Untersuchung des Ettlinger Kreises über zusätzliche Bildungseinrichtungen in Industrie und Handel (= Studien zur Arbeits- und Berufspädagogik, Bd. 1). Weinheim: Julius Beltz

TROMMER-KRUG, Luitgard 1980: Soziale Herkunft und Schulbesuch. In: MAX-PLANCK-INSTITUT FÜR BILDUNGSFORSCHUNG, S. 217-281

TURNER, George 1984: Massenuniversität und Ausbildungsnotstand. Wie die Krise überwunden werden kann. Frankfurt/Main: Fischer

UHLHORN, Gerhard 1895: Die christliche Liebestätigkeit. Stuttgart (2. verb. Aufl.) D. Gundert (Faksimiledruck: Wissenschaftliche Buchgesellschaft. Darmstadt 1959)

URBAN, Klaus K. 1984: Hochbegabtenerziehung weltweit. Ein internationaler Aus- und Überblick über schulische und außerschulische Programme und Modelle. Der Bundesminister für Bildung und Wissenschaft - Bad Honnef: K.H. Bock

VASKOVICS, Laszlo A.; BUBA, Hans-Peter 1976: Segregierte Armut. Randgruppenbildung in Notunterkünften. Frankfurt/New York: Campus

VOIGT, Wilfried 1975: Einführung in die Berufs- und Wirtschaftspädagogik. München: Juventa (2. Aufl. 1977)

WALTER, Hans-Gerhard 1981: Soziale Herkunft und Ausbildungswahl. In: Hansgert Peisert (Hrsg.), S. 85-102

WALTER, Heinz (Hrsg.) 1975: Sozialisationsforschung Bd. 1: Erwartungen, Probleme, Theorieschwerpunkte. Stuttgart: Fromann-Holzboog

WALTER, Heinz (Hrsg) 1981: Region und Sozialisation. Beiträge zur sozialökologischen Präzisierung menschlicher Entwicklungsvoraussetzungen. 2 Bde. Stuttgart: Fromann-Holzboog

WEBER, Max 1905: Die protestantische Ethik und der Geist des Kapitalismus. In: Archiv für Sozialwissenschaft und Sozialpolitik, Bd. XX und XXI; hier cit. n.d.v. Johannes Winckelmann herausgegebenen Aufsatzsammlung von Max Weber: Die protestantische Ethik, Bd. 1. Gütersloh: Gerd Mohn, 6. Aufl. 1981, S. 29-114

WEBER, Max 1919: Politik als Beruf. Berlin: De Gruyter (5. Neudruck 1968)

WEBER , Max 1921: Wirtschaft und Gesellschaft. Tübingen: J.C.B. Mohr (Paul Siebeck); 5. rev. Aufl. 1976

WILDENMANN, Rudolf et al. (Hrsg.) 1971: Sozialwissenschaftliches Jahrbuch für Politik, Bd. 2. München - Wien: Günter Olzog Verlag

WILENSKY, Harold 1964: The Professionalization of Everyone? In: American Journal of Sociology, 70. Jahrg., S. 137-158 (dtsch. in: Thomas Luckmann, Walter Sprondel (Hrsg.) 1972, S. 198-215

WINDOLF, Paul 1984: Formale Bildungsabschlüsse als Selektionskriterium am Arbeitsmarkt. Eine vergleichende Analyse zwischen Frankreich, der Bundesrepublik Deutschland und Großbritannien. In: Kölner Zeitschrift für Soziologie und Sozialpsychologie (36), H. 1, S. 75-106

WINTER, Amalie 1846: Die Klein-Kinder Schule. Leipzig

WITTERN, Jörn 1982: Vorwort zu Manfred HEEDE (= Ergebnisse Bd. 18), S. III-VIII

WITTWER, Wolfgang W. 1980: Die sozialdemokratische Schulpolitik in der Weimarer Republik. Ein Beitrag zur politischen Schulgeschichte im Reich und in Preussen. Berlin: Colloquium Verlag

WYGOTZKY, Lew Semjonowitsch 1934: Denken und Sprechen. Moskau (deutsch: Frankfurt/Main: S. Fischer Verlag 1969)

ZABECK, Jürgen 1983: Berufspädagogische Aspekte einer Sozialgeschichte des Berufs. In: Lothar Beinke (Hrsg.), S. 27-46

ZELLWEGER, Joh. Konrad 1845: Die schweizerischen Armenschulen nach Fellenberg'schen Grundsätzen. Ein Beitrag zur Geschichte des schweizerischen Armenwesens. Trogen: gedruckt bei J. Schläpfer

ZINNECKER, Jürgen 1978: Emanzipation der Frau und Schulausbildung. Zur schulischen Sozialisation und gesellschaftlichen Position der Frau. Weinheim und Basel: Beltz

ZUSAMMEN LEBEN. Grundriß zur Sozialkunde und Zeitgeschichte. Von Herbert Baumann. Köln: H. Stamm GmbH 1970

PERSONENREGISTER